Gaosu Gonglu Xiafu Caikongqu Zhili Gongcheng

高速公路下伏采空区治理工程

——勘察设计、施工、监理、招投标

河南高速公路发展有限责任公司
河南省地球物理工程勘察院 编著

人民交通出版社

内 容 提 要

本书结合河南省禹州—登封高速公路下伏煤矿、铝土矿采空区治理工程的实践经验和科研成果，从勘察设计、施工、监理、招投标等方面，系统地介绍了采空区治理工程的经验和成果。本书内容全面、资料翔实，可供国内同类工程参考借鉴。

本书可作为高速公路建设者、勘察设计单位、施工单位、监理单位、质量检测与评价单位、变形监测工作者等从业人员的重要参考工具书，也可作为相关专业院校的教研参考书。

图书在版编目（CIP）数据

高速公路下伏采空区治理工程：勘察设计、施工、监理、招投标／河南高速公路发展有限责任公司，河南省地球物理工程勘察院编著．—北京：人民交通出版社，2008.6

ISBN 978-7-114-07153-9

Ⅰ．高… Ⅱ．①河…②河… Ⅲ．高速公路－采空区－治理 Ⅳ．U412.36

中国版本图书馆CIP数据核字（2008）第064072号

书　　名：高速公路下伏采空区治理工程——勘察设计、施工、监理、招投标
著 作 者：河南高速公路发展有限责任公司　河南省地球物理工程勘察院
责任编辑：李　农
出版发行：人民交通出版社
地　　址：(100011)北京市朝阳区安定门外外馆斜街3号
网　　址：http://www.ccpress.com.cn
销售电话：（010）59757969　59757973
总 经 销：北京中交盛世书刊有限公司
经　　销：各地新华书店
印　　刷：北京密东印刷有限公司
开　　本：787×1092　1/16
印　　张：22
字　　数：527千
版　　次：2008年7月第1版
印　　次：2008年7月第1次印刷
书　　号：ISBN 978-7-114-07153-9
印　　数：0001－2000册
定　　价：58.00元

本书编委会

序

在我国中西部地区，煤炭资源和埋藏较浅的铝土矿资源等极为丰富，随着中部崛起和西部大开发战略及基础建设的加速实施，这些矿产资源在以不同方式被开采后，留下了大规模、大范围的采空塌陷区，造成老采空区上方建筑地基承载力的下降，导致地面下沉、积水、房屋与道路开裂，从而严重影响到人民群众的正常生产与生活，使当地经济遭受重大损失。

随着各地高速公路建设的快速发展，一些无法避绕采空区的高速公路工程，首要解决的问题是沿线下伏采空区的治理。这项工作涉及采空区的勘察、设计、施工治理、施工监理、治理后的效果和质量检测及建设方的招投标等一系列工作。近年来，伴随着采空塌陷区上方高速公路的建设，有关方面虽在上述诸领域取得了一些实践经验和成果，但由于采空区治理是一项隐蔽工程，采空区的沉降塌陷程度及其未来可能对上覆高速公路造成的破坏程度等都非常复杂，要将安全隐患极大的采空区赋存状态勘察清楚，非常不易。因此，造成了采空区内的高速公路工程建设风险评估和地表稳定性评价难度的增加，从而导致采空区治理工程的设计和投资过于保守。

河南禹州至登封高速公路主线地质情况非常复杂，路线全长50余公里内，集中分布了6个需要治理的采空区。如此复杂的采空区地质状况，在河南省尚属首例，在全国也不多见。在该采空区的勘察、设计、施工、监理和质量检测等项工作实施期间，本书作者积累了一批有价值的经验和方法技术。

为了进一步优化、充实和提高采空区勘察、设计、施工、监理和采空区治理后的效果与质量评价，以及建设方的综合管理等部门的实际工作水平，尽可能使各行业参与采空区治理工程的单位遵循统一、系统、规范的方法与技术，本书作者结合河南禹州至登封高速公路主线跨越的两大类型(铝土矿和煤矿采空区)6个采空区治理工程的实践经验和科研成果，在充分体现科学性、先进性和实用性的基础上，通过有效方法技术组合的实施，最大限度地使采空区勘察解释结果更符合当地的地质构造情况，从而提高了采空区内高速公路建设风险评估和地表稳定性评价的可靠性和准确性，使采空区治理工程的设计和投资概算更趋实际、更趋合理。

本书作者通过复杂地质情况的研究，详细论述了高速公路下伏采空区的路基沉陷机理及地表稳定性的评价方法，对采空区治理工程勘察、设计、施工、监理、质量检测与评价、沉降变形监测、建设方招投标等专题方法与技术，进行了深入的研究和论述。总之，本书理论与实践相结合，深入浅出，图文并茂。

在本书中，作者还首次编制了系统、全面的《采空区治理工程施工监理常用表格》及监理在质量、投资和进度方面的有效控制措施。本书的另一大特点是：首次系统、全面地论述了沉降位移监测方法在勘察阶段确定采空区位置，在采空区治理前、后确定地表大桥等重要附属物是否安全稳定等工程中的突出作用。

综上所述，本书是在长期实践的基础上，对一系列采空区治理工程进行的科学总结。书中的实例分析大多是本书作者亲历工程的科研成果。因此，本书适合国内同类工程的从业者借鉴，可作为高速公路建设者、勘察设计单位、施工单位、监理单位、质量检测与评价单位、变形监测工作者等从业人员的重要参考工具书，也可作为相关专业院校的教研参考书。

希望通过本专著的出版，扩大其服务领域。望本专著问世后，能对公路、铁路、水利、土地规划利用等相关工程中遇到的采空区治理工程起到统一、系统、规范的指导作用，为经济建设和社会发展服务。

河南省人民政府副省长 张大卫

2008.6.26

目　录

1 概 述

1.1 高速公路下伏采空区研究及治理现状

我国中西部地区,煤炭资源和埋藏较浅的铝土矿资源极为丰富,随着中部崛起和西部大开发战略及基础建设的加速实施,在它们以不同方式被开采后,留下了大规模、大范围的采空塌陷区,造成老采空区上方建筑地基的承载力下降,往往给工程建设带来隐患。在许多城市,如河南的焦作、郑州、平顶山、永城,山西的太原、长治等大部分地区和安徽的淮南、淮北等地区,由于相关地区地下采空塌陷引起地面下沉、积水、房屋与道路的开裂,严重影响到人民的正常生产与生活,造成重大经济损失。

随着科学技术的发展,各国如前苏联、波兰、德国、澳大利亚和美国等国家的科技人员,为了开发和利用废弃老采空区土地,提高矿区土地利用率,缓解矿区土地资源紧缺的矛盾,开展了采空沉陷区土地资源的开发和利用工作。我国在"三下"(建筑物、水体和铁路下)开采矿床、开采沉陷理论及其控制研究方面已经取得了丰硕成果,矿山开采沉陷[1]的理论与应用已达到国际先进水平。在采空区上方兴建工业厂房和民用建筑群的成功实例日益增多,例如在废弃采空区上修建村落、大型选煤厂、热电厂、储煤仓和架空索道等。工程实践证明,只要熟悉了采空区的空间特征,掌握了岩层的移动、变形与破坏规律,严格按照采空区勘察程序,在正确勘察和采空区危害性评价的基础上,对不同类型的采空区地基进行有针对性的处理,或对不同类型构筑物采取适当的措施,在采空区上方兴建高速公路、大跨度隧道和桥涵等多种构筑物,包括大型构筑物是完全可能的。当然,最好避开在采空区上方兴建构筑物,尤其是大型构筑物。

近年来,我国高速公路建设发展迅速,公路网越来越密集,在矿区不可避免地遇到了如何治理采空塌陷区的技术难题。高速公路是整体延伸长度大、服务年限长、行车速度高的特殊线形构筑物。在采空区上方修建高速公路时,路基的承载能力与稳定性受开采沉陷变形的影响较大,如采空区地表过度沉陷会导致地面低洼长期积水破坏;沉陷造成的倾斜会导致行驶车辆重心偏移,特别是在弯道位置对高速行驶的车辆危害更大;水平变形和移动使路面受拉伸开裂、受压缩隆起,路面产生波浪状起伏,路面或路基中产生局部离层破坏;路面的波浪起伏可能导致高速行车腾空,造成翻车事故等等。

目前,关于铁路下采煤对路基及道床影响的研究很多。公路与铁路有其共同点,如两者同为大型线形构筑物,承受行车荷载的作用,暴露于大气之中,因而高速公路下伏采空区相互作用的研究可借鉴铁路方面的成果。但高速公路无论是结构组成、技术标准,还是行车荷载的复杂性等都与铁路不同。如铁路采动路基一般采取在采动过程中逐步帮填路基的方法处理,而高速公路要求一次性形成整体结构,不允许采取铁路路基式的边采边填的处理方式;铁路道床的相对稳定依靠起道、拨道、调整轨缝等一系列方法，而高速公路路面结构抗变形措施则采取调整变形缝与配筋设置、基层部位设置滑动层等，方法与铁路完全不同。

关于矿山采空区地表建筑的研究历史也很悠久，国内外都对矿区建筑物破坏进行了长期观测，并对其破坏程度标准进行了研究。如我国原煤炭部1985年颁布了《建筑物、水体、铁路及主要井巷煤柱留设与压煤开采规程》[2]；前苏联在1964年制定出第一部全苏标准文件，并在1971年颁布建筑法规《采动区建筑物与构筑物及设计规范》；另外，各国按不同的指标划分了矿区构筑物保护等级，规定了构筑物允许变形值（压缩变形、拉伸变形、倾斜、曲率半径），制订了一系列保护构筑物的采矿措施、构筑物抗变形措施及地基基础处理措施等。这些对采空区地表高速公路建设同样有重要的参考价值。

采空区是一种特殊的岩土工程对象。采矿地表大型线形构筑物——高速公路建设新技术，实际上是矿山开采沉陷学的延伸、拓广与发展，是开采沉陷学与岩土力学、土木工程、矿山地质、采矿工程、地下工程控制相结合的产物。采空区地表高速公路特殊路基建设主要涉及高速公路与下伏采空区的相互作用理论。一方面，路基下煤层的采动导致路基产生各种移动和变形，影响路基的稳定性，路面相应产生附加内力、弯矩，产生一定程度的变形与损害，进而影响到运行车辆的平稳性和安全性；另一方面，路基路面等构筑物的静力荷载及工程施工动力荷载、移动车辆、地震等动力冲击荷载对公路下伏采空区的稳定性也将产生一定影响，加速新采空区的不稳定性发展或造成相对稳定老采区的二次活化。因此，对高速公路下伏采空区相互作用系统进行综合研究，对公路的采动响应性能和采空区在公路作用下的变形与稳定性进行分析和评估，确定它们在各种状态下的可靠性，是合理进行公路路基路面等构筑物设计、施工的实际需要，对于矿区采空区地表高速公路的建设和发展具有十分重要的理论和实际意义。

高速公路下伏采空区相互作用是矿区高速公路建设的关键技术问题，其主要包括如下几个方面的内容：

(1)路基路面结构在采动影响下的响应；

(2)桥涵、隧道及服务区等构筑物在采动影响下的响应；

(3)在公路各种静荷载作用下，似稳定的老采空区的活化或现采区的沉陷分析；

(4)地震、施工机械振动等动力冲击荷载作用下，稳定老采空区活化或现采空区、未稳定老采空区的加速沉陷分析；

(5)公路采动损害性能评估及治理加固问题等。

目前，国内外关于高速公路采动损害的研究报道较少，且往往以研究现采空区与公路的关系为主，关于老采空区地表剩余移动与变形对高速公路影响的研究更少，对高速公路与采空区的相互作用理论研究不够，未能把两者的特点结合起来全面考虑。关于公路下伏采空区治理技术的研究则多以工程经验、施工实例介绍为主，理论研究及理论指导论述有限，致使受采空区影响的高速公路工程建设风险评估难度增加。同时，导致公路下伏采空区治理投资过于保守。

1.1.1 国内外研究现状

采空区是指地下矿产被采出后留下的空洞区，按矿产被开采的时间，可分为老采空区、现采空区和未来采空区。矿体被采出后，自顶板岩层向上形成三带，即冒落带、裂隙带和沉降带；地表沉陷产生连续或非连续变形，由此带来一系列环境岩土工程问题，如地表积水、道路裂缝、房屋倒塌、耕地减少、农田减产等，给矿区工程建设留下很大隐患。

关于采空区问题的研究，国内外主要是在煤炭、冶金、军事和交通等部门进行。如波兰、前苏联、英国和中国等主要产煤国家，从20世纪50年代开始就对“三下”采煤技术进行了详细研究，同时对采空区地表构筑物保护和防治技术也进行了大量试验研究，积累了宝贵的经验；但到目前为止，针对高速公路与下伏采空区相互作用理论的研究国内外报道较少，国内目前虽然在石太高速、晋焦高速、乌奎高速及京福高速徐州东绕城段、河北保阜公路等进行了采空区问题的研究，但主要是工程经验介绍，理论研究甚少，尚未形成成熟的理论及工程设计体系，无规范规程可循。

1.1.2　采空区地表构筑物建设技术概况

关于老采空区地表建筑问题，国内外有很多文献和报道，主要介绍和讨论了老采空区地表沉陷问题、地基处理和建筑物保护问题。目前，与采空区地表建筑有关的规程有：原煤炭部颁布的《建筑物、水体、铁路及主要井巷煤柱留设与压煤开采规程》、前苏联颁布的《采动区建筑物与构筑物及设计规范》、波兰1978年颁布的建筑规程《受开采影响地面建筑的建筑技术规程》；而建设部2002年颁布的《建筑地基基础设计规范》(GB 50007—2002)中，仅有关于岩溶与空洞的设计内容，对于采空区地表建筑地基基础设计的内容，没有具体的阐述。

由于矿区土地资源紧张，在老采空区上兴建建筑物的事例日趋增多，有一般性工业厂房和民用建筑群，也有大型的钢铁、汽车、电力、冶炼、建材等厂房，甚至在采矿地表修建大跨度隧道、桥涵、高速公路等。但是，由于没有或缺少对老采空区“活化”的深入研究和采取一些必要的技术措施，也出现了一系列严重的问题，如新建建筑物出现开裂、沉陷、变形，设备基础变形而无法正常使用等，或因地基处理费用高昂或技术措施复杂而使建设项目难于实施。

在采空区地表成功进行工程建设的事例也有一些。在高速公路方面，河南省就有焦作—晋城高速公路、郑州—少林寺高速公路和禹州—登封高速公路。在工民建方面，如淮北岱河矿充填煤矸石基础上的房建工程，淮南新庄孜煤矿老采空区建设的大型洗煤厂；特别是20世纪80年代初，我国矿区城市在采空区地表兴建了许多大型工业建筑，如本溪水泥厂大型架空索道、本钢特钢厂大型电炉炼钢厂房、本溪热电厂等。这些实例说明，对地基或建筑物采取适当的处理措施后，采空区完全可以作为一般的建筑场地，甚至可以作为大型建筑物用地。

国外尤其是美国，各主要采煤的州都成立了处理采空区沉陷问题的专门机构，并有专门处理采空区地基的岩土公司，在调查研究房柱式采空区、地基处理等方面有比较丰富的经验。其研究方法主要是调查统计方法，仍缺乏较深入的理论研究。采取的处理措施主要包括全部充填采空区支承覆岩、采用灌注桩法或深桩基局部支承覆岩、水诱导沉陷法等。处理后的地面主要用于开发建设居民区等。对采用长壁开采法形成的老采空区的地基稳定性问题和地基处理问题，基本没有进行系统研究，但有一些工程实例，如美国宾夕法尼亚州西部城市园林学院用大容量注浆和注浆柱支撑法处理了几座建筑物下的采空区，控制了其沉降；西弗吉尼亚州、怀俄明州为控制采空区大面积地表沉降，也采用了注浆处理的措施。前苏联地质注浆专业公司用注浆法处理了瓦赫鲁舍夫矿一锅炉房下浅井和别利科夫矿井口大楼下伏采空区。

对于在采空区上方进行建筑活动，仅仅考虑地面附加建筑物荷载对采空区稳定性的影响是远远不够的，采空区自身的稳定性及其“活化”也是影响地面建筑物安全的主要因素。国内采空区地表建筑,一般采取建筑物结构措施或地基处理措施,以保证建筑物的安全稳定。地基处理措施主要有采空区局部或全部充填法、堆载预压法、强夯法等。建筑物抗变形设计一般采取"整体柔性、局部刚性,兼顾工艺流程,综合处理"的原则。具体措施包括:简化建筑物形式、设置变形缝、设置变形缓冲沟、采用抗变形整体基础、提高结构的刚度和强度等。

1.1.3 采空区对高速公路的影响理论研究现状

针对现采空区(或未来采空区)对公路的影响,栾元重、王有良等曾在山东省新汶矿区某一级公路进行了"公路下采煤路基路面损害"的研究,设计了公路下采煤方案,并指导路、矿进行了有效的治理。汤伏全[3]等在石太高速线内的阳泉矿区,对其采动损害及防护技术进行了研究,研究对象包括桥梁、隧道、路基路面、古滑坡、路堑边坡等,解决了因大量压煤而使线路方案不能通过的难题。栾元重[4]还研究了采动公路桥梁的变形稳定问题,提出了桥梁下安全开采的技术措施,并指导了山东新汉矿区汉河公路大桥下煤柱开采试验,实现了桥梁下的安全采煤;同时对采动公路损害状况评价及治理措施进行了研究,提出了采动公路路面板间接缝宽度的计算公式,为矿区公路设计及养护提供了科学依据。栾元重、杜春明[5]等研究了采动间接损害问题,即采动对地表岩移理论圈定的开采范围以外的地表、各类构筑物的损害问题。童立元[6]等对高速公路下伏采空区危害性评价与治理技术进行了阐述。

关于老采空区地表高速公路建设的问题,因时空不同,则会有很大区别。实际上现采空区和老采空区是两种不同的情况,即"先有结构(公路路基)后有(开采)空洞"与"先有(开采)空洞后有结构(公路路基)"。这两种情况的研究和问题的处理方法是有本质区别的。

对于老采空区,国内目前的研究成果主要是针对地表剩余移动与变形对公路的损害,重点放在了工程治理技术和工程实例的介绍,理论研究还没有上升到一定的高度。李满囤[7]对太原—古交二级公路小窑采空区与路桥的稳定性,按类似于《岩土工程手册》[8]介绍的方法进行了分析,并提出了注浆和土工格室的治理方案;孙忠弟[9]等以石太高速公路太旧段采空区治理工程为例,研究了采空区的勘察、危害程度评价及治理技术等问题;张志沛[10]对公路下伏采空区的工程地质背景进行了初步研究;余学义[11]等研究了采空区地表剩余变形对高等级公路危害程度的预计分析方法,包括影响函数法和概率积分法等,并指出改变公路路基、路面结构、材料特性,提高公路抗变形能力是矿区公路防护的重要措施,也是矿区公路建设中尚需深入研究的课题。总的来说,这些研究成果都具有一定的深度,但对老采空区与公路安全运营之间的相互关系,对老采空区的"活化"问题,对高速公路与采空区相互作用的机理等专项课题的研究和认识尚需进一步深入探讨。

1.1.4 国内外采空区的探测技术现状

目前国内外对采空区的探测,主要是以采矿情况调查、工程钻探、地球物理勘探为主,辅以变形观测、水文试验等。其中美国等西方发达国家以物探方法为主,国内对采空区的探测以往主要借助于钻探,但近年来也逐渐认识到应用工程物探方法探测采空区的重要性和优越性。

在美国[12],采空区等地下空洞探测技术全面,电法、电磁法、微重力法、地震法等都有很高的水平。其中高密度电阻率法、高分辨率地震勘探技术尤为突出,且近年来在地震CT技术方面也发展迅速。如应用地震波折射法、电阻率映像法、地震面波剖面法有效地探明了俄亥俄州

70号高速公路下废弃的煤矿采空区。

日本工程物探技术在国外同行业中处于领先地位，应用最广泛地是地震波法。此外，电法、磁法及地球物理测井等方法也应用得比较多。特别是日本 Vic 公司 20 世纪 80 年代开发研制的“GR—810”型佐藤式全自动地下勘察机，在采空区、岩溶等空洞探测中得到了应用，且后续推出的一系列产品都处于国际领先水平。

欧洲国家工程物探技术也较全面，在采空区的探测上，俄罗斯多采用电法、瞬变电磁法、地震反射波法、井间电磁波透射、射气测量技术等。英、法等国家以地质雷达方法应用较好，微重力法、浅层地震法也有使用。

近年来，国内在利用工程物探技术查明地下采空区方面做了大量的工作，发展了多种方法，如地质雷达、弹性波 CT、超声成像测井、卫星遥感(RS)等，也广泛地应用高密度电阻率法、高分辨率地震勘探等综合勘察技术。随着我国物探测量精度和信息处理速度的提高，工程物探越来越成为探明地下采空区的一项重要勘探手段。

另外，河南省地球物理工程勘察院近年来先后在焦作—晋城、郑州—少林寺和禹州—登封高速公路下伏的新老采空区分布地带，在对高速公路有影响的区域，布置了一定网度的沉降位移监测点；通过 6~10d 一次的适时高精度沉降位移监测，很好地圈定了地表沉降分布范围，进而推测到地下深处的隐伏采空区位置，并被钻探验证其推断的隐伏采空区位置是正确的。

目前，国内关于采空区的勘察，有两部规范对其一般性原则进行了规定，即《岩土工程勘察规范》(GB 50021—2001)[13]和《公路工程地质勘察规范》(JTJ 064—1998)[14]。前者按开采状态的不同，分别介绍了老采空区、现采空区和未来采空区的岩土工程勘察原则，并指出采空区的勘察应以搜集资料、调查访问为主，必要时进行物探和钻探；该规范还对采空区场地的建筑适宜性进行了规定，划分成不宜建筑的场地和相对稳定的场地，最后重点介绍了小窑采空区的勘察问题。后者将公路采空区勘察分成初勘和详勘两个阶段，分别规定了各阶段的勘察重点、调查与测绘的内容、勘探(物探和钻探)方法及要求、定位观测的原则，并提出了各阶段的资料要求等。

1.1.5 国内外采空区稳定性评价现状

针对地基开采沉陷及采煤技术，国内外均进行了大量的研究，形成了矿山开采沉陷学等专门学科。但关于采空区对已建高速公路路基及其附属物的危害程度研究甚少，在矿区高速公路建设及其后期的管理工作中这是一个亟待解决的崭新课题。

采空区地表可能产生连续性或非连续性位移变形，对高速公路的危害主要有如下几种方式：

(1)采空区的失稳冒落，使地表剧烈变形，产生塌陷坑、台阶等。

(2)路基沉陷，造成路基、路面局部开裂，使承载力下降，使用条件降低，或造成路面低洼积水破坏。

(3)采空区沉降导致路面倾斜，并使路面坡度发生变化，致使行驶车辆重心偏移，在弯道处极易发生事故。

(4)水平变形和曲率改变使路面受拉伸开裂、受压缩隆起，使路面发生波浪起伏及路面与路基间的局部离层。

20世纪80年代初，英国、波兰、德国等国家的一些学者相继研究了采空区等地下空洞对公路的危害性问题，但成果零乱，未有系统的报道。近年来，随着我国高速公路建设的蓬勃发展，相关单位在此方面的研究工作也取得了重要的成果，如石家庄—太原高速公路、晋城—焦作高速公路、南京—南通高速公路、祁县—临汾高速公路、太原—长治高速公路、广西钟山—马江高速公路、郑州—少林寺高速公路等均对采空区的稳定性问题进行了深入的研究。由于采空区的稳定性评价涉及学科较多，理论基础特别复杂，研究手段和研究程度均有待完善和提高，研究成果多以工程经验积累为主。如《岩土工程手册》[8]和《工程地质手册》[15]中介绍了小窑采空区顶板稳定性评价方法及临界深度的计算方法；周伟义[16]等应用二级模糊综合评判及非线性有限元方法，半定量地研究了潭邵高速公路岩溶及采空区路基稳定性问题，主要探讨了岩溶及采空区岩层顶板安全厚度确定问题；李满囤[7]研究了小煤窑采空区空洞顶板稳定性及临界深度问题，并将其应用到太古二级公路采空区治理中。研究报告同时指出存在的问题是，高等级公路穿越采动影响区的研究尚处于开始阶段，还存在大量的问题，诸如地表剩余沉陷引起公路路基承载力及变形等问题，还需进行大量的研究与实践等。

在高速公路通过采空区的稳定性分析评价方面，研究报告基本形成了共识，采用的方法主要包括预计法、解析法、半预计半解析法及数值模拟方法，并通过计算地基承载力、剩余地表变形量及残留空洞的稳定性、地表破坏范围等步骤进行。

1.1.6 采动地表沉陷对公路的危害程度评价

公路与普通的建筑物不同，它是大范围延伸的线形整体构筑物，不仅因采动而导致的沉陷位移变形对它有较大的影响，采空区剩余沉陷对它的影响也不容忽视。除此之外，由于路面材料的特殊性，它还受温度、湿度及路面局部隆起等因素的影响。地表沉陷对公路的危害程度可用以下方法进行评价：

(1)对地表非连续沉陷破坏地段(地表容易产生突发性塌陷的地段)的评价，主要是评判矿柱及覆岩的强度和稳定性。应用数值分析以及结构力学方法，计算采动覆岩破坏强度，覆岩中复合岩梁(板)的成拱宽度——大厚度坚硬岩层的成拱宽度及矿柱的支撑强度和长期稳定性，评价判定是否需要对采空区及地基进行治理，确定治理方案。

(2)对地表连续位移变形破坏地段(矿层埋深较大，地表仅产生大面积沉降盆地的地段)的评价，可以用影响函数法和经验理论法，预计地表位移变形值，通过地表的下沉量、倾斜值、水平变形和垂直曲率等指标来评价。国外研究结果认为，高速公路和高架桥应列为I～II级保护物，即路面的水平变形 $\varepsilon_0 \leqslant 2 \sim 4$ mm/m，曲率 $K_0 \leqslant (0.2 \sim 0.4) \times 10^{-3}$ mm/m²，倾斜值 $T_0 \leqslant 3.0 \sim 6.0$ mm/m。普通公路应按III级保护物对待，$\varepsilon_0 \leqslant 6$mm/m，$K_0 \leqslant 0.6 \times 10^{-3}$ mm/m²，$T_0 \leqslant 10$mm/m。

(3)在采空影响区建设高速公路要考虑路基的承载能力和其对稳定性影响的要求，还要考虑剩余沉陷位移变形的影响。

(4)路面材料(沥青混凝土)的特性随温度变化大。温度的降低使路面材料的脆性加大，收缩系数增大，抗变形能力降低，在沉降盆地的作用下，路面易于开裂，路面承载能力降低。当路面积水、冰冻膨胀时，会加速路面破坏。

1.1.7 采空区对公路危害的预防

采空区对高等级公路危害的预防应遵循安全、经济、可行的原则。采用合适的开采方法或合适的采空区治理方法,能有效地减小采动地表位移变形破坏。改变路基、路面结构,应用新型路面材料提高路基路面抗变形能力,是在采动剩余沉陷影响区及采动影响较小区域建设公路的有效防护措施。采用以下方法能有效地减小地表沉陷破坏程度:

(1)限制一次开采高度,沿公路轴向大面积协调开采。这种方法已有在铁路下开采煤层的成功经验,一般可以将地表位移变形降低50%以下。

(2)采空区充填方法。采空区充填能有效地减小地表沉陷破坏程度。在有条件的情况下采用水砂充填,能保证公路安全无损;在采深不大时,可采用覆岩离层充填,加固采动覆岩破坏区,限制地表沉陷破坏。

(3)留矿柱条带式开采。采用这种开采方法,矿层回采率低,在浅部开采应用较多。

(4)合理安排开采时间,使地表剧烈变形破坏期避开冬季低温期,以使路面材料变形适应采动地表变形。

(5)对采空区的影响,应根据地表剩余沉陷情况,在主要影响区做详细工程勘测,并以适当的治理方法加以处置。对采深较浅的小窑开采的采空区,应做局部或全部的注浆充填处理;对深度较大的大范围采空区,要以岩层局部充填加固并改变路基、路面结构和材料性能,增加公路抗变形能力作为主要处理措施。

1.1.8 高速公路下伏采空区的勘察设计现状

由于高速公路涉及的范围大,服务的年限长,路基变形指标要求较高,所以地表的稳定性预测评价非常重要,特别是在经过老采空区时,要预测评价高速公路从建设期到服务期内地表的剩余移动与变形量对高速公路的影响程度,明确采空区处理的范围、方法和治理程度,说明路基路面应采取的处理措施等。

由于采空区起始开采的年限不同,各区域内的地质采矿条件不同,导致波及到地表的沉陷延续时间也不同。因而预测老采空区对路基的危害程度,实际上是一个发展的动态过程。在此情况下,老采空区的沉陷在某个阶段只是相对稳定并没有完全中止,其沉降幅度是不均匀的,它对小范围内建筑设施的危害程度不大,但对大面积建筑设施(如大规模的建筑群、高速公路、天然气管路、隧道等)可能会产生较大规模的危害。

(1)采空区治理的设计方法

高速公路工程属于重大的基础设施,位于路基下的采空区治理工程,作为路基处理的组成部分,其设计工作一般包括工程地质勘察和施工图设计两个阶段。高速公路下伏采空区作为影响公路建设的一种特殊地基问题,虽然各单位以前也做了大量研究工作,但目前还没有形成相应的采空区治理技术规范。从设计角度出发,可以将公路下伏采空区这样一项重大的地基处理问题纳入公路工程设计的全过程,实行由浅入深、由宏观到微观、由整体到局部、由定性到定量的全过程设计,进而规范采空区的治理方法。

①工程地质勘察

勘察工作内容:广泛收集有关采空区的资料,包括采矿情况、采空区工程地质条件、地下采空区分布位置及形态、地表的变形情况等，对路线可能经过的采空区在大比例平面图上进行定位，在重要影响地段，安排地表沉降观测点，布置物探和钻探勘察。在对以上资料进行综合分析研究的基础上，查清采空区的大小、形状范围、埋深和三带划分，绘制出采空区三维地质结构图；查清地下采空区的地层单元和岩土层的类型、岩性；为采空区地段的稳定性评价提供可靠的地质依据。

稳定性评价工作内容：根据收集和勘察取得的成果资料，进行采空区的稳定性定量评价，计算其在公路使用年限内的残余沉降，分析路基和车辆荷载对采空区的影响，判断其是否构成采空区"活化"的因素。

所需要的资料包括：矿层倾角、开采深度、厚度、停采时间、顶板岩性、采矿方式和顶板管理方式等。

②施工图设计

施工图设计包括治理方法的选择和确定及治理工艺流程的设计。具体将根据稳定性的定量评价结果，对不稳定和次稳定的采空区，通过分析，确定有效的处理方法，然后详细地编制采空区治理工程的工艺流程及质量控制措施。根据勘察和稳定性评价确定的采空区治理范围，较准确地计算采空区治理的工程量，最终编制采空区治理工程的各项费用预算。

(2)采空区治理设计工作目标

勘察设计及施工图编制阶段的主要目标是：通过地表地质调查，布置变形监测及物探和钻探地质勘察工作，基本查清采空区赋存的三维地质特征。在此基础上，利用相关理论，对采空区稳定性作出定量评价，对需要处理的采空区提出具体的处理方法、工艺流程和质量控制措施，计算工程量并预算费用。

1.1.9 采空区治理技术现状

目前常见的构筑物下伏采空区治理方案主要有三类：

(1)采空区地基处理措施，预防和控制地表残余沉陷的发生。此类方法可细分为四种：

①全部充填采空区支撑覆岩，以彻底消除地基沉陷隐患，采用注浆充填、水砂充填等，其中以注浆法应用最广泛、效果最好；

②局部支撑覆岩或地面构筑物，减小采空区空间跨度，防止顶板的冒落，常用的方法有注浆柱、井下砌墩柱和大直径钻孔桩柱或直接采用桩基法等；

③注浆加固和强化采空区围岩结构，充填采动覆岩裂隙带和沉降带岩土体离层、裂缝，使之形成一个刚度大、整体性好的岩板结构，有效抵抗老采空区塌陷的向上发展，使地表只产生相对均衡的沉陷，以保证地表构筑物的安全；

④采取措施释放老采空区的沉降潜力法，在采空区地表未利用前，采取强制措施加速老采空区活化和覆岩沉陷过程，消除对地表安全有较大威胁的地下空洞，在沉陷基本稳定后再开发利用地表土地，常用方法有堆载预压法、高能级强夯法、爆破释放应力加速活化和水诱导沉降法等。

(2)路基路面及其他构筑物抗变形结构设计措施，采取柔性设计原则、刚性设计原则或综合措施，以吸收和抵抗变形。

对于浅部采空区，一般采取注浆充填和加固地基的方法。而对于深部采空区，因充填加固的方法技术难度大，采空区治理后，可能还会存在一定的剩余空间。因此，应在研究采空区地表剩余变形的基础上，在采空区关键影响区采取与地表移动变形相适应的路基、路面结构措施。目前已提出的处理方法有如下两种：

①设置变形缝和滑动层。

对于采空区地表的水平拉伸区，路面可以采用改性沥青(SBS、SBR)技术。当水平拉伸变形超过改性沥青混合料的允许值范围时，可以采用设变形缝的水泥混凝土路面结构并在路基、路面间设滑动层。水泥混凝土路面应设计与地表变形方向一致的钢筋骨架，增强抗变形能力。根据地表剩余变形产生附加应力及摩擦力的大小确定由变形缝分割的路面板块尺寸。对于采空区地表水平压缩区，采用设变形缝与滑动层的水泥混凝土路面结构，以吸收水平变形，防止路面出现波浪起伏不平的情况。变形缝的大小应根据地表水平压缩变形的大小计算确定。

②采用路堤加筋技术，提高其抗变形能力及稳定性。

土工织物用于加固公路地基和路堤，可提高路堤整体稳定性，减少路堤不均匀沉降，且施工简便，施工质量容易控制。由聚乙烯、聚丙烯为主要原料共聚而成的土工合成材料作为加筋材料，主要品种有：土工布（有纺或无纺）、土工膜。

20 世纪 80 年代，出现了一种新型立体加筋材料——土工格室。这是一种由高分子聚合物经强力焊接而成的三维网状结构，运输时可以缩叠起来，使用时张开，并在格室中填充砂、石、土等填料，构成一种立体的蜂窝状结构。因为土工格室具有一定的高度（5cm 以上），聚合物片材较厚(1 mm 以上)，强度和模量很大，焊接强度大，和填筑于其中的填料一起组成板状结构，在荷载作用下具有一定的抗弯作用从而分散上部结构竖向应力，而且由于是一种韧性结构，能够很好地调整地基的不均匀沉降，是一种很有发展前途的加筋用材料。

1998 年后，国内外的很多研究机构对土工格室加筋结构表现出了极大的兴趣和研究热情。日本将土工格室加筋结构应用在铁路的基床或道床的底部，针对土工格室试样所做的室内试验表明，经列车荷重作用 200 万次后的累计下沉量只有 1mm，试样的变形模量达到 120MPa。Kumar Dash 进行了土工格室加筋砂垫层的条形基础承载力的室内试验，试验结果表明格室加筋砂垫层相当于增加了基础的埋深，可以使条形基础的承载力提高 7 倍，极大地增强了基础的强度和稳定性。我国的西安公路交通大学采用 2m×3m 的模型箱对 7 组不同规格的土工格室进行了静载试验，得到了相类似的结果。

我国西南交通大学土木工程学院做了土工格栅、土工格室加筋砂垫层大模型试验，试验结果显示格室加筋地基能显著提高地基的 K_{30} 值(30cm 圆形承载板试验)，使地基的沉降减少 40%左右。

(3)对地表连续沉降位移的高速公路路段，也可采取绕避方案或修筑过渡路段或营运后及时采取维修方案。

1.1.10 采空区治理质量控制及检测现状

高速公路采空区治理工程属于隐蔽工程，其质量监控包括两方面的工作：一是施工过程的监控，主要是监理工作；二是施工结束后的质量检测工作。目前国内还没有对高速公路下伏采空区治理质量及效果检验的手段和综合评价方法进行统一的规范，其他行业类似工程的检验方法主要有开挖检验法、物探（高密度电法、人工地震等)检测、钻探检测。可参考的规范有冶金部《岩土工程验收和质量评定标准（YB 9010—1998)》中关于注浆工程的条文，及《水工建筑物水泥灌浆施工技术规范 》(SL 62—1994)[17]。可参考的系统而全面的研究论文有《交通标准化》2007 年第 7 期上登载的《禹登高速公路下伏采空区注浆治理工程质量检测技术》[18]。

对于注浆充填法来说，施工过程控制主要采取流量和压力控制法，但由于流量和压力往往随时间波动，单纯靠总注浆量或终孔压力来控制注浆过程是不科学的。近年来，国内外在注浆的自动控制方面有了很大发展。如法国一家公司开发了一种用于灌浆和配料厂的控制和采集系统(CinauT 系统)，包括测量、自动控制和记录灌浆过程，即从灌浆生产到泵出调节全过程。我国长江科学研究院研制的自动灌浆记录仪也达到了国际先进水平。这些装置在采空区注浆中的应用可以实现全过程的动态跟踪监测，根据流量和压力的变化实时指导施工。采空区注浆治理的监理工作主要从钻孔、制浆、注浆、孔口压力等四个环节，并结合采空区的地质特征进行控制。为确保治理效果的可靠性，有必要对治理效果的时效性进行监测。河南禹登高速公路采空区治理工程就采用了实时变形监测，在整个钻孔注浆治理区布置点距不超过 30m 的沉降位移监测点，在钻探注浆施工前、施工中、施工后的不同时段，对注浆区域的地表稳定性进行高精度沉降变形观测，根据实时变形监测结果，通过地表沉降变化特征，直观地反映了采空区治理工程的注浆效果变化、地表沉降稳定的发展趋势，科学地评价了采空区的注浆治理效果和注浆质量。

1.2 禹登高速公路下伏采空区治理工程概述

河南禹登高速公路下伏煤矿、铝土矿采空区治理工程，共分为 6 个治理区块。即王村土门区块(K70＋485～K70＋950)、山沟村区块(K72＋980～K73＋550)、大冶镇刘碑寺区块(K76＋428～K77＋076)、大冶镇垌头区块(K77＋270～K77＋600)、大冶镇朝阳沟区块(K78＋470～K78＋820)和后期变更新增的刘碑寺停车服务区区块(K77＋117～K77＋424)。

2005 年 9 月～2006 年 3 月，通过招投标方式，确定由 5 个中标单位承担禹登高速公路下伏煤矿、铝土矿采空区治理工程。

禹登高速公路采空区治理工程后期变更新增的刘碑寺停车服务区区块(K77＋117～K77＋424)位于登封市大冶镇垌头村南部、西刘碑寺村北部。2005 年 9 月～2006 年元月，大冶镇垌头区采空区治理施工过程中，该区段南侧的铝土矿采矿井一直在不停地开采，且矿石采出量较大，据此推断下伏铝土矿储量可观。同时，经现场调研，发现该区域存在较多的掩埋或半掩埋的铝土矿废弃井口。2006 年 7 月中旬在服务区内的高速公路匝道附近，由于长时间下雨，突然形成一个直径约 6m、深 5m 的塌陷坑，至 2006 年 8 月 1 日又陆续在服务区内发现了多个不规则的塌陷坑、漏斗状塌陷坑和沉降裂缝等(图 1-1～图 1-5)，对刘碑寺停车服务区的高速公路及

图 1-1 直径约 6m、深 5m 的塌陷坑

房建等附属设施构成了直接危害。

为了评价铝土矿采空区对服务区带来的潜在危害，消除可能存在的安全隐患，提高刘碑寺停车服务区的安全稳定程度，2006 年 8 月，受禹登高速公路建设指挥部委托，河南省地球物理工程勘察院具体实施了刘碑寺停车服务区内（K77＋117～K77＋424）铝土矿采空区的工程地质勘察工作。其目的是查明该服务区内已开采铝土矿采空区的分布范围、铝土矿采空区的空间及埋深，评价其对刘碑寺停车服务区（含路基，原采空区治理工程四标已治理范围除外）的危害程度，提出服务区内铝土矿采空区的优化治理方案。

图 1-2　不规则塌陷坑

图 1-3　塌陷坑

图 1-4　沉降裂缝

图 1-5　漏斗状塌陷坑

各标治理范围及设计工作量见表 1-1。

治理范围及设计工作量　　表 1-1

标　段	桩　号	矿　层	设计钻孔个数	设计钻孔延米数	设计注浆量（m^3）	备　注
No. 1	K70＋485～K70＋950	铝土矿	109	2348	18899	王村土门
No. 2	K72＋980～K73＋550	煤矿、铝土矿	139	8330	35791	山沟村
No. 3	K76＋428～K77＋076	煤矿	195	7306	42840	刘碑寺
No. 4	K77＋270～K77＋600	铝土矿	147	5271	32412	垌头
No. 5	K78＋470～K78＋820	煤矿	127	8838	22148	朝阳沟
No. 3	K77＋117～K77＋424	铝土矿	142	6963. 1	32300	刘碑寺停车服务区
合计			859	39056. 1	184390	

1.2.1 采空区概貌

(1)地理位置与交通

禹登高速公路下伏煤矿、铝土矿采空区治理工程位于河南省登封市王村镇和大冶镇,集中分布在禹登高速公路 K70+485～K78+820 段,具体位置如图 1-6。

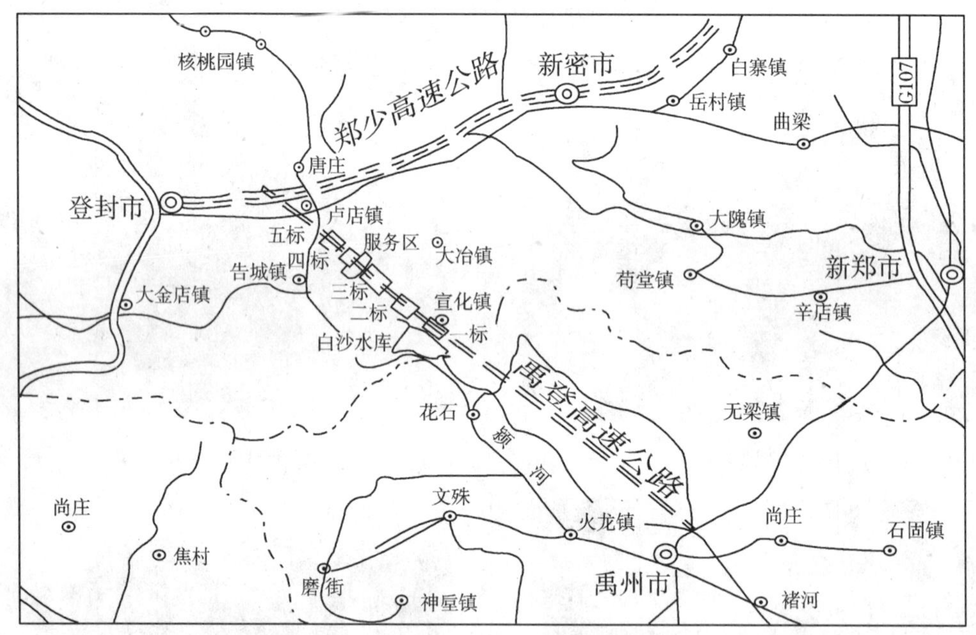

图 1-6 河南禹登高速公路煤矿、铝土矿采空区治理工程交通位置图

(2)地形、地貌

采空区地貌单元属嵩山和箕山山脉东段和东南低山丘陵地貌。K70+485～K70+950(采空区治理工程一标)、K72+980～K73+550(采空区治理工程二标)地表地形起伏较大,需修施工便道与邻近的地方公路相接;采空区治理工程三、四、五标和刘碑寺停车服务区治理段地形较为平坦,可直接与村级公路连接。

(3)地质构造及地层岩性

①铝土矿区地质构造及地层岩性

工程所在区域的构造形态受箕山背斜和颍阳—卢店向斜所控制,构造以断层为主,局部伴有小型褶曲。从已施工的钻探资料看,铝土矿底板标高差异较大,底板岩性为铝土质泥岩,个别钻孔为灰岩。区内铝土矿为多层开采,矿层厚度最厚达 10m 左右。

区内地层自上而下主要为第四系、石炭系、奥陶系。

第四系(Q):上部主要为黄土状粉质黏土,褐黄～棕黄色,垂直节理发育,具明显的孔隙,具湿陷性,干强度高。其下为砂卵石层,成分以石英砂岩为主,分选性好,呈椭圆形。

石炭系(C_3):上部石灰岩段,主要由石灰岩、泥岩和菱铁质泥岩组成,下部主要为浅～深灰色铝质岩,鲕状和豆状结构,含黄铁矿结核和团块。其中铝土矿层呈透镜状、鸡窝状分布,局部可采。

奥陶系(O):主要为石灰岩。只有个别注浆孔中有揭露。

②煤矿区地质构造及地层岩性

工程所在区域的构造形态受箕山背斜和颍阳—卢店向斜所控制,构造以断层为主,局部伴有小型褶曲。从已施工的钻探资料看,煤矿底板标高差异较大,底板岩性为泥岩或砂质泥岩。

区内地层自上而下主要为第四系、二叠系。

第四系(Q):上部主要为黄土状亚黏土,褐黄～棕黄色,垂直节理发育,具明显的大孔隙,具湿陷性,干强度高。其下为砂卵石层,成分以石英砂岩为主,分选性好,呈椭圆形。

二叠系(P):主要层面自上而下为较破碎的灰白色泥岩、煤层或采空冒落带、灰褐色泥岩或砂质泥岩组成。

(4)水文地质及工程地质条件

①水文地质条件

本区为低山丘陵地貌类型,地下水可划分为松散岩类孔隙水、碎屑岩类基岩裂隙水和碳酸岩类岩溶水。主要接受大气降水入渗补给和地下水径流补给,其排泄方式为人工开采和地下径流。

②工程地质条件

区内分布煤矿、铝土矿采空区。由于区内煤矿、铝土矿主要由集体或个人开采而形成,且重复多次开采,形成大面积采空区,采空区形态无规律,冒落程度差异性大。因多年开采,其上覆的岩土层塌陷冒落,自下而上形成冒落带、裂隙带、沉降带,导致地表发生变形,产生裂缝,引起地面沉陷,对建设中的高速公路将会产生较大的破坏作用。

(5)禹登高速公路下伏采空区的类型

①铝土矿采空区

禹登高速公路下伏铝土矿成矿时代为石炭系,主要产于奥陶系灰岩的古侵蚀面或岩溶凹地中,矿层顶板多为铁质黏土、黏土质页岩等,埋深较浅,开采厚度以 1～4m 者居多,最厚为 11m。铝土矿产状呈鸡窝状分布,由于多为集体和个体开采,无统一规划,私挖乱采现象严重,开采方式呈多样性,顶板的管理方法为陷落法。

②煤矿采空区

禹登高速公路下伏煤矿成矿时代为二叠系,矿层顶板多为泥岩、砂岩,地下煤层埋深差别较大,开采深度浅者不足 30m,深的达 110m 左右,其中 30～60m 者居多,煤层的开采方法多为煤柱支撑法,由于是集体或个体开采,私挖乱采现象严重,开采方式和规模差异较大。

1.2.2　采空区对路基和构造物的影响程度分析

禹登高速公路下伏煤矿、铝土矿的开采多为集体和个体,开采方式和规模差异较大且无规律,顶板的管理方式多为陷落法,又因采空区顶板及其上覆岩层多为较疏松的泥岩及风化程度较高的砂岩,致使采空区上覆岩层处于塌陷失稳状态。这种地下空洞由于其上覆岩土层的力学强度、岩层的完整程度与厚度不足,在雨季充水条件下,即丧失稳定性自行塌陷,因而地面出现塌陷坑、陷阱或地表大范围沉降。

有些采空区的上覆岩层处于极限稳定平衡状态,其上覆岩土层的重力作用与岩土层本身的抵抗能力已经相等或者十分接近，虽然采空区尚未塌落，但随着一些偶然的不利因素（如上覆岩土层风化作用致使岩土层的抗压、抗拉强度降低，地面载荷偶然增大等）出现，空洞随时都可能塌陷。

采空区注浆治理工程开始前，这部分采空区已产生冒落现象，在几个采空区地表都有直接反映，如塌陷坑、沉降盆地、沉降裂缝等。由于冒落岩块间空隙较大，连通性好，冒落岩石具有可压缩性，加之冒落岩块压实程度的不同，堆积层的力学稳定性不同，导致冒落带在横向及纵向上都存在极大的差异性。随着岩土层的风化及水的浸泡、化学反应、自重作用、地面载荷的增大等，极易导致岩土层应力场的重新排布，从而产生地表变形。

鉴于禹登高速公路下伏煤矿、铝土矿采空区分布的地质特征，考虑其开采方式、开采规模及其上覆岩层较薄且风化较严重的特点，根据前述理论，判定禹登高速公路沿线的采空区极易发生自然塌落或在地面载荷加大的情况下发生突发性沉陷，并将给在建的高速公路及其附属物造成危害，影响高速公路的安全运营。对此，河南禹州至登封高速公路有限公司决定：对沿线的采空区实施注浆治理，保障高速公路的安全运营。

1.2.3 采空区治理技术

禹登高速公路下伏煤矿、铝土矿采空区治理工程由河南省交通规划勘察设计院进行整体勘察设计。河南省地球物理工程勘察院承担了技术难度较大的禹登高速公路刘碑寺停车服务区采空区治理工程的勘察设计，采用的勘察方法主要有工程地质调查、地球物理勘探、地质钻探、岩土测试和地表变形监测等。对勘察取得的信息，由有地质、采矿经验的专业人士进行定性、定量的解释分析后，得出符合当地地质情况的成果。对采空区的空洞体积、赋存状态等进行计算，为注浆工程的设计预算提供重要依据。

采空区的治理方法是采用全充填压力注浆法。通过压力注浆对高速公路下伏采空区、冒落带、裂隙带进行充填、胶结、固化，要求注浆浆液对采空区、冒落带、裂隙带的充填率达到95%。通过全充填后浆液的作用，达到控制采空区下沉的目的。将采空区对路基及附属物造成的危害程度降到最低并趋于零。

禹登高速公路下伏采空区治理工程最终的质量检测和评定，借鉴了河南郑州—少林寺高速公路采空区治理工程施工质量检测经验，在保证注浆质量检测结果可靠的前提下，为缩短施工周期，保证在建高速公路整体工期不受重大影响，注浆工程结束一个月后，立即对禹登高速公路下伏煤矿、铝土矿采空区治理工程实施了钻探取芯、声波测井、静水位观测、压浆验证、浆液结石体抗压强度检验以及地表变形监测等综合质量检测工作（而设计院原要求需在注浆结束半年后，开始质量检测。这样既不能及时判定采空区的治理效果和质量，也影响高速公路的整体建设速度）。

为了公正地、有代表性地检测评价采空区治理工程的效果和质量，提高检测结论的可信度，避免出现有异议的偶然性结论，各采空治理区注浆质量的检查工程量均大于或等于5%。为了保证井中物探（声波等）检测资料的定量对比分析，注浆施工前，在各采空治理区，利用未注浆钻孔布置了同比例的未注浆钻孔声波检测工作，以获得有代表性的、符合概率统计理论的未注浆钻孔声波波速背景值。

2 采空区沉陷机理及对构筑物的危害程度分析

2.1 采空区破坏类型与特征

2.1.1 采空区地表沉陷破坏类型

采动地表沉陷破坏程度取决于矿产地质、构造地质和采矿因素。矿产地质方面主要为矿层的开采深度(H)、采厚(M)、矿层倾角(α)和覆岩岩性;构造地质方面主要为地质构造的破坏程度(即断层和褶曲的规模等);采矿因素主要为开采方法、回采工作面、回采速度和顶板管理方法、开采范围及开采状态等。

不同的地质采矿条件对地表沉陷破坏程度差异很大,反映到地表的形态可归结为连续位移变形和非连续位移变形两类。在缓斜、倾斜矿床条件下,采矿形成的采空区对地表沉陷破坏类型的判定条件如下所述。

(1)地表连续位移变形条件

①覆岩岩性(充分条件):采空区上覆基岩厚度和岩体胶结强度较大,这种条件下的冒落发展过程中,顶板的下沉速度比较慢、下沉量比较小,冒落过程比较长、比较充分,破坏的发展过程比较缓慢且地表位移变形呈连续性。

②开采深度 H 与开采厚度 M(必要条件):矿层开采深度 H 较大,开采的厚度 M 较小,深厚比 $H/M>30\sim50$ 时(地表移动及变形与采厚成正比,与采深成反比。所以,常采用深厚比 H/M 作为衡量开采条件对地表移动影响的粗略估计指标。显然,深厚比愈大,地表移动与变形值愈小,地表移动速度就较缓慢;反之,地表移动和变形则剧烈),地表下沉速度比较慢,下沉量比较小,冒落过程比较长,破坏的过程比较缓慢且地表位移变形呈连续性。

③开采范围、采留比及预留矿柱的强度(必要条件):采空区开采范围的大小,主要取决于岩层与地表移动变形和发展的充分程度。开采范围与预留矿柱同步进行且矿柱的有效强度应能满足支撑采空范围的沉降和长期的稳定性,也就是采留比要合适。此种情况下,地表下沉速度比较慢,下沉量比较小,冒落过程比较长,破坏的发展过程比较缓慢且地表位移变形呈连续性。

④开采方法:控制顶板冒落和地表移动变形量(即满足地表位移变形的连续性),有如下两种方法。

a. 条带开采法:进入矿层可开采的工作面范围以内,以采、留近似相同的方式,按设计要求的条带宽度进行条带式开采和留设条带状煤柱。这样,工作面的面积采出率一般为50%左右。条带采空区的顶板有自然冒落法和充填条带法,条带开采使顶板上方一定高度的岩层内形成连续自然拱,以阻止上覆岩层和地表的沉陷,可使采空区上覆岩层和地表的移动量、移动速度减小,呈现长时段地表沉降的连续性。

b. 充填开采：在采矿工作面开采过程中，用充填采空区的方法控制顶板，使其不发生冒落，从而可以控制覆岩和地表的移动和变形。可使用水砂充填或使用混凝土充填，这两种充填方法，使得地表稳定性较为可靠。

(2)地表非连续位移变形条件

①覆岩岩性(充分条件)：采空区上覆基岩厚度和岩体胶结强度较小，这种条件下的冒落发展过程中，顶板的下沉速度比较快，下沉量比较大，冒落过程比较短且不充分，破坏的发展过程比较剧烈且时段不可预期。

②开采深度 H 与开采厚度 M(必要条件)：矿层开采深度 H 较小，开采的厚度 M 较大，深厚比 $H/M<30\sim50$ 时(显然，深厚比愈小，地表移动与变形值愈大，地表移动和变形愈剧烈)，地表下沉速度比较快，下沉量比较大，冒落过程比较短，破坏的发展过程比较剧烈，容易产生突发性沉降，地表位移变形呈非连续性。

③开采范围、采留比及预留矿柱的强度(必要条件)：在开采过程中，开采范围的不适当增大，致使预留的矿柱范围缩小，也就是采留比不合适，造成矿柱的有效抗压强度降低，不能满足支撑采出空间上覆岩层的沉降和长期的稳定性。此种情况下，地表下沉速度比较快，下沉量比较大，冒落过程比较短，破坏的发展过程不可预见且地表位移变形呈现非连续性。

④开采方法：由于某些集体或个体采矿者，为取得矿产资源利益的最大化，无勘察，没设计，私挖乱采，没有控制顶板冒落和抑制地表移动变形量的有效方案。采矿者进入矿层可开采的工作面后，采取简易支护、少留矿柱或不留矿柱的方式。这样，工作面的采出率一般都较高，但风险相当大。自然冒落使上覆岩层和地表的沉陷变得无法预计，可能在开采中、开采后的较短时间内，也可能在几年、几十年才冒落。在此情况下，采空区上覆岩层和地表的移动量和移动速度呈现非连续性。

综上所述，采空区地表连续位移变形以连续下沉盆地为特征。当地下的开采范围达到一定程度时，地表开始移动，出现下沉盆地。随着开采范围扩大，下沉盆地也不断地增大，对应地表的每一点都要经历拉伸—倾斜—压缩及扭曲等复杂的动态位移变形破坏过程。地表沉陷一般要持续 2.5～5.0 年，剧烈沉陷期(下沉速度>1.8 mm/d)一般要持续 0.5～1.0 年。

采空区地表非连续位移变形破坏形式为，地表出现大的裂缝(图 2-1、图 2-2)，台阶式沉陷、漏斗状塌陷坑(图 2-3、图 2-4)及伴随沉陷，地表出现滑动或出现滑坡等破坏形式。非连续破坏以突发性、隐藏性为特点，没有一定的规律，有时开采后几十年还会发生较大的沉陷破坏，

图 2-1　地表裂缝(一)

图 2-2　地表裂缝(二)

这种情况对地面构筑物危害极大。

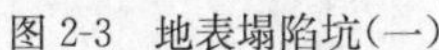

图 2-3 地表塌陷坑(一)

图 2-4 地表塌陷坑(二)

2.1.2 采空区地表移动变形地貌特征

地下矿层采出具有一定空间规模后，矿层上部的岩层失去支撑，平衡条件被破坏，使之产生弯曲、塌落，导致地表下沉变形。地表破坏的形式及特征如下。

(1)地表移动盆地

在某一开采深度(一般认为超过 100～150m，或采深大于采厚 30 倍时)，当采空区的采空面积达到一定规模后，引起的顶板岩层移动并波及地表，在采空区上方形成沉陷凹地，称为地表移动盆地。对于水平煤层、矩形采空区，最终移动盆地直接位于采空区上方呈椭圆形，并与采空区互相对称。当矩形采空区开采的煤层倾斜时，则移动盆地呈不对称的椭圆形并向采空区下山方向偏移。

移动盆地形成的初始阶段，地表出现了裂缝及小范围的塌陷坑，随着采空区面积的增加、地面沉陷范围的扩大并逐渐形成沉陷洼地(移动盆地)，洼地中分布着大小不等的塌陷坑。当采空区范围停止扩展时，地表最终形成以张裂缝为边界的沉陷盆地。采空区地表移动变形特征见表 2-1。

采空区地表移动变形特征 表 2-1

变形特征	判别标志	适应范围
地表移动盆地	①地表沉陷凹陷区，具有破坏地面道路、管道和沟渠的作用； ②盆地面积较采空区面积要大得多； ③除有垂直沉降外，还有水平移动分量； ④有时常年积水； ⑤随着采矿过程的推进，凹陷区边界不断扩展	各种倾角煤层
地表裂缝	①出现在移动盆地的外边缘区； ②一般平行于采空区的边部发展； ③裂缝形状呈楔形；上大下小，愈深处裂缝宽度愈小； ④裂缝一般在 5～10m 深尖灭； ⑤较大裂缝两侧地表往往有一定的落差	水平或缓倾斜煤层

续上表

变形特征		判别标志	适应范围
台阶状塌陷盆地		①盆地范围很大； ②盆地中央部位平坦，边缘部位形成多级台阶； ③靠煤层底板一边比顶板一边的台阶落差大，边坡较陡，台阶级数少； ④除有垂直沉降外，还有水平移动分量	倾斜或垂直煤层采深与采厚的比值较大时
塌陷坑	漏斗状塌陷坑	①出现于所采煤层正上方或稍有偏移； ②坑口多呈圆形； ③沿煤层走向分布； ④垂直塌陷； ⑤面积较小； ⑥多分布于煤层采空区范围内； ⑦总塌陷面积与采空区面积比值很小	直立或急倾斜煤层
	槽形塌陷坑	①开采深度不大； ②出现在厚或特厚煤层露头地表附近； ③沿煤层走向分布； ④塌陷坑底部比较平坦或出现漏斗状塌陷坑； ⑤塌陷坑靠煤层底板一边坡度较陡，靠顶板一边坡度较缓	特殊地质条件下的缓倾斜或水平煤层

(2)地表裂缝

开采缓倾斜煤层时，在移动盆地的外边缘区，地表可能出现裂缝。裂缝的发生及其宽度、深度与表土的黏塑性大小及表土受到拉伸变形大小相关，也与采深、采厚、顶板管理方法、表土层厚度及岩性有关。塑性大的黏性土，一般在地表拉伸变形值超过 6～10mm/m 时，才发生裂缝；塑性小的砂质黏土、黏土质砂或岩石，一般在地表拉伸变形达到 2～3mm/m 时就会产生裂缝。

地表裂缝一般平行于采空区发育，其特点是张性裂缝，即上宽下窄，且愈往深部愈窄，在一定深度内可能尖灭。据观测，裂缝一般在地表下 5m 左右就消失了，个别裂缝深度可达到 10m。较大裂缝两侧的地表，往往有一定的落差。在基岩直接出露的丘陵地带或山区，此裂缝延展较大。因此当采深小，矿区地表没有第四系地层覆盖(或者很薄)时，在地表形成的张裂隙(缝)就有可能与导水裂隙带沟通。从而成为地表水进入井下的通道，此时的地表移动盆地内则不会有积水。

(3)台阶状塌陷盆地

在开采急倾斜煤层时，当采深与采厚的比值较大时，地表可能出现一种台阶状平底塌陷盆地。这种塌陷盆地范围较大，盆地中央部分平坦，边缘部分形成多级的台阶。靠煤层底板一边比顶板那边的台阶落差大，边坡较陡，台阶级数少。

(4)塌陷坑

塌陷坑多出现在开采急倾斜煤层时。但在开采缓倾斜煤层时，当采深与采厚的比值较小时，地表也极易发生突发性的塌陷坑。按其形状，塌陷坑可分为漏斗状和槽形。

①漏斗状塌陷坑

开采急倾斜煤层时，所采煤层上方的地表露头处可能断续地出现许多大大小小的圆形或椭圆形塌陷漏斗，其漏斗大体位于所采煤层露头的正上方或稍有偏离。塌陷坑坑口有厚层松散层覆盖时，多呈圆形（漏斗状或井状）；在很薄或无松散层的情况下，塌陷漏斗内能见到基岩。

开采缓倾斜煤层时，其地表除了出现裂缝外，在浅部或在某种地质采矿条件下开采，也可能出现漏斗状塌陷坑。常见的有如下两种情况：

a. 在采深很小和采厚很大的情况下，采用房式采煤法，由于采厚不均匀，造成覆岩破坏高度不一致，从而使地表容易产生漏斗状塌陷坑；即使采用长壁式采煤法，若采厚不一致，地表也有可能出现漏斗状塌陷坑。

b. 在有含水砂层的松散层下采煤时，由于地质资料不明，缺乏精确的测量图纸或者不适当地提高开采上限等原因，使回采工作造成的冒落性破坏到达含水砂层时会引起水、砂、泥溃入采空区，使地表产生漏斗状塌陷坑。

②槽形塌陷坑（塌陷槽）

在开采急倾斜煤层的条件下，当开采深度不大的厚及特厚煤层或煤层间距很小的煤层群时，所采煤层露头上方的地表，可能沿煤层走向出现连续槽形塌陷。其坑底比较平坦，有时坑底还出现漏斗状塌陷坑。塌陷槽靠煤层底板一边的坡度比较陡，而靠煤层顶板一边的坡度则较缓。

2.2 采空区覆岩冒落机理

在缓倾斜矿层区，当采深较大、采厚较小时，地下矿层采出后形成空洞的上覆岩体将失去支撑，原来的平衡状态被打破。在覆岩应力达到或超过岩体自身强度的情况下，覆岩岩层就要破碎冒落。冒落下来的块石无规则地堆积起来，逐步充填或半充填采出的空间。随着冒落范围向上覆岩层扩展，冒落物逐渐充填了采空区，其上的岩层受到冒落物的支撑不会再发生突发性塌落。

冒落带支撑上部岩层的同时，本身也受上覆岩层的重力作用而发生压缩。在此条件下，冒落带的上覆岩层在其重力作用下，发生挠曲并出现裂缝，裂缝展开的范围称裂隙带。因地质条件、采矿厚度、冒落带高度等不同，裂缝向上覆岩层延伸的高度也各不相同。一般情况下，裂缝上延的高度与冒落带的厚度大致相当。冒落带向裂隙带过渡，没有明确界线，只能大致划分。裂隙带之上的岩土层，由于开采矿层引起的应力变化不大，因而不发生破裂，只是出现以沉降为主的柔性弯曲变形，其地表位移变形的特征是连续的（图 2-5）。

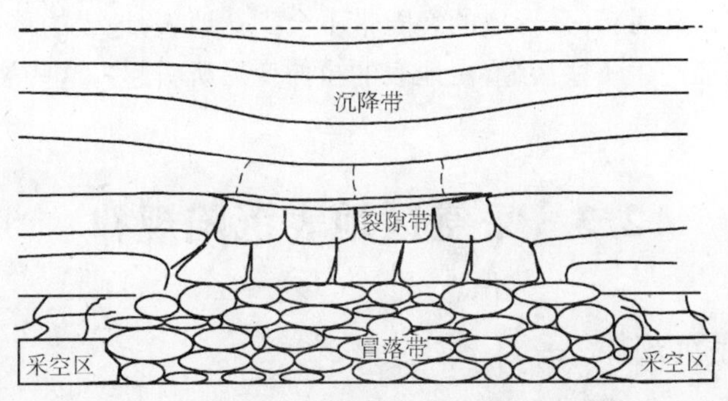

图 2-5 缓倾斜矿层区采空区覆岩沉陷机理模拟图

在急倾斜矿层区，若采深较浅，采厚、采出面积较大，且上覆岩层强度较小的情况下，一旦采空区上覆岩体的平衡状态被破坏，覆岩的冒落方式就是突发性的，随着直接顶板的冒落而塌陷。从而在地表形成塌陷坑、地表裂缝、台阶式沉陷带等，具有较强的破坏力，其地表位移变形的特征是非连续的。

沉降变形初步稳定后的岩层按其破坏程度，大致可分为三个不同的采动影响带，即冒落带、裂隙带、沉降带(图 2-5)。其中，冒落带和裂隙带统称冒落裂隙带，沉降带又称整体移动带。

2.2.1 冒落带

随着矿层的开采，其直接顶板在自重力的作用下，发生法向弯曲，当岩层内部的拉应力超过岩石的抗拉强度时，便产生断裂，破碎成块而冒落。冒落岩块大小不一，无规则地堆积在采空区内。

冒落岩石具有一定的膨胀性。冒落岩块间空隙较大，且连通性较好。

冒落岩石体积大于冒落前原岩体积。岩石具有碎胀性是使冒落自行停止的根本原因。

冒落岩石具有可压缩性。冒落岩块间的空隙随着时间的延长和采动程度的加大，在一定程度上可得到压实，一般情况稳定时间越长，压实性越好，但永远不会恢复到原岩的体积；由于压实程度的不同，堆积层的力学稳定性不同，导致冒落带在横向及纵向都存在极大的差异性。

2.2.2 裂隙带

在采空区上覆岩层中产生裂缝、离层及断裂，但仍然保持层状结构的那部分岩层，称为裂隙带。裂隙带位于冒落带和沉降带之间。裂隙带内岩层产生较大的弯曲、变形及破坏，其破坏特征是，裂隙带内岩层不仅发生垂直于层理面的裂缝或断裂，而且产生顺层理面的离层裂缝。下部岩层大多断开，但仍保持其原有层次。裂隙带漏水严重，上部岩层裂缝不断开，连通性差。

2.2.3 沉降带

沉降带位于裂隙带之上直至地表。此带内岩层的移动特点为：沉降带内岩层在自重力的作用下产生层面法向弯曲，在水平方向上呈双向受压缩状态。

沉降带内岩层的移动过程是连续而有规律的，并保持其整体性和层状结构，不存在或极少存在离层裂缝，在竖直面内，各部分的移动值相差很小。

沉降带的高度主要受开采深度的影响。当采深很大时，沉降带的高度可大大超过冒落带和裂隙带的高度之和。此时，开采形成的裂隙带不会到达地表，地表的移动和变形相对比较平缓。有时在地表也可能产生一些裂缝(由地表的拉伸变形所引起)，这些裂缝常表现为地表宽、地下窄的特征。

2.3 采空区地表沉陷规律

2.3.1 地表下沉规律

在水平或近水平煤层开采条件下，采空区中央上方地表下沉值最大，从盆地中心向采空区边缘下沉量逐渐减小，在盆地边界点处下沉值为零，下沉曲线与采空区中央对称，见图2-6。在倾斜煤层开采条件下，地表下沉最大值偏向下山方向，下沉曲线与采空区不对称，见图2-7。

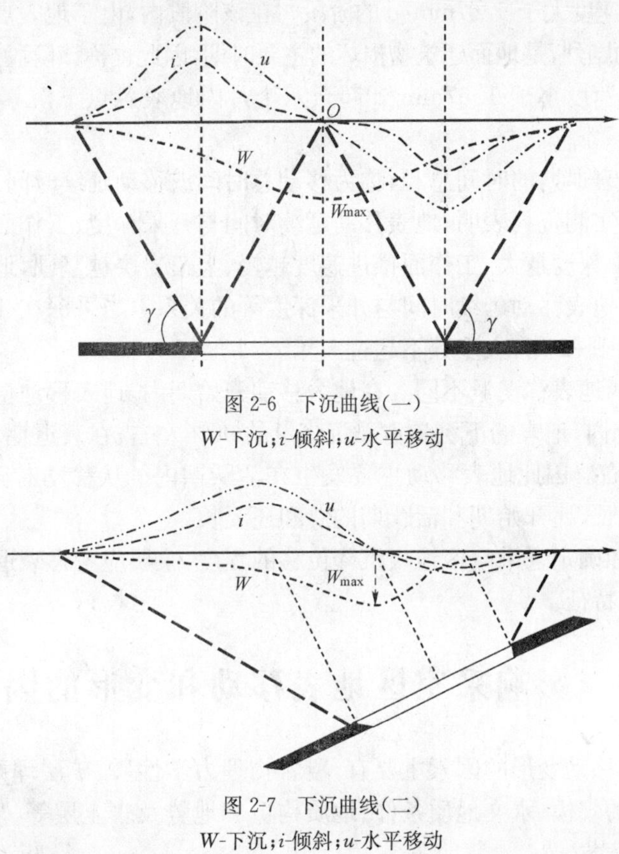

图2-6　下沉曲线(一)

W-下沉；i-倾斜；u-水平移动

图2-7　下沉曲线(二)

W-下沉；i-倾斜；u-水平移动

2.3.2　地表倾斜规律

采空区地表移动盆地的倾斜变化规律为：盆地边界至拐点间倾斜渐增，拐点至最大下沉点间倾斜逐渐减小，在最大下沉点处倾斜为零，在拐点处倾斜最大，有两个倾向相反的最大倾斜值，倾斜曲线与采空区中央反对称，见图2-6。

2.3.3　地表水平移动规律

地表水平移动分布规律与倾斜曲线相似，即：盆地边界至拐点间水平移动逐渐增大，拐点至最大下沉点间水平移动逐渐减小，在最大下沉点处水平移动为零，在拐点处水平移动最大，有两个相反方向的最大水平移动值，水平移动曲线以采空区中央反对称，见图2-6。

2.3.4　地表移动延续时间规律

地表移动延续时间(或移动总时间)是指在充分采动或接近充分采动的情况下，地表下沉值最大的点从移动开始到稳定所持续的时间。在地表移动的各点中，最大下沉点的下沉量最大，下沉的时间最长。根据目前的研究成果，一般可将地表的移动过程分为三个阶段。

(1)开始期:下沉量达到 10mm 的时刻为移动开始时刻。从移动开始至下沉速度刚达到 1.67mm/d 时刻为移动开始期。

(2)活跃期:下沉速度大于 1.67mm/d 的阶段。在该阶段内,由于地表点的下沉占总下沉的 85%~95%,地表移动剧烈,是地面建筑物损坏的主要时期,因此也称该阶段为危险变形阶段。

(3)衰退期:下沉速度小于 1.67mm/d 起至六个月内地表各点下沉累计不超过 30mm 时为移动衰退期。

开始期、活跃期、衰退期的时间总和,称为移动总时间或移动延续时间。

国内各煤矿区的实测资料表明,地表移动延续时间与开采深度、工作面推进速度及上覆岩层的性质等有关,开采深度越大、工作面推进速度越慢、上覆岩层越坚硬,地表移动延续时间越长。很多矿区建立了地表移动延续时间与开采深度等的关系。当采深在 100~200m 时,地表移动延续时间一般为 1~2 年,大多数不超过 5 年。

不同时期,采空区地表移动量不同。在地表移动开始期内,地表移动量占地表最大下沉量的 5%左右;在活跃期内,地表的下沉量占总沉降量的 90%左右;在衰退期,地表最大下沉量约占总沉降量的 5%左右。因此地表移动主要发生在活跃期内。从移动时间的长短来看,衰退期内地表移动时间最长,比开始期和活跃期的总和还要长。

综上所述,研究和确定老采空区地表沉降位移的程度,主要应考虑衰退期结束后的采空区内部和地表移动变化特征。

2.4 影响采空区地表移动和变形的因素

影响采空区地表移动变形的因素主要有:覆岩物理力学性质、矿层埋藏的几何条件、采矿技术及时间、采空区的规模、水文地质条件、地质构造和地势及表土层等。煤矿采空区地表变形的主要影响因素见表 2-2。

采空区地表变形的主要影响因素 表 2-2

主要影响因素		分类及特征			地表变形			
					幅度		范围	
自然地质因素	矿层埋藏几何条件	矿层厚度	大	小	增大	减小	增大	减小
		倾角	大	小	增大	减小	减小	增大
		埋藏深度	大	小	减小	增大	增大	减小
		松散层厚度	大	小	增大	减小	增大	减小
		断层密度	大	小	增大	减小	增大	减小
		裂隙密度	大	小	增大	减小	增大	减小
	覆岩物理力学性质	岩性	硬	软	减小	增大	减小	增大
		胀缩性及水化性	大	小	增大	减小	增大	减小
	水文地质	地下水位	上升		增大		增大	
		煤柱被水解和软化的程度	大		增大		增大	
		煤柱被风化的程度	大		增大		增大	

续上表

<table>
<tr><th colspan="2" rowspan="2">主要影响因素</th><th colspan="3" rowspan="2">分类及特征</th><th colspan="4">地表变形</th></tr>
<tr><th colspan="2">幅度</th><th colspan="2">范围</th></tr>
<tr><td rowspan="5">采矿因素</td><td rowspan="3">采空区几何条件</td><td>采出量</td><td>多</td><td>少</td><td>增大</td><td>减小</td><td>增大</td><td>减小</td></tr>
<tr><td>采厚</td><td>大</td><td>小</td><td>增大</td><td>减小</td><td>增大</td><td>减小</td></tr>
<tr><td>采空区及巷道尺寸</td><td>大</td><td>小</td><td>增大</td><td>减小</td><td>增大</td><td>减小</td></tr>
<tr><td rowspan="2">采掘技术</td><td>顶板管理</td><td colspan="2">陷落</td><td colspan="2">增大</td><td colspan="2">增大</td></tr>
<tr><td colspan="3">重复采动</td><td colspan="2">增大</td><td colspan="2">增大</td></tr>
<tr><td colspan="2" rowspan="2">时间因素</td><td colspan="3">长</td><td colspan="2">增大</td><td colspan="2">增大</td></tr>
<tr><td colspan="3">短</td><td colspan="2">减小</td><td colspan="2">减小</td></tr>
</table>

2.4.1 覆岩物理力学性质的影响

当覆岩不存在极坚硬岩层(如胶结程度较好的砂岩、砂质页岩以及灰岩等)时,开采后容易冒落;煤层上部的覆岩随采随冒,不形成悬顶,并产生“三带”变形,地表则产生缓慢的连续性变形。

对于影响公路地基的大多数采空区来说,其开采深度较小,冒落带和裂隙带可以直达地表,地表产生非连续性变形。

当覆岩中存在极坚硬岩层时,有下面三种情况:

(1)覆岩均为厚层极坚硬岩层,开采后形成悬顶,不发生任何冒落但发生弯曲变形,地表只发生缓慢的连续性变形。

(2)覆岩中大多数为极坚硬岩层,开采后,采空区顶板大面积暴露,煤柱支撑强度不够时,覆岩发生一次性的突然冒落,地表则产生突然塌陷的非连续性变形;在地面可见有纵横交错的张口裂隙,宽度最大为0.1~0.5m,深不见底,这些裂隙均分布于采空区正上方。

(3)覆岩中,在某一个部位上存在厚层极坚硬岩层,采空区顶板局部或大面积暴露后发生冒落,但冒落发展到该坚硬岩层时便形成悬顶,不再发展到地表。这时,覆岩产生拱冒型变形,地表产生缓慢的连续性变形。

当覆岩均为极软弱岩层时,如一些泥岩、页岩、黏土岩或第四系土层等,煤层顶板即使小面积暴露,也会在局部地方沿直线向上发生冒落,并可直达地表,产生漏斗状塌陷坑。

在急倾斜煤层开采的情况下,如果煤层顶底板岩层很坚硬,回采后,采空区顶板不冒落,而采空区上方残留的煤层则沿煤层底板的软弱岩层形成的滑脱面冒落和下滑,这种冒落和下滑,可能会在一定高度上停止,也可能一直发展到地表,在地表煤层露头处出现塌陷坑。如果顶板为坚硬岩层,底板为软弱岩层,则底板岩层易产生滑移,地表变形集中于底板一侧。如果顶底板的岩层之间存在软弱层或夹层,则岩层与地表变形集中在软弱夹层处。此时地表变形沿软弱层面形成台阶状下沉盆地,而位于软弱夹层露头处的地面呈整体移动。如果采空区顶底板均为软弱岩层,回采后冒落岩石充填采空区，从而阻止了采空区上方煤层的冒落和向下滑动，这样就可避免地表露头处出现塌陷坑。

上覆岩层的岩石力学性质是影响地表最大下沉值的主要因素之一。如前所述，当上覆岩层为坚硬岩石时，岩层弯曲下沉时往往产生离层裂缝。随着采空区的扩大，岩层及地表下沉逐渐稳定后，离层裂缝虽能逐渐减小，但终究不能完全消除。所以在其他条件相同情况下，上覆岩层坚硬时的地表最大下沉值小于岩层较软时的地表最大下沉值。

2.4.2 地层倾角的影响

地表移动各种参数的变化都与煤层的倾角 α 有关。如图 2-8 所示，随着煤层倾角的增大，地表移动盆地在采空区下山方向扩展更远，而采空区下山边界的移动角 β 也随之减小。通过对大量观测资料的分析研究，发现移动角 β 与地层倾角 α 存在如下函数关系：

$$\beta = 90° - k\alpha \tag{2-1}$$

式中，k 为系数，它随着矿区岩石强度增大而增大，即岩石强度愈大，倾角 α 在上式中的影响愈大。

煤层倾角对上山移动角 γ 的影响不明显。随着煤层倾角的增大，最大下沉角 θ 值减小。由实际观测资料经统计分析，得出最大下沉角的经验公式为：

$$\theta = 90° - k\alpha \tag{2-2}$$

式中，k 为系数，它与岩性有关，不同矿区 k 值有所不同。

上式说明，随着煤层倾角 α 的增大，最大下沉角 θ 减小，见图 2-8。

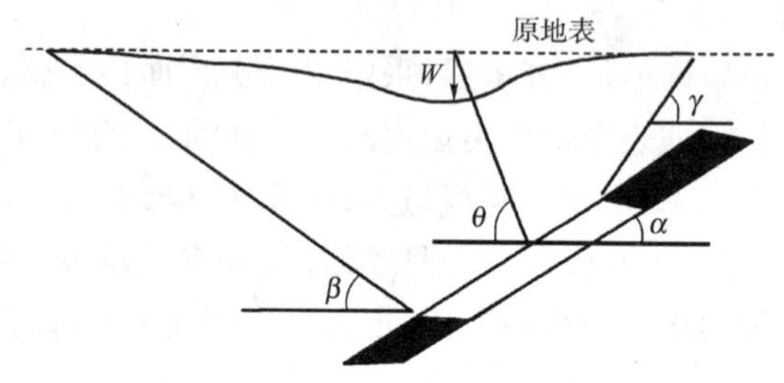

图 2-8 地层倾角对采空区地表沉降的影响

β-下山边界的移动角；α-煤层的倾角；γ-上山移动角；θ-最大下沉角

根据上述公式并结合实际资料知道，当 $\alpha > 60° \sim 70°$ 时，移动角 β 和边界角 β_0 值不再随煤层倾角之增大而减小，但也不是说当 $\alpha > 60° \sim 70°$ 时移动角 β 和边界角 β_0 是最小值，它反而有略微增大的趋势。

同样，当 $\alpha > 60° \sim 70°$ 时，最大下沉角 θ 值也不再随煤层倾角 α 的增大而减小，而是随煤层倾角的增大而增大，但不大于 90°。不同地层倾角的采空区导致地表移动盆地变形的特征见表 2-3。

不同地层倾角的采空区导致地表移动盆地变形的特征　　表 2-3

煤层类型	水平煤层	倾斜煤层	急倾斜煤层
地表移动盆地特征	①移动盆地中心与采空区中心一致时，盆地的平底部分位于采空区中部的正上方。 ②地表移动盆地的形状与采空区对称。如果采空区的形状为矩形，则移动盆地的平面形状为椭圆形。 ③移动盆地在外边缘区的分界点，大致位于采空区边界的正上方或略有偏离	①在倾斜方向上，移动盆地的中心偏向采空区下山方向，与采空区中心不重合。 ②移动盆地与采空区的相对位置，在走向方向上对称于倾斜中心线，而在倾斜方向上不对称，煤层倾角越大，不对称越明显。 ③移动盆地的上山方面较陡，移动范围小；下山方面较缓，移动范围较大	①形状不对称更加明显，工作面下边界上方地表的开采影响达到开采范围以外很远，移动盆地明显偏向下山方向。 ②最大下沉值不在采空区中心正上方，而在采区下边界上。 ③地表的最大水平移动值大于最大下沉值

随着煤层倾角的增大，地表水平移动值将增大。

2.4.3 采煤及顶板管理方法的影响

采矿和顶板的管理方法是影响采空区覆岩破坏程度及地表移动变形最直接的主要因素。不同的采矿和顶板管理方法，反映在地表，其移动变形量及沉降变形延续时间都不相同。

(1)长壁陷落法开采：长壁大冒顶开采，为目前大型和特大型矿井使用的常规采煤方法，其单一工作面宽度及推进长度较大，可达百米以上。采空放顶后，顶板自由或强制冒落。这种采煤方法的综合机械化程度和回采率高，推进速度快，采空区面积大，因而地表移动速度快，移动变形量也大，随着时间的推移，老采空区内的空洞率和残余的变形量却较小。

(2)短壁陷落法开采：此种采煤方法是目前中型矿井使用的常规方法，其单一工作面一般在 60～80m 之间，推进长度在 200～300m 之间。采空放顶后，顶板一般为自由冒落。此法采煤常采用爆破和普通机械作业，回采率和采空区的面积较之长壁法开采低一些，因而地表移动量和移动速度也相对小一些。但是随着时间的推移，形成的老采空区的空洞率和残余变形量相对于长壁陷落法要大一些。

(3)巷柱式和房柱式开采：此法为目前小煤矿非正规的采煤方法。此法在开采过程中，在运输巷道的两侧隔一定距离穿巷刷帮开采，巷道的长度、宽度视顶板情况而定，预留矿柱支撑顶板无技术方案，完全凭经验施工，用爆破和简单采掘机械开采。放顶后自然冒落，回采率较低，地表移动变形规律性差。一般浅采空区易出现塌陷坑或环形沉陷区，深采空区则地表移动变形缓慢，残余空洞率较大。

(4)特殊开采方法：为了控制顶板冒落和地表移动变形量而专门设计的开采方法，使用较多的有条带法和充填法两类。

①条带开采：是在长壁陷落法布置的工作面范围内，以采留相间的方式，按设计要求的条带宽度进行条带式开采和留设条带煤柱，工作面的面积采出率一般为 40%～60%。条带采空区的顶板有自然冒落和充填支护两种，分别称为冒落条带法和充填条带法。条带开采使顶板上方的岩层及地表的移动量和移动速度减小，形成一个平缓的碟形移动盆地，从而可以控制地

表的变形值,使其小于保护对象的允许变形值。

②充填开采:在工作面开采的过程中,用充填采空区的方法控制顶板,使其不发生冒落,从而可以控制覆岩和地表的移动与变形。充填的效果与煤层倾角、充填材料的压缩系数及充填工艺等因素有关。密实充填条带采空区的地表移动变形和地下空洞率都很小。

2.4.4 开采厚度与开采深度对地表变形的影响

开采厚度对地表移动过程的性质起着重要的影响作用。采厚(指一次性开采厚度)愈大,则冒落带高度愈大,移动过程表现愈剧烈,地表移动变形值也愈大。随着开采厚度的增加,地表移动范围增大,而最大下沉值随开采深度增加变化不大。因此,随着开采深度的增加,地表移动盆地变得平缓,各项变形值减小。所以,在其他条件相同的情况下,地表移动及变形值与采深成反比。

地表移动与变形既与采厚成正比,又与采深成反比。所以人们常用采深采厚之比 H/M(简称深厚比)作为衡量开采条件对地表移动影响的粗略估计指标。显然深厚比愈大,地表移动与变形值愈小,移动就较缓慢;反之,地表移动和变形则剧烈。在深厚比很小的情况下,地表将出现较大裂缝、台阶状断裂,甚至出现塌陷坑。

开采深度对地表移动速度和移动时间有很大影响。一般来说,当 $H<50\text{m}$ 时,地表移动时间仅 2～3 个月;而当 $H=500\sim600\text{m}$ 时,地表移动时间可达 2～3 年之久。地表最大下沉速度与开采深度成反比。当开采深度很小时,地表移动速度大,而持续时间短。当开采深度较大时,地表移动速度小,移动比较缓慢、均匀,而移动持续时间则较长。

2.4.5 采空区的规模对地表变形的影响

采空区的规模决定了地表移动过程发展的充分程度及地表移动盆地的形状和地表移动变形分布特征。

根据岩性不同,采空区横向上达到一定规模后,移动波及地表。此后,随着工作面向前推进,地表下沉值继续增大,这时地表的采动影响称非充分采动。当采空区面积达到一定范围时,地表下沉值达到该地质采矿条件下之最大值,此时,地表的采动影响称充分采动。以后虽然采空区继续扩大,地表下沉值并不再增大,在地表移动盆地中央形成一个平底区域,一般称之为盘形盆地。由此可知,只有在非充分采动条件下,地表下沉值才是随着采空区面积的增大而增大的。

衡量地表的充分采动程度,一般采用充分采动系数 η_1 和 η_2。

$$\eta_1 = k_1 d_1 / h_0 \tag{2-3a}$$

$$\eta_2 = k_2 d_2 / h_0 \tag{2-3b}$$

式中:k_1、k_2——系数,与地质采矿因素有关;

d_1、d_2——分别为采空区沿走向及沿倾斜方向的长度;

h_0——平均开采深度。

当 $\eta_1=\eta_2=1$ 时,地表即达到充分采动。如 $\eta_1>1$,$\eta_2>1$,则地表达到超充分采动。如 $\eta_1<1$,$\eta_2<1$,地表为非充分采动。不同采动程度情况下,地表移动特征见表 2-4。

采动程度对地表移动盆地的影响　　表 2-4

采动程度	非充分采动		充分采动	超充分采动
	双向未达到临界尺寸	单向未达到临界尺寸		
开采情况	采空区尺寸在长度方向和宽度方向均未达到相应地质采矿条件下时的临界开采尺寸	采空区尺寸仅在长度方向达到或超过临界开采尺寸	采空区尺寸在长度和宽度方向都达到临界开采尺寸	采空区尺寸在长度和宽度方向都超过临界开采尺寸
地表移动盆地特征	地表移动盆地呈碗形，移动盆地内所有点均未达到最大下沉值，地表移动盆地的中间区尚未形成	地表移动盆地呈槽形，其长轴方向与采空区长边方向平行，盆地内所有点均未达到最大下沉值，地表移动盆地中间区未形成	地表移动盆地呈碗形，仅盆地正中央达到最大下沉值，盆地中间区未形成	为标准的地表移动盆地，呈盘形，形成了中间区、两边缘区及外边缘区

2.4.6 重复采动对地表变形的影响

上部煤层开采后，开采下部煤层或同一煤层开采下一工作面时，岩层及地表移动过程比初次移动剧烈，地表下沉值增大，地表移动速度加大，移动总时间缩短，地表移动范围扩大。重复采动时岩层与地表移动过程的这种变化称为重复采动时岩层与地表移动过程的加剧(亦称为活化)。

重复采动时，地表下沉速度显著增大，相应的地表移动范围也增大。

2.4.7 水文地质条件对地表变形的影响

当上覆岩层由比较坚硬的岩石组成时，岩层内含水多少对其物理力学性质无明显影响。当为软弱岩层及松散岩层时，层内含水多少对其物理力学性质有着明显影响。如泥质页岩遇水后塑性增大，在移动过程中不易产生裂隙或断裂；冲积层内含水较多时，在移动过程中就会产生疏干现象，使地表下沉值增加及移动范围扩大。

2.4.8 断层对地表变形的影响

断层位于采空区或其周边的位置、断层的倾角、断层的大小、断层面的强度等因素决定着断层对岩层与地表移动的影响程度。

岩层在移动过程中遇到断层后，将产生沿断层层面的移动，这种移动沿断层面一直发展到地表断层露头处。在断层露头处地表移动与变形剧烈，常产生裂缝，有时甚至产生台阶状大裂缝，而断层露头处以外的地表移动突然减小，致使地表移动范围减小。在断层露头处如有建筑物，建筑物将遭到严重破坏。而位于断层露头处以外的建筑物则只受到轻微破坏或不受影响。

2.4.9 地势和表土层对地表变形的影响

在地势平坦的条件下，地表最明显的移动和变形是产生沉陷盆地、裂隙或裂缝、陷落坑等；

在山区条件下，地表的移动和变形除具有一般的地表移动形式外，还可能存在另外两种形式：一种是滑坡，一种是滑移。

山区地表移动特征复杂，这主要与地形起伏状况、地质采矿等因素有密切的关系。其主要特点为：

(1)山区地表移动除有明显的垂直下沉量外，还产生明显的水平位移。

(2)在山坡上，易产生向下坡方向的滑移，进而引起向下坡方向的水平移动和下沉。

松散层对地表变形有很大的影响，特别是对地表水平变形移动的影响十分明显。当基岩为水平或近水平时，松散层移动形式和基岩移动形式基本一致，两者都呈现垂直弯曲的形式，移动向量都指向采空区中心，因此，水平移动呈现对称分布；当岩层倾斜时，基岩移动形式发生变化，其移动向量指向煤层的上山方向，因此，基岩的水平移动均指向上山方向，由于摩擦力的作用，从而带动松散层的水平移动也指向上山方向。在松散层中，这种移动由下往上逐渐衰减，当松散层较厚时，基岩移动产生的应力场因在松散层内衰减，而传递不到地表，这时地表只有因松散层垂直弯曲而引起水平移动的现象发生。

2.5 采空区地表稳定性的评价与监测

高速公路下伏采空区地表稳定性的评价方法，常用的有开采条件判别法、地表移动变形预计法和沉降观测法。分述如下：

2.5.1 据开采条件判别分析

开采条件主要指采矿方法、覆岩特性、矿层赋存条件、开采时间和地形地质条件等。

(1)采矿方法

①长壁式大冒顶连续采煤法(顶板管理方法为全部垮落法)，是使覆岩沉陷破坏最严重的一种方法，它能使上覆岩层的冒落裂隙带高度得到充分发展。当深厚比较大时，能促使上覆岩层迅速而平稳地移动，地表下沉量达到最大，但地表变形分布均匀，稳定性较好，对建筑物下采煤是有利的。但当深厚比太小时，冒落裂隙带将达到地表，地表的稳定性最差，容易形成非连续性破坏，如大裂缝、台阶状断裂，甚至出现塌陷坑。

②房柱法、条带法、刀柱法是在顶板比较坚硬的情况下采用的采煤方法。采煤过程中，煤柱留设的大小、采留比例及采空区充填与否，决定着上覆岩层的破坏情况及地表的稳定性。如留下煤柱的尺寸较大，采留比例合适，可以保证支撑住顶板岩层使其不发生冒落，地表就不可能发生明显移动，因而地表的稳定性相对较好，或者在很长时间内(几年或几十年)呈现极缓慢下沉。如果煤柱尺寸过小，不能支撑住顶板及上覆岩层，顶板照样冒落，覆岩破坏情况与全部垮落法几乎相同，地表出现的移动和变形是不均匀的。

(2)覆岩(顶板)特性

①坚硬覆岩：岩性以古生代地层的粗砂岩、粉砂岩和石灰岩为主，岩层的节理裂隙不发育，整体性较好，单向抗压强度值可大于60MPa。坚硬覆岩冒落过程缓慢，空顶时间长，冒落时岩块较大，形成的上覆岩层裂隙带发育较高，因而冒落岩块间的空洞率较大，地表下沉和移动变形量较小，移动延续时间较长，地表的稳定性较好。

②中硬覆岩:岩性以古生代地层的泥质砂岩、泥质粉砂岩、泥灰岩、泥岩、砂质页岩和页岩为主,岩层的节理和裂隙较发育,单向抗压强度可在30～60MPa。中硬覆岩冒落过程较快,空顶时间短,冒落岩块间的空洞率也较小,地表的下沉和移动变形量则较大,移动延续时间也比坚硬覆岩短,地表的稳定性较差。

③软弱覆岩:岩性大部分为中新生代地层中的砂质泥岩、泥岩、泥灰岩以及黏土和砂质黏土等软岩层和松散层,单向抗压强度小于30MPa。软弱覆岩随采随冒,且冒落块度小,覆岩裂隙带发育高度低,冒落岩层间的空洞率很小,地表下沉和移动变形量大而集中,移动延续时间短,地表的稳定性最差。

(3)矿层赋存条件

①开采深度和厚度:研究表明,采空区地表移动的大小与开采深度成反比关系,而地表移动范围则随采深的增大而成正比关系。同时,采空区地表移动变形的大小与开采厚度(指煤层的法向厚度)也成正比关系,即开采厚度愈大,或开采层数愈多,地表的稳定性也愈差。

矿层的开采深度 H 和开采的矿层厚度 M 之比称之为开采深厚比(H/M)。评价采空区对地表稳定性的影响,常用开采深厚比来衡量。

a.浅层采空区:浅层采空区的开采深厚比 $H/M \leqslant 30$。浅层常规的壁式陷落开采法形成的采空区,其地表移动剧烈,移动速度和移动变形量都很大,地面可出现明显的台阶状塌陷裂缝或塌陷坑,地表裂缝可能与下部裂隙带连通,开采过程中可使地面构筑物产生严重损坏,但移动延续时间短,地下空洞率和残余变形相对较小。浅层非常规的房柱式开采法形成的采空区,在地表形成的塌陷坑,可使地面构筑物产生严重破坏,采空区内遗留的地下空洞及残余变形量,会对地表的稳定性构成潜在危害。

b.中深层采空区:中深层采空区的开采深厚比 $H/M>30$,但小于200。中深层壁式陷落开采法形成的采空区,其地表可产生不同程度的移动、变形和裂缝,可使地面构筑物产生不同程度的损坏;房柱式开采形成的采空区内,残存的空洞及残余变形也可能会对地表的稳定性构成不同程度的潜在危害。

c.深层采空区:深层采空区的开采深厚比 $H/M \geqslant 200$。深层采空区地表移动范围相对较大,但移动速度缓慢,移动变形量小,如无特殊恶劣的地形和地质构造影响,即使是长壁式陷落法开采,地表一般也不会发生明显的塌陷裂缝。开采过程中,一般也不会对地面构筑物产生结构性损害,冒落裂隙带或房柱式开采法形成的采空区内残存的空洞,一般也不会对地表的稳定性构成潜在危害。

②矿层倾角:煤层倾角的大小直接影响采空区地表的稳定性。一般按矿层倾角(α)的大小,将采空区分为水平～缓倾斜、倾斜和急倾斜三类。

a.水平～缓倾斜矿层采空区:煤层倾角 $\alpha \leqslant 15^\circ$,采空区地表移动盆地大体与采空区的平面位置相对称(图2-9),地表移动变形分布大致对称于采空区中心,上覆岩层以层状弯曲的形式移动。

b.倾斜矿层采空区:煤层倾角 α 介于 15°～45°之间。倾斜煤层采空区地表移动盆地偏向下山方向(图2-10),地表移动变形值对采空区中心呈偏态分布,下山方向的移动范围、移动变形值和移动延续时间都大于上山方向。其煤层采出后,上覆岩层在层状弯曲的同时,有少量的覆岩沿层面方向移动,主要体现在采空区上山方向的岩层上(图2-11)。

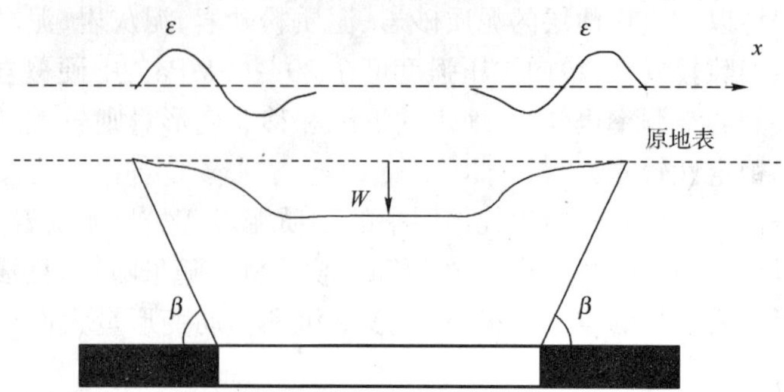

图 2-9　水平～缓倾斜采空区地表下沉和水平变形曲线图

W-下沉；ε-水平变形；β-基岩移动角

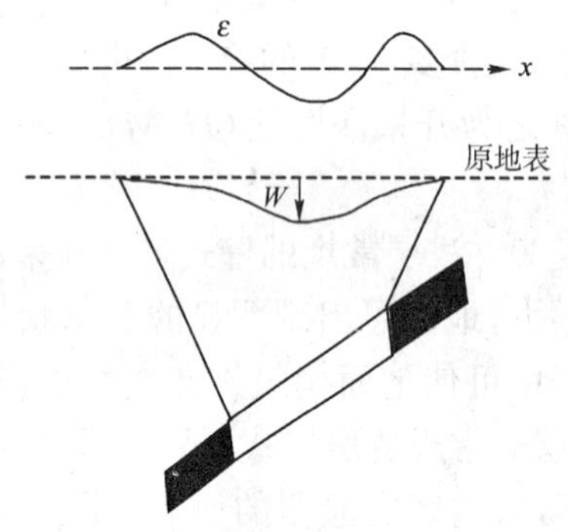

图 2-10　倾斜矿层采空区地表移动盆地及移动变形曲线

ε-水平变形值；W-下沉

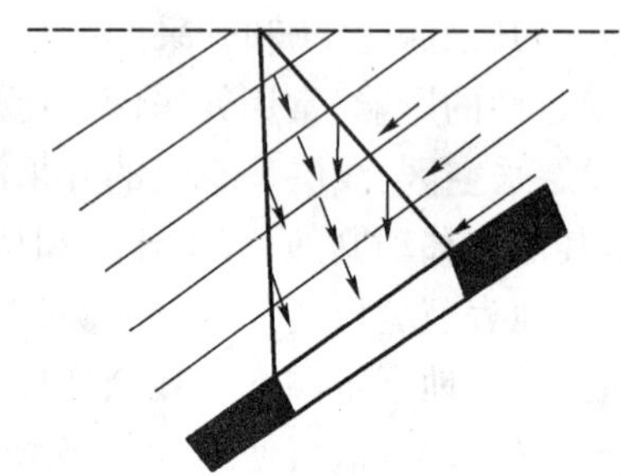

图 2-11　倾斜矿层采空区岩层移动典型模式

c. 急倾斜矿层采空区：矿层倾角$\alpha \geqslant 45°$。急倾斜煤层采空区沉降移动盆地偏于下山方向。由于采空区顶板冒落，岩块沿底板滑动并堆积于下山方向，主断面沉降移动盆地常呈勺形，移动盆地的移动变形分布呈极不对称状态，水平移动分量可能大于下沉分量，移动盆地内常出现较宽的地表裂缝。急倾斜煤层采出后，采空区上盘岩层以沉陷和水平移动为主导变形模式，而在煤层的下盘（即底板方面）岩层也存在层内移动（图 2-12）。

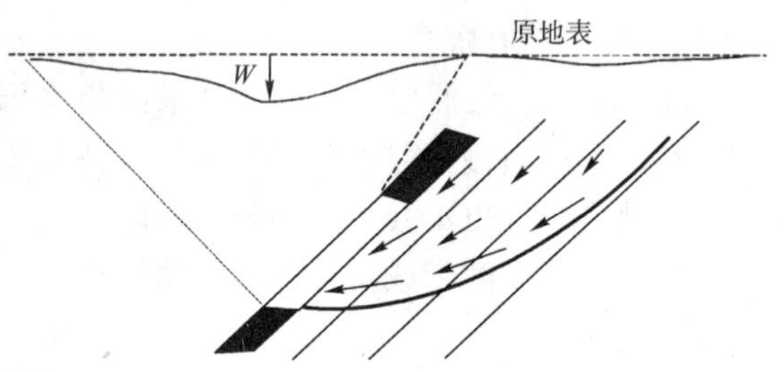

图 2-12　急倾斜矿层采空区地表移动变形曲线及下盘岩层移动典型模式

随着矿层倾角的增大，矿层开采后地表的变形将由垂直沉降向水平移动过渡，水平移动分量的逐步加大，使得地表的稳定性逐渐变差。

(4)矿层开采时间

采空区地表任意点的移动都要经历初始期(T_c)、活跃期(T_h)、衰退期(T_s)和残余期(ΔT)，各时期的移动量和移动速度各不相同。其中初始、活跃和衰退三期之和称之为移动延续期(T)。

$$T = T_c + T_h + T_s \tag{2-4}$$

移动延续期的长短与覆岩性质、开采方法、开采深度和工作面推进速度等因素有关。在长壁陷落法开采条件下，上覆岩层愈硬，开采深度愈大，工作面推进速度愈慢，地表变形点的移动延续时间愈长，对地表稳定性的影响就越小；反之，上覆岩层愈软，开采深度愈小，工作面推进速度愈快，变形点的移动延续时间愈短，对地表稳定性的影响就越大。

①移动初始～活跃期采空区：包括刚刚开采和长时间正在开采的采空区。这种采空区将经历包括危险变形期在内的全部移动变形过程，将承受给定开采条件下的全部或大部分的移动变形量，地表面临的稳定性相对最差。

②移动衰退期采空区：为即将采完或刚刚采完的采空区。这类采空区的活跃移动期或危险变形期已经过去，剩下的为移动衰退期和残余移动期，地表所承受的后续移动变形量相对较小，地表面临的稳定性相对较好，但不能完全排除危险变形出现的可能性。

③残余移动期的采空区：这类采空区的常规移动延续期已过，常规移动变形也已经终结，地表面临的稳定性相对好一些，但对浅～中层采空区，由于地质情况复杂，诱发沉降的因素很多，故应重点分析发生残余移动变形超过允许变形的可能性。

在高速公路的建设过程中，遇到采空区时，地表稳定性的评价尤为重要，采空区的规模、开采的时间、赋存状态、开采方法、地质条件等需要重点考虑，特别是在评价采空区的时间效应上，应重点考虑残余移动期。有些采空区在开采过程中达不到充分开采，或采用房柱式开采的采空区，虽然移动衰退期已过，但采空区和上部冒落裂隙带内仍然留有一定程度的裂隙和空洞，这就为残余移动变形的发生和发展提供了条件。

工作面间的隔离煤柱，在上覆巨厚岩层长期压应力作用下，一旦被压垮，或由于长期风化和水文地质条件变化（如采空区内水位上升时浸泡使其煤柱逐步变软，水位下降时的风化剥落等），使得工作面间的隔离煤柱失去部分或全部支撑作用；或在上述各种应力的综合作用及其他外力的扰动下，使采空区上覆岩层失稳，使得冒落带及裂隙带岩块相互之间的支撑作用发生变化，就可能导致采空区及其冒落裂隙带内的裂隙和空洞率减小，从而引起地表的残余移动变形量突然增大，致使采空区地面的建筑物遭受严重损坏。

另外，在一些中、浅部采空区内，遗留的煤柱较大，其上覆岩层可形成应力平衡拱，采空区的顶板可在很长时间内保持悬空而不冒落或仅有局部冒落，地表在一定的时间内不产生移动或移动非常缓慢，达不到危险变形的程度，因而地面的建筑物在相应的时间内不会受到移动变形的影响。但此类采空区地下遗留的空洞隐伏着潜在的危险。当采空区经历相当长的时间后，采空区内遗留的煤柱因受到覆岩长期的压应力作用、风化作用或其他外力的扰动，使得部分或全部失去支撑作用，覆岩内部平衡拱遭受破坏，采空区的顶板和覆岩即发生冒落，从而影响到地表的稳定性，使得地表移动变形超过建筑物的允许值，导致建筑物损坏。

(5)地形地质条件

采空区场地往往处于特殊的地质条件和地形环境中，其对地表稳定性的影响和破坏有明显的控制作用。

①丘陵平坦地段采空区的稳定性：在丘陵地带或地势较平坦的条件下，采空区地表最明显的移动和变形是产生沉陷盆地、裂隙或裂缝、塌陷坑等。地表的稳定性与采矿方法、覆岩特性、矿层赋存条件、开采时间相关。其稳定性及地表变化特征如图 2-5～图 2-12 所示。

②山区采空区的稳定性：山区采空区地表移动与变形规律与丘陵平坦地段有着明显的不同，除了一般的地表移动形式外，还可能有滑坡、滑移、坍崩的地表表现形式。采动山地滑坡主要有两大原因：一是开采区存在潜在滑动面或古滑坡等构造弱面，开采导致薄弱面强度进一步降低，或使受力条件、边界条件发生变化，山体发生滑塌；二是开采引起新的滑动破坏面，在条件适合时，引起山体失稳滑动。山体的滑移是在开采引起的地表移动过程中，表土层或风化层在重力分量作用下，沿山坡向下的缓慢滑动。它与采动沉陷过程同时发生，其移动量、移动方向和移动范围取决于地表倾角、倾向、移动盆地位置及附近的地形情况，是山区采动地表移动最普遍的现象。

③断层带采空区的稳定性：由于断层带处岩层往往比较破碎，岩体力学强度远远低于周围岩层的强度。地下开采引起的应力集中，导致断层破碎带成为变形集中(即滑脱面)的有利位置，在采空区上覆岩层发生移动与变形的同时，还可能引起断层上下盘沿断层面的相对移动，从而导致地表移动与变形的正常分布发生改变。根据采空区与断层带之间的空间关系，有如下几种情况：

a. 采空区走向垂直于断层走向，断层面倾向与采空区基岩移动角倾向一致，断层面倾角小于基岩移动角。断层位于采空区影响范围之外，在采空区上方岩层的移动过程中，在某些因素的影响下，促使断层面的极限平衡状态遭到破坏，则岩层沿着断层面发生滑动，其结果是在断层露头处地表产生裂缝、槽沟和台阶，同时地表移动范围增大，见图 2-13。

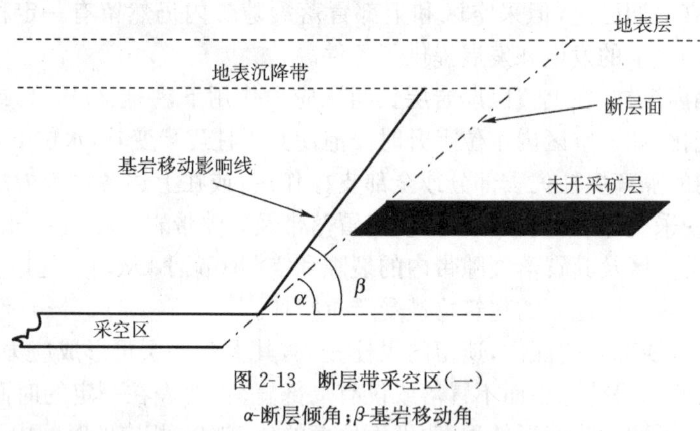

图 2-13　断层带采空区(一)

α-断层倾角；β-基岩移动角

b. 采空区走向垂直于断层走向，断层面倾向与基岩移动角倾向一致，断层面倾角大于基岩移动角。此时整个断层位于工作面开采后的覆岩移动范围内，当井下工作面开采后，由于断层面两侧的岩层在移动过程中发生滑动，致使断层露头处地表很快形成台阶(一般快于正常采动影响的时间)，所形成的台阶差也较大，同时采空区上方地表移动的范围缩小，见图 2-14。

c. 采空区走向垂直于断层走向，断层面倾向与基岩移动角倾向相反(图 2-15)。此种情况下，断层面与移动角的影响线相交，断层面的上部位于工作面的采动影响范围内，断层面的下部位于工作面的采动影响范围外，当井下工作面回采后，上覆岩层发生移动时，由于在 a、b 处岩层不连续，采空区上方岩层移动与变形一般不能传递到基岩影响指向的断层上盘的顶部，而终止于 a、b 附近。于是断层露头处(a 处)可产生宽度较大的台阶状裂缝，采空区地表移动范围缩小。

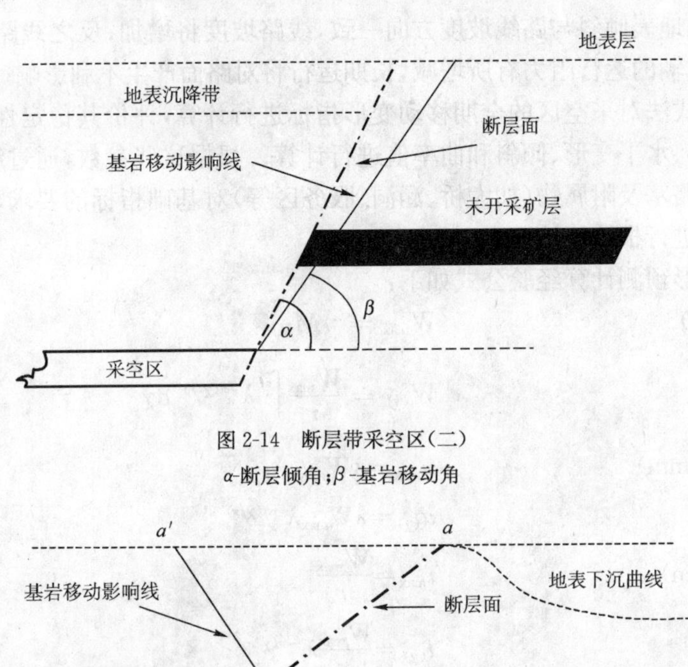

图 2-14 断层带采空区(二)

α-断层倾角;β-基岩移动角

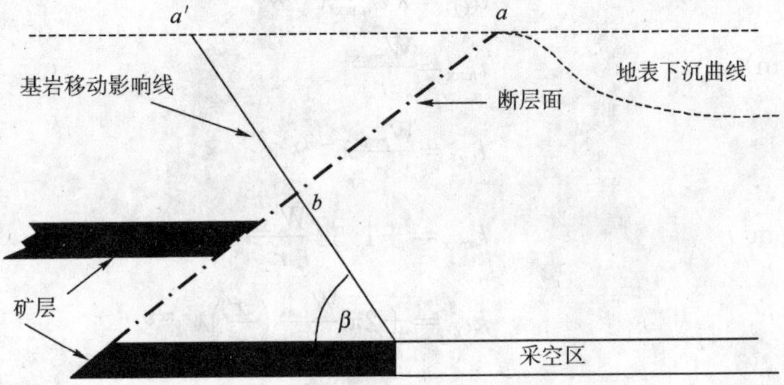

图 2-15 断层带采空区(三)

β-基岩移动角

2.5.2 据地表移动变形预计评价

由于采空区起始开采的时间不同,各地区地质采矿条件不同,决定了采空区地表的沉陷延续时间不同。因而预计老采空区对高速公路的直接危害将是一个复杂的动态过程,特别是要预测采空区地表的剩余移动与变形量,判断该区域是否满足高速公路建设和运营期间对地面移动和变形的要求,预测采空区可能带来何种程度的地质灾害,从而为高速公路的建设提供决策依据。

采空区在其地表上的反映,主要归结为两种移动和三种变形,即地表垂直下沉和水平移动,倾斜、曲率和水平变形。

地表垂直下沉:垂直下沉产生的拉伸变形会引起路基的松弛,不同的层位间可能产生脱层,影响路基表面的承载力。地表的倾斜和拉伸变形,影响公路的质量和运营安全。

地表水平移动和水平变形:沿路基纵向的水平移动变形将使路基受到拉伸和压缩,垂直路线方向的横向移动将改变路基的原有方向,由于这两种移动的不均匀性,会使公路发生坡度、竖曲线形状和路线方向的变化等。

地表倾斜和曲率:地表变形的不连续性和无规律沉降的不均匀性,使路面的原有坡度出现无规律的变化，如地表倾斜与路线坡度方向一致，线路坡度将增加；反之线路坡度将减小或形成反坡，从而使车辆的运行阻力有所增减，长期运行将对路面产生不利影响。

利用经验公式法对采空区的全期移动变形指标进行计算，评价其稳定性。同时对剩余地表下沉、水平位移、水平变形、倾斜和曲率值进行计算。根据这些参数，通过综合分析，确定是否满足高速公路路基及附属物（如大桥、涵洞、服务区等）对基础指标的要求，提出是否需要对已查明的采空区进行根治性治理。

地表移动变形预测计算经验公式如下：

下沉 W(mm)

$$W_{\max} = \eta M_{采厚} \tag{2-5}$$

$$W_{(\chi)} = \frac{W_{\max}}{r}\int_{x}^{\infty}\lambda^{-\pi(\chi/r)^2}\,\mathrm{d}\chi \tag{2-6}$$

水平移动 u(mm)

$$u_{\max} = \lambda W_{\max} \tag{2-7}$$

$$u_{(\chi)} = \lambda W_{\max}\lambda^{-\pi(\chi/r)^2} \tag{2-8}$$

倾斜 i(mm/m)

$$i_{\max} = \frac{W_{\max}}{r} \tag{2-9}$$

$$i_{(\chi)} = \frac{W_{\max}}{r}\lambda^{-\pi(\chi/r)^2} \tag{2-10}$$

曲率 k(mm/m^2)

$$k_{\max} = \pm 1.52\frac{W_{\max}}{r^2} \tag{2-11}$$

$$k_{(\chi)} = \pm 2\pi\frac{W_{\max}}{r^2}\left(\frac{x}{r}\right)\lambda^{-\pi(\chi/r)^2} \tag{2-12}$$

水平变形 ε(mm/m)

$$\varepsilon_{\max} = \pm 1.52\lambda\frac{W_{\max}}{r} \tag{2-13}$$

$$\varepsilon_{(\chi)} = \pm 2\pi\lambda\frac{W_{\max}}{r}\left(\frac{x}{r}\right)\lambda^{-\pi(\chi/r)^2} \tag{2-14}$$

$$r = H/\tan\beta \tag{2-15}$$

式中：η——下沉系数（取 0.01～0.95）；

$M_{采厚}$——矿层的开采厚度(m)；

r——主要影响半径(m)；

λ——水平移动系数（取 0.2～0.4）；

H——开采深度(m)；

β——基岩移动角（56°左右）。

2.5.3 采空区地表沉降位移监测

(1)高速公路建设前，通过地质调查、采矿情况调查等工程地质测绘工作确定了下伏采空区的范围之后，为了判断下伏采空区对地表建筑物的影响，测定当前地表变形速率及变形量，应布设高精度水准观测网和高精度水平变形观测网，对采空区地表布置的沉降位移观测点进行长期适时的定期观测。

通过对采空区地表的沉降位移观测可以掌握采空区当前的下沉速度，将之与高速公路下伏采空区地表允许的下沉量和下降速度进行对比,即可确定当前进行高速公路建设是否需要对采空区进行治理。

(2)高速公路下伏采空区治理施工前、施工中和施工后应对采空区地表实施沉降位移观测。将采空区治理施工前的沉降位移观测结果与采空区治理施工中的沉降位移观测结果进行比较,可以分析判断采空区治理的实际效果,确定治理区内哪些区块内的沉降位移监测点已完全稳定,哪些区块内的沉降位移监测点还在变形移动(说明该区的注浆治理还较为薄弱)。据此,可为业主决策提供依据。

(3)采空区治理后的一段时间,因采空区内注入大量浆液而导致采空区段的重力场和压力场发生较大变化,采空区内的岩层应力场因其被改造,采空区段的岩层由此而"活化"并要达到新的平衡,此过程必然导致地表的沉降位移变形。因此,采空区治理后的沉降位移监测结果(如沉降值、倾斜值、水平移动值和水平变形值)是否稳定,是判断注浆治理地段能否满足高速公路路基及其重要附属物建设指标的依据。

(4)高速公路运营后,对其沿线疑似新增采空区的地段和治理过程中发现的矿产、可能会被非法盗采的部位,应实施变形观测,评价其稳定性和危害程度。

实际情况是,由于矿产资源深埋地下,个别受利益驱动的矿主可能会无证、无正规设计而非法开采,在地表看不到开采迹象和巷道,地质调查或采矿情况调查时,也无法取得真实的第一手资料,这将可能使处于高速公路线路之下或旁边的采空区,对已运营的高速公路造成潜在的重大危害。

另外,在采空治理区附近,若发现有未被开采的矿产,资源量较大,矿产潜在的经济效益较为可观,具备开采条件(如有现采井口等),不排除受利益驱动非法盗采的情况发生。

对上述两种情况形成的可能对高速公路安全运营带来严重安全隐患的隐伏采空区,只要通过布置有针对性的沉降变形监测点,在一定范围内进行适时监控,完全可以及时发现重大安全隐患所处的部位,为高速公路主管部门提前采取治理措施提供决策依据。

2.6 采空区沉陷对路基及其附属物的危害程度分析

随着我国高速公路建设的迅速发展,公路网的加密,在修建高速公路时,不可避免地遇到采空区。采空区沉陷会使地表产生变形,因此,路基及其附属物下方有采空区时,若不治理,将会导致一系列问题,从而严重影响车辆的安全运行,主要表现在以下几个方面。

2.6.1 路基病害

采空区沉陷引起地表倾斜和水平变形及垂向下沉,可在竖直方向上产生拉伸变形,引起路堤本身松弛,而且有可能在不同压实度的土层中产生脱层,影响路基的承载力。若路基因采空区沉陷而下沉的同时,伴随着水平方向上的移动,垂直于路线方向的横向移动将改变路基的原有方向,沿路基纵向的地表水平变形使路基受到拉伸和压缩。由于这两种移动的不均匀性,会使公路发生坡度、竖曲线现状改变和沿路线方向的变化,最为严重的是采空区的突发性塌陷导致路基沉降。

2.6.2 路面病害

路基随地表的下沉而下沉，因地表变形的不连续性和不均匀性，使得路面原有坡度出现无规律变化。

水平变形和移动使路面受拉伸开裂、受压缩隆起，路面产生波浪起伏，可导致高速行车腾空，导致翻车事故。

2.6.3 对桥梁和涵洞的危害

采空区的沉降、位移以及突发性塌陷可使桩基、桥墩与桥台和涵洞变形过大，拱结构桥断裂、下沉和横向位移过大，可致使道路陷入瘫痪状态。

2.6.4 对其附属物的危害

高速公路建设中的附属物较多，重要的是房屋建筑、道路排水系统、地下光缆管线系统、输水和输气管道系统等。若采空区发生沉降特别是突发性塌陷，极易造成房屋裂缝、悬空或倒塌，道路排水系统失效，地下光缆管线断裂，输水输气管道变形破裂。

2.7 高速公路下伏采空区治理工作的必要性

采空区是地下矿产被采出后留下的空洞及其围岩变形失稳产生位移、开裂，破碎冒落，直至上覆岩层整体弯曲、下沉所引起的地表变形和破坏的地区，按其稳定状态，可分为稳定采空区、极限平衡采空区和不稳定采空区。采空区对工程建设具有巨大的潜在威胁，其特点如下：

（1）隐蔽性：采空区一般深埋于地下，人员难以进入，其特征一般难以弄清，采空区的“活化”过程难以直接观察。

（2）复杂性：其“活化”过程受多种自然因素和人为因素的影响，其“活化”机理、过程及其对地表的影响规律相当复杂。

（3）突发性：存在较大剩余变形量的采空部位，其失稳破坏常常是突然性的，其塌陷时间难以准确预计。

（4）长期性：采空区的“活化”是一个长期的过程，可能在采后的几年或几十年甚至上百年后发生，也可能是长期的缓慢的变形过程。经过“活化”的采空区只要存在剩余变形量，仍然有再次“活化”的可能。

采空区地表可能产生连续性或非连续性位移变形，对高速公路的危害如第 2.6 节所述。针对影响高速公路安全的采空区，应做好地质调查、地表变形监测、物探勘察、钻探验证，认真分析、解释、推断，制订出经过优化的、切实可行的治理方案，防止采空区地表可能产生的连续性或非连续性位移变形。只有对高速公路下伏采空区实施治理，才能保障高速公路的安全运营及其附属设施的安全。

3 采空区勘察方法及成果

采空区的分布范围及采动裂隙发育特征是采空区变形与稳定性评价的基础。常用的有效探测方法技术组合主要有:工程地质测绘、地球物理勘探、工程钻探及沉降变形监测。

3.1 工程地质测绘

3.1.1 工程地质测绘的目的

工程地质测绘工作是采空区探测的基础,在整个勘察阶段起着举足轻重的作用。工程地质测绘包括工程地质调查、采矿情况调查、地表沉降裂陷调查及相关的工程测量工作。其目的是研究勘察区地层、岩性、构造、矿产分布、地形地貌、气象条件、水文地质条件及工程地质现象。通过调查,了解采空区地下空洞的大概位置、埋藏深度、采矿方式、采矿厚度、采出量等有关采空区空洞的基本情况(调查内容见表 3-1～表 3-3)。标出开采矿层层位、厚度、矿层产出状况及测区构造发育情况,如断层、裂隙的分布规律等基本要素,为地球物理勘探及钻探验证提供工作依据。具体任务有如下四个方面:

(1)确定地球物理勘探(简称物探)范围和工作量。

(2)为地球物理勘探方案的选择提供依据。

(3)为采空区的钻探工作提供依据,并初步布置出钻孔的数量、钻孔的位置。

(4)基本确定勘察区内采空区可能的赋存状态,初步建立三维地质——地球物理模型,为物探资料的地质解释提供依据。

采矿情况调查一览表　　表 3-1

开 采 方 式	顶板管理方式	开采时间及其他
①巷道式: a. 巷道分布、主巷道位置、走向; b. 巷道切面形状、尺寸、有无支护。 ②长壁式: a. 平面分布、采高; b. 工作面长度、开采掘进方向。 ③房柱式: a. 开采顺序; b. 平面分布、采高	①垮落式: 垮落后顶板破坏情况。 ②矿柱支撑式: a. 矿柱截面尺寸、分布; b. 垮落区分布。 ③填充式: a. 充填区分布; b. 充填程度、效果	①开采起始时间; ②开采结束时间; ③各时间区段开采量; ④未来开采计划; ⑤开采中发现的断层、破碎带等地质构造情况; ⑥有无采掘工程图件
工作方法:收集资料,走访踏勘		

采空区地表变形情况调查一览表 表 3-2

地表移动盆地特征	地表变形特征值	地表变形特征及分布规律（针对大面积采空区）
①最大下沉值； ②最大倾斜值； ③最大曲率值； ④最大水平位移； ⑤最大水平变形	①地表陷坑、台阶和裂缝的形状、宽度、深度、分布规律； ②地表变形分布与地质结构（岩层产状、主要节理、断层、软弱层）的关系； ③地表变形分布与采矿方式（开采边界、工作面推进方向、巷道分布）的关系	①均匀下沉区； ②移动区； ③轻微变形区
工作方法：①收集资料，现场踏勘、走访； ②在可能对路基稳定造成影响的区域，开展沉降变形观测； ③在一定范围内利用航、卫片进行地质地貌解释		

采空区地表建筑物调查情况一览表 表 3-3

变 形 情 况	建筑物（构筑物）情况	地基土情况
①地面建筑物不均匀下沉情况，不同位置下沉量，相邻柱间差异沉降、局部倾斜值； ②建筑物裂缝情况，裂缝性质、形态、分布规律及与地基不均匀下沉的关系	①建筑物类型、整体刚度，对地基变形的适应能力； ②地基基础解决方式、基础类型、尺寸、埋深、地基处理情况	①地基持力层承载能力； ②地基压缩层变形性质； ③建筑物建成以来地基条件改变情况； ④基础下与基础外土性差异
工作方法：①收集资料，现场踏勘、走访； ②对地表裂缝进行统计，并将其准确位置展绘在采空区工程地质测绘平面图上； ③对地表的各类变形特征照相整理，综合分析； ④必要时，可做部分地质工程，如坑探等		

3.1.2 工程地质测绘的内容和方法

(1)搜集勘察区及其周围已有的各种地质地形资料。对勘察区内地层岩性、构造、矿产厚度、埋深、产状等情况进行综合分析研究。

(2)进行采矿情况的详细调查，主要向采矿者、采矿技术员、矿主等调查。调查的主要内容为：矿产的大概位置、矿层层位、厚度、开采年限、采矿方式、巷道分布情况等。

(3)调查测量开采矿层顶、底板岩性、厚度及上覆岩性的组合类型等。

(4)初步确定该区采空区地表的沉陷破坏类型，分析判定是连续位移变形，还是非连续位移变形。

(5)根据勘察区的地形综合分析判断采空区的赋存特征、矿层埋深及地层纵向上的物性变化特征，选择有效的地球物理勘探方法。

3.1.3 工程地质测绘调查成果

以禹登高速公路刘碑寺停车服务区下伏铝土矿采空区的工程地质勘察成果为例，主要调查成果如下：

(1)勘察区地形地貌:采空区地貌单元总体属嵩山东南低山丘陵地貌,勘察区内地形较为平坦,区内最高海拔296.65m,最低海拔286.5m,刘碑寺停车服务区内相对高差10.15m,区内冲沟发育,台阶遍布,地层岩性主要由第四系黏土层、卵石层、石炭系砂岩、泥岩、黏土岩和灰岩等组成。

(2)勘察区地层及岩性:采空区地处华北地层嵩箕小区。据区域地质资料和钻孔揭露,自老到新发育地层分别是奥陶系中统马家沟组(O_{2m})、石炭系上统本溪组(C_{3b})和第四系(Q)等。现分述如下:

①马家沟组(O_{2m}):上部为深灰色厚层石灰岩,下部为浅灰色结晶灰岩,局部夹泥质石灰岩,隐晶质和细粒晶状结构,区内地表没有出露,厚度19m左右。铝土矿位于奥陶系灰岩顶面的喀斯特地段里。

②本溪组(C_{3b}):自奥陶系顶到第四系卵石层底,主要为铝质岩,鲕状和豆状结构,含黄铁矿结核和团块。其中铝土矿层一般厚1~15.3m,呈透镜状、鸡窝状分布,局部可采。该组上部有砂岩和泥岩,在铝土矿上部分布有黏土岩。在该组地层中,位于铝土矿上部黏土岩的顶部,一般分布有30~100cm的薄层碳质黏土岩(俗称黑毛土),是这一段主要的标志层,是施工、监理进度和质量控制工作中的重要依据。本组厚35.00m左右,与下伏奥陶系为不整合接触。

③第四系:上部由黏土组成,下部为卵石。

黏土:褐黄色,稍湿,可塑,土质均匀,干强度高,具湿陷性。一般厚约1~9m。

卵石:层厚2.9~33.5m,卵石颜色呈紫红色,白色夹黑色斑点。

(3)勘察区构造形态和所处地质灾害环境:勘察区构造形态受箕山背斜、东刘碑短轴背斜控制,区域构造以近东西向断层为主。区域内伴生多条次级断层,呈近东西向。构造体系见附录A图A-1。

勘察区所处地质灾害环境为Ⅰ、Ⅱ级,即以水土流失为主的地质灾害区和以水土流失、滑坡、崩塌为主的地质灾害区,见附录A图A-2。

(4)勘察区矿产分布:勘察区内主要赋存铝土矿,位于大冶镇垌头村南部西刘碑寺北部。根据赋存于奥陶系灰岩表面喀斯特地貌上的铝土矿的成因机制,通过当地采矿调查可知,该区铝土矿的赋存状态主要为鸡窝状、透镜状,矿体之间大多互不连通,所以地表分布的矿井口星罗棋布。该区铝土矿井位分布见附录A图A-3。

(5)勘察区水文地质条件:本区属淮河流域颍河水系,服务区范围内无常年河流,水流以季节性溪流为主,雨后即干,主要分为上部孔隙水和下部基岩裂隙水。上部孔隙水的含水层为第四系砂砾层、松散的卵石层,分布不均匀,主要由大气降水补给,受季节影响较大;下部基岩裂隙水位于铝土矿采空区底板以下的基岩裂隙中,赋存较深,钻探勘察无揭露。

(6)勘察区地质地球物理特征:本区铝土矿的赋存深度相对较浅,地下水较深,铝土矿层若被开采形成空洞,将会产生高阻异常;铝土矿层开采后上部岩层冒落并因岩石破碎或充水则可能产生低阻异常。即铝土矿采空区顶底板之间存在着明显的电性差异,具备电法勘察的工作前提。

(7)采矿情况调查:刘碑寺停车服务区内铝土矿开采为个体私营性质,无采矿设计也无采矿图纸,属无序开采,时间跨度较长,且有的铝土矿矿井几经转手,重复开采,第一手资料取证存在一定难度。经过勘察人员的奔波,多方调查,请部分原矿主现场指证,取得了大部分矿井的相关信息,结合铝土矿的赋存状态,判定了铝土矿采空区的大概空间和位置。该区域见矿深度最浅为22.3m，最深为56.6m，个别区域存在双层矿体，多层开采。

采矿方式为人工、机械和爆破，顶板采用木棚架支护，采矿厚度普遍在1.5～5.6m，最厚的达13.7m。矿体的采出量较大。

通过调查了解得知，采矿过程中个别矿体存在跳台（即采掘面推进中矿体突然中断，而向上或向下错过层面，又能见到矿体）现象，说明该区构造发育，分布有断层。

(8)采空区地表变形塌陷情况：2006年7月14日在K77＋330中线西部79m处发现一新塌陷坑，直径约6m，深5m（图1-1）。其附近地表出现环形裂缝，虽然数量少，但采空区处在活跃发育期，在外因（如雨水和地表重载荷）诱发下，极易产生突发性沉陷。现场调查发现，刘碑寺停车服务区内的采空区引起的沉降变形尚未完成，影响范围将会扩大，其时段也将较长。

通过对该服务区内的铝土矿采矿情况进行调查，结合残留竖井位置和采矿情况调查，大致摸清了采空区的采矿层位、采空区的扩展规模等，见表3-4。

采空区调查情况 表3-4

<table>
<tr><th rowspan="2">序号</th><th colspan="2">采空区特征</th><th colspan="3">揭露采空区规模</th><th rowspan="2">矿主性质及冒落情况</th><th rowspan="2">采空区地貌特征</th><th colspan="2">采空区工程地质特征</th></tr>
<tr><th>位置</th><th>开采情况及矿种</th><th>埋深(m)</th><th>采空、冒落带厚度(m)</th><th>空间规模(m^3)</th><th>直接顶岩性</th><th>顶板管理方式</th></tr>
<tr><td>1</td><td>K70＋485～K70＋950</td><td>正在开采，铝土矿</td><td>11.6～18.2</td><td>4.0～14.0</td><td>25 700</td><td>个体，局部冒落</td><td rowspan="2">丘陵地区、地表塌陷坑发育，有沉降裂缝分布，陡坎高差较大</td><td>灰岩</td><td>顶板岩石坚硬，一般不支护</td></tr>
<tr><td>2</td><td>K72＋980～K73＋550</td><td>闭矿2年，主采二1煤</td><td>20.0～85.0</td><td>3.0～8.0</td><td>13 300</td><td>个体，大部分冒落</td><td>泥岩、泥质砂岩、泥灰岩</td><td>木棚架支护</td></tr>
<tr><td>3</td><td>K76＋428～K77＋076</td><td>正在开采，主采二1煤</td><td>17.6～44.8</td><td>3.0～7.6</td><td>51 100</td><td>个体，局部冒落</td><td rowspan="2">位于村庄边缘，地表塌陷坑发育，沉降裂缝遍布，局部为耕地，地势较为平坦</td><td>泥岩</td><td>木棚架支护</td></tr>
<tr><td>4</td><td>K77＋270～K77＋600</td><td>正在开采，铝土矿</td><td>22.7～37.5</td><td>2.0～5.5</td><td>29 700</td><td>个体，局部冒落</td><td>铝土质泥岩</td><td>木棚架支护</td></tr>
<tr><td>5</td><td>K78＋470～K78＋820</td><td>闭矿3年以上，主采二1煤</td><td>45.0～67.8</td><td>1.5～5.6</td><td>18 200</td><td>集体，已基本冒落</td><td>地表为耕地，有沉降裂缝存在，有面积较大的沉降洼地</td><td>泥岩、泥质砂岩</td><td>木棚架支护</td></tr>
<tr><td>刘碑寺停车服务区</td><td>K77＋117～K77＋424</td><td>正在开采，铝土矿</td><td>22.7～37.5</td><td>2.0～5.5</td><td>29 700</td><td>个体，局部冒落</td><td>位于村庄边缘，地表塌陷坑发育，沉降裂缝遍布，局部为耕地，地势较为平坦</td><td>铝土质泥岩</td><td>木棚架支护</td></tr>
</table>

通过对全区的工程地质调绘，确定了该区铝土矿采空区可能涉及的范围。在此基础上，根据铝土矿采空区的埋深、纵向空间及上覆岩层的岩石应力扩散角，大概确定了对公路路基和主要附属物可能造成影响的采空区段；又适当扩展了物探勘察的范围，以满足地球物理勘探的定性、定量解释。从采矿空洞的埋深及电法勘探的布设原则考虑，确定了该区的电法地球物理勘探的工作量为225个电测深点。

3.2 工程物探

采矿历史资料的调查研究只能获得矿区的基本概况，由于众多古窑、老窑、小窑开采年代不详或年代久远或随意开采，采矿历史资料不完整或缺少资料，不能简单地据此进行采空区地表的稳定性评价及采空区治理工程设计。

采空区受多层重复开采、地下水作用、地应力变化及自然压密等各种因素的影响，赋存状态复杂，利用物探进行大范围的全面探测，结合工程地质测绘和钻探及变形监测资料，通过综合分析研究，便可探明隐伏采空区的分布特征。

3.2.1 工程物探方法

物探是通过观测和研究各种地球物理场的变化来解决地质问题的一种勘测方法。在自然界，不同的物理作用具有不同的物理场，如在重力作用的空间存在重力场，天然或人工建立的电（磁）力作用的空间有电（磁）场等等。而组成地壳的不同岩土介质往往在密度、弹性、电性、磁性、放射性以及导热性等方面会存在差异。这些物性差异将引起相应地球物理场的局部变化，对于这种与地下岩土介质局部变化有关的地球物理场的变化，通常称为异常场。地球物理勘探就是通过专门的仪器观测这些地球物理场的分布和变化特征，然后结合已知地质资料，进行分析研究，推断出地下岩土介质的空间变化特征，从而达到解决地质问题的目的。

(1)物探方法的分类

在各种物探方法中，根据其所研究地球物理场的不同，通常可分为以下几大类：

①以地下介质密度差异为基础，研究重力场变化的方法称为重力勘探。

②以介质磁性差异为基础，研究地下磁场变化的方法称为磁法勘探。

③以介质电性差异为基础，研究天然或人工电场（或电磁场）变化的方法称为电法勘探（或电磁法勘探）。

④以介质弹性差异为基础，研究波速变化的方法称为地震勘探。

⑤以介质放射性差异为基础，研究辐射场变化特征的方法称为放射性勘探。

⑥以地下热能分布和介质导热性为基础，研究地温场变化的方法称为地热测量。

(2)物探方法的适用条件

物探是进行地质调查的方法之一。由于它是以观测各种地球物理场的变化规律为基础的，因此，当应用物探方法来解决各种地质问题时，它必须具有一定的地质及地球物理条件，才能取得满意的效果。这些条件主要是：

①探测对象与周围介质之间必须有比较明显的物性差异。

②探测对象必须具有一定的规模（即其大小相对于埋藏深度必须有相应的规模），能在地

面上产生可观测并能分辨的地球物理异常场。

③各种干扰因素产生的干扰场相对于有效异常场必须足够小,或具有不同的特性,以便能进行异常的识别。

(3)物探工作原则

高速公路下伏采空区物探勘察工作布置原则为:

①物探工作一般应平行和垂直于路线布设测线,并采取岩土样品进行必要的物性测试。

②在工程物探前,应在勘察区已知的采空区上进行物探方法的有效性现场试验,根据物探异常对采空区的反映效果确定该地区适用的工程物探方法,并获取物探异常的有效参数。

③物探测线、点的布置原则按采空区的复杂程度和工程要求布置,参考获取的物探异常的有效参数,合理布置测线、点距,保证所需探测的采空区异常不被漏掉。

④物探工作结束后应布置3%~5%的质量检查点,重点检查采空区的异常区,尽量均匀分布。

⑤重大工程部位或钻探无法进行的地段,单项物探方法解释困难,应采用综合物探法探测。

(4)工程物探方法的选择及勘察技术

禹登高速公路下伏煤矿、铝土矿采空区地形相对较缓,目的层埋深相对较浅,纵向上三带有明显的电性差异,适用于电法勘察,且经济成本投入较低、工作效率相对较高,故选用高密度电法对下伏采空区进行地球物理勘探。

①电法探测原理

由于地下空洞或采空区与其周围围岩存在有明显电性差异,则其视电阻率与其周围围岩相比呈高阻异常;若采空区冒落充水,则其视电阻率与其周围围岩相比呈低阻异常。电法探测就是通过视电阻率异常去寻找地下空洞,其原理见图3-1。

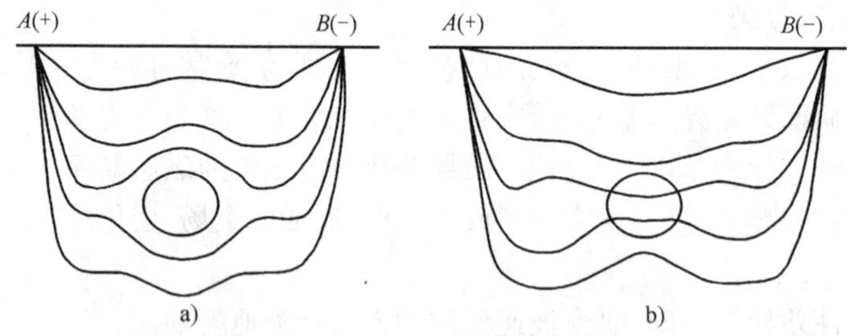

图3-1 电法探测原理

a)高电阻空洞排斥电流线;b)低电阻空洞(充水)吸引电流线

②勘探技术及工作布置

a.测地工作

用1∶2000禹登高速公路带状地形图为工作底图,利用禹登高速公路建设工程的坐标和高程系统,在测区使用GTS332W全站仪采用极坐标法放样布设21条测线。测线长100~260m,测线间距20m,测点间距20m。各测点即为电测深点,共计225个电测深点。

b.观测方法

用 DWJ—3A 型微机激电仪进行观测，测量参数主要为视电阻率。对铝土矿层和采空地段重点测量，非采空相对稳定地段酌情减小 $AB/2$ 最大值，但以不漏掉目的层(采空区及冒落带)为原则。

c. 观测参数的设置

根据已有钻孔揭露和现场调查，该区铝土矿一般分为两层，上层埋深约 40m，下层埋深约 60m，所以最大 $AB/2$ 一般为 200m。供电极距等距分布，一般为 20m，$MN/AB=1/8$ 等比排列，$MN/2$ 极距最小为 2.5m，其和 $AB/2$ 同步移动采用连续观测法。

d. 有效性试验

根据本次工作的勘探目的，在已知采空区段做电测深试验，用以确定最佳极距及深度系数。

e. 观测质量

野外观测实时绘制单点测深曲线，发现有意义的变化点、畸变点时，则随时重复观测并分析原因，现场及时处理，保证野外观测资料的可靠完整。

保持 AB 供电极距在同一区同一方向，减少电阻率各向异性干扰。

按规范要求进行一定量的质量检测，质检率大于 5%，均方相对误差为 3.7%，满足规范及设计要求，观测资料准确可靠。

3.2.2 工程物探成果

以禹登高速公路刘碑寺停车服务区下伏铝土矿采空区的工程物探勘察为例，成果如下：

(1)圈定铝土矿采空区

综合不同极距($AB/2$=60m、80m、100m)高密度四极电测深的 ρ_s 等值线图(附录 A 图 A-4～图 A-6)，根据视电阻率的变化特征，结合测区铝土矿特殊的赋存环境(在喀斯特地貌里呈鸡窝状、透镜状)和铝土矿被开采后形成的空洞形状及相应层位的物性变化特征，从高密度四极电测深的 ρ_s 等值线图上可以看出，不同极距的成果图上反映的高阻异常的形状也是封闭的等轴状或似等轴状。从 $AB/2$=60m 时的 ρ_s 等值线图上看出，采空空洞形成封闭趋势的高阻异常形态不太规则，由于其高频特性相对较强，只能看出一个大概趋势，随着 $AB/2$ 深度的增大，ρ_s 等值线图上的高频信息减弱低频信息增强。在 $AB/2$=100m 深的 ρ_s 等值线图上可以明显看出，勘察区内多个测深点同时反映为相对高阻，ρ_s 等值线相对密集，异常呈封闭趋势；ρ_s 等值线异常形态较完整且呈等轴状分布，上述电性异常特征应为铝土矿采空区在不同极距 ρ_s 等值线图上的反映。在附录 A 图 A-4～图 A-6 上，主要异常分区界限是根据电测深视电阻率等值线的异常轴向、异常形态(带状异常、等轴异常等)、等值线的变形和扭曲、等值线的疏缓及梯级带的变化特征等共同确定的。

在根据四极电测深推断解释的采空区区域内，地表废弃矿井井口星罗棋布，地表分布有多处塌陷坑，见图 1-1～图 1-5。专门布置的采空区勘察孔 ZK5、ZK8、ZK10、ZK13、ZK17 钻孔揭露的结果也在不同深度见到了采空区。根据已被印证铝土矿采空区的电阻率异常特征，进一步推断出刘碑寺停车服务区西北部 10～14 测线北端无钻孔控制的区域也应为铝土矿采空区。

(2)断层分布特征

从电测深各测线 ρ_s 断面等值线图可以看出，电阻率异常表现有：梯级带；等值线的同向或同形扭曲；等值线局部膨大或缩小等断裂异常特征。综合测区地层地质特征，经分析研究，在本区共发现并确定断层三条，分别为断层 F1、F2、F3。其走向为近东西向、倾向南。具体详见刘碑寺停车服务区综合推断隐伏铝土矿采空区及断裂位置成果图（附录 A 图 A-3）。

由于 F1 断层的存在，使断层南侧地层整体下降，可采铝土矿随之变深，开采成本远远大于断层北侧，故断层北侧铝土矿大面积开采，形成了采空区，而 F1 断层以南地区则较为稳定。在采空区治理过程中，经钻探验证，该区没有发现采空区。

3.3 工程钻探

钻探是采空区探测最直观的方法，但其缺点是一孔之见。钻探勘察可以为稳定性评价和工程设计提供较准确的采空区空间分布特征及岩体力学参数。

3.3.1 工程钻探的目的

工程地质钻探，除了对地质测绘、采矿区调查资料及采空区地球物理勘探成果进行验证和控制外，还有如下目的：

(1)查明工作区地层结构，建立综合柱状图；

(2)查明地下水的埋深；

(3)查明采空区的控制范围、赋存状态、采空区顶底板高程；

(4)查明采空区引起的冒落带、裂隙带和沉降带的控制埋深，确定其具体高度和发育状况。

3.3.2 钻孔位置的确定依据和方法

勘察区钻孔布设及钻孔数量，直接关系到勘察精度和勘察工作的成本。

(1)根据工程地质测绘资料确定

依据工程地质测绘过程中了解到的采空区及空洞的分布情况，根据收集到的采矿图件资料，结合踏勘时发现的采空区有关的地表地质现象，绘制出工程地质测绘图件。在该图上，可以大致圈定出该区铝土矿采空区的平面范围，进而可初步确定钻孔位置及钻孔数量。另外，在钻探勘察施工过程中，可根据实际揭露的地质情况及时调整钻孔位置和数量。

(2)根据物探异常确定

物探异常是地下地质特征的综合反映，高密度四极电测深的成果反映了采空区空洞、冒落带及断层破碎带的分布，根据物探异常解释确定的采空区与地质测绘资料相互印证后，参考布孔原则，确定勘察钻孔的具体位置。

为了检查物探的探测效果，除在异常区打钻验证外，还要在非异常区布置适量钻孔，以确保不漏掉任何可能带来安全隐患的部位，进而确定勘察孔的数量。

(3)布孔原则

钻探是本次勘察工作的主要方法之一。为查明铝土矿采空区的空间形态和规模、采空区地层岩性、结构及物理力学性质及采空区分布特征，制订了勘察孔的布孔原则：

①布置适当的勘察钻孔，提高勘察程度，尽量缩小采空区的范围，为有针对性地采取局部治理方案，减少大面积保守的注浆工程量而降低施工成本，提供决策依据。

②在现场详细调查残留竖井和采矿大致走向及开采矿石量的基础上，在竖井密集区少布孔，在无竖井分布的空白区和建筑地基范围内适当加密钻孔。

按上述原则，并征得业主有关领导现场确认后，全区共布置勘察钻孔 19 个。

3.3.3 采空区勘察钻探技术要求及地质描述

(1)采空区勘察钻探技术要求

①钻机要求：钻机的有效钻进深度应能满足所解决地质情况的目的层深度。

②钻具要求：在不同硬度的岩层中应用不同的钻具，以达到满足岩芯采取率的要求。

③冲洗液要求：采用清水钻进，黄土层可采用无水钻进。

④现场技术要求：

a. 地下水位、标志层界面及采空区深度的测量误差在±0.05m 以内。

b. 每个回次，钻进进尺限制在 2.0m 以内，以保证取芯率。

c. 一般勘察钻孔均应全取芯，岩层采取率不低于 80%，软质或疏松的岩土层采取率不低于 65%。

d. 注意观测地下水位并进行简易水文地质观测。

e. 钻孔测斜小于 2°/100m。

⑤钻孔编录要求：

a. 现场要配备有经验的地质人员，记录要及时、准确，按回次进行，不得多回次合并纪录，不得事后追记。

b. 描述内容要规范、完整、清晰。

c. 反映采空区的重要钻孔要保存岩芯并拍彩色岩芯图，见图 3-2。

图 3-2 刘碑寺停车服务区勘察钻孔 ZK8 取出的岩芯

d. 钻探班报表要认真填写并保存，填报应及时准确，并有记录员和机长的签字。

e. 绘制钻孔柱状图。

(2)采空区钻探地质描述

采空区钻探地质描述除应满足一般工程地质的要求外,应重点记录采空区及其三带(采空冒落带、裂隙带、地表沉降带)的位置和特征。具体的描述及判断的标志见表3-5。

采空区三带划分标志 表3-5

冒落带标志	裂隙带标志	地表沉降带
①突然掉钻、埋钻、卡钻; ②孔口水位突然消失; ③孔口吸风; ④进尺特别快; ⑤岩芯破碎混杂,有岩粉、煤灰等; ⑥打钻时有响声; ⑦可见淤泥、粉末状煤渣等; ⑧见坑木、砖瓦片等; ⑨偶有瓦斯气上涌	①突然严重漏水或漏水量显著增加; ②钻孔水位明显下降; ③岩芯有纵向裂纹或陡倾角裂缝; ④钻孔有轻微吸风现象; ⑤钻孔有瓦斯气; ⑥岩芯采取率小于75%	①全孔返水; ②无耗水量或耗水量很小; ③岩芯完整,呈长柱状; ④岩芯采取率大于75%; ⑤进尺平稳; ⑥开采矿层岩芯完整,无漏水现象

3.3.4 钻探成果

以禹登高速公路刘碑寺停车服务区下伏铝土矿采空区的工程钻探为例,钻探成果主要有以下内容:

(1)钻探成果表

刘碑寺停车服务区下伏铝土矿采空区钻探成果见表3-6。

刘碑寺停车服务区下伏铝土矿采空区钻探成果 表3-6

钻孔编号	孔深(m)	是否为采空区,采空区区间	采空区纵向高度	是否见矿层,矿层区间	是否见破碎带,破碎带埋深	漏水情况	备注
ZK1	56.20	—	—	—	是	严重	
		—		—	39~41.5m		
ZK2	55.00	—	—	—	是	严重	
		—		—	35~40.3m		
ZK4	56.72	—	—	—	是	—	
		—		—	46~51m		
ZK5	41.70	是	5.2m	是	—	严重	
		22.3~27.5m		21~22.3m	—		
ZK6	55.00	—	—	是	—	—	
		—		32.5~4m	—		
ZK7	61.03	—	—	—	—	—	
		—		—	—		
ZK8	67.33	是	2.5m	—	是	严重	
		59.2~61.7m		—	44.2m		

续上表

钻孔编号	孔深(m)	是否为采空区，采空区区间	采空区纵向高度	是否见矿层，矿层区间	是否见破碎带，破碎带埋深	漏水情况	备注
ZK9	72.07	— —	—	— —	— —	—	
ZK10	65.25	是 56.6～59.1m	2.5m	— —	— —	严重	
ZK11	64.50	— —	—	是 43～46m 56～59.5m	— —	—	两层矿
ZK12	51.61	— —	—	是 43.8～47.7m	— —	—	
ZK13	57.00	是 42.3～50.5m	8.2m	— —	— —	严重	
ZK14	57.25	— —	—	是 36～37m	— —	—	
ZK15	54.20	— —	—	是 22.8～25m	— —	—	
ZK16	63.87	— —	—	是 45～48m 55.5～56.6m	是 41～43m	严重	两层矿
ZK17	64.07	是 45.5～59.2m	13.7m	残留 —	— —	严重	
ZK18	62.92	— —	—	是 46.8～54.9m	— —	—	
ZK19	48.26	— —	—	— —	是 46～51m	严重	
ZK20	58.20	— —	—	— —	— —	—	

(2)地层结构

通过本区钻探工作可知，工作区地层结构自上而下大体为：亚黏土、卵石、泥岩或砂岩(个别钻孔揭露有破碎带)、黏土岩、铝土矿或采空区或铝土质泥岩(个别钻孔揭露出双层矿)、采空区底板(灰岩、铝土质泥岩、黏土岩)，见附录 A 图 A-7。

(3)采空区的特征

铝土矿采空区位于 K77＋190～K77＋390 之间，宽度约 296m。钻探揭露的铝土矿采空区埋深在 22.3～59.2m，采厚 2.5～13.7m，顶板为黏土岩，底板为铝土质泥岩或灰岩。采厚比一般在 3.32～23.68，平均采厚比为 6.7。经验数据表明，采厚比小于 30 时，地表的移动和变形在空间和时间上将是不连续的，地表极易出现较大的裂缝和突发性沉陷坑，见图 1-1～图 1-3。

(4)冒落带特征

勘察区内铝土矿采空区埋深在 22.3～59.2m，路基东部揭露的采空区厚度在 2.5～8.2m，冒落程度较低，剩余沉降量较大。路基西部部分区域采空区已冒落，但完成程度较低。新发现的塌陷坑的情况说明，该区域内上覆岩层大致可分为三个层面：

①采空区上覆岩层：主要为黏土岩类，属软弱结构层面。

②第四系沉积物：主要为亚黏土和卵石，层厚 11.1～38.0m，属易滑动面。

③采空区上覆岩层与第四系沉积物之间，存在泥岩或砂岩层位，属强风化带，受重压和侧向应力作用极易破碎变形。

由于上述覆岩结构的特点，且铝土矿开采属于小矿开采，无正规设计，乱采乱挖，采空区形态无规律，冒落程度差异性大，所以采空区完全塌陷冒落并达到基本稳定的状态可能滞后几年甚至几十年。也就是说，截至目前，铝土矿采空区沉降变形还远没有完成。在采空区上覆岩层中，泥岩或砂岩上部为第四系沉积物，由于裂隙发育、雨水易渗入等因素，可直接诱发基岩的风化，从而不断降低岩石的强度等级。

通过钻探工作，揭示了该勘察区内采空区的三带特征及其准确埋深，查明了采空区的赋存情况，取得了各岩性段的岩芯分布特点，达到了预期目的。

3.4 沉降变形监测

3.4.1 沉降变形监测在圈定公路建设的不同时期形成采空区方面的作用

(1)在高速公路建设的前期勘察阶段，做了不少工程地质测绘工作，大致圈定了下伏空洞范围。地表沉降变形监测能较为准确地判断出采空区的影响范围，其作用越来越重要。在采空区地质勘察实施过程中，对工程地质测绘圈定的采空区段及可疑的采空区段，应布设高精度水准观测网和高精度水平位移观测网，测定当前地表变形速率及沉降量，根据沉降监测点的沉降变形速率和沉降量，能够及时确定该区采空区的范围。定量评价下伏空洞的稳定性，圈定出继续沉降的不稳定区，为配合其他勘察手段及时准确地圈定采空区提供依据。此阶段，地表沉降变形监测工作的作用是不可替代的。

(2)在高速公路建成通车后，由于公路下伏采空区治理段残留的矿产资源较为丰富，也有部分路段新发现压覆的矿产资源储量较大，此时，当地在具备开采条件(如有现采设备、井口等)的前提下，不能排除在重大经济利益的驱动下，非法矿主冒险盗采、滥采、狂采，形成新的采空沉降带。这些新的采空区，是隐蔽的，是不容易被高速公路主管部门发现的。但该区一旦因采空区产生突发性沉降，将给高速公路运营带来严重的危害，并可导致经济和社会效益的巨大损失。因此，对可疑的采空地段实施长期的沉降变形适时监测，能够发现地下新增的采空区以及监控它的发展趋势，及时通知高速公路主管部门采取治理措施，防止地下采空区对路基、桥梁等设施构成危害。

(3)采空区治理过程中发现部分注浆钻孔揭露的矿层，有的品位较好且储量大，这对个别个体矿主来说是极具诱惑力的。他们的滥采滥挖,可能会对路基及其附属物带来严重的安全隐患。因此,在该地区布置一定范围的变形监测点,实施长期的沉降变形观测,监测地面的稳定性,防止偷采形成新的采空沉降带,给高速公路带来不可估量的损失。

对上述情况形成的采空区,只有在一定范围内进行沉降变形监测,才能及时发现隐伏采空区的沉降趋势和不稳定程度,为高速公路主管部门采取治理措施提供决策依据。

3.4.2 采空区停采后及采空区治理前后地表沉降变化特征

当开采深度 H 与采煤厚度 M 之比即采厚比 $H/M<30$ 时,冒落带、裂缝带就会发展并延伸到地表,导致路基的稳定性受到破坏。采空区停采后的变形期限很难预测,而且存在较大的剩余变形量。其地表沉降变化特征见图 3-3。

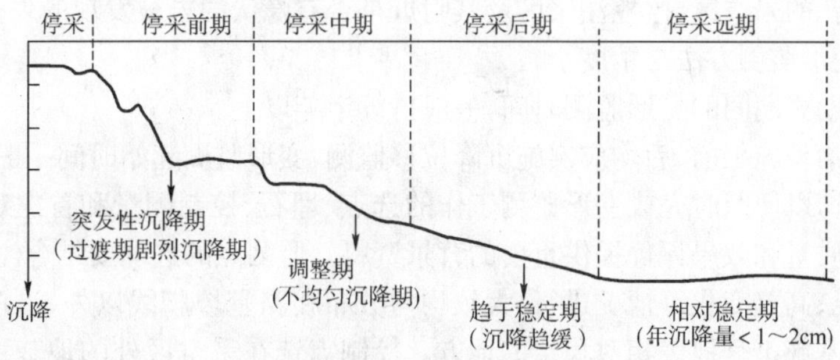

图 3-3 煤矿、铝土矿采空区停采后地表沉降变化特征

从煤矿、铝土矿采空区停采后地表沉降变化特征图上可以明显看出:停采前期,为过渡性剧烈沉降期,它的沉降是突发性的,沉降幅度以及破坏性也是最大的;停采中期,为不均匀沉降调整期,沉降的突发性相对减小,沉降幅度以及破坏性虽然相对减弱,但对地表构筑物的影响也还是较大的;停采后期,沉降渐缓,在岩土层应力场重新分配后,沉降趋于稳定,但这种应力分配后的稳定性是相对的、暂时的,在受到自然干扰或人为的干扰后,比较容易诱发岩土层应力场的再度组合,导致地表变形;经过几年、十几年或更长一段时间,采空区的变形几经整合后,对地表变形的影响已较微弱并处于相对稳定期。

在采空区注浆治理前后和高速公路运行过程中,在路基及其周围实施跟踪沉降、位移变形监测,能够判定采空区注浆治理的效果,可以监测到有无新增采空区及是否对高速公路造成变形危害。

实施变形监测是一种比较连续且有效地了解地表有无沉降的方法。它可按以下工作时段进行观测,即注浆前观测时段,主要了解采空区注浆治理前的沉降趋势;注浆过程中,主要监测采空区的治理效果;注浆后,主要用来评价采空区治理后的稳定性。采空区治理前后地表沉降变化趋势见图 3-4。

3.4.3 采空区勘察、治理前后地表沉降变形监测技术

沉降变形监测的目的,主要是了解采空区治理区内矿层顶板及其以上地层的沉降和位移情况,总结沉降变形趋势。在勘察阶段,可用来圈定采空区的范围;在注浆治理工程前后,可对

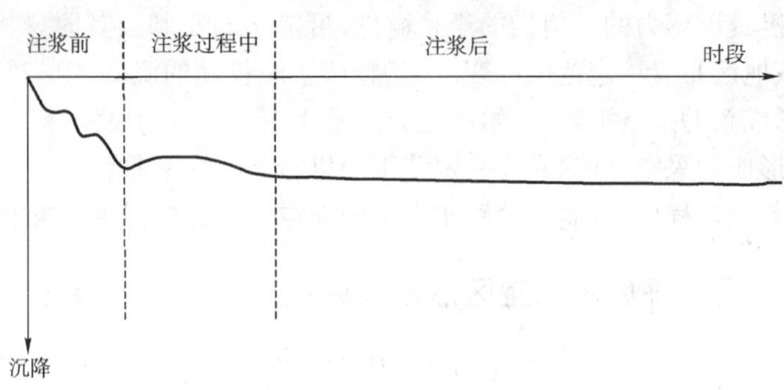

图 3-4　采空区治理工程前后地表沉降变化趋势示意图

比分析，确定注浆前后采空区的沉降特征，查清采空区治理区及其周边是否存在残留矿层被重新开采而形成新的采空区，监控注浆区及其附近是否有隐伏的未被发现的采空区。

(1)沉降变形监测方法与精度

①采空区勘察期间的变形监测时间，一般持续半年以上。

②采空区治理施工前、后均应实施沉降位移监测，变形监测起始时间一般为采空区注浆治理前 3～4 个月，以便及时完成变形监测工作的选点、埋石、控制测量和首次观测，为采空区注浆治理工程的质量和效果评价提供重要的背景资料。监测点的选埋要结合注浆治理区内实际地形，通视情况、高差变化等情况进行，大致均匀分布在路基坡脚线以外，治理区以内，点位应选在不影响路基施工且地表相对稳定的地方。控制点选在采空区外的地基稳固地带，要求长期通视好，观测方便，相对高差尽可能小，附近地形在观测期内不致有大的变化，埋石标志容易保存的地方。

平面控制网和高程控制网的联测应分别按照四等三角测量和三等水准测量的要求进行，尽量就近收集相应采空区监测地段的高速公路坐标和水准控制点，以此作为起算点，布设独立控制网，各项精度均应满足相关规范和设计要求。

(2)沉降变形监测工作流程

采空区沉降变形监测工作流程见图 3-5。

3.4.4　采空区沉降变形监测实例

下面介绍一个高速公路建设竣工通车后，利用变形监测方法在该高速公路一座大桥附近发现采空区的成功案例。此例说明沉降变形监测在高速公路建设和运营期间，能够圈定很难被人们察觉的、隐伏的采空区等地质隐患，能够为高速公路主管部门提供直观的地表沉降变化特征，为领导的决策提供重要的、不可替代的依据。

某高速公路路基及大桥都已建成，全线即将通车。可是在该大桥桥基附近有疑似采空区的现象出现，且较远地带的地表及建筑物已有被破坏的现象发生(如房屋裂缝、地表裂缝、墙体裂缝等)，见图 3-6～图 3-8。在桥梁西北部不足百米就有一个煤矿处于开采中，见图 3-9。

为验证造成上述现象的采空区之分布特征，确定该采空区的位置及可能造成的破坏范围，判断该采空区是否对即将通车的高速公路路基及桥梁造成危害，并对路基及桥梁的安全运营进行稳定性评价，提出保通保安全的对策。

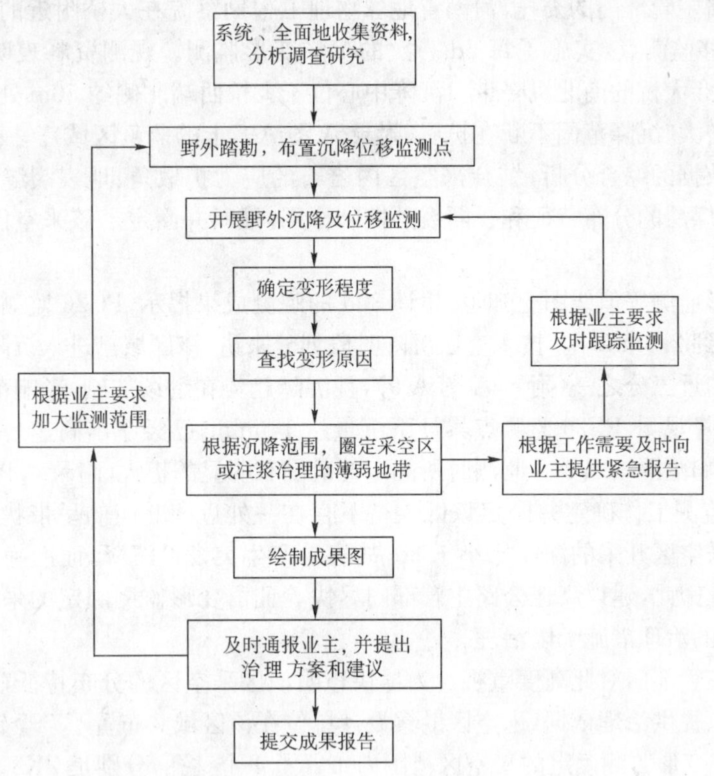

图 3-5 采空区沉降变形监测工作流程

图 3-6 地表裂缝

图 3-7 房屋裂缝

图 3-8 墙体裂缝

图 3-9 正在开采的煤矿

受高速公路主管部门的委托，河南省地球物理工程勘察院在大桥附近的相关区域布置了30多个沉降位移监测点，实施了每6d一次的沉降变形监测。观测资料表明，在该大桥的西端，发现一处横穿大桥的南北沉降带。沉降中心位于大桥西端北侧约50m处。该沉降区域的沉降幅度不断增大、沉降范围不断在扩展(附录A图A-8上的蓝色区域)。根据沉降点的分布和对沉降监测数据的综合分析，结合采空区内岩石的应力扩散角、地表裂缝的走向及拉裂倾向，考虑到该区煤层的分布特征和受断裂的控制作用，推断并圈定了该采空区的具体位置(附录A图A-9)。

从沉降变形监测等值线图上知道，累计30d的观测成果揭示，PC26监测点周围为主沉降区，沉降速率达到2.3mm/d。按采空区沉降时段划分来讲，该区域已进入沉降活跃期，沉降范围占该监测区的近三分之一(附录A图A-9)，且沉降趋势在继续加剧，影响范围在逐步扩大。经过195d的沉降观测，PC26监测点累计下沉量达146mm，已经超出高速公路所能承受的变形指标，沉降影响范围较之30d监测时所圈定的范围有明显的扩大(附录A图A-10)。

根据变形监测工作确定并圈定该区大桥下存在一处近南北向的呈带状展布的煤矿采空区。由于该区采空区开采的深厚比小于30，故容易产生突发性沉降，而准确预测突发沉降的时间难度较大。因此，建议高速公路主管部门尽快验证由变形监测圈定的采空区的范围和规模，并采取可靠的治理措施予以治理。

高速公路主管部门对此高度重视。为尽快查明该区采空区的分布特征，为根治该采空区带来的安全隐患提供治理依据，采空区勘察设计单位在该区域共布置了7个钻探勘察孔(附录A图A-10)。在变形监测确定的采空区范围内布置了4个钻孔，分别是ZK3、ZK5、ZK6、ZK7。在变形监测确定的采空区范围外布置了3个钻孔，分别是ZK1、ZK2、ZK4。

钻探勘察的结果是：该区由于受断层影响，钻孔内地层有缺失或重复现象，且局部岩芯为断层角砾岩，采取率低；钻探揭露该区存在下伏煤矿采空区，采空区冒落带厚度为15～20m，岩石以弱风化砂岩为主，并夹砂质泥岩；裂隙带厚度20～30m，岩石以微风化砂岩为主，并夹紫斑泥岩；弯曲下沉带厚度为100～120m，岩层以粉粒～中粒砂岩为主，夹薄层泥岩。监测区内布置了7个钻孔，在变形监测圈定的采空区范围内的四个钻孔ZK3、ZK5、ZK6、ZK7揭露了采空冒落带，而在变形监测圈定的采空区外部的三个勘察钻孔ZK1、ZK2、ZK4则没有打到采空区或冒落带，其揭露到地下存在有完整的厚度达6m以上的煤层，煤层埋深一般在140～170m。钻探资料的印证结果，说明变形监测对隐伏的采空区的沉降趋势能起到有效的监测作用，并能较为准确地圈定下伏采空区的具体位置及其影响范围，能为钻探勘察孔的布置提供技术支持，从而避免了钻探勘察工作的盲目性。

该监测区北部不足100m存在现采煤矿，依照上述钻探和变形监测成果的分析，表明该监测区内的采空区形态无规律，冒落程度差异性大，属非充分采动，存在较大的剩余变形量，对高速公路及其构筑物的潜在危害极大，易诱发不均匀沉降以及结构面层间滑动等工程地质灾害。

变形监测过程中发现大桥西端桥台下边坡上出现了两条平行于路基的裂缝，一条位于桥梁中央，一条位于中央偏北的位置，据推测应是采空区缓慢下沉造成的。

根据变形监测阶段性成果，及时将发现的采空区分布情况和可能对大桥造成的危害向高速公路主管部门作了专题汇报，引起了有关单位和领导的高度重视，为彻底根治采空区带来的安全隐患，为防止重大安全事故的发生争取了时间。

3.5 采空区勘察工作的重要性

(1)采空区勘察工作是通过工程地质测绘、地球物理勘探、钻探验证和地表变形监测,查明采空区地下空洞的大概位置、埋藏深度、采矿方式、采矿厚度、采出量、巷道分布等基本情况,为采空区治理方案的选择及治理设计提供依据。

(2)根据已收集到的资料和勘探取得的成果,对采空区的稳定性进行定量评价,计算其在公路使用年限内的残余沉降量以及采空区地基的承载力、采空区围岩的稳定性。分析路基和车辆荷载对采空区的影响,判断其是否构成采空区"活化"的重要影响因素。勘察工作的重要性在于定性、定量分析要准确,不可遗留具有"活化"因素的下伏采空区,以免在以后的公路建设或运营中出现安全事故。

(3)根据地质勘察资料和稳定性评价的结果,对不稳定和次稳定的采空区,进行治理方法的选择确定、工艺流程的设计和质量控制措施的编制,详细计算采空区治理工程的工程量并预算费用。勘察工作是采空区治理工程的重要依据,它直接影响到采空区治理的工程质量、进度、费用和安全,是能否保证高速公路安全运营的关键一环。

(4)研究高速公路下伏采空区的发展变形规律和稳定性评价方法,及其对公路路基的危害程度,评价采空区对公路的影响范围,论证在高速公路下如何开采矿产,既能够最大限度地利用矿产资源,又能保证高速公路在设计使用年限内的安全营运,对今后如何在采空区修筑高速公路,如何充分利用地下矿产资源等均有着重大的指导意义和经济意义。

4 采空区治理方法的选择与施工技术

4.1 采空区治理方法及优化选择

4.1.1 采空区治理方法及适应性分析

目前采空区治理方案主要分为直接处理和间接处理两大类，见表 4-1。

采空区综合治理方法 表 4-1

采空区治理方案	采空区治理方法及实施措施	
直接处理	充填法	注浆充填
		水力充填
		干砌片石充填
		浆砌片石充填
		开挖回填法
	局部支撑法	注浆柱支撑
		井下砌墩柱支撑
		钻孔桩柱支撑
	释放沉降潜力法	井下复采或爆破
		高能级强夯法
		水诱导沉陷法
间接处理	采用路堤加筋抗变形方法和过渡路面后期修补的方法	

直接处理，主要是针对地下采空区这一特殊地基问题，采用各种地基处理加固的方法直接作用于处理对象，以消除或减小地表沉降变形。

间接处理，是指采用间接的措施来补偿下伏采空区在地表引起的变形。目前采用的方法主要是，在进行地面建筑物的结构设计时，采用抗变形措施，或者是在公路路堤结构中采用土工格栅、土工格室等加筋措施来减少和延缓路基的沉降，以抵偿地表的不均匀沉降和变形，或者是采用过渡路面结构，待后期路面沉降变形时及时修补的方法。

直接处理的方法大致可分为三大类型 11 种处理措施(表 4-1)，具体分述如下。

(1)充填法：根据充填材料和工艺又可以细分为注浆充填、水力充填、人工洞下干砌或浆砌片石充填。

①注浆充填是从地面钻孔至地下采空区或破碎岩体内实施注浆，通过浆液凝结后形成的结石体来充填和加固采空区。注浆充填法是应用广泛、效果较好的采空区治理方法。该方法

适用于不同的埋深且不具备洞内人工施工条件的采空区。

②水力充填是指利用地下矿井的涌水,在不排水条件下让其水位上升,直至充满整个采空区,并利用水压支撑顶板。该方法要求充水后的采空区与外界隔绝,无连通孔隙,并且保证采空区内的水不排出。这个条件对于一般的地下采空区而言是难以达到的。

③干砌充填是在采空区内用石灰岩或砂岩片石等,采用人工方法砌筑回填。所取片石的厚度大于 15cm,长边大于 30cm,片石的抗压强度不低于 10MPa。该方法适用于采空区顶板未完全塌陷,需要回填的空间较大,并且埋深浅、通风良好,具备人工作业条件且材料运输方便的采空区。

④浆砌方法同样是在采空区内用石灰岩或砂岩片石等采用人工砂浆砌筑方法进行回填。片石规格要求尽量大。浆砌充填适用的条件和干砌充填基本相同,不同的是使用浆砌方法砌筑的构筑物具有较高的整体强度。

⑤开挖回填法是对路基下浅层或挖方地段路基边坡上的采空区先行开挖,然后采用干砌或浆砌方法回填。该法可用于治理公路地基浅层、高边坡地段,用以保障路基、边坡地段的稳定。

(2)局部支撑法:即在采空区进行局部支护,以支撑上覆岩层顶板的冒落。根据支撑方式又可以细分为注浆柱支撑、井下砌墩柱支撑和大直径钻孔桩柱支撑等。

①注浆柱支撑法是指在地面布置梅花状钻孔,首先注入粉碎过的矿渣、碎石等填料,然后注入水泥浆或粉煤灰—水泥浆液,利用填料固结后形成的注浆柱来支撑采空区上覆顶板,减小采空区空间垮塌,同时用浆液充填加固采空区上方的破碎岩层。在实施这种方法处理时,要对采空区顶板的位置、规模、分布范围和性质了解清楚,因此,有必要投入一定的勘察工作。随着采空区高度的增大,注浆柱的体积明显增大,材料消耗量也随之增大,且对治理所用材料(水泥浆液或粉煤灰—水泥浆液)的强度要求也较高,最终导致其成本显著上升,与充填法相比经济性较差。

②井下砌墩柱支撑法是指在矿井采空区内砌筑钢筋混凝土墩、石料墩、砖砌墩等来支撑上覆顶板,用以减小采空区顶板的垮落。这种方法的局限性在于地下施工条件要求很高,即采空区顶板条件较好,不会因突然坍塌或冒落而产生危险,矿井巷道能够运输建筑材料,施工人员和机械能够方便地进出采空区。

③钻孔桩柱支撑法是采用钻机成孔,灌注砂石料(集料)和水泥浆液,在空洞的底板和顶板之间形成柱体,支撑顶板使地基稳定。

(3)释放沉降潜力法:在采空区地表未利用前,采取强制措施加速老采空区的"活化"和覆岩的沉陷过程,加快地表沉降的发展速率,在地表沉陷基本稳定后再开发利用地表。具体的方法有:井下复采或爆破、高能级强夯法和水诱导沉降法等。

①井下复采或爆破,是指将采空区的残余煤柱采出或对采空区实施爆破,使上覆岩层破碎冒落充填采空区,加速地表的沉陷过程。这种方法能够缩短沉陷时间,但爆破后采空区的延续沉降时间有时候也难以准确控制,这是其局限性。

②高能级强夯法,是指采用高能量强夯处理破碎岩体,使浅部采动岩体裂隙和离层裂缝压密,提高破裂岩体的地基承载力。一般强夯的有效加固深度为 5～10m,高能量强夯法加固深度可超过 10m。根据强夯施工的加固深度可知,这种方法仅能用于极浅的、深度不超过 10m

的采空区，这也同时决定了它的施工局限性。

③水诱导沉陷法，是指对采空区地表附近不需要保护(如构筑物)的沉陷活动区，把水导入破碎的上覆岩土层，加速其沉陷，待其稳定后再进行地表回填和建设。实施这种方法对于地下空隙条件要求较苛刻，要求采空治理区边缘的岩土层基本未受断层的破坏和改造，周围的岩土层裂隙不发育，且基本呈封闭的状态，导入岩土层中的水不可以流到治理区外，即不与外界贯通。否则此种方法将无法实现，这也决定了其施工的局限性。

4.1.2 采空区治理方法的优化分析

根据以往经验，经分析论证，认为高速公路下伏采空区的治理，受多种因素的制约，但复杂的隐伏地质情况是主要的控制因素。根据国内外同类项目的成功经验可知，行之有效的治理方法主要应是注浆法和非注浆法(即干、浆砌方法，开挖回填方法，桥跨法等)。

(1)采空区治理注浆充填法及适用范围

①注浆充填法：系指全充填压力注浆治理法。即在地表打孔，通过注浆泵、注浆管，将水泥、粉煤灰浆(水固比1∶1.0～1∶1.4)注入岩土层的空隙、裂隙或采空区的冒落带和裂隙带里，浆液在岩层裂隙带内胶结固化，采空区内的浆液形成的浆液结石体对其上覆岩层形成支撑作用，阻止上覆岩层的进一步冒落，防止地面因采空区冒落而引起沉陷变形，避免路基发生突发性沉陷，确保路基及其附属设施长期处于稳定的环境中。

②注浆充填法的适用范围。

a. 提高地基承载力的注浆；

b. 帷幕注浆；

c. 防止地表下沉的注浆；

d. 防止滑坡的注浆；

e. 封堵井下突水口或垂向导水通道的注浆；

f. 加固、加厚底板隔水层的注浆。

(2)采空区治理非注浆方法及适用范围

①干、浆砌方法。

在采矿后形成的空洞内，用抗压强度较高的灰岩或砂岩等片石，人工回填或砂浆砌筑，砌体与顶板紧密接触，使堆砌物起到支撑顶板的作用，从而保证采空区上方覆岩的稳定性。该方法适用于矿层开采后未完全塌落，纵向空间较大的采空区，同时应具备工作面内通风良好、易于人工作业、材料运输方便等条件。

②开挖回填方法。

利用人工或机械，对路基下浅层或挖方地段路基边坡上的采空区先进行开挖，然后采用干砌或浆砌方式回填。该方法适用于治理高速公路路基浅层和高边坡地段的采空区，以保证路基、边坡地段的稳定。

③桥跨法。

以桥的形式跨越采空区不稳定的路段，桥的墩台应在稳定的岩体中。该方法主要适用于矿层开采规模较小，井采深度在几米至几十米的采空区，且采空区在路基方向上的影响长度应小于设计的两桥墩之间的距离，在分析了投资方案的可行性以后，可考虑采用桥跨方案。

(3)采空区治理方法的优化

前述各种采空区治理方法,都有其应用的先决条件。综合比较确认,注浆充填法不受特殊地质情况的限制,也不受施工环境和场地的制约,适应范围广泛,施工条件简单,施工安全,材料运输方便,为加快施工进度,可以组织多个台班同时作业,既可保证施工质量,又可保证施工进度,还能保证安全生产。与上述采空区治理方法相比,注浆充填法主要具有如下优越性:

①适应性广。其他的采空区治理方法如水砂充填、干砌充填、浆砌充填、井下砌墩柱、井下复采或爆破等,对地下施工条件要求很高,人员和设备都要在地下采空区内施工。但绝大部分已塌陷的采空区都不具备采空区内施工的条件,它们施工的局限性很大,而注浆法则对地下地质情况无特殊要求。

②治理深度较大。无论对于深度小于50m的浅部采空区,还是深度在200m左右的深部采空区,注浆充填法都具有安全、可靠和良好的治理效果。

而其他采空区治理方法,如支撑柱、堆载法、强夯法等,都只能处理极浅(10m左右)的采空区,治理效果难以预计且可能存在一定的安全隐患。

③技术成熟可靠。采用注浆充填法成功的工程实例很多,施工经验丰富,勘察设计方法与技术非常成熟;与同类治理方法相比,该方法治理费用相对较低,而其他的一些治理方法,如注浆柱、大口径钻孔桩柱等,其材料的强度要求较高,用量大,费用较高且治理效果不易控制等。

4.1.3 采空区治理方法的选择

(1)选择治理方法需考虑的主要因素

当采空区的稳定性评价结果为不稳定或者次稳定时,就要选择合适的采空区治理方法进行处理。治理方法的选择,主要应考虑以下几个因素:

①采空区的地质条件,主要包括采空区顶板岩性及完整性、地下采空区内人工作业条件等。如果具备在地下采空区内进行作业的条件,能够保证地下施工人员和机械的安全,则可以优先考虑地下施工的处理方法,包括地下充填、地下支撑、地下干砌或浆砌等。若采空区顶板的岩石坚硬、强度大、完整性良好、不易冒落坍塌,则可以考虑采用支撑法治理;如果同时具备安全的地下洞内作业条件,则可以考虑地下砌墩柱支撑的方案。如采空区已进入过渡性剧烈沉降期或突发性沉降期,或者采空区已经冒落,地表已有冒落特征的,即地质条件已不具备在地下采空区内进行作业的条件,则对采空区的处理应考虑用注浆充填法。

②煤矿开采方式。采煤方法有很多种,如房柱式采煤、巷柱式采煤。其顶板冒落与煤柱的尺寸、顶底板岩性、煤层性质、采深、倾角等有关,可能在开采几十年甚至上百年后,由于煤柱失稳而引起地面的突然沉降。针对上述采煤方法,如果取得的井下采掘资料齐全真实,可以参照4.1.3条(1)款①中内容,对采空区的治理方法加以选择。目前国内煤矿大多采用单一长壁采煤法,采用该方法,顶板覆岩属均衡破坏,地表产生连续的、大面积的沉陷盆地,地表移动具有较强的规律性,其稳定性较容易判别。采用此法开采煤层后,其上覆岩层即遭受破坏,采空空洞内安全无保障,不具备人工作业条件,只能以注浆充填法对采空区实施治理。

③采空区深度。对于大多数的长壁式开采、全垮落法管理顶板的采空区而言,其不具备地下洞内施工条件,而且顶板已经冒落。在这种情况下,注浆充填法是一种合理有效的选择。就

目前的注浆施工技术而言，其钻孔注浆的深度一般在250m以内，深度超过250m的深部采空区，用注浆法治理时，其经济性将变差，但治理的有效性不受影响。因此，采空区的深度和纵向空间是决定注浆充填法是否可行的重要因素。

④原材料供应。在有火力发电的地区，粉煤灰的供应都非常充足，且价格低廉，应该优先考虑用这些材料。但在个别地区，可能存在粉煤灰供应不足，或供应的距离很远，可以考虑采用其他材料，如黏土、尾砂等。

(2)确定治理方法的原则

根据以上几个主要因素，确定采空区最佳的治理方法时，应遵守如下原则：

①在技术上可行、经济上合理，又能满足进度要求。

②根据采空区所处的地质环境，结合道路条件和施工条件等进行科学合理的选择。

③根据图4-1，可以有针对性地对采空区治理方法作出科学合理的选择。

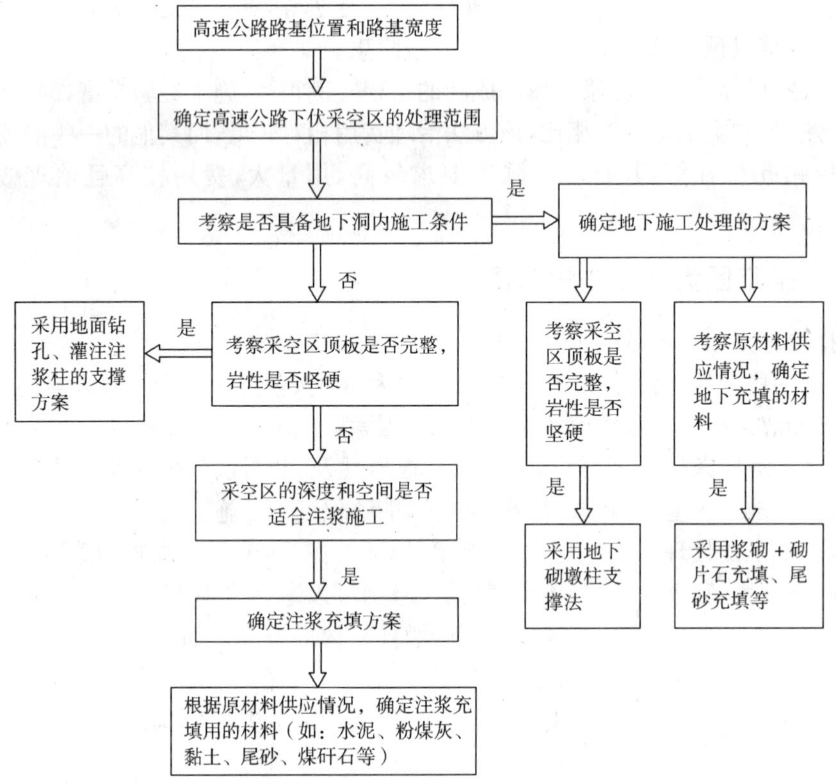

图4-1　采空区治理方法的选择流程图

4.1.4　采空区治理方法的设计要素

采用注浆充填法治理采空区，应达到的目标既要满足道路工程对于地基强度和地表沉降量的技术要求，在经济上要节约和合理，把采空区治理费用降至最低。本章以注浆充填法设计为例，其设计要素主要有：治理范围、注浆材料选择、注浆量预测、孔位布置、孔深确定并明确注浆参数（注浆压力、浆液扩散半径、孔距等）的控制指标。

(1)治理范围

确定注浆治理范围,包括在平面上确定治理的长度和宽度;在纵向上确定注浆深度和注浆段高度。注浆范围与采空区的分布、埋藏深度、矿层倾角、上覆岩性及路基的类型(挖方、填方)等因素有关。目前采空区注浆治理设计中一般采用应力扩散角的方法来确定采空区的有效治理范围,保证治理后的采空区不对路基和附属物造成任何破坏。

①采空区沿矿层倾向方向注浆治理长度 L 见图 4-2。

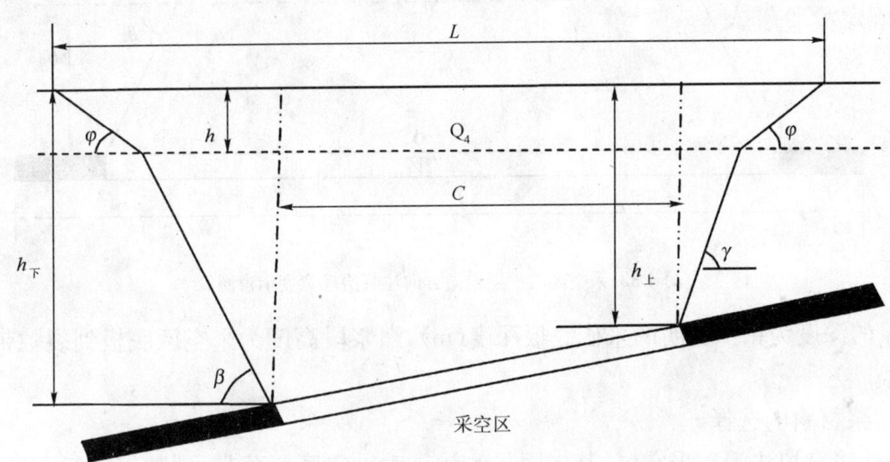

图 4-2 采空区沿矿层倾向方向注浆治理长度示意图

治理长度计算式如下:

$$L \geqslant C + 2h\cot\varphi + (h_{上} - h)\cot\gamma + (h_{下} - h)\cot\beta \tag{4-1}$$

式中:L——沿矿层倾向方向治理长度(m);

$h_{上}$、$h_{下}$——倾斜断面上山和下山方向的矿层开采深度(m);

γ、β——矿层上山和下山方向基岩移动角,参照采空区附近大型矿山的观测经验值确定(一般取 56°～68°之间);

φ——第四系土层移动角,一般取 45°计算;

C——采空区倾斜长度的水平面投影(m);

h——第四系地层厚度。

②沿矿层走向方向注浆治理宽度见图 4-3。

治理宽度计算式如下:

$$L \geqslant b + 2b_1 + 2b_2 + 2h\cot\varphi + 2(H-h)\cot\delta \tag{4-2}$$

式中:L——治理宽度(m);

b_1——公路填方路基左、右幅护坡宽度(m);

b_2——公路填方路基左、右幅边坡坡脚外保护带宽度(m);

b——路基设计宽度(m);

h——路基下第四系地层高度 (m);

H——路堤下方开采矿层的平均采深(m);

φ——第四系土层移动角，一般取45°计算；

δ——基岩移动角，参照采空区附近大型矿山开采区间的观测经验值确定。

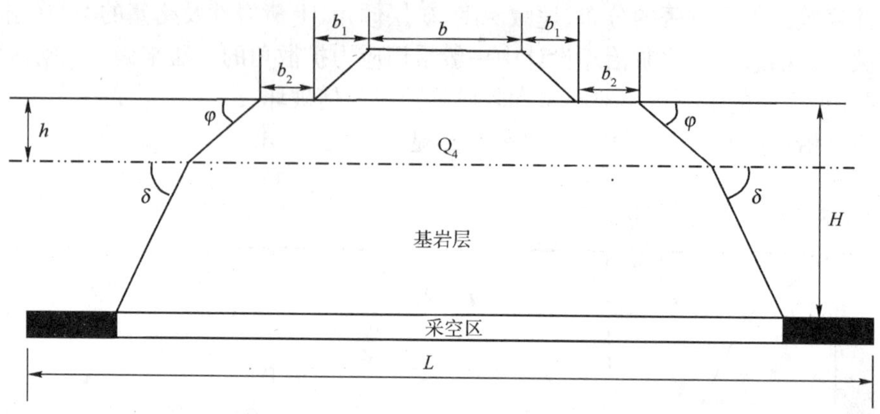

图4-3 采空区沿矿层走向方向注浆治理宽度示意图

注浆的深度为钻探查明的采矿底板深度(m)，灌浆段高度为采空区底板到裂隙带顶部之间的高度。

(2)注浆材料的选择

采用注浆充填法治理采空区，其加固目的就是对采空区冒落带、裂隙带进行充填，对注浆材料的细度及强度要求不高。注浆材料常用普通水泥、黏土、粉煤灰、砂等。注浆材料的种类繁多，其价格与性能也不尽相同，选择的原则是就地取材，尽量利用价格低廉、工艺简单、具有一定固结强度的材料。

在禹登高速公路王庄土门铝土矿采空区治理工程中，采用登封当地产42.5级普通水泥、登封电厂粉煤灰作为注浆原材料。由于铝土矿厚度大，埋深浅，经钻探揭露，掉钻达5～7m，印证了当地采空区纵向空间可容纳卡车通行的说法。为防止注浆浆液大面积扩散至路基影响区之外，采用了水泥、粉煤灰含量稍高的配合比（即水固比1∶1.4，水泥、粉煤灰的固相比为3∶7)。为了使所注的浆液尽快形成结石体，在水泥、粉煤灰浆中掺加了水泥用量2%的水玻璃作为速凝剂。同时，在采空区纵向空间较大的区域内，采取一个注浆点位处布置边长为2m的三角形排列的钻孔方式，用纯水泥浆将尾砂浆注入采空区内，以减少其流动性，加速凝固，快速堆积，并在采空区内形成锥形立柱，达到阻止采空区下沉的目的。

浆液配合比要通过浆液配合比试验及现场的可灌性试验来确定，总的原则是:水泥用量尽可能少，但同时要考虑浆液固化所需的初凝时间、终凝时间、结石率及结石体强度等。禹登高速公路采空区治理工程涉及三个多层开采的铝土矿采空区和三个单层开采的煤矿采空区，通过室内大量的理论配合比试验和各标利用一级搅拌池、二级搅拌池对注浆原材料(水泥、粉煤灰)等进行实际条件下的配合比试验，在考虑浆液初凝时间、终凝时间、结石率及结石体强度等因素后，最后确定灌注浆液的水固比为1∶1.1～1∶1.4(四种)，分别用于中间孔、帷幕孔和采空区纵向空间较大孔的灌注。

(3)注浆量预测

目前，国内一般的采空区注浆量设计预测方法，主要考虑以下两个方面：

①空洞区注浆量预测

假设采空区在矿层采出后经过一定时间的塌陷冒落，采空区现存的空洞体积为V_1，则：

$$V_1 = V_0 - \Delta V \tag{4-3}$$

式中：V_0——矿层采出后的采空区体积；

$$V_0 = S \times H_1 \times K \tag{4-4}$$

ΔV——处理前已沉降造成压缩的采空区体积；

$$\Delta V = S \times \Delta H \tag{4-5}$$

S——采空塌陷区面积；

H_1——煤层采厚；

K——回采率；

ΔH——采矿后地表的累计沉降值。

②岩体裂隙、溶洞注浆量预测

矿层采出后，由于冒落带、裂隙带、沉降带的形成，在采空区上方的岩土体中往往发育有大量的裂隙，而且在灰岩发育地区可能有溶洞的存在，这些都会造成注浆时，浆液在非采空区部位的消耗，因此，需要对这部分的注浆量进行预测计算。

岩体裂隙、溶洞的注浆量V_2可用下式计算：

$$V_2 = S \times H_2 \times \alpha \times \beta \tag{4-6}$$

式中：S——采空区治理范围内的平面面积；

H_2——裂隙带高度；

α——裂隙、溶洞体积发育率；

β——注浆充填率。

设浆液的结石率为δ，V_1和V_2两部分的设计充填率为ζ，则浆液实际消耗量V_3为：

$$V_3 = [(V_1 + V_2) \times \zeta]/\delta \tag{4-7}$$

以上计算方法适应于单层采空区无水的情况，对于多层富水采空区，情况就复杂得多了。如果各层间间距较大，可以分层计算，再进行累加；如果各层采空区相互贯通，则可以合并成一层进行计算；如果富水，地下水对浆液的黏滞阻力，必然影响浆液的流动性能及其扩散半径，降低浆液的充填率，这时就要对充填率进行折减，确定注浆量。

注浆量预测很大程度上和前期地质调查、勘察工作成果及不稳定区域治理范围的确定有关。尤其与采空区三带分布特点、高度、裂隙发育程度及孔隙度、岩体碎胀特性、采空区冒落充填情况等调查结果关系较大。

(4)注浆孔的布设

为有效搭接注浆浆液结石体，一般采用梅花形的孔位布置方式。注浆孔距与浆液的扩散半径关系紧密，浆液的扩散半径大，注浆孔孔距可适当加大，浆液的扩散半径小，注浆孔孔距要减小。一般按如下方法布置：

①高速公路路基是采空区治理的重点部位。此部位注浆孔的间距较小，具体间距要根据浆液的扩散半径R值来确定，一般取$1.0R \sim 1.5R$。如扩散半径为10m，则孔间距为10～15m，均匀布设。

②路基两侧保护带也是采空区治理的主要部位。此部位注浆孔的间距相对要大些，取

1.8R～2.0R。如扩散半径为10m，则孔间距为18～20m，采用均匀布设。

③如果地下采矿资料完备、详细，能够准确确定矿井巷道的位置，则注浆孔布置在巷道上，可以保证巷道的充填效果。但对于小煤窑、集体或个体小矿形成的采空区，往往资料不全，或实际开采情况与资料不符，则难以准确地确定矿井巷道的位置，故一般采用均匀布置的方法。

④桥头、箱涵通道及其重要附属物部位，孔距应适当加密，可取1.2R。

⑤在注浆治理范围的边缘部位，由于地下空隙相互连通，可能会导致浆液流失到治理区外，造成原材料的浪费。为防止此种情况的发生，在浆液可能产生流失的部位须布置帷幕注浆孔，也称边缘孔。边缘孔的布设间距一般要小，取0.8R～1.0R，可以采取前后交错的方式布置。

(5)注浆参数的确定

注浆参数包括浆液扩散半径、注浆压力、被灌层的渗透性能等。注浆参数的选择关系到工程质量与造价，注浆参数选择的合理与否直接影响到注浆工程的成功与失败。由于采空区的地质条件复杂，其开采方式、采空区上覆岩层沉陷、冒落岩土层中孔隙的大小等因素不同，导致被灌层的渗透性不同，浆液的扩散半径也就不同。这样就给注浆参数的确定带来了一定的难度，一般需根据钻探揭露情况，结合现场注浆试验来共同确定。

①浆液扩散半径

浆液扩散半径与空隙性质(即空隙大小、连通性等)、注浆压力等因素有关。采空区的注浆属于充填式注浆，采空区冒落带、裂隙带，属岩石被改造形成的，一般其空隙较大，连通性好，浆液在其中的扩散半径较大。采空区受注段包括采空冒落带、裂隙带及上覆岩层裂隙，因其空隙的大小不同，所以各受注段浆液的扩散半径也不相同。因此，对于空隙相差较大的各受注段，浆液扩散半径需分别计算，采取有效的注浆实施方案对其不同的受注段(层)施以有效充填，保证注浆的效果。

注浆孔位设计时，主要依据浆液扩散半径来确定注浆孔的孔距。而导致地表沉降的主要受注地段的浆液扩散半径是设计时重要的参考依据。

②注浆压力

注浆压力的大小将决定浆液的扩散半径和充填、压密的效果。注浆压力大，浆液扩散距离远，空隙中浆液充填的程度较高。但在浅部采空区注浆施工时，如果压力过大，会导致上覆土层的剪切破坏，可能形成劈裂注浆而产生地表冒浆。所以在设计中，注浆压力的选择要以浆液能达到有效的扩散距离为标准，同时又不产生土体的劈裂破坏。另外，在注浆压力设计时，还要考虑注浆管道的承压能力，既要保证注浆质量又要保证施工安全。

③渗透性能

为测定采空区导水裂隙带的渗透性质，可在现场通过钻孔压水的试验方法求得渗透系数。压水试验是通过测定被灌注介质的单位吸水量(单位吸水量是指在单位压力下，单位长度的岩土层在单位时间内的吸水量)，然后将其换算成渗透系数，用以反映岩土体的裂隙和渗透性。

4.1.5 禹登高速公路采空区治理方法的确定

由于禹登高速公路下伏煤矿、铝土矿采空区多为集体或个体开采，私挖乱采现象严重，开采方式和规模差异较大，顶板管理方式多为陷落法，致使采空区上覆岩层处于塌陷失稳状态，导致部分采空区已出现沉降。如No.1标铝土矿治理区内出现大范围的环状沉降和塌陷坑；No.3标煤矿治理区内出现大面积槽状沉降；No.5标煤矿治理区内出现大面积的沉降盆地；刘碑寺停车服务区内出现塌陷坑、沉降坑等。下伏采空区的矿层开采后，有的已部分塌落，采空区的赋存空间变化较大，工作面内不易于人工作业，不适用干砌、浆砌方法；采空区冒落带、破碎带赋存深度大部分超过30m，已不适合用开挖回填方法进行治理；禹登高速公路下伏采空区每个需要治理的区块沿路基方向的长度都大于330m，采用桥跨法通过采空区已不符合客观实际。因此只有选用全充填压力注浆法，对禹登高速公路沿线的采空区进行防治性处理。根据已知勘察资料结合注浆浆液扩散效果，合理布置注浆孔孔位，将会达到可靠的治理效果。

4.2 禹登高速公路采空区治理工程施工图设计

禹登高速公路下伏煤矿、铝土矿采空区，多为集体或个体私营矿主开采所致。开采后的顶板无任何支护，任其自然冒落，且开采的深厚比小于30，存在较大的剩余变形量，易诱发不均匀沉降或突发性沉降等工程地质灾害。地面已发生塌陷、裂缝、台阶状沉陷等，对建设中的高速公路危害极大。根据当地的地质情况和采空区的沉降冒落特征，针对前述的各种治理方法，经分析比较，最终确定采用全充填压力注浆法对禹登高速公路下伏采空区进行治理。注浆工作量见表4-2。

注浆工作量 表4-2

合同号	起始桩号	起止时间(年.月)	注浆孔数	注浆量(m^3)	备注
No.1	K70+485～K70+950	2005.9～2006.1	92	25 683.41	王村土门
No.2	K72+980～K73+550	2005.9～2006.1	139	12 748.862	山沟村
No.3	K76+428～K77+076	2005.9～2006.3	195	57 735.53	刘碑寺
No.3新增	K76+428～K77+076	2006.2～2006.3	23	3 313.08	刘碑寺
No.4	K77+270～K77+600	2005.9～2006.1	147	29 698.548	垌头
No.5	K78+470～K78+820	2005.9～2006.1	127	18 007.132	朝阳沟
No.3	K77+117～K77+424	2006.9～2007.1	135	31 859.1	刘碑寺停车服务区
合计			858	179 045.662	

4.2.1 采空区影响范围的确定

禹登高速公路路基的延伸方向，正好与沿线下伏采空区的倾向相交或近似垂直。因此，根据工程地质调查测绘、综合地球物理勘探、工程地质钻探等资料，经过定性、定量解释，圈定出下伏采空区的位置，按照岩土层应力扩散角的计算公式外推采空区的影响距离，即可圈定出采空区的影响范围。以采空区上山方向的冒落带边界为起点，向采空区上山方向按岩土层的应力扩散角来确定采空区靠近路基或服务区方向的影响边界线。采空区边缘点外推影响范围计算公式为：

$$L_i = h_{i1} \times \cot\beta + h_{i2} \times \cot\varphi \tag{4-8}$$

式中：L_i——影响范围边缘线至采空区冒落带边界的距离；

h_{i1}——上覆基岩厚度；

β——基岩移动角；

h_{i2}——第四系地层厚度；

φ——第四系地层移动角。

在禹登高速公路刘碑寺停车服务区下伏铝土矿采空区的治理设计中，基岩应力扩散角 β（采空区影响变形角）是确定采空区地表影响范围和地表移动变形预测值（最大倾斜值 T_{max}、最大下沉量 W_{max}、最大曲率 K_{max}、最大水平移动值 U_{max}、最大水平变形值 ε_{max}）的关键性参数，反映了采空区铝土矿层被采出后上覆岩层应力失衡并重新分布过程中的一种应力—应变特性。基岩应力扩散角 β 的主要受控因素为采空区覆岩结构特征、铝土矿层开采方式及顶板管理方法、采空区断层规模及活动性。在采空区围岩临空而形成的滑移力和构造应力的共同诱发下，上覆岩层极易产生层间的错动，拉动路基岩层沉降，进而导致地表构筑物及附属设施的变形、破坏。结合刘碑寺停车服务区下伏铝土矿采空区情况，采空塌陷区两侧围岩以 56°岩层应力扩散角来确定采空区影响塌陷范围。

4.2.2 治理范围的确定

(1)以采空区上覆基岩与基岩应力扩散角 β 的关系以及第四系应力扩散角 φ 等综合因素确定治理范围。

(2)根据采空区的影响边界线，结合挽近活动断层破碎带的具体位置，兼顾路基和附属物的安全，考虑治理区段的地形地貌特征、覆岩结构特征，综合确定采空区的治理范围。

(3)依据钻探勘察成果和物探资料圈定采空区范围。

(4)依据勘察资料取得采空区的埋深、上覆岩性后，可以确定基岩移动角，参照 4.1.4 条(1)中内容，可以把需要治理范围确定下来。

刘碑寺停车服务区下伏铝土矿采空区的治理范围见图 4-4。

4.2.3 注浆孔的布置

依据工程地质调绘、综合物探勘察、钻探等资料，经过定性、定量解释，圈定出采空区的范围、规模；综合考虑采空区对高速公路路基、停车服务区及其附属物的影响因素，划定出注浆治理的控制范围，制订出注浆孔的排列方式。注浆孔距的大小与浆液的有效扩散半径、注浆压力、裂隙的发育情况、空洞的充填情况及公路构筑物的位置等有关。高速公路下伏采空区各治理部位注浆孔距排布应具体情况具体对待，布置原则参照 4.1.4 条(4)款注浆孔的布设。

禹登高速公路下伏采空区治理工程注浆孔孔位布置见表 4-3。

刘碑寺停车服务区下伏采空区注浆孔，在确定的治理范围内共布设 20 排孔，网度 15m×20m。全区注浆孔 90 个，帷幕注浆孔 54 个，共计 142 个注浆孔，见图 4-4。

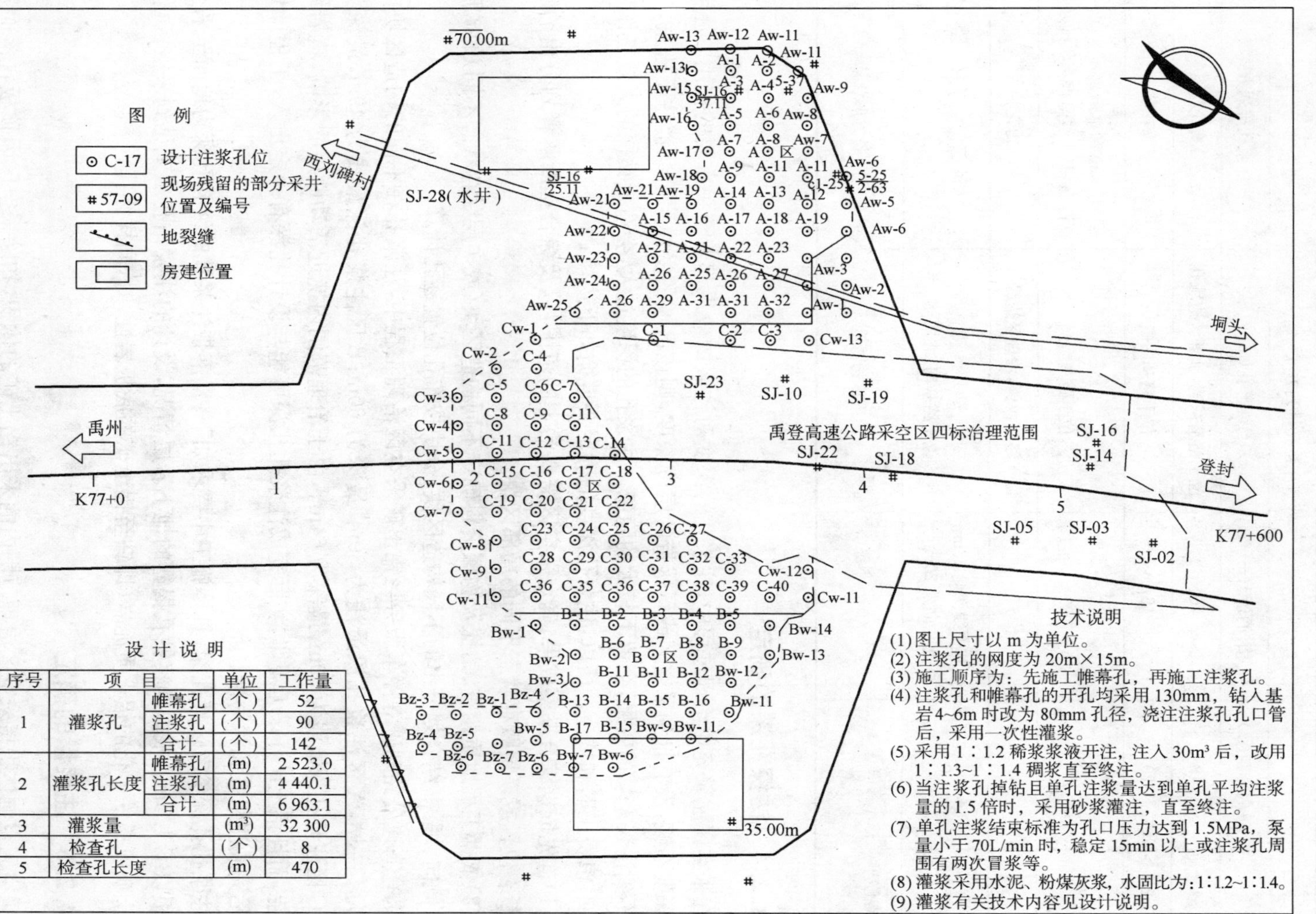

设计说明

序号	项目		单位	工作量
1	灌浆孔	帷幕孔	(个)	52
		注浆孔	(个)	90
		合计	(个)	142
2	灌浆孔长度	帷幕孔	(m)	2 523.0
		注浆孔	(m)	4 440.1
		合计	(m)	6 963.1
3	灌浆量		(m^3)	32 300
4	检查孔		(个)	8
5	检查孔长度		(m)	470

图 4-4 刘碑寺停车服务区铝土矿采空区注浆孔布置平面图

注浆孔孔位布置一览表　　表 4-3

采空区块	注浆孔排列方式			
	纵向排距(m)	横向孔距(m)	帷幕孔(m)	注浆孔排列方式
No. 1	18	16	位于路基东侧,治理区边缘孔	梅花状
No. 2	20	15	位于路基两侧	梅花状
No. 3	20	15 20	15 位于路基南侧	排距 15m 和排距 20m 相间,仅在路基中线呈梅花状排列
No. 4	18	15	位于路基西侧,治理区边缘孔	梅花状
No. 5	20	路基中线两侧 15m,此孔向外 20m	15 位于路基南、北两侧	似梅花状
刘碑寺停车服务区	20	15	治理区边缘孔	长方形状

4.2.4 钻探孔深的确定

在采空区注浆充填治理过程中,注浆孔的深度对注浆的效果起着至关重要的作用。注浆孔的深度不够,没有打到采空区或冒落带的层位深度,则该区域的受注层位浆液注不进去,从而起不到注浆充填的效果,会留下较大的隐患。注浆孔的深度过大,会造成钻探的无效工作量的增加,浪费工时和资金。所以,注浆孔深度的确定要遵循如下规律:

(1)首先依据综合勘察成果,确定采空区需要治理的范围,以及综合推断解释划分出的隐伏的断裂位置或矿层赋存状态不同的局部区块。

(2)依据工程地质调查、钻探及物探资料确定不同构造区块(或矿层赋存状态不同)的矿层走向、倾向、埋深,结合划分出的不同构造区块,分块按布孔位置逐孔计算。

禹登高速公路刘碑寺停车服务区铝土矿采空区治理工程中,注浆孔在不同的构造区块内深度大不一样,A 区注浆孔深最浅为 30m,最深为 60m;B 区注浆孔深最浅为 49m,最深为 61m;C 区注浆孔深最浅为 30m,最深为 64m。由于治理范围内挽近活动断层的影响,覆岩结构复杂,而且铝土矿开采无规律,实际完成注浆孔孔深可能与设计孔深有一定出入,工程计量以实际完成注浆孔孔深为准。

注浆孔孔深参考设计孔深,具体施工中要求如下:冒落带注浆孔的终孔孔深为地面至采空区底板以下 1.5m。根据勘察钻孔揭露的地下岩层情况,设计的注浆钻孔虽未见到采空区,但见铝土矿或褐铁矿化的铝土质泥岩(即钻至铝土矿的底板岩性)时,同样终孔。

4.2.5 注浆量的确定

采空区空洞体积指采空区治理范围内的采出铝土矿的体积,扣除采空区因顶板冒落而发生的变形。

刘碑寺停车服务区铝土矿采空塌陷区空洞体积的估算方法参见 4.1.4 条(3)款注浆量

预测。

根据采矿沉陷学经验公式及本区铝土矿采空塌陷区实际特征，综合分析认为采空区已发生的变形量占采空区塌陷区的40%，回采率为60%。

依据国内高速公路采空区治理工程的经验，注浆浆液的结石率一般为80%，浆液对采空区及上覆岩层中的裂隙、裂缝的充填率一般为75%。此数值已考虑了在注浆过程中，浆液向注浆孔壁周围、采空区上覆岩层裂隙的渗透损失，空洞因冒落坍塌形成的部分堆积的空隙而渗入的浆液损失等。

根据本区地形、地质特征，结合物探资料推算出的综合地质成果，得出勘察区内采空塌陷治理区中的空洞体积估算结果，详见表4-4。

刘碑寺停车服务区采空区治理范围内空洞体积估算表 表4-4

勘察区	开采矿层	采矿厚度(m)	铝土矿埋深(m)	勘察范围		采空区空洞体积(m³)
				近东西长度(m)	近南北长度(m)	
禹登高速公路 K77+117～K77+424	铝土矿层	2.50～13.70	22.3～59.2	296	307	32 300

由于治理范围内铝土矿开采的无规律性，特殊的覆岩结构，挽近活动断层的影响导致覆岩破碎的复杂性，实际注浆量可能与设计注浆量有一定出入，工程计量以实际注浆量为准。

4.2.6 费用的确定

费用的确定以禹登高速公路刘碑寺停车服务区铝土矿采空区治理工程为例。

(1)费用确定的依据

①预算编制依据

预算编制依据主要参照了水利部门在大堤、大坝方面的洞穴注浆治理工程预算标准。本项目工程费用预算依据如下：

a. 水利部(2002)《水利工程设计概(估)算编制规定》。

b. 水利部(1998)15号《关于印发〈水利水电工程设计概(估)算费用构成及计算标准〉的通知》。

c. 河南省水利厅1995编制的《河南省水利基本建设工程概(估)算费用构成及计算标准》。

d. 国家发展计划委员会、建设部《工程勘察设计收费标准》(2002年修订本)。

e. 中国建设监理协会(2001)组织编写的《建设工程监理相关法规文件汇编》。

f. 施工图设计预算编制的有关文件和标准。

②采用定额

a. 水利部(2002)《水利建筑工程概算定额》[19](上、下册)。

b. 河南省水利厅1995年新编《河南省水利水电建筑工程预算定额》乘以1.03概算系数。

(2)费用细目及标准

①人工工资标准为人工预算单价 16.24 元/工日。

②主要材料预算价格,按注浆治理工程附近城市的大宗材料批发价计取,详见表 4-5。

主要材料价格表

表 4-5

序　　号	材 料 名 称	单　　位	材料市场(元)
1	水泥(42.5 级)	t	250
2	粉煤灰	t	11.15
3	水	m^3	1.80
4	速凝剂	t	1 200
5	孔口管(ϕ50mm)	m	125
6	套管(ϕ50mm)	m	125
7	合金钻头	个	40
8	铁砂钻头	个	28
9	合金片	kg	120
10	铁砂	kg	3

③机械使用费按台班计算,执行 2002 年水利部颁发《水利工程设计概(估)算编制规定》和河南省水利厅 1995 年新编《河南省水利水电建筑工程预算定额》,详见表 4-6。

主要施工机械台班费价格表

表 4-6

序　　号	机 械 名 称	单　　位	单价(元)
1	地质钻机 300 型	台班	101.99
2	注浆泵(中低压)	台班	63.13
3	灰浆搅拌机	台班	29.89

④其他直接费按基本直接费的 3.5%计算,其中雨季施工增加费按基本直接费的 1%计算,夜间施工增加费按基本直接费的 0.5%计算,小型临时设施摊销费及其他按基本直接费的 2%计算。

⑤现场经费费率标准见表 4-7。

现场经费费率表

表 4-7

序　　号	工 程 类 别	计 算 基 础	现场经费费率(%)		
			合　　计	临时设施费	现场管理费
1	钻孔注浆工程	基本直接费	10.73	4.99	5.74

⑥间接费费率标准见表 4-8。

间接费费率表 表 4-8

序　号	工程类别	计算基础	间接费费率(%)		
			合计	施工管理费	其他间接费
1	钻孔注浆工程	人工费	110	75	35

⑦税收和企业利润按建安费的 8%计算。

⑧注浆治理工程检查孔及声波检测费用执行国家发展计划委员会、建设部《工程勘察设计收费标准》(2002 年修订本)。

⑨其他费用,按费用标准中的有关要求计取。

a. 工程监理费执行国家物价局、建设部(1992)价费字 479 号《关于发布工程建设监理费有关规定的通知》中规定的收费标准,即按工程预算额的 3.0%计取。

b. 勘察设计费执行国家发展计划委员会、建设部《工程勘察设计收费标准》(2002 年修订本)中规定的收费标准,其计量公式为:

$$勘察设计费=基本设计费+其他设计费 \tag{4-9}$$

$$基本设计费=收费基价\times专业调整系数(1.1)\times工程复杂程度系数(1.15)\times附加调整系数(1.89) \tag{4-10}$$

$$其他设计费=基本设计费\times 10\% \tag{4-11}$$

总预算见表 4-9。

总预算表 表 4-9

编　号	费用名称	单　位	数　量	综合单价(元)	合价(元)
第一部分	建安工程费				10 613 006.00
一	浇注孔口管	根	142	1 500	213 000.00
二	注浆	m^3	32 300	252	8 139 600.00
三	钻探	m	6 963.1	260	1 810 406.00
四	质量检测(钻探、声波检测、压浆验证、静水位观测)	m	470		450 000.00
第二部分	其他费用				3 470 068.69
一	建设管理费				595 715.33
1	建设单位开办费	%	5.50	建安费	583 715.33
2	建设单位经常费				
3	项目管理费				
4	施工场地征用费				12 000.00
二	生产及管理单位准备费	%	0.5	建安费	53 065.03
三	勘察设计及试验费				1 303 065.03
1	勘察设计费				1 250 000.00
2	试验费	%	0.5	建安费	53 065.03
四	其他				1 624 353.36
1	工程质量监督管理费	%	0.25	建安费	26 532.52

续上表

编　号	费用名称	单　位	数　量	综合单价(元)	合价(元)
2	工程监理费	%	3	建安费	318 390.18
3	承包人驻地建设费				100 000.00
4	运水和电力增容	%	3	建安费	318 390.18
5	临时道路整修和维护	km	1	12 000	12 000.00
6	税收和企业利润	%	8	建安费	849 040.48
第三部分	总预算金额				14 189 204.75

4.3　禹登高速公路采空区治理主要施工方法与技术

4.3.1　注浆孔钻探施工与技术

(1)钻探流程

①注浆孔定位

a.注浆孔应用全站仪、钢尺,根据设计的注浆钻孔坐标进行实地测量放样。

b.钻孔实际位置原则上不应超过设计位置±1.0m;当因地貌或建筑物影响,钻孔不能放在原设计位置时,可视具体情况来定(但应征得设计单位同意)。

②帷幕孔、注浆孔的成孔工艺

a.用ϕ130mm钻头开钻,钻至基岩5m后,下入ϕ130mm套管护壁,或跟管钻进,然后变径为ϕ89mm。

b.用ϕ89mm钻头,钻至采空区中的塌陷冒落带或煤层底板1～2m处终孔。

(2)钻探技术要求

①每个注浆孔测斜至少一次,终孔孔斜要求不超过2°/100m。

②注浆孔的成孔过程中,全区5%～10%的注浆孔要求全取芯,全取芯孔应均匀分布全区以便全面掌握采空区的分布特征,为及时调整施工方案,保证地表附属物的安全提供决策依据。对于取芯孔,采空区上部岩芯采取率为60%,采空塌陷区部位岩芯采取率应大于30%。岩芯摆放整齐并照相佐证。

③做好钻探原始记录和岩芯编录工作。

④钻孔施工过程中,如发现漏水、掉钻、埋钻等现象要详细记录其深度、层位和耗水量。

4.3.2　注浆管浇筑

(1)将一端带有ϕ120～130mm法兰托盘的ϕ50mm注浆管下入孔内变径处,孔内放入少量砾石,以堵塞大的缝隙,然后放入少量黏土,防止浆液大量渗漏。然后灌入水固比为1∶1.5～1∶2的水泥浆,浇筑长度为地表至完整基岩下4～6m处(法兰盘所处的变径位置)。

(2)水泥浆液中应加入水泥重量2%的速凝剂,或采用42.5级快凝水泥,快速将注浆管与孔壁固结。

钻孔施工工艺流程见图4-5,注浆孔、帷幕孔及浇筑孔口管示意见图4-6、图4-7。

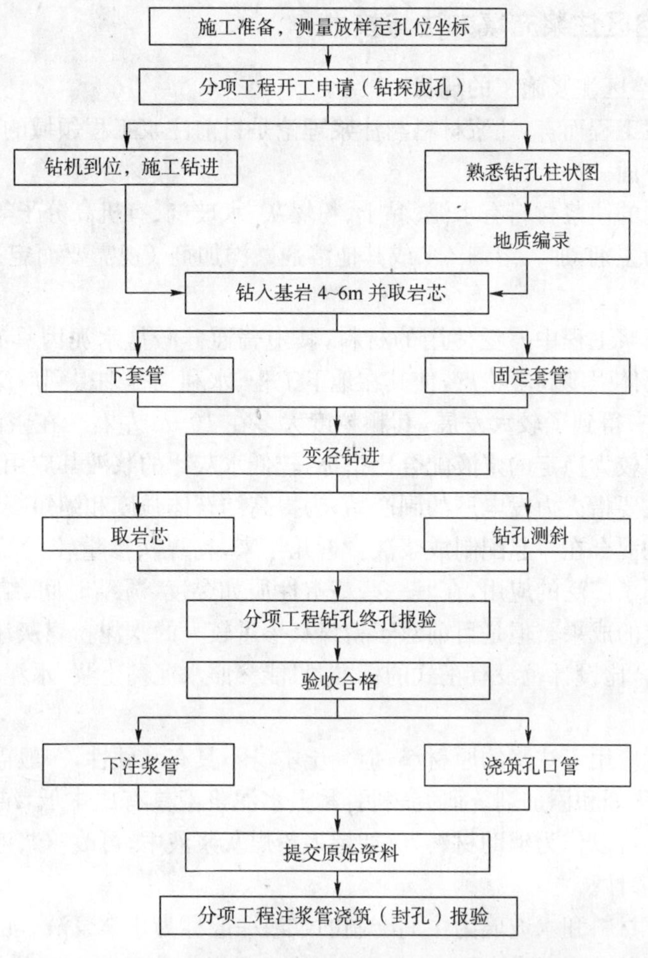

图 4-5 钻孔施工工艺流程图

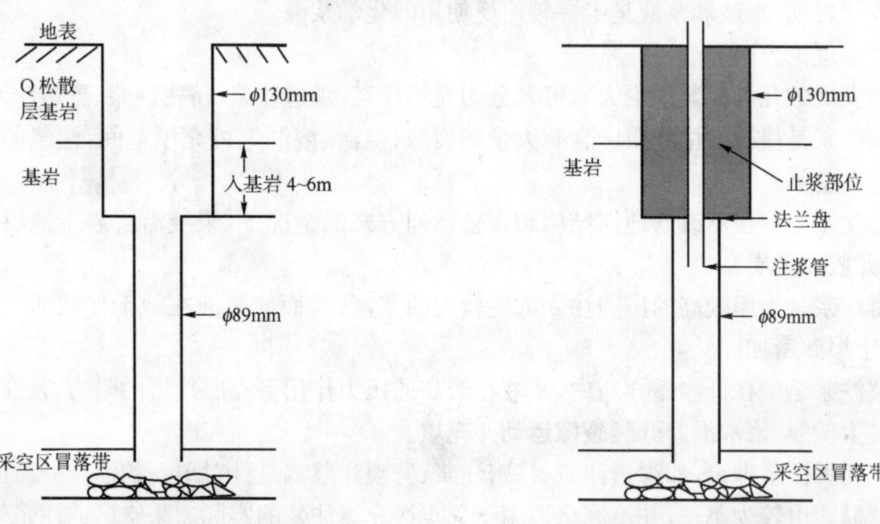

图 4-6 帷幕孔、注浆孔结构示意图　　图 4-7 帷幕孔、注浆孔浇注孔口管示意图

4.3.3 采空区注浆充填方法与技术

(1)国内外采空区注浆施工的现状

对于地下注浆工程而言,注浆材料与注浆理论是目前注浆工程领域的重要研究内容。

①注浆材料方面

目前广泛使用的注浆材料有水泥、黏土、粉煤灰、水玻璃、有机高分子等材料。以这些材料的一种或几种作为主剂,加入溶剂(水或其他溶剂)、添加剂(视需要而定)便可配制成为注浆浆液。

水泥是目前注浆工程中广泛使用的材料,其中普通硅酸盐水泥因具有来源丰富、制浆方便、施工简单、结石体强度高等特点,使其在地下工程、水利工程中得到广泛应用。为提高可灌性,超细水泥近年来得到了较大发展,其颗粒度大多在 10μm 左右。在浆液配合比方面,近几年已经逐渐形成了较为稳定的浆液配合比指标,较低水灰比的浆液其应用日益广泛。

粉煤灰材料主要指火力发电厂的副产品,为提高结石体强度和缩短凝结时间,这些材料常常和一定量的水泥混合在一起配制成浆液。近几年来,粉煤灰掺量较大的水泥粉煤灰浆液在地下采空区中得到了广泛的应用,在其一些基本性质如黏度、凝结时间、结石体强度等方面的研究也取得了一定的成果。但是目前对于粉煤灰掺量较大的水泥粉煤灰注浆材料的应用还不够广泛,浆液的配合比设计也没有正式的标准,只能参照水泥黏土浆、水泥砂浆、水泥混凝土等相关技术规范执行。

黏土是很早就应用于注浆的原材料,但黏土本身不具有水硬性,一般需要在黏土浆中加入水泥、水玻璃等固化剂和添加剂。研究表明:黏土水泥浆液具有成本低,结石体抗渗透性强等优点;另外,黏土还可以作为辅助材料,例如掺入粉煤灰浆液中,可改善浆液的稳定性并提高结石体的耐久性、抗渗性。

以有机高分子材料和水玻璃为主剂配制的浆液一般称为化学浆液。由于有机材料具有一定的毒性,容易对环境尤其是地下水造成污染,并且有机高分子浆液的价格昂贵,现在的应用已经很少。目前,水玻璃浆液是唯一较广泛使用的化学浆液。

②注浆理论方面

目前发展的几种注浆理论大致可划分为充填注浆、渗透注浆、挤密注浆、劈裂注浆等。

充填注浆是指被灌注介质中含有大量的裂隙、空洞、溶洞等可充填空间,注浆的目的是为了充填这些空间。

渗透注浆是指在不改变地层结构和颗粒排列方式的情况下,浆液沿着岩土地层孔隙和裂隙渗透,并胶结地层颗粒。

挤密注浆是指用较高的压力注入浓度较大的浆液,从而使浆液在地下注浆通道周围挤压土层,使土层致密加固。

劈裂注浆是指在低渗透介质中,浆液在较高的压力作用下克服地层的阻力,使介质在高压作用下发生劈裂,浆液沿着劈裂裂隙运动并充填。

以上几种注浆理论,如渗透注浆、挤密注浆、劈裂注浆都是针对单一的灌注介质而言,其浆液的扩散模式也较为单一,并不完全适用于采空区充填注浆的实际。采空区的注浆处理,在充填大的空洞和空隙的同时,也伴随有裂隙内的注浆,甚至还有因浅部土层的劈裂而导致的地面冒浆，浆液的扩散模式随着地下空隙的不同而差异较大。

(2)采空区注浆工艺流程及技术要求

①注浆系统构成

注浆系统由料场、一级搅拌池(机)、二级搅拌池(机)、供水系统、注浆泵、注浆管道、封孔装置等组成。

②注浆系统技术要求

a. 料场：堆放材料的场地要平整，运料车辆能正常通行，且紧邻搅拌机，使材料便于运输搬运；原材料(水泥)库要求设有防潮、防雨措施，见图4-8。

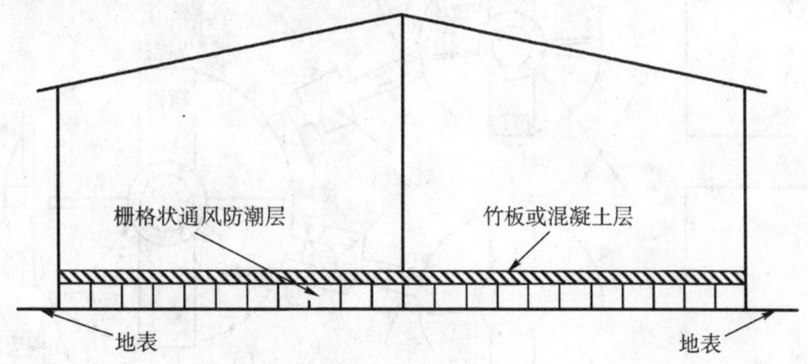

图4-8 水泥库结构示意图

b. 搅拌机：要求能满足正常施工要求，搅拌后的浆液应均匀，浆液配合比指标符合设计要求，一次搅拌量大于或等于 $1.5m^3$。

c. 蓄水池：制浆站应根据施工注浆总量的需要，建立数个蓄水池，以保证正常施工，蓄水池建筑规模及要求视工地具体情况而定。

d. 注浆泵：宜采用变量泵，其额定排浆量不小于200L/min，一般含四个档位，最大档位的额定排浆量等于250L/min，最小档位的额定排浆量一般为52 L/min。注浆泵压力最大承受值应大于注浆最大设计压力的2～4倍，一般不小于10MPa。注浆站的平面布置见图4-9，注浆站剖面结构见图4-10。

e. 压力表：注浆孔压力表最大指数应大于10MPa，帷幕孔压力表最大指数应大于注浆最大设计压力的3～5倍。压力表应在注浆孔口管处安装一只，对应的注浆泵上也要安装一只，用以监测注浆压力在孔口和注浆泵出口的变化，判断该孔的可注性，确定是否终止注浆的主要指标。压力表的连接见图4-11。

f. 封孔装置：注浆孔的封孔装置采用直径50mm钢管，在管子前端20～30cm处焊接一圆形法兰托盘(托盘直径120～130mm之间)，法兰托盘下入孔内变径处。封孔装置也可采用球形止浆塞，封孔位置从地表至基岩内5～10m处，见图4-7。注浆管采用直径50mm钢管，丝扣连接。

③注浆流程

a. 帷幕孔、注浆孔注浆工艺流程见图4-12。

b. 帷幕孔和注浆孔施工工艺一样，注浆结束标准一样，不同的是施工先后顺序(先施工帷幕孔后施工注浆孔)。

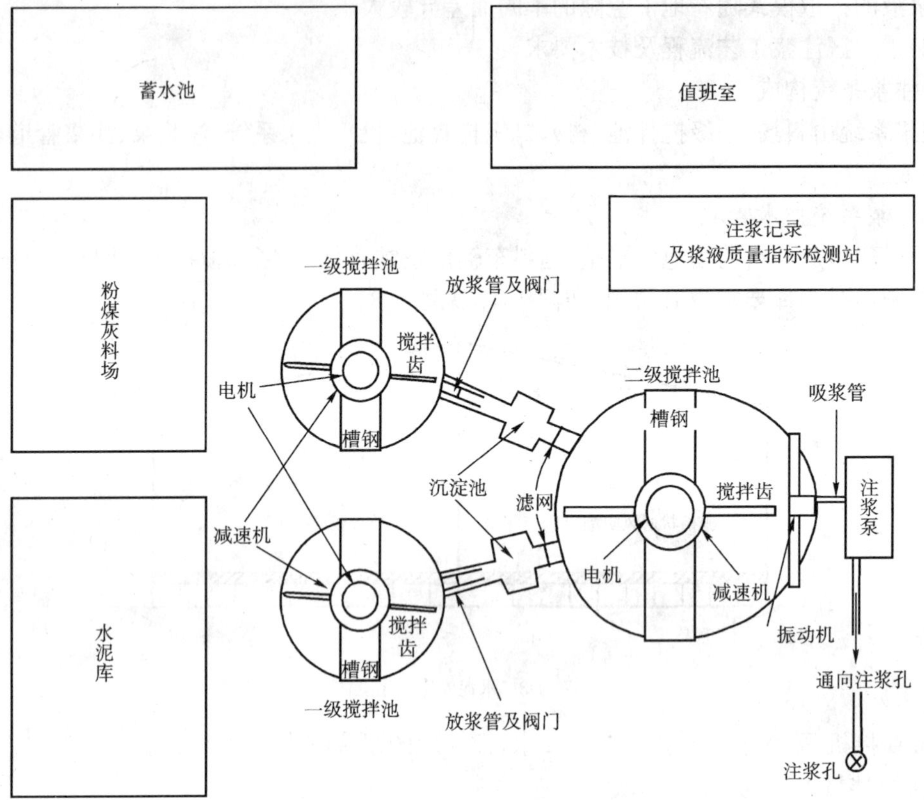

图 4-9　注浆站平面布置示意图

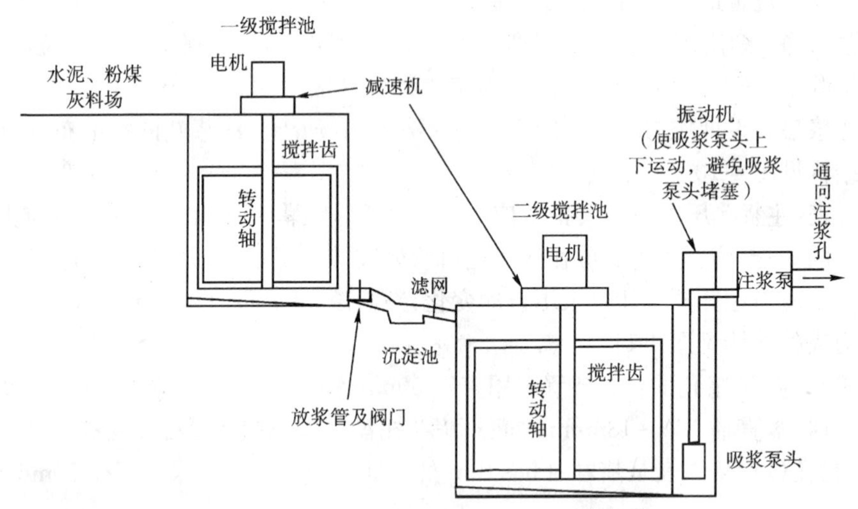

图 4-10　注浆站剖面结构图

c. 帷幕孔孔距稍密；帷幕孔注浆时需增加 1%～3%的速凝剂等。

④注浆材料的配制

a. 浆液配制应按设计或现场试验并经上级确认的浆液配合比进行。

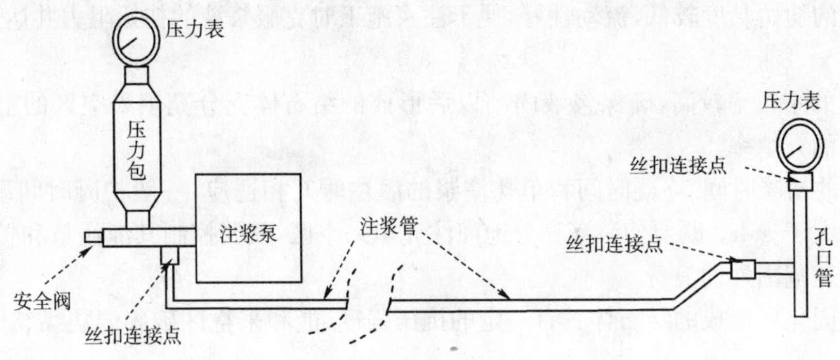

图 4-11　压力表的连接图

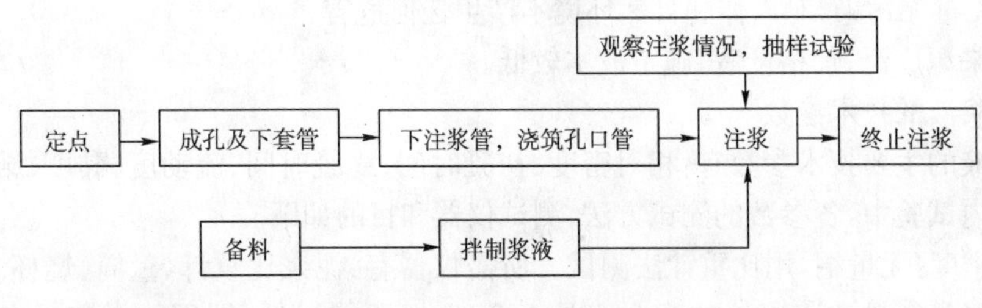

图 4-12　注浆工艺流程图

b. 按 4.4.3 条(2)款和 4.4.3 条(3)款要求的抽查频率和浆液的各项指标进行取样试验。

c. 原材料：在满足 4.4.3 条(2)款和 4.4.3 条(3)款要求的前提下，注浆用水要用水表或定量容器计量，水泥按袋计量，粉煤灰用定量容器计量。

d. 要求不定期用磅秤抽查袋装水泥的重量，抽查定量容器盛装粉煤灰的重量是否符合误差要求。

e. 每次搅拌时间不得少于 10min。

f. 制浆、注浆工艺见图 4-13。

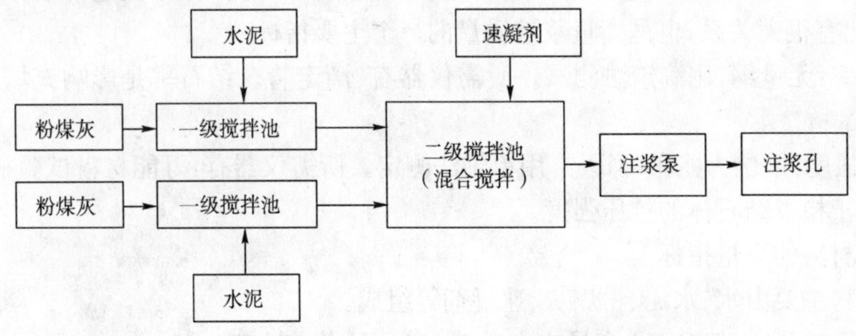

图 4-13　制浆、注浆工艺示意图

(3)注浆材料及配合比的确定

①采空区注浆材料的技术要求

采用注浆充填法治理采空区，注浆材料不仅要考虑施工工艺的要求，还要综合考虑材料成本、材料来源等因素。一般来说，采空区注浆对原材料有如下要求：

a.浆液的初始黏度较低，流动性好，便于注浆施工时克服浆液的初始阻力并达到较远的扩散距离。

b.浆液的结石率较高，确保浆液固结以后形成的结石体充分充填采空区的空洞和裂隙，即具有较高的充填率。

c.浆液的初凝时间、终凝时间和单孔注浆的灌注时间相适应，一般初凝时间不小于12h，终凝时间不大于36h。既要使浆液充分地灌注充填采空区，又要控制其灌注量和扩散距离，防止浆液在治理范围外的浪费。

d.浆液固化后形成的结石体具有一定的抗压强度，能和采空区破碎岩块黏结并形成整体结构。

e.浆液稳定性好，在常温、常压下放置而不改变其基本性质。

f.浆液无毒无污染，对人体和自然环境不产生任何危害。

g.材料来源广泛，价格便宜，施工成本较低。

②注浆浆液的技术参数

注浆浆液的主要技术参数有：相对密度、初凝时间、终凝时间、流动度、黏度、结石率、抗压强度。在室内试验中，各参数的测试方法、测试仪器和目的如下。

a.相对密度：无量纲，用比重计法测试。所需仪器有：泥浆比重计、量筒、烧杯。相对密度测试目的主要是衡量注浆浆液的配合比是否合理，既不能过低(即用粉煤灰过多，用水泥过少)，也不能过高(即用水泥过多，用粉煤灰过少)。要按设计要求的配合比执行。

b.初凝时间和终凝时间：单位为秒(s)，用稠度仪法测量。所需仪器有：圆锥稠度仪、试管、玻璃棒、秒表。测试目的在于根据施工时的单孔灌注时间控制和调节浆液凝结时间，使其与之匹配，同时也是为了得到理想的扩散半径和注浆效果。

c.流动度：单位为厘米(cm)，用跳桌法测试。测试目的在于其反映浆液的流动性大小，影响到浆液的扩散半径、注浆量和注浆压力。

d.黏度：单位为秒(s)，用黏度计法测试。所需仪器有：泥浆黏度计。黏度是度量流体黏滞性大小的物理量，直接影响浆液的扩散半径，同时影响注浆压力、注浆流量等参数。黏度的大小，与配合比有很大关系，也是衡量浆液质量的一个主要指标。

e.结石率：无量纲，用滴定法测试。所需仪器有：滴定管。结石率是影响充填效果的一项重要指标。

f.抗压强度：单位为兆帕(MPa)，用单轴法测定。所需仪器有：万能材料试验机或压力机。测试目的在于检查结石体的抗压强度。

③注浆材料的质量指标

注浆材料主要由水、水泥、粉煤灰、速凝剂等组成。

a.水可用矿井水，但SO_4^{-2}含量应小于1.0%，pH值应大于4。

b.水泥为32.5级矿渣水泥或普通硅酸盐水泥，其质量指标(水泥强度等级、安定性、标准稠度、凝结时间)应符合GB 175—1999(已被GB 175—2007替代)或GB 12958—1999(已作废)规定。

c.粉煤灰可选热电厂的产品，其质量等级为二级、三级(或粉煤灰中SiO_2、Al_2O_3和Fe_2O_3的总含量大于70%，烧失量不超过12%)，粉煤灰中不应有结块现象，不含其他硬质杂物，符合注浆工程要求。

d.速凝剂可选用一般的水玻璃(铝酸钠)。其模数为2.4～3.4;浓度50°Be以上。

④浆液配合比的确定及质量控制

a.在高速公路下伏采空区治理工程中,注浆浆液主要为水泥粉煤灰浆,其水固比为1∶1.0～1∶1.4,其中水泥占固相的30%,粉煤灰占固相的70%,浆液试块强度 R_7 大于0.5MPa。

b.在施工前,应将施工现场的注浆材料,在试验室做浆液配合比试验,并同施工现场浆液配合比试验结果及理论计算结果相互印证。确定出各浆液配合比的密度、标准稠度、初终凝时间、结石率、浆液试块的无侧限抗压强度(R_7)等不同浆液配合比的质量控制指标。

c.经多年实践,我们总结出合理的、具有较强可操作性的浆液控制指标,见表4-10。

浆液指标控制 表4-10

浆液指标 \ 水固比		1∶1.0	1∶1.1	1∶1.2	1∶1.3	1∶1.4
密度(g/cm^3)		1.38±0.01	1.40±0.01	1.43±0.01	1.45±0.01	1.47±0.01
结石率(%)		≥68	≥71	≥77	≥85	≥88
黏度(s)		≥23	≥25	≥34	≥48	≥70
7d试块强度(MPa)		≥0.90	≥0.95	≥0.98	≥1.10	≥1.15
7d试块密度(g/cm^3)		≥1.67	≥1.67	≥1.67	≥1.67	≥1.67
每立方米浆液材料用量(kg)	水	690	667	650	630	613
	水泥	207	220	234	246	257
	粉煤灰	483	513	546	574	600

d.浆液试块制作及质量控制:要求在同一孔中的不同配合比浆液,各做一组相应配合比的试块;在同一孔、同一配合比、不同台班时,应各做一组浆液试块。

e.对浆液密度、结石率、黏度的质量控制:要求在同一孔中的不同配合比、不同台班时各检测一次。

f.每次检测结果均作为原始资料。

(4)注浆过程及结束标准

①注浆过程

a.帷幕孔、注浆孔注浆时,均应先从稀浆(1∶1.0～1∶1.2)、低流量(≤90L/min)开始,当孔口压力≤0.6MPa时,可逐渐提高流量。

b.当孔口压力>1.0MPa时,要降低流量;当注浆量达到单孔平均注浆量的30%时,要求用稠浆(1∶1.3～1∶1.4)。

c.当单孔注浆量较大(需增加1%～3%的速凝剂),且达到单孔平均注浆量的150%,孔口压力≤0.6MPa,注浆泵量≥90L/min时,要求间歇,间歇时间≥12h。

d.间歇后的注浆过程中,在注浆孔口加装一漏斗状的投砂器,用浆液将砂或矿渣石粉等带入孔内。

e.间歇后的注浆,不得用稀浆。

f. 帷幕孔注浆时，必须加 1%～3%的速凝剂。

②注浆结束标准

a. 对于地面冒浆孔，间歇次数不得超过 3 次，每次间歇时间≥12h；当第 3 次注浆，又发生冒浆时，要终止注浆。

b. 注浆过程中，当 1.5MPa>孔口压力>1.0MPa，注浆泵量≤90L/min 或≤52L/min 时，稳定 15min，要终止注浆。

4.3.4 重要建筑物下伏采空区注浆治理施工技术

高速公路开始运营后，个别区段的重要建筑物(如大桥、服务区等)，有可能处于未被及时发现和处理的下伏采空区上。重要建筑物下伏采空区注浆治理施工技术有别于地表无建筑物情况下的注浆施工技术。为了保证重要建筑物的安全，要求在注浆治理的过程中，地表的稳定性要好，通俗地讲就是采取有效措施，避免因注浆压力过大导致地表隆起或突发性沉降，进而对建筑物的结构造成破坏。重要建筑物下注浆治理施工技术如下：

(1)钻探和物探勘察要查明该重点区域采空区的赋存状态，并在设计中对下伏采空区的注浆控制指标及应急治理措施有明确要求。

(2)在治理范围内，浆液指标要科学调整，尽量提高该区域浆液结石体的抗压强度。

(3)重要建筑物部位应布置类似帷幕孔的注浆孔，并从产状为坡底处开注，逐渐向建筑物中心处包围。

(4)重要建筑物周围应有数个排气(冒水、浆)孔，以监控注浆情况，避免高压力注浆造成对已建成建筑物的隆起性破坏。

(5)加强监测和巡视，必要时，可采用电子联动和人工控制双重技术监测因注浆压力过大而导致的地表变形。即在重要建筑物及其附近的重点部位安置地表微倾斜检测仪，实时监控注浆过程中重要建筑物基础的变化情况，及时采取有效措施(停注、回流减压)，避免重要建筑物处地表隆起或沉降而导致重要建筑物变形，进而破坏建筑物的刚性结构(设计文件应对此值有明确要求)。

(6)为了保证注浆过程中浆液对采空区的有效充填，注浆顺序为：从可注浆空间大小的角度，应先小后大；从采空区纵向空间(厚度)大小的角度，应先薄后厚。

(7)在影响重要建筑物安全的治理范围内，要加大注浆治理工程质量和效果的检测工作量，以便查明注浆治理工程的薄弱部位，及时采取二次注浆，确保重要建筑物安全。

4.4 禹登高速公路采空区注浆治理工程的实施与控制

4.4.1 钻探施工

(1)孔斜、孔深：钻孔倾斜≤2°/100m，要求每 50m 测试一次。在裂隙带内，孔深等于或略大于设计深度。

在采空区，孔深不大于地表至采空区或矿层底板下 1.5m。用钻具或测绳测定，孔深不到采空区底板的，重新钻至规定深度；孔深穿过采空区底板过深的，超出 1.5～2m 的部分不予认可。

对煤矿、铝土矿层顶、底板岩性的有效判别，是控制有效孔深的重要标志，是保证不漏掉采空区的技术保证，因此，施工和监理单位必须配备有经验的地质工程师，在现场判别控制。对孔径的检查，是先检查钻头，后检查孔径，检查是否符合设计要求。该项措施的实施，能有效地保证钻孔钻进到需要治理的层位，为采空区实施有效注浆打下一个好的基础。

(2)岩芯采取率：设计要求采空区注浆钻孔钻探施工时，全区10%的钻孔要求全部取芯。采空区上覆部位，岩芯采取率大于60%；采空塌陷区部位，岩芯采取率大于30%。

同时，非取芯注浆孔在采空区顶板上6m至采空区底板下1.5m段要全取芯，以控制采空区煤矿、铝土矿层顶、底板。为了保证注浆效果，提高了非取芯钻孔的取芯率，从采取出的岩芯及钻探过程中的漏水情况来判断裂隙带、冒落带、采空区的可注因素，为制订注浆的分项施工技术方案及注浆效果的控制提供依据。

4.4.2 原材料控制

(1)水泥：水泥为符合国家标准的32.5级普通硅酸盐水泥，汽车运输，运距10～40km。每次原材料进场前，承包商提交“建筑材料进场申报单”。水泥每批次不超过200t，粉煤灰每批次不超过2 000t，且必须经监理审核批准。材料进场，监理核实数量、检验报告以及材料批号。原材料进场报批程序见图4-14。

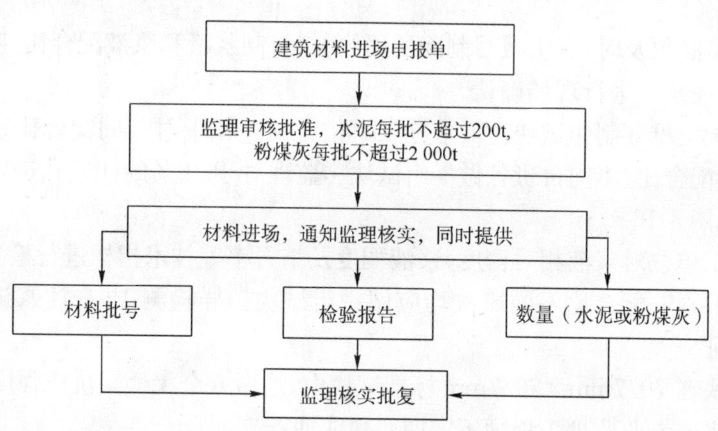

图4-14 原材料进场报批程序

承包商按照不同批次水泥或同批次水泥超过200t分别取样检测，且每2 000t做一次外检。注浆原材料水泥、粉煤灰进场外检试验控制流程见图4-15。

(2)水及其他：水中的SO_4^{-2}含量小于1.0%。选用附近井水，取样一组，检验结果合格。速凝剂选用水玻璃。水玻璃因用量有限，承包商和监理均未对水玻璃进行检验，只要有厂家合格证，均视为合格。注浆管、孔口管采用ϕ50mm钢管，丝扣连接。

对原材料按上述要求进行控制，能有效地保证所使用原材料的质量，这对后续的浆液配制起着至关重要的作用。

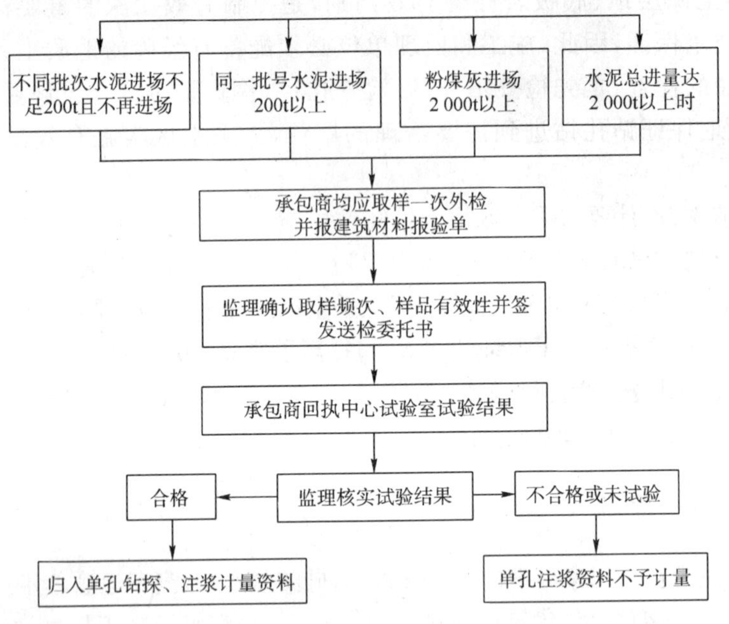

图 4-15　水泥、粉煤灰进场外检试验控制流程图

4.4.3　注浆过程及浆液控制指标的检测、试验

(1)施工人员必须及时、真实填写制浆所用原材料、制浆量和浆液配合比，监理旁站监督并对原材料用量及注浆量进行现场确认。

(2)按有关规定见证制作试块。要求施工单位在同一孔中对不同配合比浆液各做一组试块;同一孔、同一配合比、不同台班各做一组试块。监理对于10%的注浆孔进行浆液及试块抽检。控制程序见图 4-16。

(3)监督施工单位对浆液相对密度、浆液稠度及结石率等技术指标进行检测。要求同一孔中的不同配合比、同一配合比不同班次均应做一组试块抽样检测，并在注浆记录表中做好记录，监理现场见证。

(4)每组试块在 70.7mm×70.7mm 标准试模内，均做 6 个无侧限抗压强度试块样品。

(5)总监代表或专业监理工程师不定期巡视或抽查。

(6)注浆结束标准及注浆过程：设计要求泵压逐渐升高，当泵量小于 70L/min 时，孔口压力在 1.0～1.5MPa，稳定 15min，可结束该钻孔的注浆施工。裂隙带采用稀浆(1∶1.0～1∶1.2)、小流量(30～50L/min)、高压力(2MPa±0.3MPa)，当注浆量较大时要进行间歇注浆。由于本指标的不确定性，在施工时不好控制，设计中也要求先进行试验，并根据试验情况予以优化和完善有关设计参数。根据施工情况，结合以往的工作经验，为便于控制，监理方对注浆工艺及过程特作以下具体要求：

①每孔注浆前先用清水洗孔 10min，然后从稀浆(即 1∶1.0～1∶1.2)、低流量(≤90 L/min)开始。

当孔口压力≤0.6MPa 时，可逐级提高流量;当孔口压力>1.0MPa 时，要降低流量;

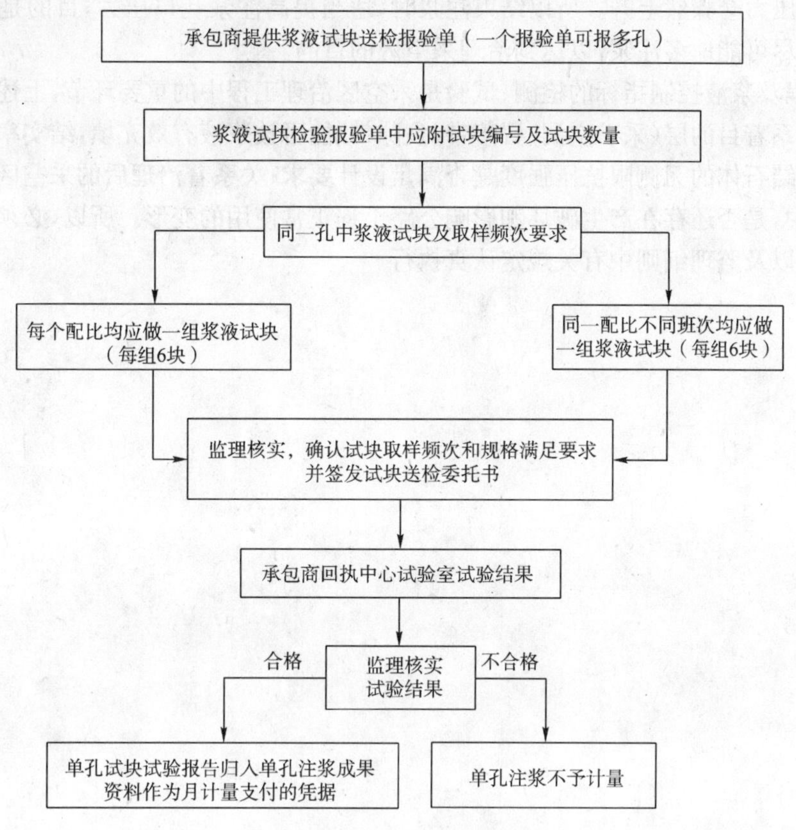

图 4-16 单孔浆液试块检验控制流程图

当孔口压力≤1.0MPa 而>0.6MPa 时，要求稳定流量注浆。每孔当注浆量达到单孔平均注浆量的 30%时，要求用稠浆(即 1∶1.3～1∶1.4)。

②当单孔注浆量达到单孔平均注浆量的 150%，孔口压力≤0.6MPa，注浆流量≥90 L/min 时，要求间歇，间歇时间≥12h。根据设计要求，当注浆量达到 150%时要用稀浆加砂。

孔口压力≤0.6MPa，注浆流量<90L/min(即 52L/min)时，要提高流量。此时，孔口压力仍不上升的话，要间歇注浆。

重新开注后，孔口压力上升，达到要求的标准后终止注浆。间歇后的注浆，不得注稀浆，压水后直接注稠浆。

③当孔口压力>1.0MPa，注浆流量≤90L/min 时，稳定 15min，要终止注浆。对于不漏水孔，孔口压力可提高到 1.5MPa。

④对于地面冒浆孔，间歇次数不得超过两次。当第二次间歇后注浆，又发生冒浆时，要终止注浆。对于间歇后注浆量仍较大的，可间歇 3 次。

⑤对于帷幕孔、边缘孔的注浆要求，除执行以上规定外，还要添加速凝剂。

另外，由于本指标是经验数据，实践证明，适用于未经沉陷或轻微冒落的采空区。根据设计单位经验，当泵量小于 70L/min，孔口压力在 1.0～1.5MPa 时，能稳定 15min 的可能性不大，一般孔口压力会骤然上升。所以结束注浆时，适当提高注浆孔口压力，目的是根据设计意图，向采空区尽可能地多注浆，以达到治理采空区的目的。

注浆过程及浆液控制指标的检测、试验是采空区治理工程中的重要环节，上述指标控制的好坏，直接关系着目的层（采矿空洞、冒落带、裂隙带）能否被浆液有效充填，结实率是否达到设计要求，浆液结石体的无侧限抗压强度是否满足设计要求；关系着治理后的采空区在公路施工和运营过程中，是否还存在产生破坏和影响公路工程正常使用的变形。所以，必须严格按照设计、技术规范以及监理细则中有关规定认真执行。

5 采空区治理工程的质量控制措施

5.1 承包商对工程质量的控制措施

5.1.1 确保工程质量的组织措施

采空区治理工程的施工，严格按照我国现行有关法规的规定和国际咨询师联合会(FIDIC)管理模式，实行“单项工程申请报验、监理认可、合格工程计量”。建立健全项目经理、技术负责人、质量检验工程师参加的项目质量管理体系，制订详细的质量管理责任制，明确各级责任。认真执行自检、互检、工序交接验收的三检制度。建立定期工地例会制度，对施工工程质量进行阶段总结，及时发现问题、解决问题，把质量隐患消灭在萌芽状态。对现场施工人员加强质量意识教育，树立“百年大计、质量第一”的观念。建立质量奖罚制度，对质量事故的处理坚持三不放过：原因不明不放过、责任不清不放过、无整改措施不放过。

5.1.2 确保工程质量的技术措施

由项目负责人指令技术部，组织所有工程技术人员，认真学习设计文件及有关技术规范，全面熟悉设计图纸，领会设计意图，掌握各分项工程的施工方案、施工工艺及施工技术要求，明确施工技术难点，研究相应的技术方案。严格技术检测制度，杜绝不合格设备及原材料进入现场。建立工地试验室，配齐试验设备及仪器，完备现场检测手段，确保规定的检验、抽检频率，强制工程质量自检。精心组织好前期的试验工作，为保证工程质量奠定基础。

5.1.3 采空区治理时的异常现象及处置措施

注浆是采空区治理工程的关键工序，注浆施工工艺、浆液质量的有效控制是采空区治理工程质量的保证。因此，根据施工中多发的异常现象，实时调整注浆工艺，有效地控制浆液质量，是注浆施工中的重点。

(1)单孔注浆量分析

根据施工中单孔注浆量的分布情况，对各个注浆区域的平均单孔注浆量进行统计，一般按单层采空区区域、多层采空区区域、煤层未采动区域、抽水巷道与水仓治理区域进行分别统计，然后作出煤层采空区及上部岩层裂隙注浆量分布图，圈出注浆量较小的注浆孔及注浆量较大的注浆孔，对所圈出的注浆孔是否沿一定走向形成连片进行判断，进而评价采空区各部位(包括煤层采空区及上部岩层裂隙)充填情况。

(2)地下水位变化现象

通过注浆孔周围邻近孔的水位观测，可以了解邻近注浆孔的连通与地下水的排出情况。

观测注浆孔邻近孔的孔内水位，根据水位上升情况，判断孔间连通性的好坏。对连通性较好的孔，为防止孔内窜浆，应多孔同时灌注。

(3)“死孔”现象

在采空治理区边缘孔注浆间歇后，由于浆液沉淀，孔底堵塞，造成复注时，孔底不吸浆，孔口压力急剧上升。其原因是边缘注浆孔往往选择在接近采空区边界，且岩层向此边界倾斜，即边缘孔孔位的煤层采空区往往为最深，容易造成孔底浆液汇集沉淀堆积，造成“死孔”现象。实际注浆施工时，对此类孔，采取不间歇、一次性连续注浆的方式，直到达到终孔标准，保证这些孔的注浆质量。

(4)“自吸”现象

由于某些注浆孔成孔位置正好打到地下巷道或没有塌落的采空区，钻进过程中出现“掉钻”现象，说明地下有较大的空间。在注浆过程中，由于浆液的密度大于地下水的密度或地下空洞无水，在注浆孔口管内与注浆孔内出现“浆液塌落”现象，孔口管内出现“负压”，孔口软管被吸扁，说明此类孔的吸浆量大于泵量。对于此类边缘孔，为控制浆量，要求采取每次少量、多次间歇方式、且间歇时间要相对延长，孔口起压后，采取小泵量灌注。防止大泵量将堆积的沉淀浆液冲开，让浆液流失到治理区域外。对于此类中间注浆孔，适当加大单孔注浆量，但要按规定间歇，保证此周围岩层、土层的注浆效果。

(5)注浆孔口起压现象

在大多数边缘与中间注浆孔灌注过程中，终注前，孔口基本都能达到设计的压力。若考虑到注浆管孔内浆液的“塌落”现象，孔底的压力应比孔口压力稍大些。孔口起压对于无水、少水岩层和土层，能有效保证注浆的扩散与注浆效果，但对于富含地下水的土层、岩层，当地下水不能及时排出时，也会出现起压现象。故对于富含地下水的采空区，孔口起压不能保证土层、岩层采空区的有效注实。因此，对于富水采空区的注浆工艺、终孔标准应区别于少水、无水采空区的注浆工艺终孔标准，终孔压力可适当提高。

(6)注浆孔周围冒浆现象

注浆孔周围冒浆是因为浇筑孔口管的质量问题或是变径处岩层破碎，裂隙发育，注浆过程中，浆液沿裂隙上窜从而引起孔周冒浆。出现此类问题，可先让注浆孔周围冒一些浆液而后停注间歇，待 12h 以后浆液凝固，再行复注。

(7)地面隆起、开裂及地面冒浆

在注浆过程中，注浆孔附近地表一般都有不同程度的隆起现象，局部地面出现较大的隆起并伴有较大的裂缝。地面隆起时，局部可达几十厘米，裂缝宽度可达十几厘米以上，并伴有地面冒浆现象。这是因为在非富水采空区治理区域内，该注浆孔未揭露至采空冒落带，而是揭露到了水平层位和裂隙发育的基岩，注浆时，浆液将沿着裂隙或顺基岩层位流窜至地层中，致使地表出现隆起、开裂及冒浆现象。

在富水采空区治理中，因注浆管只下到完整基岩内 4～6m 处，没有下到注浆孔的底部，所以，注浆时地下水不能及时排出，浆液不能有效地下落到孔底，多数浆液灌注到上部岩层的裂隙中，且沿以前塌落的裂隙上窜到地层中，造成地面隆起、裂缝和冒浆。此种情况当以钻探揭露的实际情况(岩芯情况、耗水量、有无采空区冒落带以及钻进过程中的水文观测、成孔后的水文观测等)做出准确判断。

若有采空冒落带且孔内水位较浅，则应当以特殊情况对待，将注浆管下移至孔底以上适当高度，让浆液从下往上将地下水排出，达到充填下部采空区的效果。

还有一种情况是，注浆孔揭露到采空冒落带，注浆管也按要求下至完整基岩内 4～6m 处，孔内注浆正常。当覆盖层很薄，孔内基岩完整，岩层破碎不明显时，浆液逐步灌入采空区内，孔内压力也因此逐渐增大，可注的空隙在逐渐缩小，当孔内压力增加到大于地表覆岩的重力作用时，注浆孔口或其附近地表周围便会隆起，开裂并冒浆，当注浆压力达到终注标准时，要尽快终止注浆，以免发生安全事故。

(8)窜浆现象

在采空区注浆过程中，一个孔灌注时，有时会在此孔周围的相邻孔，甚至隔一个孔位，出现孔内"喷浆"现象，这说明某些孔与孔之间的连通性较好。其连通性可能由于主要采空区连通，个别也可能由于岩层裂隙连通。出现此种现象，必须两孔或多孔同时灌注，不然，其他孔会被窜浆堵死，从而影响注浆效果。

(9)不吸浆现象

采空区治理区域边缘孔以及一些中间孔，可能由于地下煤层没有采动或塌落充填密实，吸浆量很小。为有效注实此类孔的上部岩层裂隙，注浆结束压力可适当加大。

(10)终孔标准

对于地下无水、少水的采空区实施注浆，由于没有地下水的浮托作用，若出现地面隆起、开裂、冒浆现象，说明地下采空区、岩层裂隙已被注实。但对于地下富水采空区，由于水的浮托作用，地面出现隆起、开裂、冒浆现象，并不能说明地下采空区、岩层裂隙已经注实，可能由于地下水难以排出，而造成地面隆起、开裂、冒浆现象，故地面冒浆现象并不能作为"终注标准"。

冒浆后，要立即停注间歇，让上部岩层、地层中的浆液凝固，待其形成硬壳后，根据准确的技术分析，利用可行的技术方案，采取必要的技术措施，再行复注。若复注过程中，不再吸浆，说明该孔达到注实效果，否则，应继续注浆且适当提高终注压力。

对施工中可能产生的质量隐患采取必要的预控措施，详见表 5-1。

施工质量预控措施 表 5-1

质量隐患	产生原因	质量预控措施	补救措施
注浆孔偏斜	①场地不平、钻机机台不平。 ②施钻不当	①钻进前整平场地及钻机。 ②钻机钻进至设计终孔前最少测孔斜一次，终孔孔斜小于 2°/100m	
带托盘注浆管下置深度不够或不符合设计要求	未按技术要求操作施工	钻探终孔时应由专人负责下注浆管，必须有监理旁证并签字认可	扩孔至规定深度
可注性差(如空隙、裂缝不发育的孔)、注浆量小	①选择初始浆液配比不当。 ②基岩裂隙不发育，采空冒落带空隙小。 ③选择注浆压力不当	①加大结束时的注浆压力至 1.5MPa。 ②采用 1∶1.0 稀浆灌注	

续上表

质量隐患	产生原因	质量预控措施	补救措施
地面或孔壁与注浆管间冒浆	①变径深度(注浆托盘深度即止浆深度)以下岩层破碎或裂隙发育。 ②止浆不好或止浆时间不够(止浆浆液未凝固)。 ③注浆压力过大	①调整注浆压力。 ②小流量注浆。 ③间歇注浆	重新浇注孔口管
窜浆(浆液进入其他孔或浆液从其他孔流出)	①基岩破碎、裂隙或裂缝(塌陷产生)发育。 ②两孔间连通性好	①采用二序次或三序次布点钻孔。 ②适当延长邻孔施工时间或邻孔暂停钻进。 ③两相邻窜浆孔同时注浆。 ④加强邻孔孔深及水位的观测,及时处置	窜浆堵孔者,应重新扫孔
浆液过量流失到非注浆部位或地段	①岩石破碎,裂缝发育。 ②注浆压力过大。 ③浆液过稀。 ④注浆工艺不当。 ⑤浆量过大	①采用低压稠浆灌注。 ②加速凝剂或骨料。 ③间歇注浆。 ④小泵量注浆。 ⑤控制注浆程序,先注帷幕孔	
注浆中断	①突然停电、停水。 ②机具设备故障		①若堵孔冲洗无效时,重新扫孔。 ②恢复注浆后,在极短时间内停止吸浆,重新扫孔、注浆。 ③中断时间超过30min,应立即设法冲洗注浆孔、泵及管路。 ④恢复注浆时,开始采用最稀一级浆液配合比

5.2 监理方对工程质量的控制措施

5.2.1 采空区治理监理工作的原则和任务

采空区治理监理工作的原则是:公平、公正、科学、实事求是。既要维护业主的利益,同时,也要维护承包商的合法权益。在施工程序控制方面,要做到“上道工序不合格,严禁进入下道工序施工”。

采空区治理工程监理的任务是对工程的各个环节、工程参与者的行为及责权利,依据有关的法律、法规和技术标准,综合运用法律、经济、行政和技术手段,按照业主委托的合同,进行必要的协调、监控和约束,保证工程各环节有条不紊地快速进行,以确保工程质量,取得最大的投资效益及良好的社会效益和环境效益。

采空区治理工程监理工作的重点是对地面构筑物以下的采空区注浆质量与效果的控制。其与地面工程监理工作相比，具有以下4个特点。

(1)隐蔽性：采空区治理工程的对象主要是地下深处矿层开采后形成的空洞或经过冒落沉降后残留的空洞，以及沉降形成的冒落带、裂隙带等。它们均呈隐蔽状态，难以直接观察和检查，质量监控费时费事。

(2)复杂性：由于采空区治理工程的特殊性，施工中遇到的矿产地质问题、构造地质问题均较复杂，涉及矿体围岩的识别、矿层顶底板的有效判断等重要技术问题，同时，遇到采空区的赋存类型可以有多种多样，这就要求监理工程师有坚实的地质专业知识、丰富的野外地质工作经验和灵活有效的处理问题的能力，要求高智能型的专业技术人才承担采空区的监理工作。特别是在复杂地质条件下(如多层、倾斜、富水采空区治理工程)采空区治理工程更需要如此。

(3)风险性：由于采空区及其上覆岩层的复杂性和多变性，经常会严重影响监理人员对地质情况的认识和判别，增加监理人员对采空区赋存地质特征及采空区注浆质量评价的难度，从而给监理工作带来风险性。因此，要求监理工程师采取有效的技术进行监控，尽可能杜绝发生意外事故。

(4)时效性：由于采空区治理工程的隐蔽性，在对其各环节进行的过程监理中，如不及时进行有效的监控、监测，事后一般都难以补救。监理的时效性特别强，因此，要求监理工程师坚持跟踪监控，防止遗漏任何关键的监控数据，避免因监理工作不到位而出现质量事故。

5.2.2　采空区治理监理工作的内容

为了使监理工作标准化、规范化、程序化、法制化，在正式开工前，监理方首先要根据各类有关的技术规范和施工设计，编制适合本工程的“监理实施细则”，在报请业主同意后，下发给各承包单位，向承包人明确各项施工工序的监理程序及控制重点，提出该工程项目的质量控制程序并说明此项工程要达到的最终目标；同时要强调采空区治理工程属隐蔽工程，必须经第三方对采空区治理工程的质量和效果进行检测后，才能做出客观合理的工程质量评价。最后要强调指出承包商对工程质量的责任属终身负责制。

要求所有监理人员、承包人的质检人员和施工单位各项目负责人共同执行“监理实施细则”和各项规范及施工设计，使质量控制工作程序化。

针对采空区治理这一特殊工程，承包商和监理方均要加大高素质专业技术人员的投入，监理人员24h旁站，有针对性地对承包单位的施工过程进行巡视监督、检测。

监理在质量控制方面主要应检查的工作内容如下：

(1)是否按设计文件、施工规范和批准的施工方案施工；

(2)是否使用合格的材料和设备；

(3)施工现场管理人员，尤其是质量检测人员是否到岗到位；

(4)施工操作人员的技术水平、操作条件是否满足工艺操作要求；

(5)施工环境是否对工程质量产生不利影响；

(6)已施工部位是否存在质量缺陷；

(7)注浆材料的抽检；

(8)测量放样检查；

(9)开工报告审核；

(10)钻孔检查；

(11)注浆过程旁站监理；

(12)注浆质量检查监理。

5.2.3 采空区治理监理工作的程序控制

采空区治理工程施工项目繁多，主要施工项目包括施工准备，蓄水池、搅拌池的修建，注浆孔的钻探成孔及浆液灌注和质量检查等。各项工程的施工方案及施工方法，既具独立性，又相互制约，且技术要求高。工程项目间的进度匹配，是施工方案及施工方法选择的关键，也是影响工期的主要因素。

注浆是工程施工的核心。施工时，应严格按照规定的注浆序次、注浆工艺、浆液配合比进行制浆和灌浆，确保施工质量。

注浆设备必须安装牢固、调试准确、运转正常，保证注浆过程不发生人为的运转中断，防止因注浆管路不畅而导致浆液在孔内沉积结石，引起全(裸)孔堵塞，使注浆孔变成“死孔”，最终影响注浆工程的质量。

浆液的配制及其性能指标，必须严格执行设计文件规定，把好原材料进场质量关，保证浆液质量满足设计要求。

注浆前，应充分掌握区域地下水的水力学特征，泵送清水冲洗孔壁，并做简易压水试验，检查孔口装置的密封情况和止浆效果。结合注浆孔成孔钻探所揭示的工程地质信息(岩石的破碎程度、孔内循环液的漏失量及钻进过程中的掉钻、卡钻现象等)，判断该孔的可注性，科学合理地进行单孔注浆设计(浆液配合比、注浆工艺、注浆量等)。

注浆过程由现场技术人员负责，定时抽检浆液的各项性能指标，观察记录注浆过程中的泵量及孔口压力，根据实际情况及时调整注浆工艺，对注浆过程中易出现的突发事故做到事前预测，并在事故发生后能准确而快速地处理，认真填写各项原始记录表格。

采空区治理工程质量监理控制程序如下：

(1)审查施工单位的开工报告

①审查施工组织设计(附施工组织设计报审表)。审查施工方案及主要工艺，质量保证、安全技术和环境保护措施，进度计划，质量控制指标及试验检测项目、频率和方法，施工组织、管理人员及施工人员配备，人员、材料、机械设备等进场情况，测量放点成果等。

②审查原材料(附水泥、粉煤灰、水、浆液配合比报审表及化验单，包括原材料供应厂家的审查)。

③审查机械设备及仪器(附机械设备及试验仪器的合格证及检验合格证)是否满足合同的要求，重点审查机械设备是否满足施工质量、安全、环保、进度等要求。

④审查人员资质。主要审查包括项目负责人、技术负责人及质量、安全、环保等自检人员、试验检测人员及主要施工操作人员的配备是否符合合同要求并满足工程施工中的技术、质量需要。

⑤审查测量报验单并按一定的比例实地抽查注浆孔位放样测量结果。检查承包人使用的测量仪器是否按规定进行了检定或自核，审查其提交的施工测量点位数据、图表及成果，对其

测量点位进行抽查或复测。

⑥审查工地试验室及相应的试验设备。审查承包商试验室的技术人员是否具备上岗资格，配备的试验设备是否满足本工程的试验需求。

⑦签发开工报告（以上各项审查合格后，由总监理工程师审批，上报建设单位批准后，签发总开工令）。

(2)施工单位准备工作的监督

包括项目机构的组建，设备、人员、材料的调遣进场；施工图纸的熟悉及技术交底；现场监督注浆孔位的放样等。项目部所有人员及施工设备，在该工程野外工作未完成前不得中途随意调动，以确保工程按施工计划正常进行。

(3)采空区注浆材料的控制

采空区注浆治理工程施工所用主要材料为硅酸盐水泥、粉煤灰、水及速凝剂等，上述原材料须满足有关规范中规定的质量指标，根据施工进度报批原材料进场计划，并附原材料生产合格证、生产批次号以及送检报告，经监理工程师审核批准后方可进场、入库，并积极做好防潮、防变质的库管工作。

(4)注浆钻孔成孔及注浆管浇筑（封孔）质量控制

①定孔位、测量、质量检查：钻探施工平台平整后，测量人员重新放样，监理100%见证并复测，填写"注浆孔位放样现场监理复测表"，合格的签认"施工放样报验单"。

②签署钻孔开工令：单个钻孔开钻前，施工单位提交"分项工程钻孔开工申请批复单"，并附单孔"注浆孔孔位放样数据表"。监理收到"分项工程钻孔开工申请批复单"后，对该钻孔进行开工前的最后检查，全部合格的予以签署开工令，不合格的立即整改，然后重新报批。

③钻探旁站监督：钻孔开钻后，施工人员应及时、真实地填写"钻孔班报表"。内业人员据此编绘"钻孔地质记录表"和"钻孔柱状图"。现场所取岩芯要摆放整齐并如实编号，监理旁站主要监督钻孔变径位置，确定是否在入基岩4～6m处变径；确认钻孔内有无漏水、掉钻现象；判断钻孔终孔的标志层；判定并区分采空区和破碎带。总监理工程师或项目监理工程师不定期巡视并抽查。

④签署分项工程钻孔认可书：单个钻孔钻到设计要求时，由现场监理检查、核定孔内钻具长度，确定钻孔计量深度，并签认"钻孔班报表"、"钻孔地质记录表"、"钻孔柱状图"。承包商自检合格后报验，向监理提交"分项工程钻孔质量检验表"、"分项工程钻孔终孔报验单"，监理全面认真地审查，合格的签发"分项工程钻孔认可书"。

⑤签署分项工程注浆管浇筑（封孔）认可书：钻孔成孔报验合格后，即可进入注浆管浇筑（封孔）施工工序，监理旁站，签认"注浆管浇筑（封孔）记录表"，承包商自检合格后报验，向监理提交"分项工程注浆管浇筑（封孔）质量检验表"、"分项工程注浆管浇筑（封孔）报验单"，监理全面审查，合格的签发"分项工程注浆管浇筑（封孔）认可书"。

(5)采空区注浆工程质量控制

①签署分项工程注浆开工申请批复单："分项工程钻孔认可书"和"分项工程注浆管浇筑（封孔）认可书"签发后，施工单位提交"分项工程注浆开工申请批复单"，监理签认后，进入下道工序施工。

②搅拌池检查。

③搅拌机械检查。

④原材料检查:施工单位在监理见证下,对进场原材料进行取样送检[检查频率见 4.4.2 条(1)款];对原材料的各种计量用具进行检查(包括计量用具的出厂合格证、计量认证合格证);对定量包装的原材料(如水泥每袋重量)进行计量抽查。

⑤制浆过程控制:施工人员及时、填写制浆所用原材料、制浆量和浆液配合比,监理现场监督并对原材料用量进行确认;见证制作试块;监督并见证施工单位对浆液相对密度、浆液稠度及结石率等技术指标进行检测,并及时记录,监理签字确认[浆液检查及试块制作频率见4.4.3条(2)款和4.4.3条(3)款]。总监理工程师或项目监理工程师不定期抽查检测。

⑥旁站监督注浆过程:施工人员据实、及时填写"注浆记录表"、"钻孔注浆成果表",并接受监理全过程监督及检查;监督注浆原材料用量(现场监理同时记录单孔注浆总量),单泵理论排量及搅拌池消耗量;监督、确认注浆孔口及注浆泵压力。

当单孔注浆量大于设计平均注浆量的 1.5 倍时,按技术规范的要求需要采取间歇、加砂等技术措施。为防止施工单位在注浆孔与注浆孔之间匀量的不实记录现象发生(即不能如实地反映实际单孔注浆量),监理应全程确认注浆记录孔号与实际正在注浆的孔号是否一致,并在注浆记录表上标注注浆泵编号,杜绝不规范的施工程序。这样既保证了工程质量,又节约了注浆工程量。

⑦签署"分项工程钻孔注浆认可书":当单孔注浆通过自检及质检人员复核达到注浆结束标准时,向监理提交"分项工程注浆孔终注报验单",同时附上"钻孔注浆成果表"、"注浆记录表"、"分项工程注浆质量检验表",监理审查并全面检查确认合格的,允许停止注浆,并在合格的浆液试块强度报告出来后签署"分项工程钻孔注浆认可书"。

(6)采空区治理工程试验工作控制

①全过程见证各种检查、试验的取样、送检并对合格的予以签认,包括进场原材料的抽查、原材料供应厂家的考察及样品试验、浆液技术指标的抽查、浆液试块强度的试验等。

②审查工地试验室。由于采空区治理工程的项目承包商一般没有公路建设行业试验室的资质,所以承包商的工地试验工作可委托有相应资质的试验室承担。

③见证、监督浆液配合比试验。试验标准执行浆液控制技术指标(表 4-10)。

(7)采空区治理工程质量事故控制

①对未经监理验收或验收不合格的工序,监理可以拒绝签认。对未经监理签认的工序,施工单位严禁进入下一道工序施工。否则,该部分工作量不予计量。

②现场监理发现施工存在质量隐患时,及时指出并要求施工单位立即整改。施工单位不执行或发现重大质量隐患时,现场监理要及时上报总监理工程师,由总监理工程师下达工程暂时停工令,并上报建设单位。施工单位收到停工令后,要立即停工整改,整改全部合格后提交复工申请报验单,监理方按监理程序检查合格后,由总监理工程师签署复工令。

施工控制流程见图 5-1。

5.2.4 采空区治理工程质量检验控制

分项工程开工前,承包人必须向监理工程师提出开工申请,并附施工材料、设备、人员的准备及施工方案,开工申请得到监理工程师批准后才能开工。同时在施工过程中承包人必须要有内部质量管理体系，对施工质量进行自检，发现不合格的工程，自觉进行修补或返工，直到达到规范标准后，再填写“质量检验通知单”，报请监理人员验收。监理人员依据设计文件和技术规范要求的指标，对报请验收的工程进行质量检查和验收，并将检查验收数据填写在“质量检验表”及“质量检验评定表”中。对检查和验收不合格的工程，承包商仍要进行修补或返工，直到达到规范标准为止。对合格工程，监理工程师签发“分项工程认可书”。质量监理控制流程见图 5-2 。

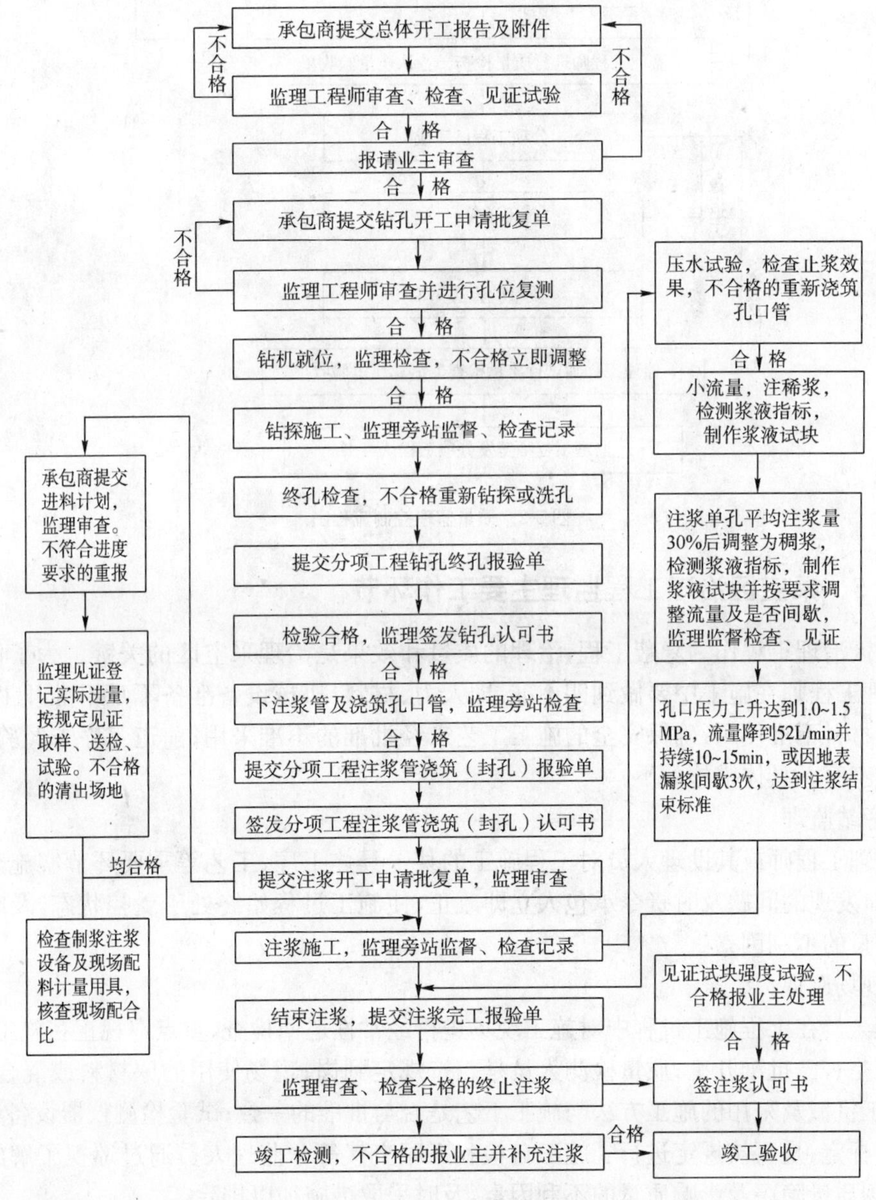

图 5-1 施工控制流程图

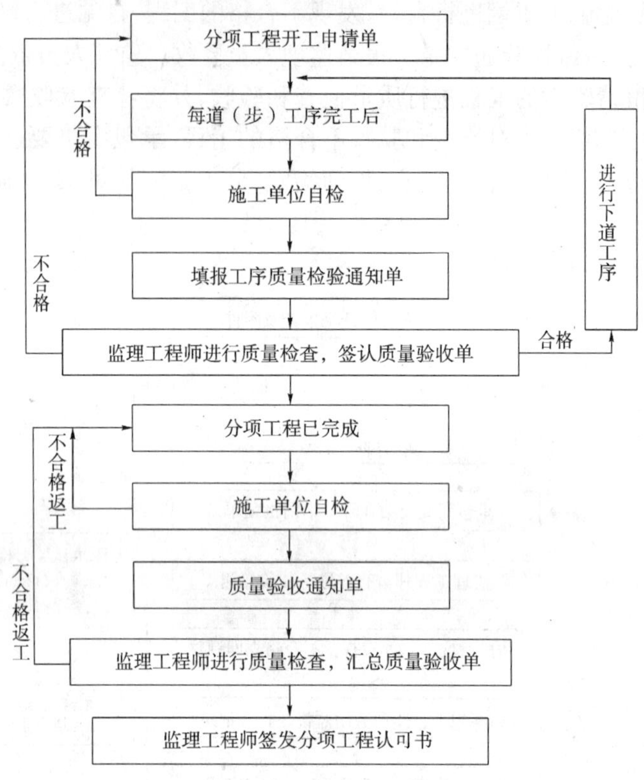

图 5-2 质量监理控制流程图

5.2.5 采空区治理工程监理主要工作环节

采空区治理工程作为隐蔽工程，治理的质量和效果是治理采空区的关键。为了保证工程质量，监理工程师在施工中要做到四不准：即人力、材料、机械设备准备不足不准开工；未经检验认可的材料不准使用；确保安全的施工工艺未经批准的不准采用；前道工序未经验收，不准进行下道工序。具体措施如下：

(1)旁站监理

由监理工程师或其助理人员对工程施工的某一具体工序、工艺等重要环节实施全过程旁站监督，对发现的问题及时责令承包人立即改正，使施工过程始终处于受控状态，及时消除影响工程质量的不利因素。

(2)现场巡视

监理人员在工程施工过程中对施工现场进行经常性巡回检查，重点巡视正在施工的分项、分部工程是否已批准开工；质量检测人员是否按规定到岗；现场使用的原材料或混合料、外购产品、施工机械及采用的施工方法与施工工艺是否与批准的一致；试验检测仪器设备是否按规定进行了标定；是否按规定进行了施工自检和工序交接等。监理人员通过巡视了解施工现场情况，发现质量隐患及影响质量的不利因素，及时采取措施加以排除。

(3)测量控制

利用测量仪器、仪表和工具，对规定的注浆孔位进行测量，将实测的测量数据与规定的质量标准进行比较,以确定施工质量是否符合要求。

开工前,监理人员要对施工放样进行检查,放样抽检不合格的不准开工。

(4)试验与抽检

试验是监理工程师确认各种材料和工程部位治理质量的主要依据。工程监理的质量评价依据是以数据为准。公路工程施工过程的每道工序,包括材料的性能、各种混合料的配合比、成品的强度等都要有试验数据,没有试验数据的工程一律不予验收。监理工程师随时派出试验监理人员,对承包人按合同要求进行的各项试验的抽样自检频率、抽样方法和试验过程进行检查。监理工程师按照合同规定的抽检频率独立进行抽样试验。

(5)指令文件

监理工程师对承包人发出指示和要求的书面文件,用以向承包人提出或指出施工中存在的问题,或要求和指示承包人应做什么或如何做等。施工过程中,监理工程师发出的各种指令都要有文字记载,并作为主要技术资料存档,使各项事情处理有根有据,以达到控制质量的目的。

(6)随机抽查

工程项目的高层监理机构为了签发已完工程的计量费用,对工程质量进行复核。通常情况下,工程项目总监办为保证重点工程和关键工程的质量,根据对各种报表、申请等分析,决定抽查密度。这种随机的抽查方式,也是工程施工质量得以保证的措施之一。

(7)工序控制

工程项目的施工过程,就是完成一道一道工序的过程,所以施工过程的质量监理主要就是工序的质量控制,而工序的质量控制又表现为施工现场的质量控制,是监理工程师对施工质量进行有效监理的重要手段之一,确保工程质量达到设计和合同要求的指标。

工序控制及表格使用见附录B中“B.1.2高速公路采空区治理工程施工监理填表控制流程”。

6 采空区治理工程的计量与支付

6.1 工程计量的职责与权限

采空区治理工程是一项隐蔽工程，建设单位首先要主持并对业主、监理、施工三方的责任和权限予以明确界定。有责无权或有权无责，都必然无法达到总体工程的综合目标。在采空区治理工程施工监理活动中，必须明确作为监理活动主体——监理工程师的职责与权限。只有这样，才能确保监理工作达到预定的目标。

根据FIDIC合同文件的规定，监理工程师在工程费用监理中的职责与权限主要体现在工程计量与工程费用支付两个方面。为了真正做好费用监理工作，必须明确监理工程师在工程计量和工程费用支付中的职责并赋予相应的权力。若监理工程师对工程计量不负责任或无权过问，实际完成的工程量就无法准确掌握，工程价值就无从确定。同样，也无法保证工程费用支付严格符合合同要求，无法利用经济杠杆协调好业主与承包人在施工活动中的关系，不仅不能完成和搞好工程费用监理，而且还会直接影响监理工程师对工程进度和工程质量进行监理，最终导致无法对承包合同实现严格监理。总之，明确规定监理工程师在工程计量和工程费用支付中的职责和权限，是进行工程费用监理的基本条件和前提。

FIDIC合同文件下的工程计量就是监理工程师按合同文件的要求对承包人完成的实际工程量进行测量和计算。计量不仅包括对工程量清单中所列工程细目的实际工程量进行测定，还包括对施工过程中所有与费用支付有关的其他工作内容进行详细、准确的记录。

6.1.1 计量的职责

计量的根本职责就是按照合同文件的有关规定，准确测定已完工程的实际工程量。由于采空区治理工程施工采用单价合同，工程量的多少直接关系到某次付款的金额，涉及业主与承包人双方之间的直接经济利益，而工程量清单(亦即报价单)中的工程量只是一种估算的工程量，所以，完成某一工程细目的实际工程量必须由监理工程师按照清单前言和技术规范中有关的计量规定来确定。因此，计量既是监理工程师的一项基本职责，也是费用监理最重要的一个方面。

6.1.2 计量的权力

合同文件中明确规定计量工作由监理工程师负责。在监理工程师独自计量、承包人独自计量以及监理工程师与承包人联合计量这三种方式中，无论采用哪一种计量方式，最终确认工程量多少的权力都归监理工程师。因此监理工程师的计量权力实际上是对计量结果的确认权。具体说来，监理工程师有权拒绝对质量不合格部分的计量，同样他有权审查和核实承包人的计量记录,删除那些不合理的部分。所谓不合理是指虽然质量合格,但没有按规范指定的计量规则和计量方法计量,或者有多计、冒计部分,或者大多数工程是合格的,但其中混有不合格的部分等。总之,要按技术规范、工程量清单前言及通用条件中关于计量的规定来判定是否合理。

6.1.3 权力的限制

由于监理工程师拥有工程量的确认权,因而,承包人会想方设法让监理工程师尽可能地多批工程量,最终达到多获得工程款的目的。为了防止监理工程师与承包人串通,合同文件中对监理工程师总的工作原则作出了明确规定。例如,他不得损害业主的利益,必须公正独立地进行工作,认真地行使职权,这就是对这种权力的一种约束和限制。同时,还可由政府机关按有关法律和条例对监理工程师的工作加以监督。交通部颁布的《公路施工监理办法》第二十一条规定:监理单位或人员营私舞弊,损害建设单位、施工单位利益,或因监理人员失职造成重大事故和经济损失的,除按法律规定承担其法律责任外,其行政、资质主管机关可视情节轻重,分别给予扣减监理服务费、责令停业整顿、警告、降低资质等级、吊销监理资格证书的处罚。这实质上就是对监理工程师的权力和职责从外部加以约束和限制。

6.2 计量程序及管理

6.2.1 计量的程序

在明确计量的依据、职责和权限后,计量的程序才能得以制订和实施。目前采空区治理工程施工监理的计量工作,分为驻地监理工程师办公室、高级驻地监理工程师办公室以及总监理工程师代表处三级管理程序。

计量工作主要由驻地监理工程师承担,高级驻地监理工程师负责审核,总监理工程师代表最后审定。高级驻地监理工程师与总监理工程师代表对驻地监理工程师的计量结果拥有充分的否决权,对于计量中的数量问题有权更改或责令驻地监理工程师进行复查,发现被计量的工程中存在质量问题有权责令承包人对缺陷部位返工或修补,并重新签发中间交工证书。

鉴于采空区治理工程的特殊性,其工程的计量方法拟采用监理工程师与承包人共同计量。在进行计量前,由承包人通知监理工程师计量的时间与工程部位,然后由承包人同监理工程师现场共同计量。

(1)驻地监理工程师对工程的计量及认可书的签发

①计量细目及认可书的签发

根据合同文件确定的三个工程细目为注浆孔孔深、浇筑孔口管数量、单个注浆孔注入的浆液量。

现场计量后双方可对注浆孔孔深和浇筑孔口管数量签字确认,在承包商完善资料并经高级驻地监理工程师审核后,签发分项工程认可书。

对于单个注浆孔注入的浆液量,涉及的控制指标较多,如:

a.定期确定的总的材料进场数量和库存余量及材料的实际消耗量;而注入孔内的浆液量

和材料实际消耗量有直接的因果关系；

b.根据现场监理工程师和承包商指定的计量记录员共同签认的每班次不同配合比的注入孔内的浆液量；

c.根据单孔注浆完工后的孔内总注浆量换算出的单孔所用的材料用量。

在某一时间段(一般采用一个星期)内，承包商和监理工程师在现场共同签字认可的材料进场数量和总消耗量(a)，与在此期间现场施工时双方共同签字认可的据孔内总注浆量换算出的实际总材料消耗量(c)相比，两者应基本一致。往往 c 要大于 a，当$\frac{(c-a)}{a}>5\%$时，监理工程师有权删除多余的不合理的注浆量。经总监理工程师审核签字后，双方签字认可的注浆量即为有效的单孔注浆量。据此，监理工程师签发分项工程钻孔注浆认可书。

在我国的采空区治理工程合同中，主要采用由监理工程师和承包人共同计量的方式。这有利于消除双方的疑虑，当场解决分歧，减少争议，又能较好地保证计量结果的公正性和准确性，简化程序，节约时间。

②现场计量的程序

对于签发中间交工证书的工程项目(或部位)，首先由承包人通知监理人员计量的时间，并做好有关计量的准备工作，然后将计量的记录(中间计量表)及有关资料和图纸报送驻地监理工程师在现场核对确认。

③填写中间计量表

中间计量表是计量的凭证，在进行现场计量时由计量人员填写，经驻地监理工程师核对确认并签发分项工程认可书后，作为中期付款的依据。

(2)高级驻地监理工程师对计量结果的审查

高级驻地监理工程师对驻地监理工程师的工程计量进行全面审查，主要包括以下内容：

①计量的工程质量是否达到合同标准

审查计量项目的质量，同时审查承包人的试验方法、过程和结果，以及驻地监理工程师的试验情况。对审查过程中发现的未达到质量标准的项目，均需进行修补或返工，达到标准后再重新予以计量。

②计量的过程是否符合合同文件规定

计量的过程包括计量简图及最终计算结果。发现计量过程的错误，高级驻地监理工程师办公室可以直接修正，或通知驻地监理工程师进行修正。

经高级驻地监理工程师审查后的计量结果报送总监理工程师代表处审定。

(3)总监理工程师代表处对工程计量项目的审定

总监理工程师代表处设置了专门负责计量支付的工程师，对采空区治理工程的计量进行审定。在审定过程中有权对计量的工程项目的质量进行抽验，抽验不合格的项目不予计量，对计量过程有错误的项目进行修正或不予计量。

总监理工程师代表还要负责对注浆量的审核，负责组织驻地监理工程师和承包商委派的负责计量的人员一同到现场对施工单位的材料进行彻底清查，统计出库余量并经双方签字认可。

只有经总监理工程师审查批准的计量项目并签发分项工程认可书后，才予以支付工程款项。

6.2.2 计量的管理

(1)计量形象图

计量形象图是监理工程师对工程计量进行宏观控制和管理的有效手段。所谓计量形象图,就是将工程量清单中的项目和费用,用绘图的形式表示出来,并随着计量工作的进行,将已被计量的部位在图中显示出来。这样,一方面可以避免出现清单中一些项目的重复或漏计的现象,另一方面监理工程师可以根据形象图对工程计量项目进行宏观控制和管理。

(2)计量记录

计量记录与档案是计量管理中的一个重要内容。对于采空区治理工程项目,每个钻孔要进行三个分项工程(钻孔的延米、浇筑孔口管、注浆量)计量,将形成一系列的计量资料。只有在完善计量记录和质量记录的基础上加强对计量的档案管理,才能使项目的计量工作顺利完成。

为了便于合同管理,正确评价工程和查询交流计量工作,必须加强工程计量(中间计量)档案管理。

计量应根据合同的要求做好记录。符合要求的记录应能说明哪些已经计量,哪些尚未计量;哪些已经签发支付证书,哪些尚未签发支付证书。计量时监理工程师还应完成以下工作:

①每个工程细目应有一套图纸(最好挂在墙上)。用彩笔将所进行的工程位置在图纸上标示出来,并在适当的位置作详细补充说明,如工程的开始、结束及质量状况。这将有利于做好计量记录。

②应有一套档案,包括计量证书的号码及所计量的数据。所有计量证书必须是承包人和监理工程师共同签署的;注浆量的认可,必须经库余材料确定的仓库材料用量和实际注入孔内的材料用量比较后,删除多余的不合理的注浆量,并经总监理工程师签字确认。只有这样才能作为支付的凭证,防止超计漏计现象发生,减少由于计量不规范而产生的纠纷,公正地维护承包人和业主双方合法的经济利益。

(3)计量分析

为了搞好计量的管理工作,除明确分工和加强记录与档案的管理外,还应加强计量分析,一方面及时发现计量工作中的问题,另一方面及时掌握工程进度,为进度监理和费用支付提供依据。为了便于计量的分析和管理,计量的表格应统一,使其标准化和规范化(详见附录 B)。监理工程师应该设计好计量表格让承包人和具体从事计量的人员按此填写,以便于采用计算机辅助计量和进行计量分析。

计量分析时,一方面应对照原工程量清单和设计图纸进行分析,将实际工程量与清单工程量进行对比,发现偏差并分析偏差的原因;另一方面以计量的工程量为依据,计算出实际进度,将实际进度与批准的计划进度进行比较,发现进度偏差并找出原因,从而采取措施改进。

此外,还应对计量的方法是否恰当,计量的结果是否准确,以及是否有质量不合格的工程等进行分析,通过分析找出是否有多计、错计的部分。

6.3 计量原则与方法

6.3.1 计量的原则

根据《公路工程施工监理规范》(JTJ 077—1995)(已被JTG G10—2006替代)的规定,进行工程计量时应遵循以下原则:

(1)不符合合同文件要求的工程,不得计量。

(2)不符合"设计文件"和"监理工作细则"要求的工程,不得计量。

(3)按合同文件所规定的方法、范围、内容、单位计量。

(4)按监理工程师同意的计量方法计量。

6.3.2 计量的时间要求

根据合同规定,监理工程师应及时对已经完成且质量合格的工程细目进行计量,并且对一切进行中的工程,均须每月粗略计量一次,到该部分工程完工后,再根据规范的条款进行精细的计量。每月进行计量的目的是掌握工程进度情况及核定月进度款,为此,监理工程师一般需填制"中间"计量单。

公路下伏采空区治理工程属于隐蔽工程,需在每个分项工程结束后及时进行计量。否则,在下道工序进行中,前道工序将无法计量。例如钻孔孔深的延米没有计量就已经进行浇筑孔口管作业,钻孔的有效深度将无法取得。

6.3.3 计量单位与计量精度

采空区治理工程牵涉的计量单位,主要为清单中的钻孔孔深,以米(m)计;浇筑孔口管,以孔计;注浆量,以立方米(m^3)计。

关于计量精度,为方便起见,浮点数一般四舍五入至小数点后恰当的位数。应对不同的细目分别作出统一的规定。

虽然这个问题比较简单,但实际工作中,常常出现计量名称、符号及取位错误和不规范的情况。同时应该注意的是,各细目的计量单位必须与工程量清单中所用单位一致。特别应予强调的是,FIDIC通用条件规定,所有计量都以净值为准。

6.3.4 计量的方法

因为采空区治理工程的特殊性,施工单位每次进料(水泥、粉煤灰等)前,首先应向监理方提交进料计划(含计划进料量、进料批次、原材料批号等),监理工程师对计划进行审查。根据工程进度的实际需求,对每批次原材料的进场量进行控制。原材料进场,由监理人员与施工单位材料员现场签收,双方各建立一本原材料台账。原材料进场台账是注浆计量的主要控制依据,双方应互相签字确认。

采空区治理工程的工程款是以科学的、准确的工程计量为支付的先决条件。设计中所列的工程量是该工程的估算工程量,不能作为承包商在履行合同过程中应完成的实际和准确的工程量。因此,在保证注浆效果达到设计明确的目标,保证高速公路运营安全的前提下,承包商最终完成的有效工程量,是由监理工程师和承包商一起进行细致、客观、准确、科学计量的结果。

(1)钻探施工计量

采空区治理工程钻探施工孔深计量的依据:

①有效的注浆孔孔深是以地质上判定的以采空区(或矿层)底板作为标志层为依据确定的,钻探终孔位置为采空区(或矿层)底板下1.5m处。

②监理确认的裂隙带孔深是根据实际采空区(或矿层)底板深度,结合岩石应力扩散角重新修改设计孔深,并报请变更后的孔深为依据的。

③注浆孔孔深是满足上述①和②有关要求,并经监理工程师验收后的数量,以米计量。未经监理工程师批准,由于超钻而深于所规定的孔深部分,将不予计量。

在禹登高速公路下伏采空区治理工程钻探施工中,监理控制有效孔深的重要标志是准确判别煤、铝土矿层及煤、铝土矿层顶、底板岩性,孔深超出煤层、铝土矿层或采空区底板下1.5m时,超出部分不予认可、不予计量。孔深的计量是现场监理依据相关钻孔成孔技术要求,对合格的钻孔实施量测孔内钻杆后累加的,即客观又准确。个别钻孔为了满足物探对注浆质量检测工作的需要,经总监理工程师同意后,可适当加深并准予计量。

(2)注浆施工计量

采空区注浆施工注浆量计量的依据:

①根据每个班组实际注浆泵量的原始记录资料。

②根据实际原材料进场的签收台账,结合每周盘库时双方签字确认的原材料实际注入采空区内(不含浇筑孔口管等)的材料量(即实际进场数量-库余量),再根据"技术规范"中浆液质量控制指标的有关规定,按照现场每个注浆孔实际记录的注浆量和相应的配比,计算出单孔的理论材料注入量。进而计算出每周的理论原材料注入量。

③注浆量的确定:当$\frac{\text{每周实际材料注入量}-\text{每周理论材料注入量}}{\text{每周实际材料注入量}}$的相对误差小于5%时,则按驻地监理工程师签认的注浆原始记录为计量依据;当两者相对误差大于5%时,则以盘存的实际材料注入量,按照现场每个注浆孔实际记录的相应配合比,计算出单孔的理论注浆量作为计量依据(表6-1~表6-4),进而计算出每周的累计理论注浆量作为计量依据。

在采空区治理工程中,注浆施工关系到注浆质量的好坏,关系到投资方和施工方的经济利益。由于注浆过程中浆液配合比有一定的误差,原材料的使用量不可避免地会存在误差。其他的误差,如机械排量、冒浆、管道输送等误差,导致根据班报的浆液量及相应的配合比换算的原材料消耗量与库存的原材料消耗量存在一定的差值。为了真实地反映注浆量的实际情况,采取科学的计量是解决注浆量误差的有效方法,不仅要公正地保证施工方的既得利益,又要合理地维护投资方的利益。同时,采取科学公正的计量,也能对施工的注浆浆液配合比质量起到监控作用。

(3)浇筑孔口管的计量

按"技术规范"相关技术要求完成浇筑,能够保证正常注浆施工,且经监理工程师签收合格的孔口管,予以计量。每个有效的注浆孔,仅对应一个合格的孔口管,以孔计量。浇筑孔口管所消耗的各种原材料价格不再列入计量范围。

表 6-1

注浆材料理论用量与实际用量对照表

（编号：YDMCZ 001）

合同号：No. 5　　　　项目名称：禹登高速公路煤矿采空区治理工程

施工单位：河南省××建筑工程有限公司　　　　2005 年 11 月 15 日 19 时至 2005 年 11 月 22 日 19 时

材料名称	材料进量(1)	实际材料库余(2)	实际材料消耗量(3)	班报注浆材料消耗量				浇筑孔口管消耗量		累计消耗量(8)	理论材料差值及折合注浆量				理论注浆量(12)	百分比<5%(13)
				配合比	材料量(4)	注浆量(5)	所占百分比(6)	孔数	水泥量(7)		总差值(9)	理论用量(10)		折合注浆量(11)		
水泥(t)				1∶1.0	130.925	633.38	15.2					1∶1.0	14.56	70.34	563.04	12.5
				1∶1.1	28.522	130.24	3.3					1∶1.1	3.16	14.36	115.88	12.4
				1∶1.2	72.178	324.86	8.4					1∶1.2	8.04	34.36	290.5	12.5
	827.0	59.0	768.0	1∶1.3	589.45	2 391.87	68.6	24	4.03	863.77	95.77	1∶1.3	65.7	267.1	2 124.78	12.5
				1∶1.4	38.667	139.33	4.5					1∶1.4	4.31	16.77	122.56	12.6
				1∶1.5								1∶1.5				
				合计	859.74	3 619.67	100					合计	95.77	402.9	3 216.76	12.5
粉煤灰(t)				1∶1.0	305.49	633.38	15.2					1∶1.0	6.247	12.93	620.45	2.08
				1∶1.1	66.513	130.24	3.3					1∶1.1	1.356	2.643	128.884	2.05
				1∶1.2	176.97	324.86	8.4					1∶1.2	3.452	6.322	318.538	1.98
	2 879.0	921.0	1 958.0	1∶1.3	1 366.47	2 391.85	68.6			1 999.1	41.1	1∶1.3	28.2	49.12	2 342.73	2.09
				1∶1.4	83.598	139.33	4.5					1∶1.4	1.85	3.083	136.247	2.26
				1∶1.5								1∶1.5				
				合计	1 999.1	3 619.67	100					合计	41.1	74.12	3 546.85	2.09
速凝剂(t)	1.8	0.648	1.152		1.061			24	0.091	1.152	0					0

备注：1. 12 月 1 日以前盘库统计一次。

2. 12 月 1 日以后每周盘库统计一次。

3. (3)＝(1)－(2)　(6)＝各配合比班报材料消耗量÷合计　(8)＝(4)＋(7)　(9)＝(3)－(8)　(10)＝(9)×(6)　(11)＝(10)÷各配合比理论材料用量（按禹登高速公路招标文件上自编的“技术规范”执行）　(12)＝(5)－(11)　(13)＝[(12)－(5)]/(12)

4. 此表附件为：附件 1 注浆材料用量统计汇总表　附件 2 单孔注浆材料用量统计表　附件 3 注浆量及浆液质量检测计量统计表

监理认可量及评述：经核实：实际注浆量与理论注浆量相差大于 5%。因此，认可理论注浆量共计 3 216.76m^3。

制表：　　审核：　　计量监理工程师：　　总监理工程师代表：

注浆材料用量统计汇总表　　表 6-2

合同号:No.3　　2006 年10 月17 日19 日至2006 年10 月27 日19 时

配合比	水泥用量(t)	粉煤灰用量(t)	注浆量(m^3)	速凝剂(t)
1∶1.0				4.874
1∶1.1				
1∶1.2	109.208	254.818	466.7	
1∶1.3	456.824	1 065.924	1 857.01	
1∶1.4	87.817	205.020	341.7	
1∶1.5				
合计	653.849	1 525.762	2 665.41	4.874
备注	截止 10 月 27 日 19 时前终注 6 个孔,正注 7 个孔			

单孔注浆材料用量统计表

表 6-3

合同号：No. 3

施工单位：××基础工程有限公司

项目名称：禹登高速公路刘碑寺停车服务区铝土矿采空区治理工程

2006 年 10 月 17 日 19 时至 2006 年 10 月 27 日 19 时

孔号	配合比 1∶1.0			配合比 1∶1.1			配合比 1∶1.2			配合比 1∶1.3			配合比 1∶1.4			速凝剂(t)	单孔注浆量 (m^3)	备注
	注浆量 (m^3)	水泥量 (t)	粉煤灰量(t)	注浆量 (m^3)	水泥量 (t)	粉煤灰量(t)	注浆量 (m^3)	水泥量 (t)	粉煤灰量(t)	注浆量 (m^3)	水泥量 (t)	粉煤灰量(t)	注浆量 (m^3)	水泥量 (t)	粉煤灰量(t)			
Aw-21							41. 6	9. 734	22. 714	118. 075	29. 046	67. 775				0. 388	159. 67	终注
Aw-15							30. 7	7. 184	16. 762	237. 575	58. 443	136. 368	17. 4	4. 472	10. 440	0. 688	285. 67	终注
Aw-18							23. 5	5. 499	12. 831	184. 675	45. 430	106. 003				0. 509	208. 17	终注
Aw-19							27. 1	6. 341	14. 797	66. 21	16. 288	38. 005				0. 226	93. 310	终注
Aw-20							56. 2	13. 151	30. 685	109	26. 814	62. 566				0. 397	165. 20	终注
Aw-22							36. 2	8. 471	19. 765	438. 475	107. 865	251. 685	234. 4	60. 241	140. 640	1. 763	709. 07	终注
Aw-16							50. 3	11. 770	27. 464	8. 65	2. 128	4. 965				0. 139	58. 950	未注
A-7							35. 8	8. 377	19. 547	238. 9	58. 769	137. 129	66. 7	17. 142	40. 020	0. 043	341. 40	未终
A-3							32. 7	7. 652	17. 854	217. 65	53. 542	124. 931	23. 2	5. 962	13. 920		273. 55	未终
A-5							31. 9	7. 465	17. 417	40. 6	9. 988	23. 304					72. 500	未终
Aw-17							34. 4	8. 050	18. 782	46. 4	11. 414	26. 634				0. 195	80. 800	未终
Bw-9							31. 9	7. 465	17. 417	31. 9	7. 847	18. 311				0. 153	63. 800	未终
Bw-10							34. 4	8. 050	18. 782	118. 9	29. 249	68. 249				0. 373	153. 30	未终
合计							466. 7	109. 208	254. 818	1 857. 01	456. 82	1 065. 92	341. 7	87. 81	205. 02	4. 87	2 665. 4	

注浆量及浆液质量检测计量统计表

表 6-4

合同号:No. 3　项目名称:禹登高速公路刘碑寺停车服务区铝土矿采空区治理工程　施工单位:××基础工程有限公司

2006 年10 月17 日19 时至2006 年10 月27 日19 时

编号	孔号	注浆量(m^3)	水泥量(t)	粉煤灰量(t)	速凝剂量(t)	浆液抽检(次)	试块(组)	间歇时间	备注
011	Aw-21	159.675	38.780	90.489	0.388	11	5	0	终注
007	Aw-15	285.675	70.099	163.570	0.688	17	9	0	终注
004	Aw-18	208.175	50.929	118.834	0.509	12	5	0	终注
003	Aw-19	93.31	22.629	52.802	0.226	8	5	1	终注
002	Aw-20	165.20	39.965	93.251	0.397	11	4	1	终注
001	Aw-22	709.075	176.577	412.090	1.763	17	14	2	终注
006	Aw-16	58.95	13.898	32.429	0.139	4	2	1	未终
010	A-7	341.40	84.288	196.695	0.043	15	7	1	未终
008	A-3	273.55	67.156	156.705	—	9	5	0	未终
009	A-5	72.50	17.453	40.722	—	4	2	0	未终
005	Aw-17	80.80	19.464	45.416	0.195	2	3	0	未终
016	Bw-9	63.80	15.312	35.728	0.153	4	2	0	未终
017	Bw-10	153.30	37.299	87.031	0.373	8	3	0	未终
合计		2 665.41	653.849	1 525.762	4.874	122	66	6	

6.4 采空区注浆计量案例

在禹登高速公路下伏采空区治理工程计量与支付的过程中，注浆量的计量主要是控制原材料（水泥）的使用量和实时监控施工方的注浆记录（表 6-1～表 6-4）。在施工方申报注浆量计量时，必须提交“注浆材料用量统计汇总表”（表 6-2）、“单孔注浆材料用量统计表”（表 6-3）、“注浆量及浆液质量检测计量统计表”（表 6-4）。经计量监理工程师校核无误后，填写“注浆材料理论用量与实际用量对照表”（表 6-1）中的各项相关数据。

利用注浆材料理论用量与实际用量对照表来换算班报注浆量与理论注浆量，当根据原材料台账核定的理论注浆量与班报统计的注浆量相差小于 5%时，认可班报统计的注浆量；当班报统计注浆量与核定注浆量相差大于 5%时，认可根据原材料台账换算核定的理论注浆量。同时在注浆材料理论用量与实际用量对照表中“监理认可量及评述”一栏内，说明班报注浆量与理论注浆量的百分率对比结果，并签署本期监理最终认可的注浆量。从表 6-1 中可以看出，班报中的各配比注浆量与理论各配比注浆量差值高达 12.6%（大于规定的 5%），据此扣除 402.9m^3 的不合理注浆量，并经承包商指派的计量人员和驻地监理工程师共同签字确认，本期注浆量的计量结果由申报的 3 619.67 m^3 变为审定后的有效注浆量 3 216.76m^3。

6.5 支付的职责与权限

FIDIC 合同文件下的工程费用支付就是承包人向监理工程师提出付款申请，监理工程师审核后开出付款证书送交业主，业主在规定时间内向承包人付款的过程。

毫无疑问，工程费用支付既是工程费用监理的最后一道程序，也是监理工程师进行合同管理的最后一个环节，因此，它就成为最终落实业主与承包人经济利益的关键工作。由于 FIDIC 合同文件下的工程支付与一般工程支付相比，在支付的范围、条件和方式等方面都存在很大差别，所以，为了做好整个监理工作并圆满地完成费用监理任务，必须根据合同文件的规定明确监理工程师在工程费用支付中的职责与权限。

6.5.1 工程费用支付的职责

监理工程师在工程费用支付中的职责就是定期审核承包人的各类付款申请，为业主提供付款凭证，从而保证业主对承包人的支付公平合理。具体来说，他的主要职责就是审核和开具付款证书。一方面，他必须按时处理承包人的付款申请，以便承包人能够及时获得各种应收的款额；另一方面，他必须根据合同文件的要求和原则进行审核，向业主证明承包人在每一阶段所完成各项工作的实际价值，为业主所支付的每一笔资金严格把关。总之，监理工程师只有站在公正的立场才能确保业主和承包人双方的利益。

6.5.2 工程费用支付的权力

FIDIC 合同文件涉及监理工程师在工程费用支付方面权限的内容很多，相关条款对每一支付项目都赋予了监理工程师相应的权力，现简要归纳如下：

(1)审查、签发中期支付证书、合同得到正常履行的最终支付证书以及合同中止后任何款项的支付证书。

(2)对不符合技术规范和合同文件要求的工程细目和施工活动,有权暂时拒绝支付,待上述细目和活动达到要求后才予支付。

(3)具有对合同价格进行调整的权力。在合同执行期间,由于下述两种情况可能导致工程费用发生变化(增加或减少),一是后续法律、法令、法规和条例的使用,二是资源价格的涨落。无论出现哪一种情形,监理工程师都必须与业主和承包人协商,以确定新的合同价格。

(4)具有确认工程变更和索赔所产生费用的权力。这主要是指确认工程变更的单价和索赔细目的单价与费率的权力。

(5)其他有关支付方面的权力。例如,动用暂定金额以及有关保留金、提前竣工奖金支付等方面的权力。

6.6 支付的原则

工程费用支付的目标是组织和协调好业主与承包人之间的收支行为,使双方发生的每一笔工程费用都符合合同的规定,并做到公平合理。为了实现公平合理这一目标,监理工程师在工程费用支付中必须站在公正的立场上,一方面客观、准确地评价承包人的施工活动,仔细地计算各项工程费用,并及时地签发付款证书,从而使承包人及时得到补偿,另一方面使已支出费用的业主能按时得到质量合格的工程实体。由此可见,监理工程师在工程费用支付工作中责任重大。为了真正做好这一工作,他必须遵循以下几个基本原则。

6.6.1 支付必须以工程计量为基础

对于单价合同,计量是支付的基础,亦即没有准确的计量就不可能有准确的支付。由于工程计量必须以质量合格为前提,所以工程费用支付就必须在质量监理和准确计量的基础上进行。因此,在进行支付时,应当对这两个环节的工作进行严格检查和认真分析,以确保费用支付准确可靠。

6.6.2 支付必须以技术规范和报价单为依据

(1)技术规范

技术规范对每一章每一节都有支付的规定,详细说明了各工程细目的工作内容以及要求,对哪些内容不单独计量和支付,其价值摊入到哪一细目中,都具体作了规定。同时,技术规范还对每一工程细目的支付项目进行了划分。因此,技术规范既是承包人报价时的指导文件和依据,也是监理工程师支付工程费用的指导文件和依据。进行工程费用支付时,必须认真细致地阅读和理解技术规范。

(2)报价单(有标价的工程量清单)

工程量清单经承包人填报价格后就成为报价单,报价单是费用支付时的单价依据。对于有单价的工程细目,则以此单价支付工程费用,但应该注意其单价的包容程度。同时,报价单中的单价是不能变动的,除非发生工程变更。

单价的价值构成是指完成该细目所需的人工费、材料费、施工机械使用费、管理费、利润、税金等，这些都已含于单价之中。

单价包含的工程或工作内容是指该细目的单价按规定应包含的内容。报价单中的单价一般是成品单价，也就是按成品计价。它包含了完成该产品所必需的生产条件和设施，如有关临时工程及必需的施工准备活动和其他必需的一些生产环节等。因此，支付工程费用时，必须将报价单与技术规范联系在一起，确保支付准确。

6.6.3 支付必须及时

支付是资金运动中的关键环节，而资金的本质特征之一就是具有时间价值，因此，资金运动的内在规律和特征要求监理工程师按时签认和支付工程费用。

同时，工程施工活动的特点决定了要进行月进度款的支付。支付月进度款的原因在于施工生产需要占用大量的资金，而承包人无法也不愿垫付如此巨大的资金。因此，监理工程师必须按时组织工程费用的支付。

除此以外，及时支付工程费用既是合同本身的要求，也是财务部门和银行结算的要求，工程费用结算必须由监理工程师出具其签认的支付证书，否则无法结算。

6.6.4 支付必须以日常记录和合同条款为依据

就一个工程的整体支付来说，除了工程量清单内的常规支付外，还有很多工程量清单外的工作内容需要支付，而这些支付内容往往是招标时无法准确估计或者根本不能预计的，所以无法在工程量清单中予以列明。但是，这些支付又是工程支付中极其重要的内容，通常要花费监理工程师大量的精力。因此，监理工程师只有将合同条款规定的原则与工程实施中的日常记录结合起来，才能搞好这方面内容的支付工作。

6.6.5 支付必须遵循严格的程序

为了确保工程费用支付的合理性和准确性，每个工程项目的合同文件都对支付程序作出严格的规定。这些程序规定了各项费用的支付条件、支付方法和申报、计算、复核、审批的具体要求，从组织上和技术上确保支付的质量。例如，承包人在没有得到监理工程师的变更指令前，不得对工程进行任何变动。因此，未经监理工程师的批准，对任何施工项目的改变都是不允许的，不管这种改变是否必要，一律不予进行任何支付。总之，工程费用支付必须遵循严格的程序。

6.7 支付的分工与管理

6.7.1 支付的分工

就一个采空区治理工程监理机构的组成人员而言，一般配有项目工程师（地质钻探工程师、注浆工程师、材料试验工程师、测量工程师等）、合同工程师以及计量与支付工程师。显然，计量与支付工程师负责支付工作。他首先应当贯彻以费用支付为核心手段来进行全面控制的指导思想，制订各工程细目的支付控制目标，将本合同段的支付额较好地控制在合同价款的范围内；其次应在工程费用预算和本合同段工程费用分析的基础上，明确费用支付重点，并责任到人，从而同驻地的所有监理人员一道，互相协作，共同搞好支付工作；第三，他应当在严格审查和反复核对后，形成一套完整的支付材料报送高级驻地监理和总监代表处。

6.7.2 支付的管理

由于支付工作非常重要，且又需要大量的资料和表格，工作十分繁杂，所以必须加强对支付工作的管理。支付管理应重点抓好两方面的工作，一是建立支付的管理制度和各级支付人员的岗位责任制，二是定期对支付工作进行检查和考核。

就第一个方面而言，较大的采空区治理工程项目普遍采用三级管理模式，即驻地监理的一级管理、高级驻地监理的二级管理及总监代表处的三级管理。一般项目，可采取二级管理模式，即驻地监理的一级管理、总监代表处的二级管理。

(1)驻地监理工程师对支付的管理

①审查承包人的付款申请。

主要内容有：

a. 审查付款申请中的各项款额的依据；

b. 核对付款申请单中的单位是否与工程量清单和工程变更清单相符；

c. 核实到达现场的材料规格和质量是否符合规范的规定，数量是否与现场的数量相符以及检查材料的存放条件；

d. 审查工程质量。

②编制付款证书。驻地监理工程师完成上述审查和检验之后编制付款证书，报送高级驻地监理工程师审核。

(2)高级驻地监理工程师对支付的管理

①审核付款项目的质量。高级驻地监理工程师在审核付款证书时首先要审查付款项目的质量，并有权对付款项目的质量进行复查，对质量不合格的项目拒绝支付。

②审查材料预付款的支付情况。高级驻地监理工程师对材料预付款的审查主要是宏观控制，根据承包商的施工计划，审查运到现场的材料是否合理。

③审查付款证书的各个细目。高级驻地监理工程师对付款证书的细目都要进行审查，对支付项目中有误的数量、金额进行修正。

高级驻地监理工程师将审查后的付款证书送总监理工程师代表处审定。

(3)总监理工程师代表处对支付的管理

总监理工程师代表处有权抽检任何支付项目的工程质量，同时对付款证书享有充分的否决权，即对工程质量不合格的支付项目或不符合支付条件的项目一律予以拒付。经总监理工程师代表处审定后的付款证书才能作为业主支付工程款项的凭据，业主据此向承包人支付工程款项。

通过对支付工作进行定期检查、考核和对工程费用的动态进行全面分析，可及时发现存在的各种问题，对违反支付管理制度的工作人员作出严肃处理。

总之，支付是一项综合性非常强的工作，必须在质量监理和计量管理的基础上进行综合管理。由于支付工作涉及大量的报表和资料，工作任务繁重，所以为了让监理工程师从重复性很大的资料整理工作中解脱出来，应注重更新支付管理的技术手段，使表格和报表标准化，全面推进计算机辅助支付管理工作，以提高支付的准确性和工作效率。

6.8 支付的种类

在工程费用监理中，监理工程师处理的费用支付种类很多，而不同种类的支付有不同的规定程序和办法，因此，监理工程师必须全面了解支付的分类。

6.8.1 按时间分类

按时间分类，工程费用支付可分为前期支付、中期支付以及最终支付三种。

(1)前期支付

前期支付有动员预付款、履约保函手续费和保险手续费三种。其中动员预付款是由业主提供给承包人的无息款项，按一定条件支付并扣回。

(2)中期支付

中期支付有工程款、暂定金额、材料设备预付款、工程变更、保留金、索赔、价格调整、迟付款利息、对指定分包人支付、合同中止后支付以及工程交工支付等项目。中期支付按月进行，由监理工程师开出中期支付证书来实施。

(3)最终支付

最终支付是业主与承包人之间的最后一次结算。监理工程师应确认承包人的遗留工程及缺陷工程已完成并达到规范标准后，签发最终支付证书。

6.8.2 按内容分类

按内容分类，支付可分为工程量清单内的付款和工程量清单外的付款，即所谓的清单支付和合同支付。工程量清单内的支付就是监理工程师首先按照合同文件、技术规范和工程量清单的有关规定进行计量，确认已完的实际工程量，然后根据已确认的工程数量和报价单中的单价，计算和支付工程量清单中各项工程费用，因此简称为清单支付。工程量清单之外的支付就是监理工程师按照合同文件的规定，根据日常记录、现场实证资料和工程实际进展情况，计算和支付工程量清单以外的各项费用，故简称为合同支付。

清单支付在支付款总额中所占比重很大，是主要支付，但在合同文件中规定得比较明确，因而操作起来比较容易。合同支付虽然占的比重比较小，但支付难度较大。这是因为合同文件中无法对这些支付项目作出准确估计和详细规定，它们的发生取决于多方面的情况，例如工程施工过程中本身遇到的客观意外和工程管理中发生的各种问题，以及法规变更、物价涨落等政治和社会环境的影响。由此可见，合同支付是否合理和准确，就完全取决于监理工程师对合同文件的正确理解以及是否及时掌握了现场实际情况。

6.8.3 按合同执行情况分类

根据合同执行情况，支付分为正常支付和合同中止支付两类。正常支付是指业主与承包人双方共同努力使整个合同得以顺利履行而产生的支付结果。合同中止支付是指由于工程遇到战争、骚乱等合同规定的特殊风险、承包人违约以及业主违约等原因导致合同无法继续履行而出现的支付结果。无论何种原因导致合同中止，监理工程师都应按照合同文件、技术规范等有关文件的规定处理好各项费用的支付。

6.9　支付的程序

6.9.1　有关支付的几项基本规定

(1)支付时间

总的原则是按合同规定的时间支付。FIDIC合同通用条件第60条第10款规定，业主收到监理工程师提交的中期付款证书的28天内或最终支付证书的56天内应向承包人付款，否则将要支付延期付款利息。如果某一项工程的合同文件对这两个规定时间作了修改，则以修改的时间为准。例如，《公路工程国内招标文件范本》规定的中期支付和最终支付时间分别为14天和28天。

(2)支付的最低限额

在合同通用条件中关于月支付规定，如果每月支付的净金额少于投标书附件中列明的中期支付证书的最低金额，则该月监理工程师可不核证支付，上述款额将按月结转，直至累计应支付的款额达到投标书附件中列明的中期支付证书的最低金额为止。

(3)支付范围

监理工程师对所有到期并符合合同要求的工作内容都应计价支付。

(4)支付方法

根据清单支付和合同支付的特点，支付要求分项、分类计算，汇总后再扣减承包人对业主的支付。首先将工程量清单中的内容，按各工程细目的支付项目分项计算，将合同支付项目按类计算，然后汇总各分项和各类金额。按规定比例扣减承包人对业主的支付主要是三种：扣回动员预付款、材料预付款以及扣留保留金。

(5)支付货币

国内采空区治理工程的施工，一般由国内承包商承接，所以用人民币支付。

6.9.2　工程支付程序

(1)中期支付程序

①中期支付申请

承包人应通过监理工程师向业主提出付款申请。申请的形式就是填报月报表或月结账单。承包人的月报表应列明他在这个月应收取的金额，通常包括采空区治理工程施工(钻孔、浇筑孔口管、注浆)已完成工程的价值、按合同规定其他有权获得的其他任何金额(如索赔和迟付款利息)。应当注意的是，申请中涉及的表格形式须经监理工程师认可。

②中期支付申请的审定

监理工程师应在合同规定的时间内对承包人的付款申请完成以下几个方面的审定：

a. 申请的格式和内容应满足合同要求。

b. 各项资料、证明文件手续齐全。

c. 所有款项计算与汇总无误。

审核中若发现所列出的数量不正确或者任何一个工程项目的质量不符合要求，则调整承包人的月报表。

③“中期支付证书”的签发

a. 监理工程师审核并修正承包人的支付申请后，计算付款净金额。计算付款净金额时，将需扣留的保留金和扣回的预付款从承包人月报表中应得的金额中扣除。

b. 将付款净金额与合同中规定的临时支付的最小限额进行比较，若净金额小于最低金额，则不签发支付证书；若净金额大于最小限额，监理工程师则应向业主签发“中期支付证书”，副本抄送承包人。

c. 除了特殊项外（如计日工、暂定金额、费用索赔等），监理工程师签发的“中期支付证书”中的支付数量应基本正确。

d. 监理工程师可通过任何一期“中期支付证书”，对已支付工程发现的问题或已签发的支付证书的错误进行纠正。

（2）最终支付程序

①最终支付申请

承包人应在合同规定的时间内向监理工程师提交最终支付申请。

②最终支付申请的审定

监理工程师应在合同规定的时间内，从以下几个方面完成对最终支付申请的审定：

a. 申请的格式和内容，应符合合同规定及满足监理工程师的要求。

b. 相应的系列结算清单，必须齐全、完整，相互关系清晰。

c. 相应的系列证明资料有监理工程师的签字认可。

d. 确认所有的计量与支付均没有遗漏、重复，计算准确，汇总无误。

e. 若审查中发现还有能够确认的费用，应及时通知承包人，并要求其提供所需的进一步资料与证明。

③签发“最终支付证书”

监理工程师应按合同的规定审核承包人的最终支付申请，向业主签发“最终支付证书”，并将副本抄送承包人。

6.10 保 留 金

所谓保留金就是监理工程师根据合同文件的规定，从支付给承包人的付款中替业主暂时扣留的一种款项。设置保留金的目的在于使承包人能完全履行合同，如果承包人未能履行合同中规定应承担的责任，则扣除额就成为业主的财产。显然，这是对业主的一种保护措施。

6.10.1 保留金的扣除

按照合同文件的规定，从第一次付款开始，业主每次从付给承包人的款额中，按其中永久性工程的付款金额的10%扣留，直到累计扣留的金额达到合同总价的5%为止。

所谓永久性工程的付款包括工程量清单、工程变更、价格调整和费用索赔等4项费用。

如果承包人在提交第一次付款申请时，或者在这个时间以前提交一份由业主认可的银行保函，其担保金额为合同总价的5%，则监理工程师不再替业主从“中期支付证书”中扣留保留金。

6.10.2　保留金的使用

保留金主要用于在施工和缺陷责任期内，应当由承包人支付的各种费用。例如，在施工阶段，承包人未能遵照监理工程师的指示进行对缺陷工程的修补或其他事项，则业主可以雇佣他人完成有关工作，其费用由承包人承担，业主可从保留金中支付。在缺陷责任期内对任何缺陷工程，如果承包人未能合理地进行修补，则也可以采取上述办法，从保留金中支付应当由承包人承担的费用。

6.10.3　保留金的退还

(1)当颁发整个工程的交接证书时，监理工程师应当把一半保留金退还给承包人并开具证明书，在退回的保留金中应当扣除已经使用的保留金金额。如果颁发永久性工程的一区段或部分的交接证书时，监理工程师应把由他决定的与永久工程这一区段或部分的价值相应的保留金退还给承包人并开具证明。业主根据监理工程师开具的证书，向承包人退还保留金。

(2)当工程的缺陷责任期满时，另一半保留金将由监理工程师开具证书退还给承包人。此时也应当扣除已使用的保留金的金额。但是，如果此时尚有应由承包人完成的与工程有关的任何工作时，监理工程师有权在剩余工程完成之前，扣发他认为与需要完成的工程费用相应的保留金余额。

6.11　禹登高速公路采空区治理工程计量控制措施案例

由于煤矿、铝土矿采空区治理工程是一项隐蔽工程，监理工作专业性很强，只有施工质量达到规定的标准和要求时，监理工程师才进行计量并签发支付证书。

6.11.1　采空区钻探施工计量控制方法与措施

在钻探施工方面，严格执行“设计”、“技术规范”相关钻探作业的技术要求及钻探作业工序流程。钻进过程中每回次所取出的岩芯都要按顺序摆放，并以岩芯标签标记岩芯的长度、回次、钻进深度、岩性等，并及时在钻孔班报上做好记录，由专业地质工程师填写地质记录表，依据“技术规范”、“设计”要求、设计变更、会议纪要、监理工程师通知等有关钻孔成孔质量要求成孔后，及时绘制钻孔柱状图。项目部自检验收合格后报请监理工程师验收。监理工程师对报验的各相关资料结合实际量测、岩性判断，对成孔的质量得出结论，在符合相关要求的情况下，对该报验的钻孔进行计量。有效孔深是现场监理量测孔内钻杆后，依据成孔质量要求的各要素结合钻孔班报表、地质记录表、钻孔柱状图、采取出的岩芯等得出的。

6.11.2 注浆计量控制方法与措施

由于注浆工程属于隐蔽工程，不能再现，也不能追索，因此，在保证注浆效果的前提下，在对路基构成破坏的区域内最大限度地进行有效注浆的同时，为做好监理和服务工作，旁站监理人员 24h 在注浆现场轮流值班。

(1)对原材料进场实行报批控制。报批表上写明该批次的原材料厂家及原材料批号和该批次原材料进量。

(2)原材料入库控制。实行每批次在指定库位卸载及每批次的总量验收及单车点验，保证原材料入库数量的准确。点验无误后，由承包商和监理方相关人员在原材料台账上签字确认。

(3)对原材料的使用实施监控。实行每 7d 一次对原材料进行盘点，每次盘库时间为下午交班的时间(此时，原材料库存量处于稳定状态，盘点出来的数量较为真实可靠)。盘点后，所盘点的库存数量在原材料台账上注明，并由承包商和监理方相关人员在台账上签字以及签日期确认。

(4)注浆记录控制。注浆过程中，旁站监理对浆液的指标实施随机抽查并在注浆记录表对应的时间上记录抽查数据并签字确认，监督注浆质量。施工方的注浆记录由监理人员及时签字认可。

(5)为保证注浆计量的准确性，监理办要求全体监理人员严格执行“技术规范”，以注浆班报为基础，以进场材料台账为依据，班报台账相对照，以 7d 为一周期进行一次汇总计量，做到准确、无误。核定理论注浆量与现场班报统计注浆量相差小于 5%时，认可班报统计注浆量；当班报统计注浆量与核定理论注浆量相差大于 5%时，认可据原材料台账统计的材料消耗量换算的理论注浆量，并在“注浆材料理论用量与实际用量对照表”上注明实际认可的注浆量。

采用这种事前、事中、事后的综合控制办法，保证了注浆量计量的准确性和可靠性；同时，也保证了注浆的质量和效果。通过这种计量方式，有效地防止了各标的计量偏差，保证了注浆量计量的准确性和可靠性。

通过监理工程师和承包商一起进行细致、认真、准确的计量，整个工程共完成有效注浆量 172 419.502m^3(设计注浆量 184 512.1m^3)，节约注浆量 12 092.6m^3。

6.12 禹登高速公路采空区治理工程工程量及费用控制案例

6.12.1 钻探完成的工程量及费用控制

禹登高速公路下伏采空区治理工程，钻探揭露地下地质情况复杂，在实施钻探施工的过程中，监理工程师按照“设计”、“设计变更通知”、“技术规范”、“会议纪要”、“监理工程师通知”等要求对钻孔进行现场验收，准确判定采空区(或矿层)顶、底板岩性作为钻孔终孔标准，以及无揭露采空区(或矿层)执行设计深度。特别是在铝土矿采空区，由于受成矿条件以及局部地质构造运动形成的断层等因素的影响，采空区底板起伏较大，从而引起钻孔实际孔深与设计孔深存在误差。监理工程师在验收和计量时严肃、认真、科学、公正，保证质量、尊重事实，为业主节约了 385 622 元的费用(表 6-5)。

禹登高速公路下伏采空区治理工程各标合同与实际完成费用情况

表 6-5

标段号	项目及单价		合同工程量及费用		新增工程量及费用		实际完成工程量及费用		实际完成合同工程量的(%)	单项工程费用增减(元)	实际完成工程费用合计增减(元)	总合同金额(元)	实际完成总费用(元)	完成合同额的(%)	总费用增减(元)
	项目	单价(元)	合同工程量	费用(元)	新增工程量	费用(元)	实际完成工程量	实际完成费用(元)							
No. 1	钻孔延米	159	2 348	373 332			2 029. 7	322 717	86. 4	−50 615	1 630 074	5 623 597	7 163 671	127. 3	1 540 074
	孔口管(个)	1 000	109	109 000			92	92 000	84. 4	−17 000					
	注浆量(m^3)	235	18 899	4 441 265			26 123. 2	6 138 954	138. 2	1 697 689					
No. 2	钻孔延米	207. 85	8 330	1 731 391			8 166. 1	1 697 328	98	−34 063	−4 781 943. 43	11 136 036	6 009 093. 6	54. 0	−5 127 030
	孔口管(个)	300	139	41 700			135	40 500	97. 1	−1 200					
	注浆量(m^3)	206	35 791	7 372 946			12 748. 9	2 626 265. 57	35. 6	−4 746 680. 43					
No. 3	钻孔延米	200	7 306	1 461 200	909. 7	181 934	8 282 909. 67	1 656 400 181 934	111. 88	195 200	2 221 195. 85	12 862 000 新增 1 012 036. 1	16 095 232	116	2 221 195. 9
	孔口管(个)	800	195	156 000	23	18 400	195 23	174 400	100	0					
	注浆量(m^2)	245	42 840	10 495 800	3 313. 1	811 702. 2	51 109. 4 3 313. 1	13 333 498	117. 9	2 025 995. 85					
No. 4	钻孔延米	118. 12	4 829. 5	622 611			4 678. 1	552 576	88. 75	−70 035	−699 712. 85	8 769 931	7 905 218	90. 1	−864 713
	孔口管(个)	3 627. 3	147	533 212			134	486 057	91. 1	−47 155					
	注浆量(m^3)	214. 68	29 221	6 958 208			29 704. 5	6 375 685. 15	91. 6	−582 522. 85					

续上表

标段号	项目及单价		合同工程量及费用		新增工程量及费用		实际完成工程量及费用		实际完成合同工程量的(%)	单项工程费用增减(元)	实际完成工程费用合计增减(元)	总合同金额(元)	实际完成总费用(元)	完成合同额的(%)	总费用增减(元)
	项目	单价(元)	合同工程量	费用(元)	新增工程量	费用(元)	实际完成工程量	实际完成费用(元)							
No. 5	钻孔延米	260	8 838	2 297 880			7 475	1 943 497	84. 57	−354 383	−1 099 738. 84	7 722 020	6 364 781. 1	82. 4	−1 357 238. 9
	孔口管(个)	2 500	127	317 500			127	317 500	100	0					
	注浆量(m^3)	180	22 148	3 986 640			18 007. 1	3 241 283. 7	81. 3	−745 356. 24					
No. 3 刘碑寺停车服务区	钻孔延米	200	6 963. 1	1 392 620			6 604. 5	1 320 894	94. 8	−71 726	−185 346. 5				
	孔口管(个)	800	142	113 600			135	108 000	95. 1	−5 600					
	注浆量(m^3)	245	32 300	7 913 500			31 859. 1	7 805 479. 5	98. 6	−108 020. 5					
全区工程量费用增减合计											−2 915 471. 77				−3 587 712
采用科学的计量控制方法，采空区治理工程节约费用 3 587 712 元，通过科学、规范计量，挽回不合理的计量费用 1 020 099. 3 元。															

6.12.2 注浆完成的工程量及费用控制

由于采空区所处的地质环境(如有断层带、破碎带,也使得浆液能够大量注入)、采空沉陷完成的过程(随着采空后时间的推移,采空区上覆岩层逐步下沉,可引起受注空间的减小)、人为的干扰(如正在实施注浆施工,当地村民或矿主阻工,致使注浆过程停顿,停工事件造成已注浆液胶结,阻塞裂隙缝或浆液流动通道,致使注浆量减少。不合理地、短期地人为提高注浆浆液的配合比,致使浆液黏度过大,影响了注浆的有效方量)因素等,也易引起实际注浆量与设计注浆量存在误差。

在注浆实施的过程中,现场监理全天候监控,严格控制原材料、浆液配合比、注浆排量、终注压力。满足终注条件的终止注浆。计量过程中,依据有监理人员签字的原材料台账、注浆班报等有关计量材料,经计量监理工程师严格审核后得出注浆计量方量。该方量的计量方法见6.3.4条。

以上的误差累计致使实际有效注浆量与设计注浆量存在误差成为既定,它所反映的是不可避免的实际情况。从表6-5中可以明显看到,在保证注浆质量的前提下,它为业主节约了245.89万元的费用开支。

6.12.3 投资控制的成效

在禹登高速公路下伏采空区治理工程中,遵循"严格监理、优质服务、科学公正、廉洁自律"的监理原则,对工程质量、施工安全、环境保护、进度和费用实施有效的监督管理。从表6-5中可以看出,在钻探、浇筑孔口管、注浆施工方面为建设方节约资金近358.8万元。

在表6-6中,各标段的班报注浆量、据台账核定注浆量、扣除超理论的注浆量、据合同价折合人民币的计算,是以各标段分期计量的累计值统计进该表格中的,采取表6-7及同期计量的附件进行校核,能有效地消除不合理的注浆误差因素,使得标段更加重视注浆质量,对采空区的注浆治理效果起到了较好的作用。

班报统计和理论注浆量比较一览表

表6-6

合同号	桩号	班报注浆量(m^3)	据台账核定理论注浆量(m^3)	比值>5%而扣除的注浆量(m^3)	据合同价折合人民币(元)	备注
No.1	K70+485～K70+950	25 683.41	25 683.41	—	—	
No.2	K72+980～K73+550	13 215.72	12 748.862	466.858	96 172.748	
No.3	K76+428～K77+076	56 822.5	51 109.37	2 400.05	588 012.25	
No.3(新增)	—	3 313.08	3 313.08	—	—	

续上表

合 同 号	桩 号	班报注浆量（m^3）	据台账核定理论注浆量（m^3）	比值>5%而扣除的注浆量（m^3）	据合同价折合人民币（元）	备 注
No. 4	K77+270～K77+600	30 800. 991	29 698. 548	1 102. 443	236 672. 46	
No. 5	K78+470～K78+820	18 558. 476	18 007. 132	551. 344	99 241. 92	
No. 3	K77+117～K77+424	31 859. 1	31 859. 1	—	—	刘碑寺停车服务区
合计		176 940. 19	172 419. 502	4 520. 695	1 020 099. 3	

从表 6-6 中可以看到，通过采取严谨的计量控制措施，仅通过一项事后计量控制方法，就为业主挽回了不合理的费用支出计 102 万元，既较好地维护了业主的利益，又保证了承包商应得的利益。

禹登高速公路采空区治理工程完成工程量及相关成果 表 6-7

工 程 项 目			No. 1	No. 2	No. 3	No. 4	No. 5	刘碑寺停车服务区
注浆孔（个）			92	135	195	134	126	135
钻探进尺（m）			2 029. 65	8 173. 43	8 282	4 678. 09	7 474. 99	6 604. 47
注浆量（m^3）	不同水固比的注浆量	1∶1. 0	2 728. 09（含砂浆量）	736. 04	1 434. 97（含砂浆量）	1 565. 671	273. 88	
		1∶1. 1	148. 2	14. 5	307. 2	968. 373	286. 92	
		1∶1. 2	2 168. 93	3 430. 627	5 854. 39	3 212. 96	2 570. 685	3 915. 7
		1∶1. 3	3 904. 79	6 169. 52	9 216. 25	20 578. 679	12 535. 863	21 118. 2
		1∶1. 4	16 733. 4	2 398. 175	34 258. 86	3 372. 865	2 339. 784	6 825. 2
		1∶1. 5	0	0	37. 7	0	0	
	合计		25 683. 41	12 748. 862	51 109. 37	29 698. 548	18 007. 132	31 859. 1
材料用量（t）	水泥		6 365. 909	3 095. 428	12 816. 38	7 489. 327	4 452. 939	7 865. 42
	粉煤灰		14 858. 779	7 442. 799	29 916. 22	17 473. 541	10 278. 326	18 354. 93
孔口管长度（m）			654. 37	2 027. 25	5 548. 47	2 758. 41	3 089. 92	2 984. 6
水泥检测	自检（次）		34	19	65	39	24	40
	外检（次）		3	1	6	3	2	3
粉煤灰检测外检（次）			8	5	15	9	7	10
浆液试块试验（组）			598	318	943	493	453	651

续上表

工程项目		No.1	No.2	No.3	No.4	No.5	刘碑寺停车服务区
注浆前质量检测	物探检测钻孔数(个)	6	7	10	8	7	8
	物探检测总长度(m)	127.24	399.9	350	320	395.6	381.80
注浆一个月后质量检测	检测钻探钻孔数(个)	6	7	10	8	7	8
	检测钻探总进尺(m)	139.21	417.65	440.92	273.79	386.3	386.10
	物探检测总长度(m)	139.21	417.65	440.92	273.79	386.3	386.10
	验证注浆量(m^3)	19.94	6.95	41.35	31.175	25.375	87.30

7　采空区治理工程质量检测和交工验收

7.1　采空区治理工程质量检测的目的

(1)通过检测,确定治理区薄弱部位的注浆效果,根据局部效果的分析研究,圈定局部注浆薄弱地带,评价全区的注浆质量。

(2)通过有代表性的质量检测,客观地评价采空区顶底板和裂隙带的区域变化特征,量化注浆部位浆液的空间分布情况;通过综合检测,确定浆液的结石率和充填率。

(3)通过综合质量检测,验证治理过程中对采空区冒落带、裂隙带、变形带等注浆部位的注浆治理效果。查明注浆治理后是否残留有对路基安全构成威胁的空隙。从而对全区注浆效果的质和量做出较为客观的评价,确定是否存在明显的安全隐患。

(4)通过钻探取芯,对所取水泥粉煤灰浆结石体(岩芯)进行物理测试,确定其无侧限抗压强度是否满足设计要求。

(5)通过注浆效果的检测,对注浆效果相对薄弱地带提出处理意见。

7.2　采空区治理工程质量检测的依据

禹登高速公路下伏采空区治理工程质量检测的依据如下:

(1)“河南省禹州—登封高速公路(SK70+420～SK78+820)煤矿、铝土矿采空区治理工程技术规范”(以下简称“技术规范”,河南禹州至登封高速公路有限公司,2005年9月);

(2)“许昌—登封高速公路禹州—登封段(SK70+420～SK78+820)采空区治理工程施工图设计”(共五个标段,以下简称“设计”,河南省交通规划勘察设计院,2005年2月);

(3)“禹登高速公路采空区工程地质勘察综合报告”(河南省交通规划勘察设计院,2004年4月);

(4)“禹州—登封高速公路(SK70+420～SK78+820)煤矿、铝土矿采空区治理工程监理实施细则”(以下简称“监理细则”,黑龙江省公路工程监理咨询公司禹登高速公路监理代表处,2005年9月);

(5)“禹登高速公路煤矿、铝土矿采空区注浆质量检测合同”(河南省地球物理工程勘察院与禹登高速公路采空区治理工程各承包商,2005年10月)。

7.3　采空区治理工程质量检测案例

检测孔孔位一般应由建设方和监理共同确定,一般应布置在注浆效果可疑的区域,或治理施工过程中出现问题的部位,平面上应尽量布置在构造物及公路中轴线附近,质量检测孔位应尽量分布均匀。

由于采空区治理工程的隐蔽性和复杂性,对采空区治理工程质量的最终效果必须进行检测。依据注浆量等值线图、地质剖面图、注浆孔深度等值线图等成果图件,在图上选择确定出治理区内若干处注浆薄弱部位,有针对性地布置检测孔孔位,采用综合检测手段对采空区底板以上的受注层进行质量检测。工程实例相关图件详见附录 A 图 A-11～图 A-13、图 7-1。

7.3.1 采空区注浆工程质量检测方法

检测注浆治理后采空区地基的稳定性是否满足设计的要求,单一的检测方法较难验证注浆效果的优劣,只有在经济投入较为合理的前提下,采用多方法综合检测技术,相互印证,才能取得满意的结果。目前,用于采空区治理工程质量检测的技术和方法主要有:钻探取芯、物探测井、静水位观测、压浆验证、浆液结石体岩芯无侧限抗压强度试验等。质量检测施工流程见图 7-2。

(1)钻探取芯

主要检测浆液对采空区和裂隙带的充填率及注浆浆液的结石率,并取芯试验结石体的抗压强度等。通过全孔取芯直接观察采空区的浆液充填情况,并结合钻探过程中循环液的漏失情况、静水位观测结果及孔壁的稳定性等,综合评价注浆的质和量。

钻探是采空区注浆治理工程检测工作的重要手段之一。根据“技术规范”、“设计”、“监理细则”及其他技术文件的要求,针对注浆治理区内地层岩性的复杂程度和对施工工艺的特殊要求等,编制了一套施工方案和技术保障措施。其钻探施工工艺流程见图 7-3。

①第四系松散层用 ϕ130mm 针状合金钻头开孔至完整基岩后,下入 ϕ130mm 套管护壁,以免上部掉块增加孔内事故。

②进入基岩后采用 ϕ91mm 针状合金、肋骨钻头正循环单管钻进。施工中根据不同岩性控制回次进尺、转速、泵量,尽量减轻循环液对岩芯的冲刷,减少岩芯之间的自然磨损。钻进过程中,尽量保持压力一致,并减少钻具的提动次数,防止造成重复破碎或岩芯堵塞形成的自磨,导致采取率和品质降低。提钻前,根据岩性的软硬,下入相应规格的卡料,卡取岩芯,或采用无泵量钻进,使岩芯在取芯管底部形成自然堵塞,确保 75%以上的岩芯采取率。

③变形带、裂隙带、采空冒落带(以下简称为“三带”)是注浆质量检测的最重要部位,也是衡量、评价其注浆效果与质量是否满足设计要求的关键部位。这“三带”中的岩层由于塌落沉降造成岩石不同程度地变形破碎,裂隙发育,形成大小不等、宽窄不一的空间,是所注浆液聚集沉淀的场所,所包容的浆液是液态还是固态,强度多大等等都是技术难题。对此,“三带”采用清水正循环双管取芯(双管指山西二型采煤管,该管在不同岩层的取芯率可达 90%以上),其目的是为了确定孔内耗水量及漏水层位、深度,查明裂隙分布区段及发育程度。如浆液凝固成塑状时,将采取直吸式无水取芯工艺施工。

④每台钻机配备 1 名专业技术人员进行技术指导,及时准确地记录孔深、岩性、层位、采取率等技术指标,发现问题及时向技术负责、监理工程师报告,终孔时采取三级验收制度,即自检、项目组质检、监理方终检验收,确保施工质量,满足技术要求。

(2)静水位观测

注浆质量检测孔自成孔后至压浆验证开始前,连续观测孔内静水位深度。根据最终静水位所处岩层位置可以判别孔内冒落裂隙带是否已被水泥粉煤灰浆液有效充填,综合评价注浆质量。

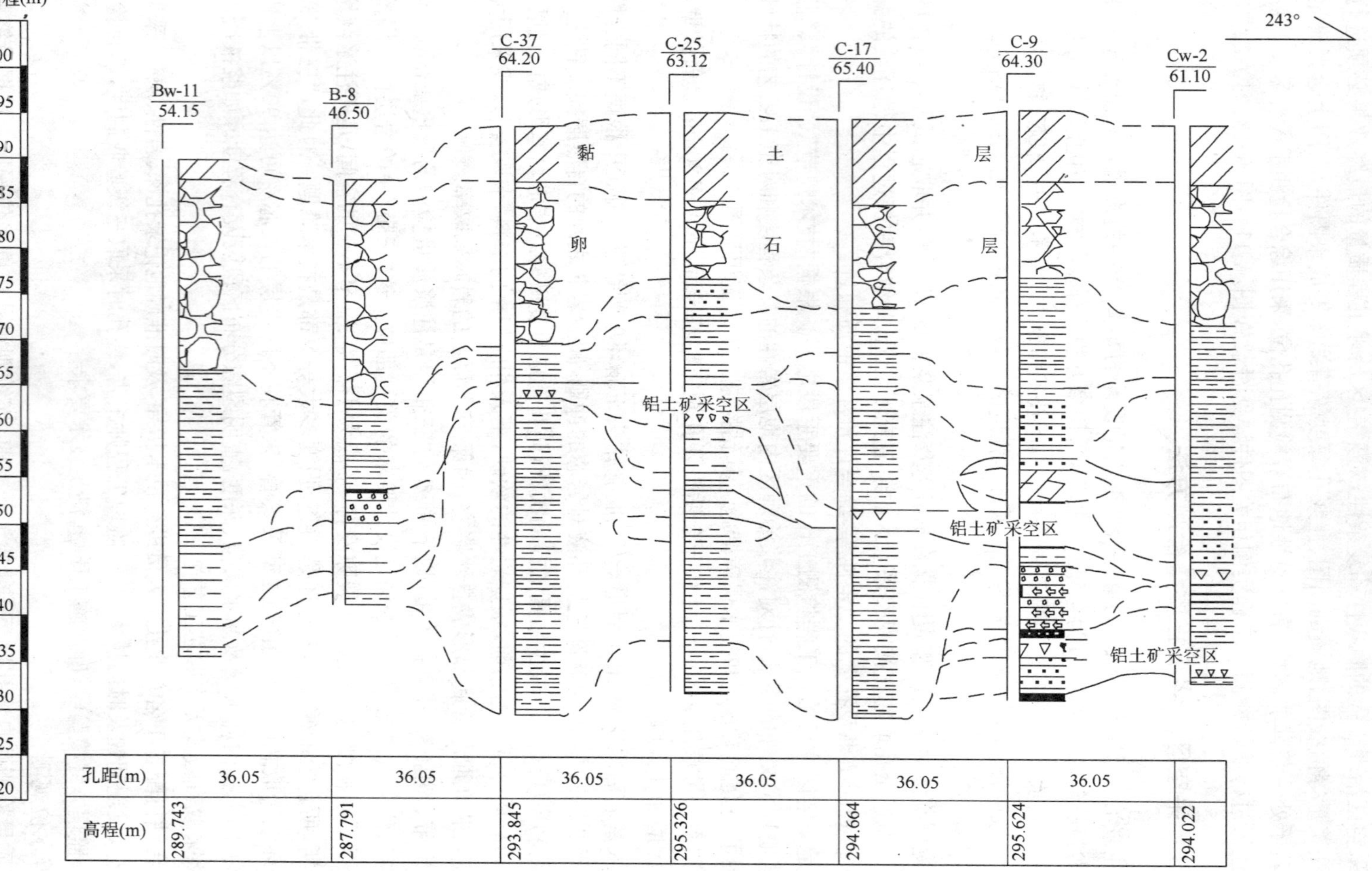

孔距(m)	36.05	36.05	36.05	36.05	36.05	36.05	
高程(m)	289.743	287.791	293.845	295.326	294.664	295.624	294.022

图7-1 禹登高速公路刘碑寺停车服务区注浆钻孔地质剖面图

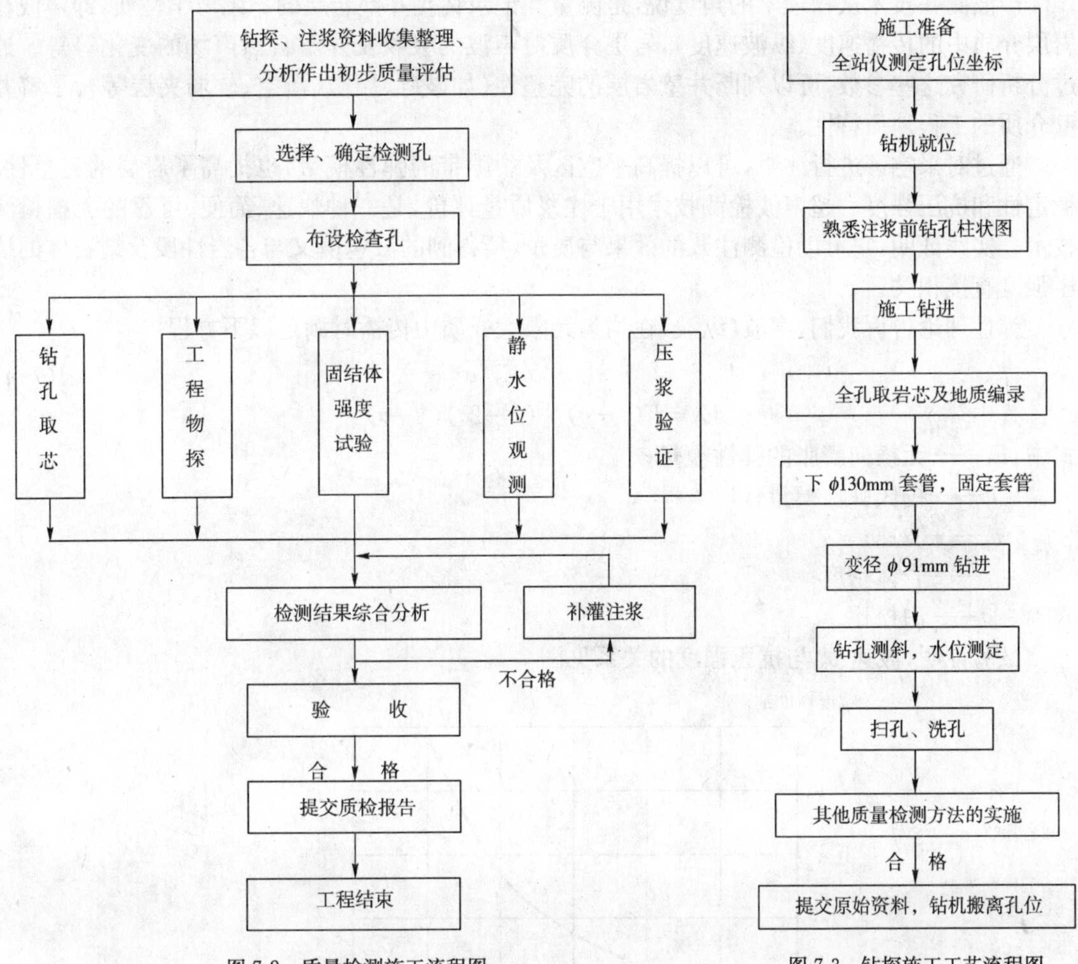

图 7-2　质量检测施工流程图　　　　图 7-3　钻探施工工艺流程图

(3)波速测井

利用声波测井技术，按照有关技术要求，对采空区注浆前后岩层密实程度所反映的各种信息进行分析、计算。根据注浆前后孔内波速、振幅等变化情况，确定注浆后孔内及孔壁周围浆液的充填率、结石率，判断孔壁周围有无未被充填的较大空洞，量化注浆效果及质量。

①测试目的

a.对注浆前施工钻孔取得井壁岩体(含不同岩性的完整岩石及破碎带、冒落带、采空区等)的声波传播速度值进行统计分析，确定注浆前采空区与裂隙带的声波波速值。统计出注浆前各岩性段及采空冒落带处的声波波速背景数据，备做注浆后相应区段对比分析使用。

b.对注浆后质量检测钻孔进行波速测试，取得井壁各岩性段上的波速值。通过对注浆前后相同岩性区段的波速值(主要为采空冒落带与裂隙带区段)进行对比分析、研究，计算出注浆治理岩段的声波波速提高量和该区段的波速提高率，达到评价注浆效果和质量的目的。

②测试工作原理与方法

声波测井技术从物理学的角度说，是测量并记录钻孔井壁岩层的二维声学性质，即声波在岩层介质中的传播速度(纵波速度)，岩层介质对声波的吸收及井下自然声场的变化等等。通过分析研究这些参数，可以判断井壁岩层的完整性(如破碎、裂隙、淘空、软弱夹层等)，了解井壁介质的工程地质特性。

通过对采空区进行注浆，可以提高采空区及裂隙带的弹性模量，也提高了岩层的完整性、稳定性和抗压强度。超声波检测技术用于注浆质量评价，是一种快速、简便、可靠的无损检测技术。实践证明，它可以检测注浆的效果与质量，所得到的波速值又与各岩性段及结石体的抗压强度直接相关。

弹性理论告诉我们，声波(纵波)在均匀无限大介质中传播时满足以下方程：

$$v_{\mathrm{p}} = \sqrt{E_0/\rho} \tag{7-1}$$

其中

$$E_0 = E(1-\sigma)/[(1-2\sigma)(1+\sigma)]$$

式中：E_0——无横向膨胀的弹性模量；

E——杨氏弹性模量；

v_{p}——波速；

ρ——岩体密度；

σ——泊松比。

试验证明，波速 v_{p} 与抗压强度的关系见图 7-4。

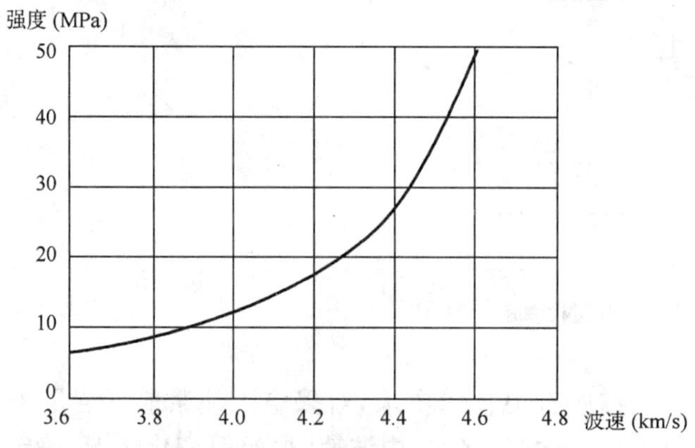

图 7-4 抗压强度与波速 v_{p} 的关系

声波测试，主要获取的参数是井壁岩石或井壁介质(注浆体)的传播速度 v_{p}，通过分析对比注浆前后波速的变化，评价采空区注浆的效果与质量。测试过程及外业数据采集和内业资料处理，均按《水利水电工程物探规程》(DL 5010—1992)(已被 DL 326—2005 替代)执行。测试工作原理及工作流程见图 7-5 和图 7-6。

(4)压浆验证

波速测试以后，应及时进行压浆试验。通过单孔的验证压浆量来判断其注浆效果，确定检测孔中有无未被充填的冒落裂隙区间，同时可间接检测注浆的充填率。

(5)浆液结石体强度试验

按测试规程要求，对注浆区检测孔取出的浆液试块，送至禹登段高速公路监理代表处中心试验室进行无侧限抗压强度试验，确定浆液结石体试块强度是否满足设计要求，同时，可据此判断注浆用的材料配合比是否满足设计要求。

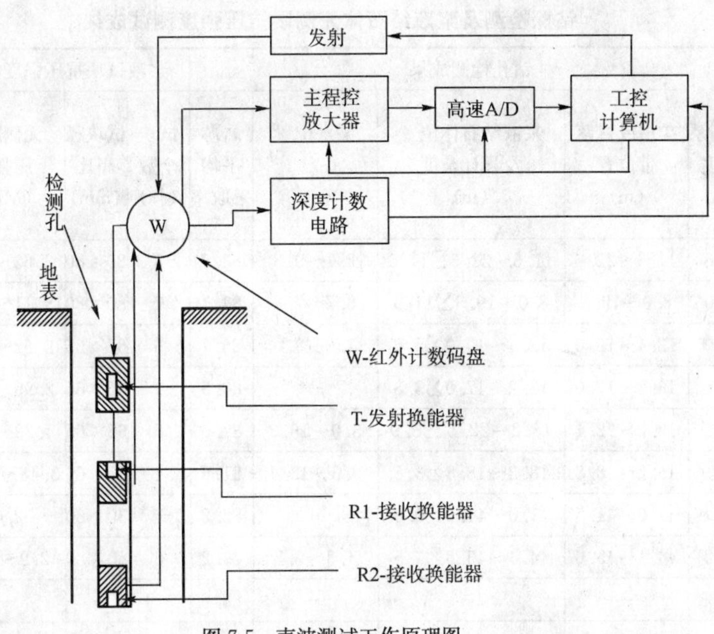

图 7-5　声波测试工作原理图

7.3.2　采空区注浆工程质量检测标准

(1)注浆浆液对采空区及上覆冒落带、裂隙带的充填率大于或等于75%。

(2)注浆浆液的结石率大于或等于80%。

(3)浆液结石体无侧限抗压强度大于0.5MPa。

(4)钻探检测过程中,循环液基本不漏失。

(5)注浆前,注浆孔内主要治理地段的波速测试结果与注浆后注浆孔内主要治理地段的波速测试结果相比较,其纵波波速提高量应大于200m/s,纵波波速提高率应大于15%~20%。

(6)质量检测孔内的验证注浆量小于该区平均注浆量的5%~10%。

7.3.3　采空区注浆工程质量检测案例

通过禹登高速公路采空区治理工程注浆质量检测方法的实施可以看出,上述四种方法既有共性,又有独立性。每种检测方法都是必要的,各方法之间既互相印证,又相互补充。检测结果确认(表7-1~表7-4),禹登高速公路采空区治理工程质量满足设计要求,位于采空治理区上方的路基和附属物已处在安全稳定的环境之中,不会产生影响安全运营的变形,更不会产生突发性沉降。

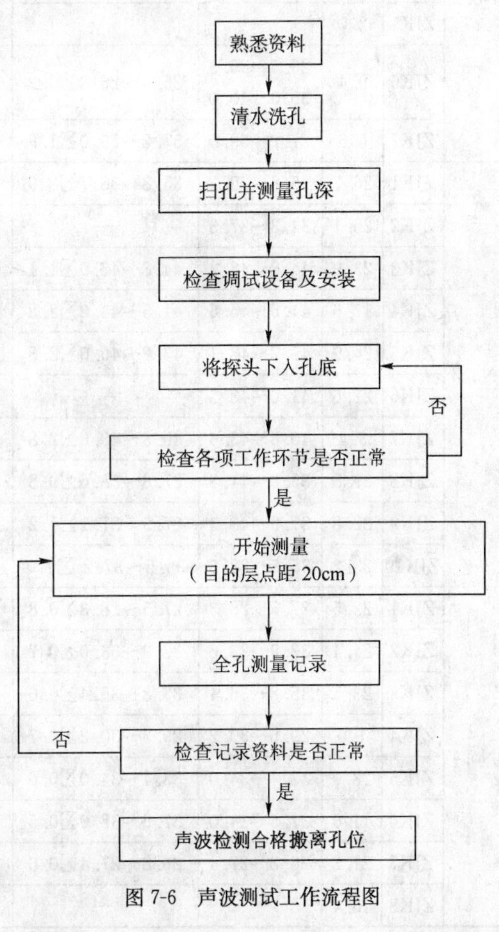

图 7-6　声波测试工作流程图

钻探检测及浆液结石体无侧限抗压强度测试成果 表 7-1

采空区合同号	检测孔孔号	钻孔检测成果					浆液试块抗压强度测试			备注
		第四系厚度(m)	矿层或冒落带位置(m)	浆液结石体位置及累计长度(m)	漏水位置(m)	岩芯平均采取率	试块个数(%)	试块径高比(mm)	无侧限抗压强度(MPa)	
No. 1	ZJK1	1.6	11.6～22.6	11.6～22.6∑11.0	2.7～9.8	83.9	8	80∶80	2.63～5.09	1. 钻探检测结果显示，浆液已全部结石，地下浆液终凝时间小于1个月。 2. 注浆工程结束一个月后，地下浆液已达到终凝固结状态，可以进行钻探等综合质量检测
	ZJK2	2.0	8.0～19.5	8.0～19.5∑11.5	6.7～7.8	84.1	7	80∶80	3.11～5.49	
	ZJK3	2.0	13.4～19.0	13.4～19.0∑5.6	1.8～9.0	85.7	6	65∶65	2.62～7.07	
	ZJK4	5.1	13.2～17.0	13.2～17.0∑3.8	—	80.9	9	65∶65	3.99～7.91	
	ZJK5	2.4	18.2～22.1	18.2～22.1 ∑3.9	8.0～16.3	82.5	8	65∶65	4.29～7.93	
	ZJK6	3.1	15.2～18.8	18.2～18.8∑3.6	9.3～12.4	81.6	4	65∶65	3.48～11.82	
No. 2	ZJK1	10.0	41.0～41.5	41.0～41.6∑0.6	—	82.2	1	80∶80	2.64	
	ZJK2	5.2	44.1～45.6	44.4～45.6∑1.5	4.3～9.2	79.2	6	80∶80	2.9～4.69	
	ZJK3	17.5	—	—	—	88.6	—	—	—	
	ZJK4	8.7	14.0～21.4	14.0～14.7∑0.7	—	84.2	1	75∶75	5.22	
	ZJK5	2.0	—	—	—	76.6	—	—	—	
	ZJK6	9.4	26.0～26.3 35.0～40.0	26.0～26.3∑0.3	23.0～25.0	82.2	1	80∶80	3.27	
	ZJK7	6.5	27.2～59.0	57.2～59.0∑1.8	—	78.7	4	75∶75	3.25～4.883	
No. 3	ZJK1	26.7	35.8～39.2	35.8～38.7∑2.9	—	75.7	4	70∶70	4.02～6.04	
	ZJK2	25.1	34.3～37.3	—	—	78.8	—	—	—	
	ZJK3	23.9	44.8～48.2	44.8～45.9∑1.1	12.0～17.2	75.7	3	50∶50	8.78～10.9	
	ZJK4	17.6	41.5～45.6	41.5～44.3∑2.8	13.2～18.0	76.7	5	70∶70	4.28～6.10	
	ZJK5	24.9	43.2～47.1	43.2～46.0∑2.8	15.8～23.0	77.5	4	50∶50	6.96～11.96	
	ZJK6	22.6	41.0～43.8	—	—	77.0	—	—	—	
	ZJK7	23.49	40.8～43.6	40.8～43.6∑2.8	—	77.3	3	70∶70	43.12～6.10	
	ZJK8	29.5	37.8～41.3	37.8～38.6∑0.8	—	76.0	1	50∶50	11.30	
	ZJK9	22.8	37.9～43.0	37.9～37.1∑1.2	—	78.9	3	65∶65	5.82～7.13	
	ZJK10	23.2	35.5～38.6	35.5～37.2 ∑1.7	10.7～20.0	76.3	4	50∶50	8.95～12.004	
No. 4	ZJK1	22.5	27.5～28.3	27.5～28.3∑0.8	6.7～19.0	75.0	2	50∶50	8.85～13.40	
	ZJK2	24.4	32.9～33.6	32.9～33.6∑0.7	3.8～13.9	79.4	1	50∶50	11.90	
	ZJK3	23.5	35.8～36.4	35.8～36.4∑0.6	3.5～10.0	81.2	1	50∶50	10.30	
	ZJK4	1.0	29.5～30.2	29.5～30.2∑0.7	—	79.3	1	50∶50	9.99	
	ZJK5	23.0	33.4～34.0	33.4～34.0∑0.6	3.0～10.1	77.6	1	50∶50	8.84	
	ZJK6	11.0	37.5～38.0	37.5～38.0∑0.5	2.0～12.5	77.4	1	65∶65	6.95	
	ZJK7	21.2	26.8～27.4	26.8～27.4∑0.6	6.5～22.4	75.6	1	50∶50	8.92	
	ZJK8	16.4	—	—	6.5～20.0	76.8	—	—	—	

续上表

采空区合同号	检测孔孔号	钻孔检测成果					浆液试块抗压强度测试			备注
		第四系厚度(m)	矿层或冒落带位置(m)	浆液结石体位置及累计长度(m)	漏水位置(m)	岩芯平均采取率	试块个数(%)	试块径高比(mm)	无侧限抗压强度(MPa)	
No.5	ZJK1	23.8	50.1～51.6	50.1～51.6∑1.5	14.6～18.0	79.1	3	65∶65	4.06～6.49	
	ZJK2	18.2	43.5～45.4	43.5～44.5∑1.0	13.0～21.0	81.9	2	—	6.16～7.08	
	ZJK3	19.8	19.8～21.3 48.2～51.7	—	10.0～16.0	76.0	—	—	—	
	ZJK4	20.7	45.3～47.0	45.3～47.0∑1.7	15.4～20.7	78.8	3	70∶70	4.55～5.57	
	ZJK5	16.0	60.2～61.8	9.4～12.0 60.2～61.8∑4.2	—	77.9	6	80∶80 65∶65	2.83～5.38	
	ZJK6	23.5	47.8～50.7	47.8～48.9∑1.1	—	79.5	2	65∶65	4.62～5.13	
	ZJK7	26.2	66.8～69.0	66.8～67.9∑1.1	16.8～22.0	78.0	3	50∶50	7.88～11.96	

浆液充填率和结石率计算表　　表7-2

采空区合同号	充填率、结石率(%)	据钻探和声波检测确定的结石体及应注浆区间的长度(m)							备注
		ZJK1	ZJK2	ZJK3	ZJK4	ZJK5	ZJK6	ZJK7	
No.1	钻探取出结石体长度	11	11.5	5.6	3.8	3.9	3.6		充填率约等于结石体长度除以据声波确定的注浆区间长度
	声波确定孔内注浆区段长度	11.38	12.09	5.88	3.95	4.07	3.75		
	充填率、结石率(%)	96.7	95.1	96.5	96.2	95.8	96		
No.2	钻探取出结石体长度	0.55	1.5	—	0.7	—	0.3	1.8	
	声波确定孔内注浆区段长度	0.57	1.54	—	0.73	—	0.31	1.85	
	充填率、结石率(%)	96.5	97.4	—	95.9	—	96.8	97.3	

静水位观测及压浆验证成果　　表7-3

采空区合同号	检测项目		ZJK1	ZJK2	ZJK3	ZJK4	ZJK5	ZJK6	ZJK7	ZJK8	ZJK9	ZJK10
No.1	静水位	观测时间(h.min)	8.30	16.0	10.10	18.50	13.20	11.0				
		水位深(m)	8.1	3.6	9.7	9.5	14.15	9.5				
		静水位面所在地层	灰岩									
	压浆验证	压浆量(m^3)	4.35	0.99	3.8	3.6	4.5	2.7				
		占设计平均注浆量(%)	2.5	0.6	2.2	2.1	2.6	1.6				

续上表

采空区合同号	检测项目		ZJK1	ZJK2	ZJK3	ZJK4	ZJK5	ZJK6	ZJK7	ZJK8	ZJK9	ZJK10
No. 2	静水位	观测时间(h. min)	18. 20	13. 35	15. 50	17. 10	17. 50	8. 40	17. 40			
		水位深(m)	1. 8	9. 1	2. 6	3. 6	8. 35	24. 5	4. 5			
		静水位面所在地层	亚黏土	砂岩	亚黏土	亚黏土	砂岩	泥灰岩	亚黏土			
	压浆验证	压浆量(m^3)	1. 45	0. 9	0. 5	0. 5	1. 8	0. 9	0. 9			
		占设计平均注浆量(%)	0. 56	0. 35	0. 19	0. 19	0. 69	0. 35	0. 35			
No. 3	静水位	观测时间(h. min)	12. 0	23. 20	11. 30	8. 0	13. 15	8. 0	21. 0	15. 0	7. 50	11. 30
		水位深(m)	13	19. 1	17. 6	30	24	11	9. 5	17	23. 1	20. 8
		静水位面所在地层	卵石层	卵石层	卵石层	泥岩	卵石层	亚黏土	亚黏土	亚黏土	泥岩	卵石层
	压浆验证	压浆量(m^3)	2. 63	1. 45	6. 53	4. 35	3. 63	3. 63	4. 35	2. 9	6. 53	4. 35
		占设计平均注浆量(%)	1. 65	0. 66	2. 97	1. 98	1. 65	1. 65	1. 98	1. 32	2. 97	1. 98
No. 4	静水位	观测时间(h. min)	8. 50	13. 0	16. 10	10. 30	14. 50	8. 0	19. 30	8. 0		
		水位深(m)	2. 6	14	9. 2	6	10. 3	13. 6	5. 2	23. 1		
		静水位面所在地层	亚黏土	卵石层	卵石层	亚黏土	卵石层	泥岩	亚黏土	铝土质泥岩		
	压浆验证	压浆量(m^3)	5. 8	1. 45	6. 525	4. 35	2. 9	3. 625	4. 35	2. 175		
		占设计平均注浆量(%)	2. 66	0. 66	2. 99	1. 99	1. 33	1. 66	1. 99	1		
No. 5	静水位	观测时间(h. min)	16. 20	17. 20	18. 30	23. 30	16. 30	18. 0	24. 0			
		水位深(m)	18	25	16	21	19	18	22			
		静水位面所在地层	卵石层	泥岩	卵石层	泥岩	砂岩	亚黏土	卵石层			
	压浆验证	压浆量(m^3)	5. 075	2. 9	3. 625	2. 175	4. 35	2. 9	4. 35			
		占设计平均注浆量(%)	2. 91	1. 66	2. 08	1. 25	2. 49	1. 66	2. 49			

各合同段质量检测综合成果　　表 7-4

合同号	钻探取芯浆液结石体长度(m)	静水位观测时间及效果	声波波速提高率(%)	验证压浆量占平均注浆量的(%)	浆液结石体无侧限抗压强度(MPa)	备注
No.1	3.6～11.5	2h～17h50min 微漏	16.9～20.7	0.6～2.6	2.63～11.8	王村土门
No.2	0.3～1.8	12h～18h20min 不漏	17.3～21.5	0.19～0.69	2.64～5.22	山沟村
No.3	0.6～2.6	9h～23h30min 微漏	16.9～25.7	0.66～2.97	3.99～12.0	刘碑寺
No.4	0.5～0.8	8h30min～22h 不漏	18.3～24.8	0.66～2.99	6.95～13.4	垌头
No.5	1.0～4.2	16h20min～24h 不漏	17.2～20.6	1.25～2.91	2.83～11.96	朝阳沟
No.3	0.8～1.6	5h～13h 不漏	15.33～17.64	3.09	1.1～6.6	刘碑寺停车服务区

7.4 采空区注浆工程质量和效果检测的重要性

(1)通过检测,确定治理区薄弱部位的注浆效果,根据局部效果的分析研究,圈定局部注浆薄弱地带,评价全区的注浆质量。

(2)通过有代表性的质量检测,客观评价采空区顶底板和裂隙带的区域变化特征,量化注浆部位浆液的空间分布情况,通过综合检测,确定浆液结石率和充填率。

(3)通过综合质量检测,验证治理过程中对采空区冒落带、裂隙带、变形带等注浆部位的注浆治理效果。查明注浆治理后是否残留有对路基安全构成威胁的空隙,从而对全区注浆效果的质和量做出较为客观的评价,确定是否存在明显的安全隐患。

(4)通过钻探取芯,对所取水泥粉煤灰浆结石体(岩芯)进行物理测试,确定其无侧限抗压强度是否满足设计要求。

(5)通过注浆效果的检测,对注浆效果相对薄弱地带提出补充注浆的处理意见。

综上所述,采空区治理工程作为隐蔽工程,注浆质量的好坏直接影响着高速公路的安全运营,充分检测对评价注浆质量十分重要。只有对采空区冒落带、裂隙带、沉降带用全充填压力注浆将水泥、粉煤灰浆液注入其间,形成浆液结石体,保障注浆浆液对采空区及上覆冒落带、裂隙带的充填率大于或等于75%,注浆浆液的结石率大于或等于80%,验证注浆量小于该区平均注浆量的5%～10%,浆液结石体才能对采空区内的冒落带、裂隙带形成有效的充填和胶结。只有浆液结石体无侧限抗压强度大于0.5MPa,才能对其上覆岩体形成支撑作用,从而保证治理区的地面不再发生突发性沉降和有害的形变,达到采空区治理的目的。

若不能对注浆质量进行充分检测,则有可能留下局部注浆治理的薄弱地带,致使该局部区域处于不稳定状态(突发性沉降和有害的形变),残余的形变可能在不确定的时间发生,给高速公路路基及其附属物留下安全隐患,给高速公路的安全运营带来严重后果。

若不能对注浆质量进行充分检测,将使监理工程师对承包人的最终支付申请没有批复的依据。采空区治理工程作为隐蔽工程,监理工程师无法确认承包人是否存在需要返工的不合格工程,更无法确认承包人的缺陷工程是否已完成,无法确认采空区治理工程的质量和效果是否满足设计的要求,参与建设的各有关方面均无法免除自己所承担的责任。

因此,委托有经验的检测单位承担采空区注浆工程质量和效果的检测,不仅是非常重要的,也是非常必需的。

7.5 采空区治理工程交工验收

7.5.1 交工验收应具备的条件

(1)合同约定的各项内容已完成。

(2)施工单位按设计、规范的相关规定和要求对工程质量自检合格。

(3)监理工程师对工程质量的评定合格。

(4)质量检测单位已完成质量检测并提交报告。

(5)交工文件已按规定的内容编制完成。

(6)施工单位已完成工作总结,竣工图已编制完成。

(7)监理单位已完成工作总结。

工程符合交工验收条件后,经监理工程师同意,由施工单位向项目法人提出申请,项目法人及时组织对该合同段进行交工验收。

7.5.2 交工验收的主要工作内容

(1)检查合同的执行情况。

(2)检查施工自检资料、施工总结及施工资料。

(3)检查监理单位独立抽检资料、监理总结及质量评定资料。

(4)审查注浆质量检测报告。

(5)对合同是否全面执行,工程质量是否合格做出结论。按规定格式签署合同段交工验收证书,并对设计、监理、施工单位的工作进行初步评价。

禹登高速公路各合同段的交工验收情况见表7-5。

各合同段的交工验收情况　　表7-5

合同号	合同的执行情况	自检情况	施工总结	监理抽检	监理质量评定资料	监理工作总结	质量检测报告	交工验收情况
No. 1	较好	合格	提交	合格	合格	提交	符合设计、规范要求	通过
No. 2	较好	合格	提交	合格	合格	提交	符合设计、规范要求	通过
No. 3	较好	合格	提交	合格	合格	提交	符合设计、规范要求	通过
No. 4	较好	合格	提交	合格	合格	提交	符合设计、规范要求	通过
No. 5	较好	合格	提交	合格	合格	提交	符合设计、规范要求	通过
No. 3 刘碑寺停车服务区	较好	合格	提交	合格	合格	提交	符合设计、规范及监理工程师通知要求	通过

8 禹登高速公路下伏采空区治理后地表构筑物现状

8.1 监测地表构筑物稳定状况的方法

8.1.1 沉降变形监测方法与精度

为了适时监测地表构筑物的稳定状况，针对禹登高速公路下伏采空区区段的地形地貌情况，采用沉降位移测量法，投入约两年的时间，在注浆前后对所有的采空治理区段开展大面积的跟踪监测工作。首先，分别在各治理区布设了各监测区的高程、平面控制点和控制网。每个控制点的埋设均满足地基稳固、通视好、标志易保存、观测方便等技术条件。监测点大致均匀分布在路基坡脚线以外的治理区内，个别监测点还要考虑到治理区边缘存在的采矿现象，为监测是否存在新增采空区或监测其是否向治理区内开挖而布设监测点。沉降变形监测控制网点及监测点的布设见附录A图A-14～图A-18。

控制点、监测点的标志宜采用现场浇筑，在所选点位挖长宽各0.3m、深0.6m的坑，用水泥、细砂、碎石按1∶1∶2.5的比例配制的混凝土浇筑，加入3%的速凝剂。在桩的中心位置设置一个长度为20cm的钢筋，使其在桩顶面露出0.3cm左右，且在桩顶露出的钢筋断面中心加工一个小十字标志，观测时用来对中及设置照准杆。

控制网联测和沉降观测均按照三等水准测量的要求进行。禹登高速公路下伏五个采空区三等三角高程导线计算精度见表8-1。

禹登高速公路下伏采空区三等三角高程导线计算精度表 表8-1

采空区名称	按测段间往返测高差较差计算 每千米高差偶然中误差 $m_{千米}$(mm)		高程闭合差 f_h(mm)		最弱点高程中误差 m_H(mm)	
	实测值	允许值	实测值	允许值	实测值	允许值
王村(No.1)	±1.0	±3.0	−4.3	±14.9	±2.1	±6.0
山沟(No.2)	±0.87	±3.0	−7.0	±13.1	±3.45	±6.0
刘碑寺(No.3)	±0.93	±3.0	−2.9	±18.9	±1.4	±6.0
垌头(No.4)	±1.03	±3.0	+2.5	±14.0	±1.2	±6.0
朝阳沟(No.5)	±0.57	±3.0	−10.0	±16.0	±5.1	±6.0

8.1.2 沉降变形监测频率与技术

为准确判断出沉降变化趋势，本工程设计监测时间为一年半，始于2005年10月，结束于2007年4月。具体观测周期及频率安排见表8-2。

采空区变形监测观测周期及监测频率安排表 表 8-2

时 间 段	变化条件(原因分析)	变 化 方 式	沉降观测次数
1～6 月沉降观测按每 6d 一次	新老采空区重力作用、应力变化	自然沉降	31 次
	注浆中及注浆后 3 个月,浆液改造、诱发冒顶、层间滑动	外力作用下沉降且速率加快,突发性沉降	
7～16 个月沉降观测每 15d 观测一次	相对稳定期,跟踪监测注浆效果,圈定较大范围的残留采空区,预报隐患部位	自然沉降、裂隙、裂纹	21 次
15～18 个月沉降观测每 30d 观测一次	监测新增采空区,预报隐患部位	自然沉降、裂隙、裂纹,突发性沉降	2 次

监测过程中,定期提交阶段性成果报告,以及最终成果报告。沉降突变时,及时向建设方提交紧急报告。

禹登高速公路下伏煤矿、铝土矿采空区(K70＋485～K70＋950)王村土门段、(K72＋980～K73＋550)山沟段、(K76＋428～K77＋076)大冶镇刘碑寺段、(K77＋270～K77＋600)大冶镇垌头和(K78＋470～K78＋820)大冶镇朝阳沟段,在 2005 年 9 月～2006 年 3 月期间实施了注浆治理。

变形监测成果汇总见表 8-3。

变形监测成果汇总表 表 8-3

治 理 区 段	变形监测开始日期	变形监测结束日期	注浆结束至变形观测结束时间(d)	日最大下沉量(mm)	最大下沉量(mm)	备 注
K70＋485～K70＋950	2005-10-09	2007-04-05	452	0.018	8.2	稳定
K72＋980～K73＋550	2005-10-09	2007-04-05	446	0.014	6.3	稳定
K76＋428～K77＋076	2005-10-06	2007-04-04	411	0.074	40.3	局部区域尚未达到稳定状态,需定期观测
K77＋270～K77＋600	2005-10-06	2007-04-06	448	0.025	11.3	稳定
K78＋470～K78＋820	2005-10-06	2007-04-06	450	0.017	7.7	稳定

注:1. 采空区注浆治理结束后一年内最大下沉量要求小于 10～20mm。

2. K76＋428～K77＋076 治理区段外围西南部的煤矿于 2006 年 1 月关闭,但在 2006 年 6 月又重新恢复开采,其形成新采空区的影响效应继续导致环绕现采煤井的监测点 C8、C14、C15、C18 均呈现未稳定的沉降趋势。建议业主采取有效措施,彻底限制现采煤矿朝路基方向开采。

3. K76＋428～K77＋076 治理区段,西北部变形监测点 C3、PC13. C19 在注浆结束后 411d 沉降量分别为 13.0mm、16.5mm、20.1mm。该区域采空区处于尚未完全稳定的状态。建议延长该区域的变形监测工作,继续监控其沉降趋势,以便业主采取有效的应对措施。

变形监测成果图件见附录 A 图 A-14～图 A-18。

从禹登高速公路下伏煤矿、铝土矿采空区治理范围内的变形观测点累计沉降曲线图(附录 A 图 A-14～图 A-18)上可以明显看到,在注浆治理工程实施前,多数沉降点的沉降趋势不稳定;在注浆工程实施过程中,受注浆影响,个别监测点的沉降趋势呈现抬升现象(如图 A-14 上的 C6 点抬升 74.3mm,图 A-18 上的 C12 点抬升 151.1mm),而后趋于缓慢稳定;注浆结束后,治理区上覆岩层经过一段时间的应力释放后，沉降趋势逐渐趋于平缓。从变形监测成果汇总表(表8-3)上可以看出，各治理区内注浆结束后至变形观测工作合同终止的约15个月内，除三标大冶镇刘碑寺治理区段局部区域存在小幅沉降需定期观测外，其他各治理区段已基本稳定，其最大沉降量满足有关(即采空区治理结束一年内，最大沉降量小于10～20mm)要求。说明采空区沉降过程已进入完全稳定期，不会对路基构成安全隐患。变形监测期间，治理区内未发现现采矿井和新增采空区。

禹登高速公路各采空治理区段的变形监测结果及安全现状，已达到治理设计的要求，不会对路基及附属物构成安全隐患。各标变形监测结果及稳定性评价意见详见表8-4。

禹登高速公路采空区变形监测结果及稳定性评价 表8-4

采空区名称及桩号、合同号	沉降观测结果及稳定性评价	备注
王村(土门)铝土矿采空区 K70+500～K71+100 No.1	注浆结束后的2006年1月8日～2007年4月5日(452d)，治理区内除pc13受路基挖方施工影响沉降量为11.5mm外，其余各监测点最大沉降量为8.2mm，一般要求采空区注浆治理结束一年内最大沉降量小于10～20mm。说明经注浆治理后采空区沉降过程已进入基本稳定期，不会对路基构成安全隐患	
山沟煤矿采空区 K72+900～K73+600 No.2	注浆结束后的2006年1月14日～2007年4月5日(446d)，治理区内除C2因装载机碾压沉降量为14.7mm和C7因暴雨冲刷沉降量为12.5mm外，其余各监测点沉降趋势均趋于平稳，最大沉降量为6.3mm，小于10～20mm/年的要求。说明经注浆治理后采空区沉降过程已进入稳定期，不会对路基构成安全隐患	
刘碑寺煤矿采空区 K76+400～K77+100 No.3	1.注浆处理后，采空区(除西北部变形监测点c3、pc13、c19所在区域外)已基本稳定，不会对路基及其构筑物构成安全隐患。 2.本区西北部变形监测点c3、pc13、c19在注浆结束后的2006年2月17日～2007年4月4日(411d)，沉降量分别为13.0mm、16.5mm和20.1mm，虽然沉降趋势明显变缓，但年沉降量大于10mm/年。说明该区域采空区处于尚未完全稳定的状态，建议延长该区域的变形监测周期，继续监控其沉降趋势，以便业主及时采取有效的应对措施。 3.治理区外，环绕现采煤井的监测点c8、c14、c15均呈现未稳定的沉降趋势，注浆结束后的2006年2月17日～2007年4月4日，沉降量分别为71.5mm、32.5mm、20.1mm、12.8mm。如果采空区注浆治理范围南部现采煤矿朝路基方向开采，其重新开采形成的新增采空区必将危及路基及其构筑物安全，建议尽快采取有效措施，彻底限制采空区注浆治理范围内南部现采煤矿朝路基方向开采	
垌头(庄头)铝土矿采空区 K77+200～K77+600 No.4	注浆结束后的2006年1月13日～2007年4月6日(448d)，治理区内除pc6因装载机碾压沉降量为24.4mm外，其余各监测点沉降趋势趋于平稳，最大沉降量为11.3mm，一般要求采空区注浆治理结束一年内最大沉降量小于10～20mm。说明经注浆治理后采空区沉降过程已进入基本稳定期，不会对路基构成安全隐患	
朝阳沟煤矿采空区 K78+400～K78+700 No.5	注浆结束后的2006年1月11日～2007年4月6日(450d)，治理区内各监测点沉降趋势趋于平稳，最大沉降量为7.7mm，一般要求采空区注浆治理结束一年内最大沉降量小于10～20mm。说明经注浆治理后，该采空区沉降过程已进入稳定期，不会对路基构成安全隐患	

8.1.3 禹登高速公路下伏采空区变形监测结果

从变形监测成果汇总表(表 8-3)和变形监测结果及稳定性评价(表 8-4)中可以看出,禹登高速公路下伏煤矿、铝土矿采空区,在经过全充填压力注浆治理后,消除了下伏采空区存在的较大的剩余变形量,根治了采空区在治理区域内对高速公路及其附属物造成的潜在危害,杜绝了采空区在治理范围内易出现不均匀沉降或突发性沉降等地质灾害的可能性,从而说明禹登高速公路下伏采空区经注浆治理后,路基及其附属物已处于稳定的安全状态。

8.2 采空区治理后地表构筑物现状

在禹登高速公路的建设沿线,采空区治理区域内坐落的路基、涵洞、大桥等构筑物已落成近两个年头,但这些构筑物至今都纹丝不动,地表没有出现任何因采空区治理不彻底而带来的质量隐患,现分述如下:

(1)一标(土门铝土矿采空区)治理区内的路基属于挖方地段。由于该治理区内铝土矿赋存深度较浅(大部分小于 20m),挖方后路基底面距治理层面相对较近,经过近两年的监测及从通车运营至今的路基、路面情况看,采空区的治理成效显著,该区域没有发现突发性沉陷事件,路基、路面无开裂、塌陷情况发生。

(2)二标(山沟村煤矿、铝土矿采空区)治理区内属高填方,并有三座涵洞位于治理区内。该区内采空区赋存状态较为复杂,钻孔揭露采空冒落带最浅处距地表不足 20m,最深处达 110m,断层发育。三座桥涵均处于断层带或采空区上方。注浆治理后,采空区治理范围内的稳定性得到了极大的提高(见变形监测成果有关说明)。经过近两年的监测及从通车运营使用至今的路基、路面及桥涵情况看,采空区的注浆治理达到了预期效果。该治理区域内,没有发现因采空区的不稳定而发生突发性沉陷的事件,路基、路面及桥涵也无开裂、塌陷、错位现象发生。说明该采空区经治理后其稳定性良好,路基、桥涵已处于安全状态。

(3)三标(刘碑寺煤矿采空区)治理区内坐落有一座互通式立交大桥。显然,互通立交大桥和路基建设比较,大桥对地基的稳定性要求更高。该区内采空区治理前,地表裂缝及沉降台阶分布较多。区内采空地段赋存深度相对较浅,治理过程中钻探揭露的大部分采空区或冒落带一般位于 30m 左右。由于该采空区上覆岩层依次为强风化的泥岩及泥质砂岩,地表为卵石层和第四系亚黏土,加之采空区上覆地层经采空区沉降、冒落、塌陷等地质灾害改造后,造成该区地层破碎,地基稳定性相当差。通过全充填压力注浆对该采空区实施根治性治理后,治理区内地基的稳定性得到显著提高。

目前,经过近两年的监测及从通车后的运营使用情况看,坐落在该区域内的路基及互通式立交桥,没有发现沉陷、开裂、错位的现象。说明经治理后的采空区,地基稳定状况良好,互通式立交桥所处的地质环境是安全稳定的。

在位于该采空治理区西段,并距互通式大立交桥西端约 100m 的路基及其两侧,残留一处局部的尚未稳定的采空治理区段,经后期专门投入并连续变形监测,现已完全稳定,没有对路基构成严重影响。

(4)四标(垌头铝土矿采空区)紧邻着刘碑寺停车服务区的匝道,刘碑寺停车服务区(垌头铝土矿采空区)内的房建及其他重要附属设施,对地基的稳定性要求也较高。采空区治理前,地表存在较多的竖井。该区域因乱采、滥挖,并受地质构造的影响,造成地面不均匀的沉陷坑和沉降裂缝遍布。经过竖井回填及压力充填法注浆治理后,该区域地基的稳定性得到了提高,服务区内的建筑物、匝道以及其他附属设施经过近两年的观察及从通车运营后的使用情况看,没有出现突发性沉陷现象,路基、房建及附属物均无开裂现象发生。该采空区段经治理后,地基非常稳定。

(5)五标(朝阳沟煤矿采空区)治理区属路基填方段。该区内采空区已在地表形成了较长的带状沉降盆地,经压力充填注浆治理后,该区域经过近两年的观察及通车后的运营现状,没有发现路基或路面有沉降、裂缝现象。说明该区域经治理后其地基稳定性良好,不会对高速公路的运营带来任何安全隐患。

自高速公路建成通车运营至今,处于采空区治理区内的路基、桥涵、匝道、房建以及其他构筑物均按设计状态稳稳地矗立着。位于采空区治理区内的地基没有出现突发性沉陷现象,经详细调查,区内任何地方均未发现裂纹。因此,可以断定,通过全充填压力注浆法治理后的采空区段,完全根治了隐伏的地质灾害,在此区域内的所有构筑物将会长期处于稳定的安全状态。

8.3 采空区沉降位移适时监测的重要性

在变形监测过程中,监测点的连续微小变化都能被监测出来。如注浆前采空区的不均匀沉降,注浆过程中由于注浆压力的增大导致地表隆起,距监测点较近的路面由于车辆的碾压造成监测点沉降,局部地表的松软地层因暴雨而影响到个别监测点的沉降,治理区旁已经关闭的煤矿恢复开采,在新形成的采空区附近布置的监测点上能反映出明显的未稳定的沉降趋势(附录A图A-14~图A-18)。

变形监测对地表的不均匀沉降和水平位移等现象,有着比较敏感的观测效果,在以下几个方面,它都能起到重要的作用。

8.3.1 勘察设计阶段

高速公路下伏采空区治理工程勘察设计阶段的前期,应布置相应的变形监测工作,它可以对勘测区内的地表不均匀沉降实施变形监测。依据变形监测成果,能圈定出下伏采空区在地表的影响范围以及采空区的主要沉降带(如附录A图A-3~图A-5所示的成果),结合现场采矿调查成果,可为物探、钻探勘察工作的布置提供可靠的地表沉降变形依据,避免勘察工作的盲目性,不仅能够缩短勘察工作周期,减少勘察工作量,还使得设计工作依据的资料更可靠,解释结果更准确。

8.3.2 注浆治理施工前及施工阶段

在注浆施工开始前应布置一定时段的沉降观测,取得治理区域内采空区的沉降资料,以便于和治理过程中以及治理完工后的变形监测资料进行比较,为评价注浆施工的效果(哪些注浆区域注浆效果较好,哪些部位注浆效果还较薄弱)提供准确的依据。

注浆治理施工中进行的沉降观测工作,有助于对施工过程进行动态监测,实时监控采空区治理过程中的变形情况,通过与采空区治理前取得的变形监测数据进行比较,分析其沉降值、水平移动值和水平变形值的变化特征,并绘制各监测点的沉降曲线和沉降等值线图及水平变形位移曲线图,及时发现不稳定的区域和地段,避免重大变形活动对地表重要构造物的影响和破坏。既保证注浆过程中地表附属物的安全,也通过实时监控指导注浆工程的施工布局,调整注浆工作顺序,保质保量地做到安全施工,使路基和重要构筑物下伏的采空区得到彻底的治理。

8.3.3 注浆治理后的追踪评价阶段

采空区治理工程是一项隐蔽工程,通过注浆治理施工后的沉降观测工作,可以为采空区治理效果评价提供重要的依据。同时,对查清注浆区及其附近是否残留有隐伏的未被发现的采空区,对治理区边缘的一些正在进行的采矿活动进行追踪监测,通过地表取得的监测数据,可以了解到采矿者在地下的采矿活动,并能监测到地下采矿的位置,及时预报新增的采空区的位置,评价其可能对高速公路造成的危害范围和程度,为是否需要及时进行新增采空区的补充治理提供决策依据。

通过对采空区注浆治理后的实时变形监测,可以为治理区内的高速公路路基及其构筑物的稳定性评价提供第一手资料,确定采空区治理工程是否存在缺陷工程,为业主做出相应决策提供重要的依据。

附录A　正 文 附 图

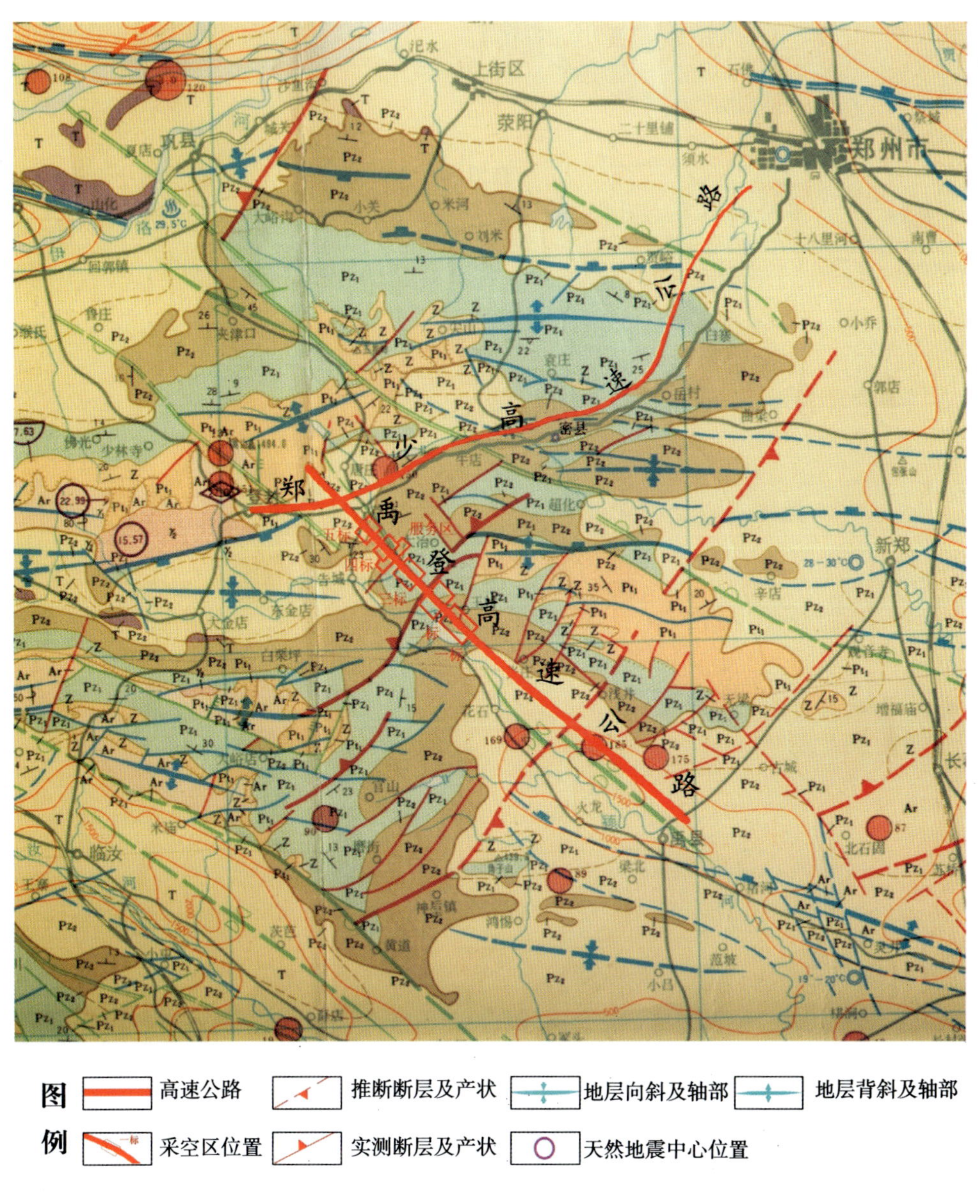

图 A-1　构造体系图

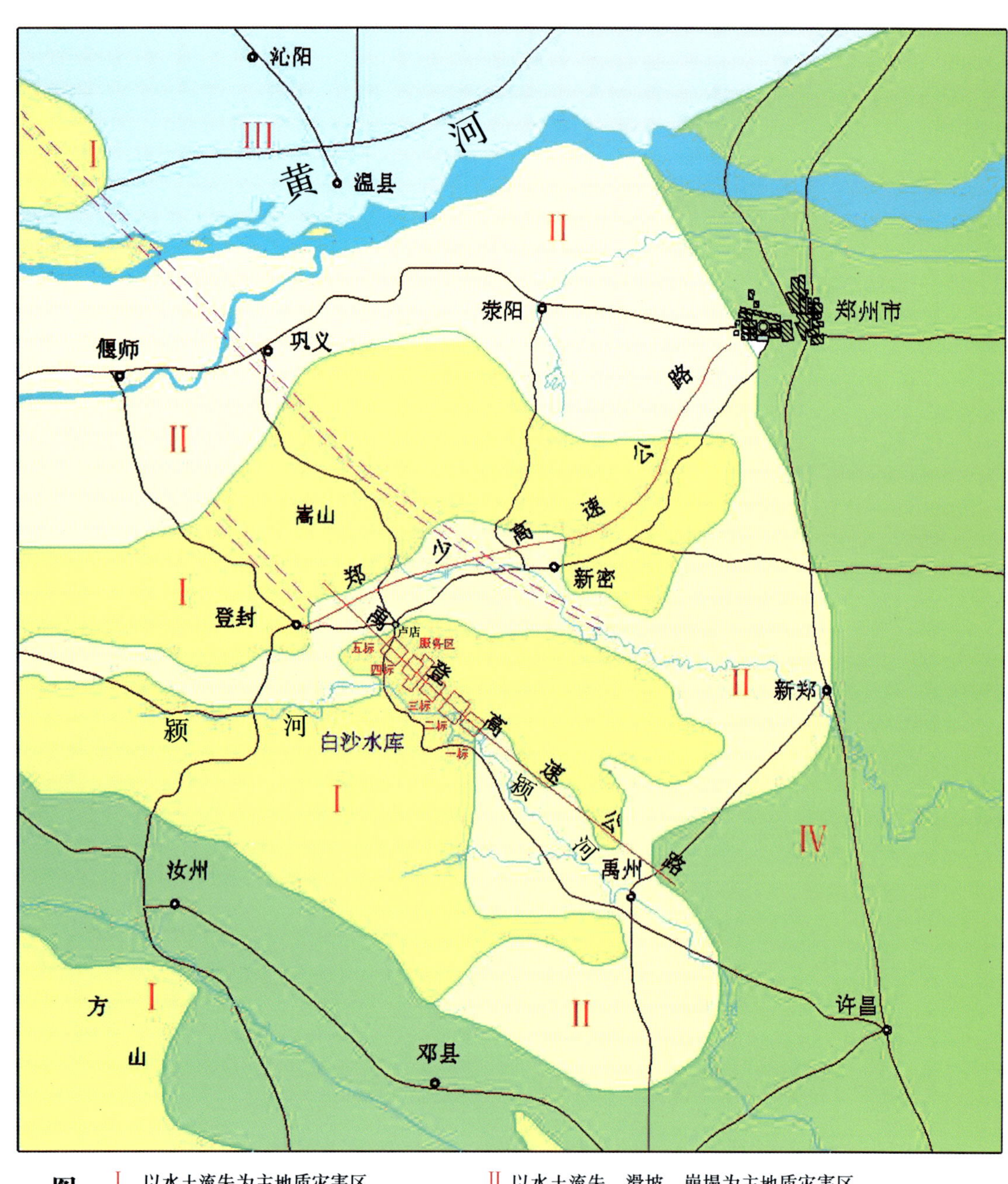

图例

I 以水土流失为主地质灾害区

II 以水土流失、滑坡、崩塌为主地质灾害区

III 以地面沉降为主的地质灾害区

IV 以旱涝、盐碱为主地质灾害区

==== 挽近活动地带

图A-2 地质灾害发育分布图

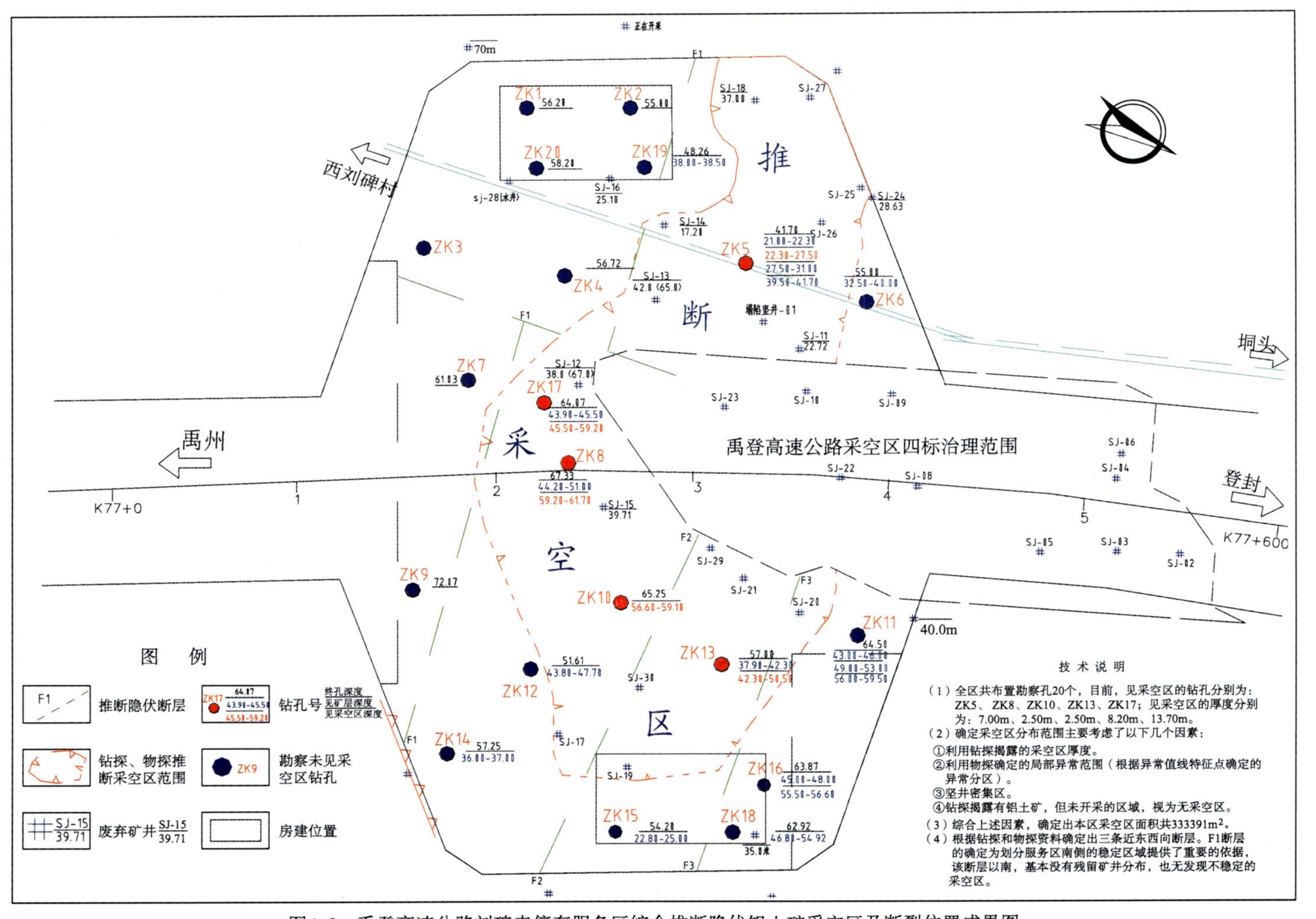

图A-3 禹登高速公路刘碑寺停车服务区综合推断隐伏铝土矿采空区及断裂位置成果图

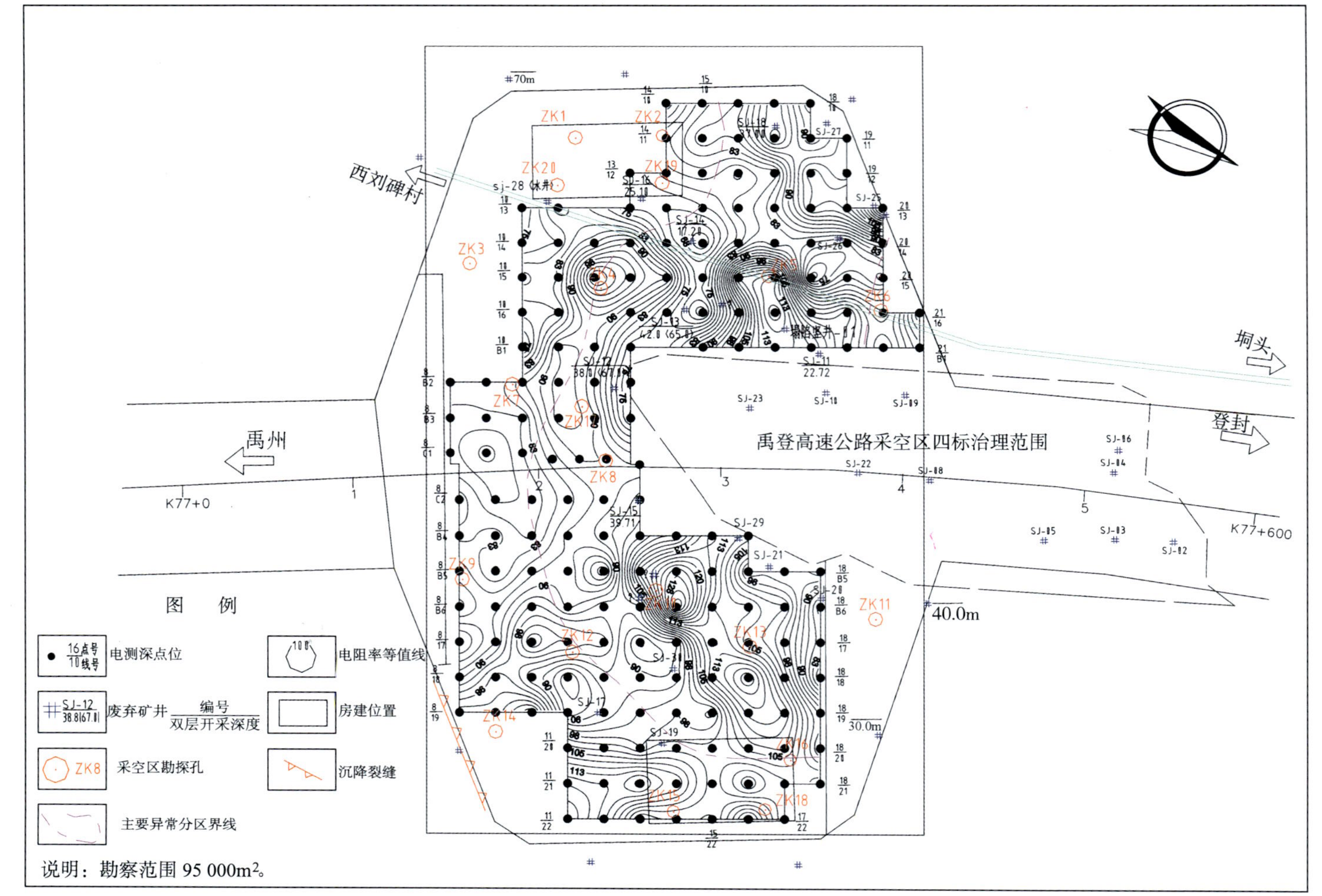

图A-4　禹登高速公路刘碑寺停车服务区铝土矿采空区 ρ_s（$AB/2=60m$）等值线图

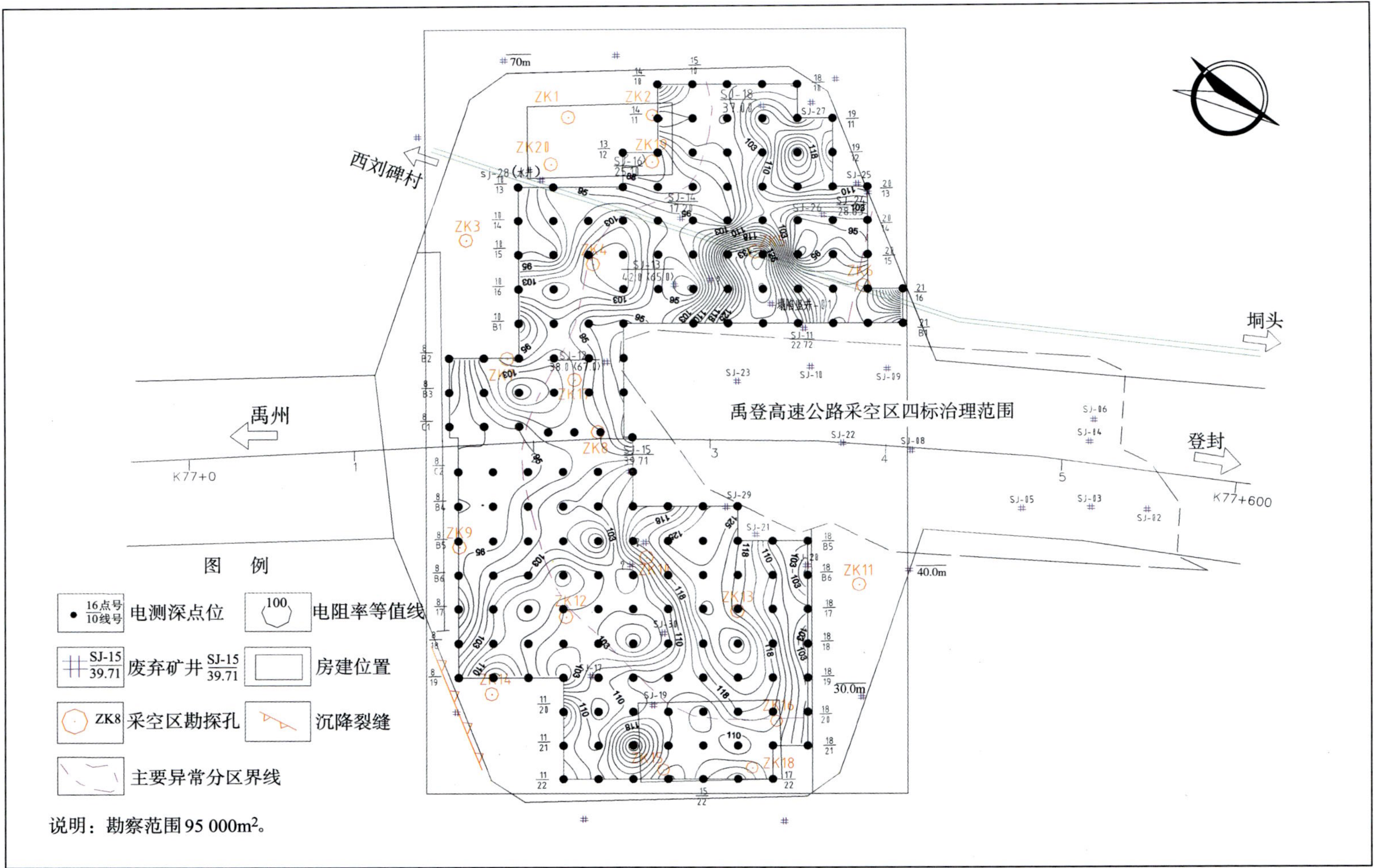

图A-5 禹登高速公路刘碑寺停车服务区铝土矿采空区 ρ_s ($AB/2$=80m)等值线图

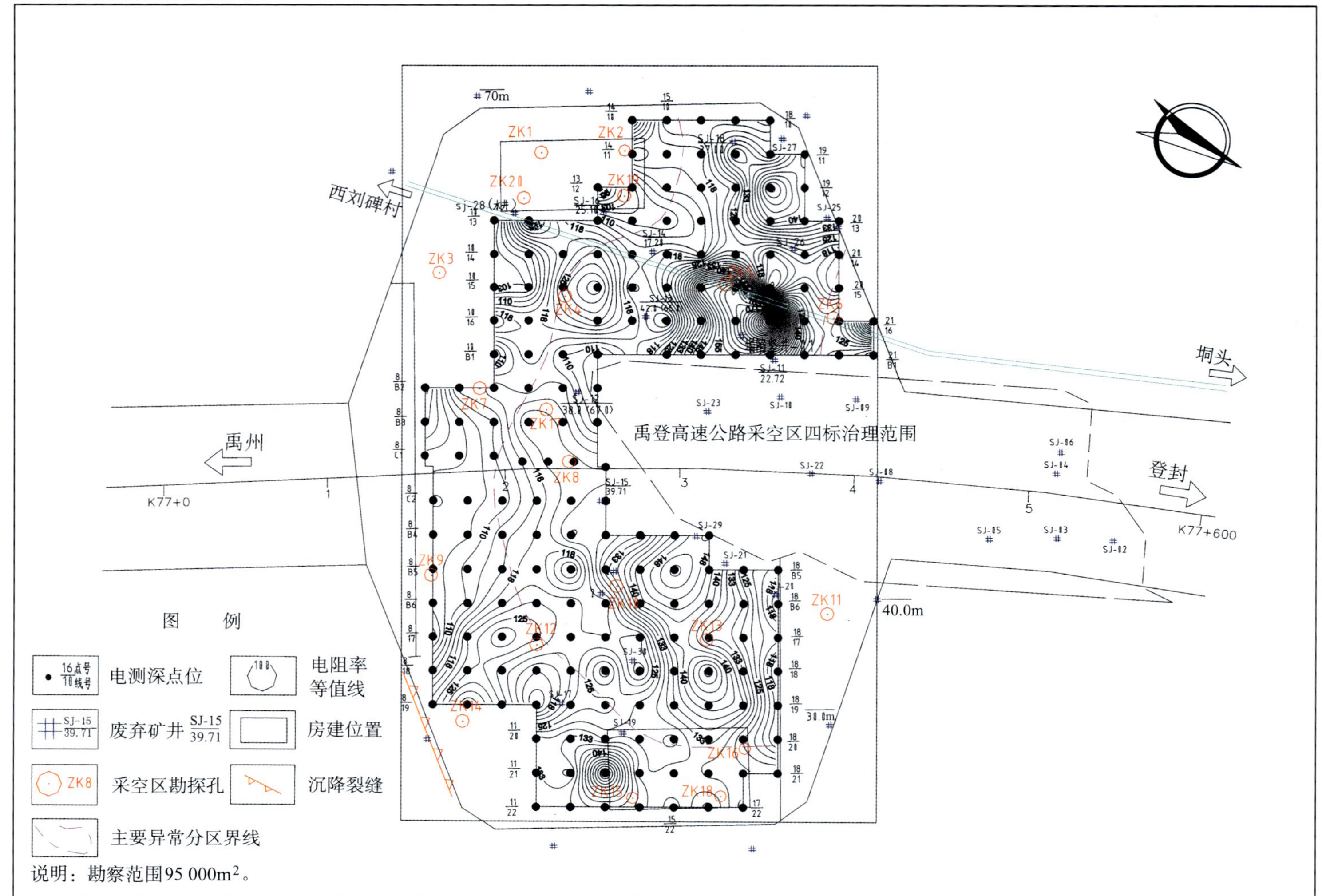

图 A-6　禹登高速公路刘碑寺停车服务区铝土矿采空区ρ_s（$AB/2=100\text{m}$）等值线图

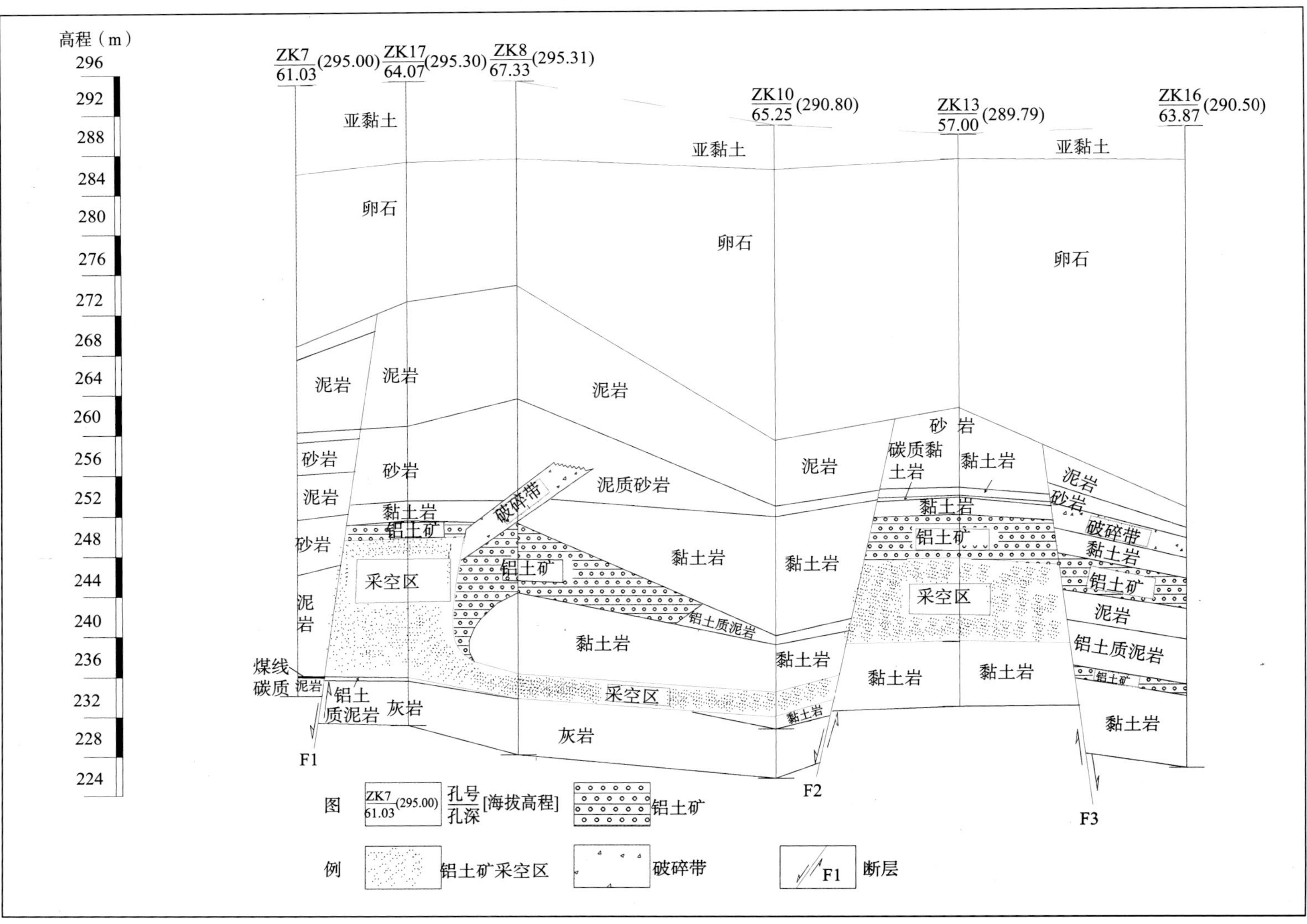

图A-7 禹登高速公路刘碑寺铝土矿采空区勘察孔地质断面图

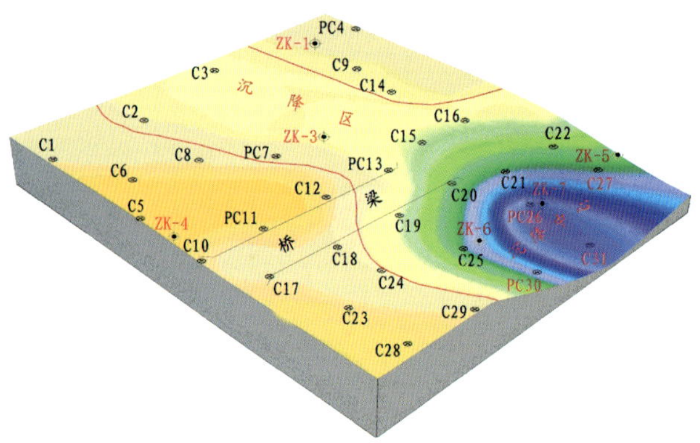

图 A-8　某高速公路大桥变形监测确定沉降范围立体模式图

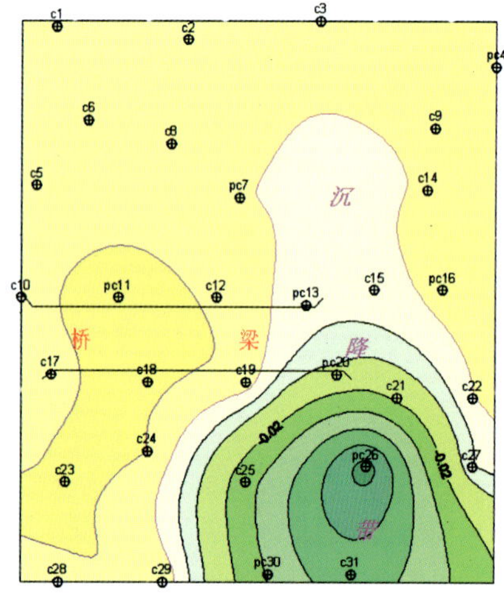

图 A-9　某高速公路大桥变形监测 30d 沉降等值线及沉降影响范围图

注：该图为变形监测 30d 的沉降曲线图。图上红线所圈定的区域为小幅沉降区，最大沉降监测点 pc26 下沉值不足 70mm。

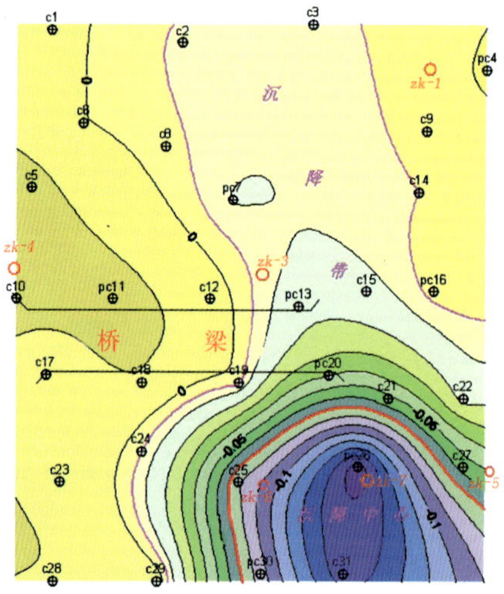

图 A-10　某高速公路大桥变形监测 195d 沉降等值线及沉降影响范围图

注：该图为变形监测 195d 的沉降曲线图。pc26 监测点下沉值已达 146mm；和图 A-9 比较，粉红线所圈的沉降范围明显扩大，红色条带范围内的沉降已超过警戒指标，沉降速率已达 0.75mm/d。

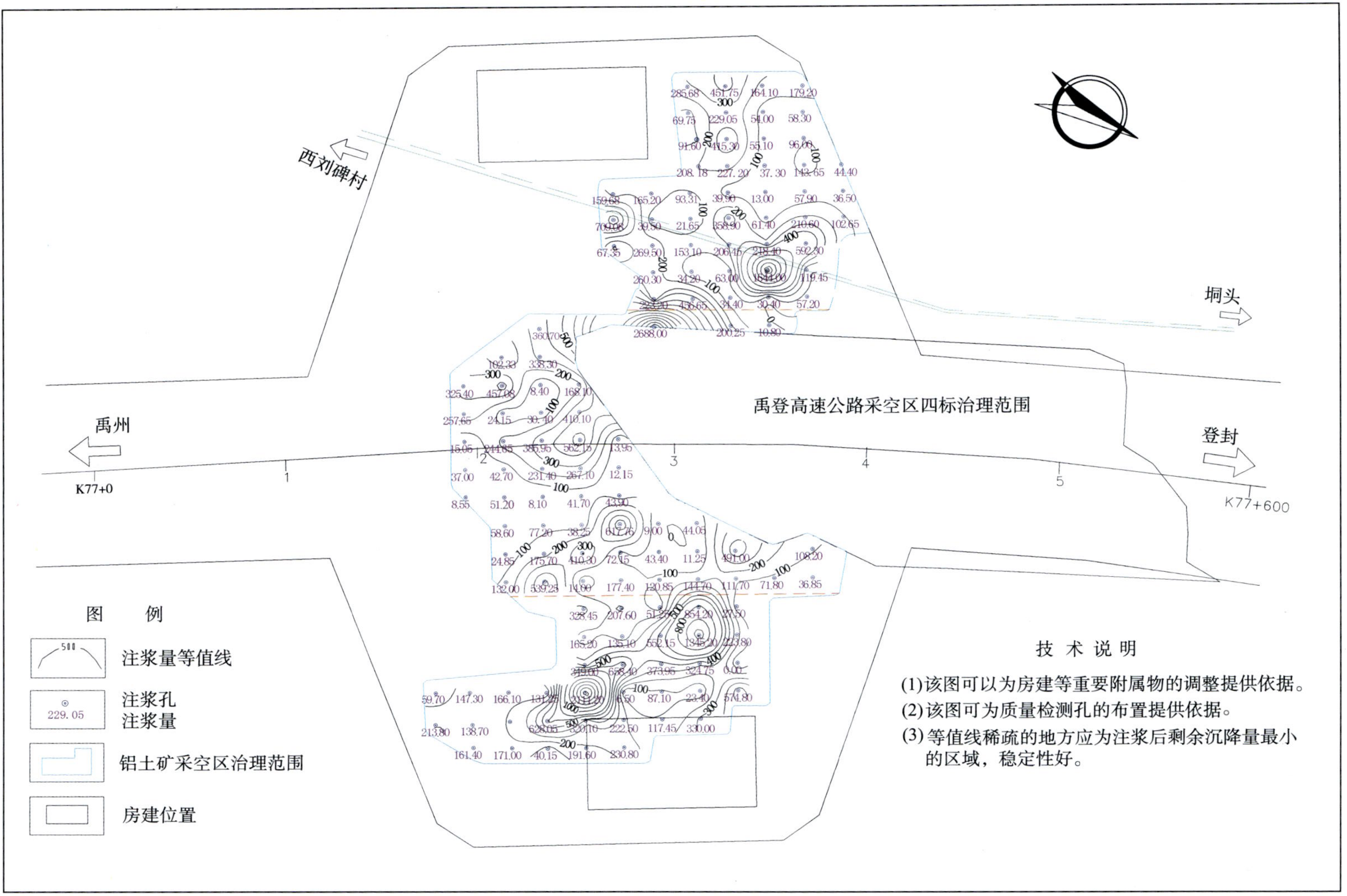

图A-11 禹登高速公路刘碑寺停车服务区注浆量等值线图

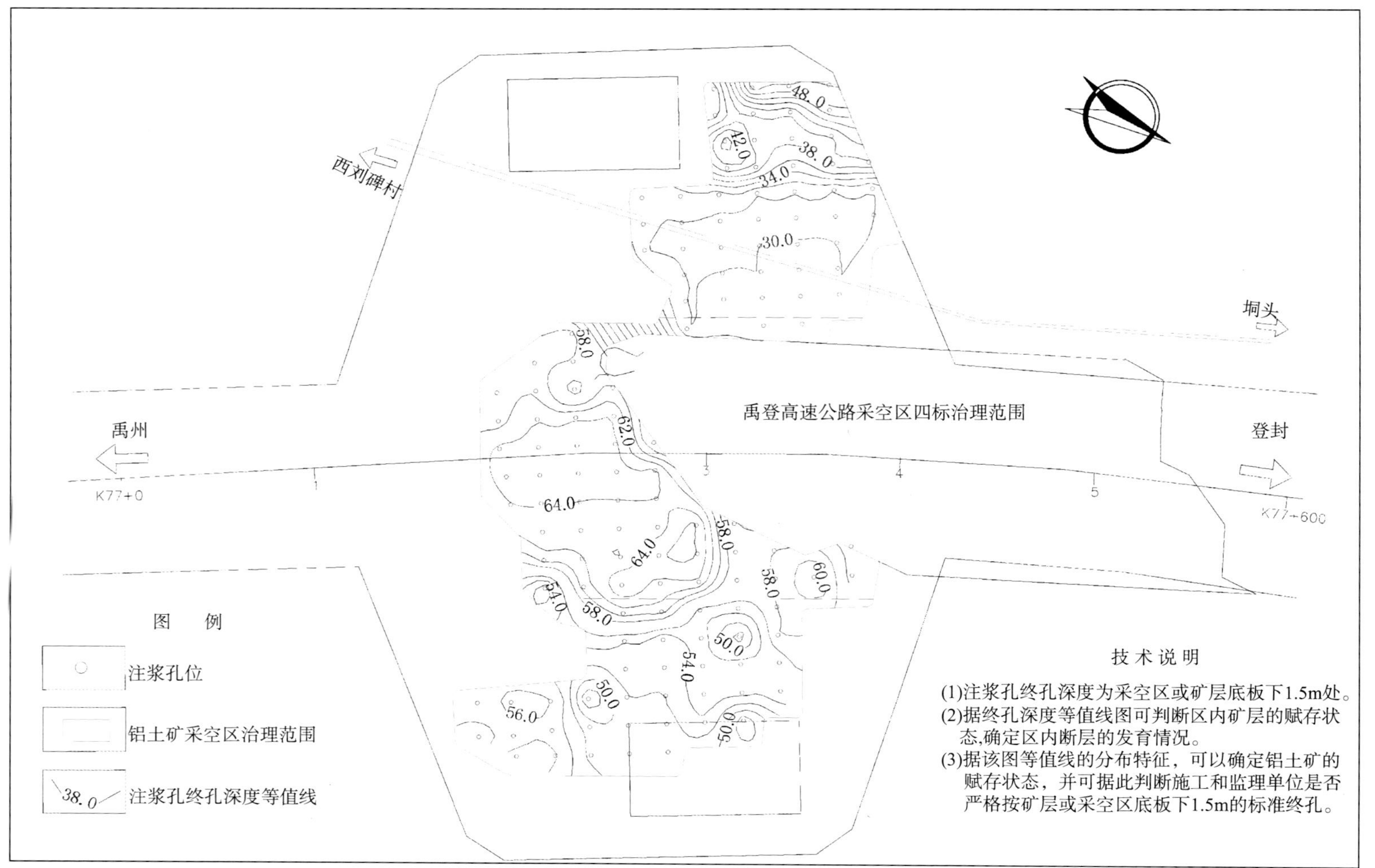

图A-12 禹登高速公路刘碑寺停车服务区注浆孔终孔深度等值线图

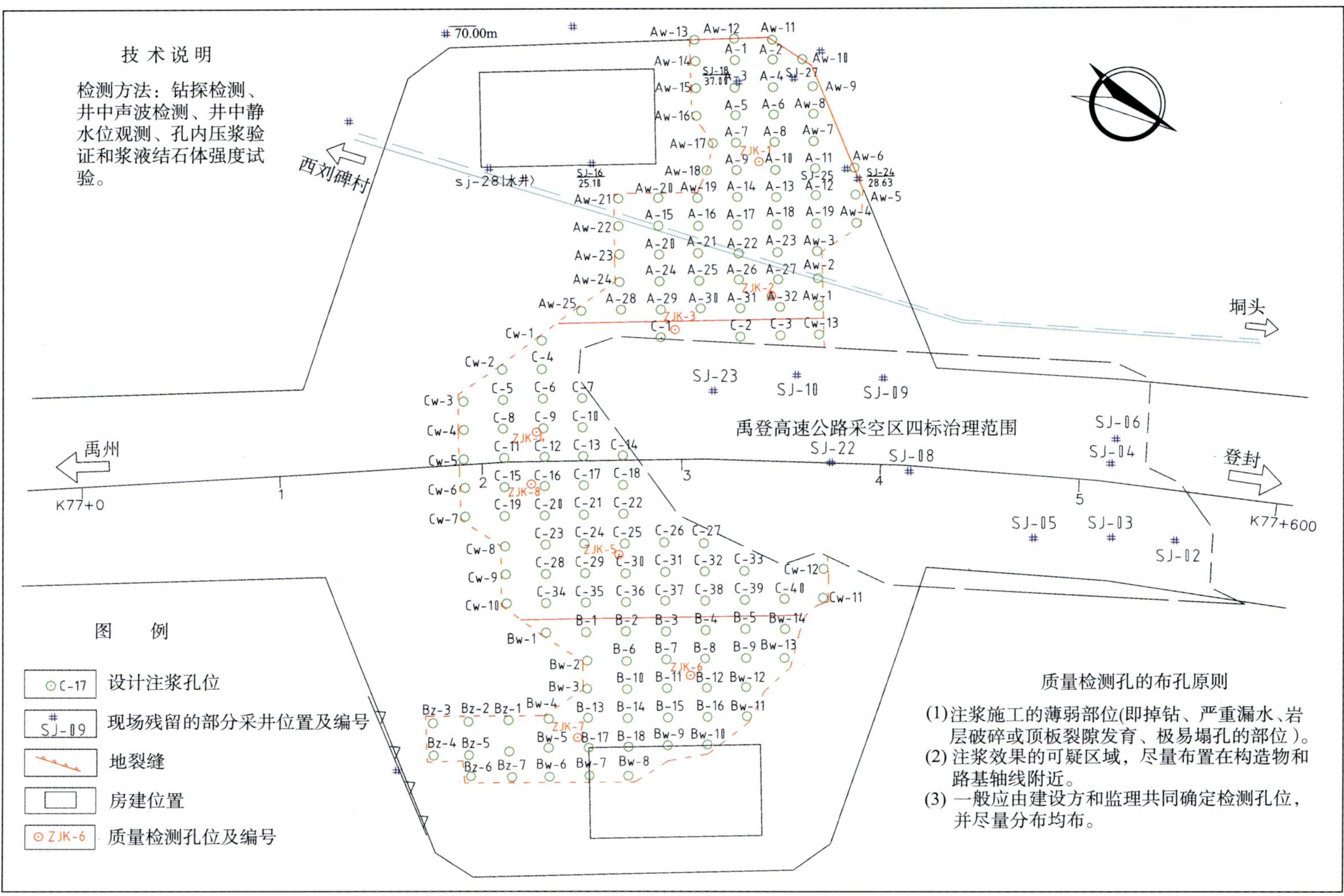

图A-13 禹登高速公路刘碑寺停车服务区注浆效果质量检测布置图

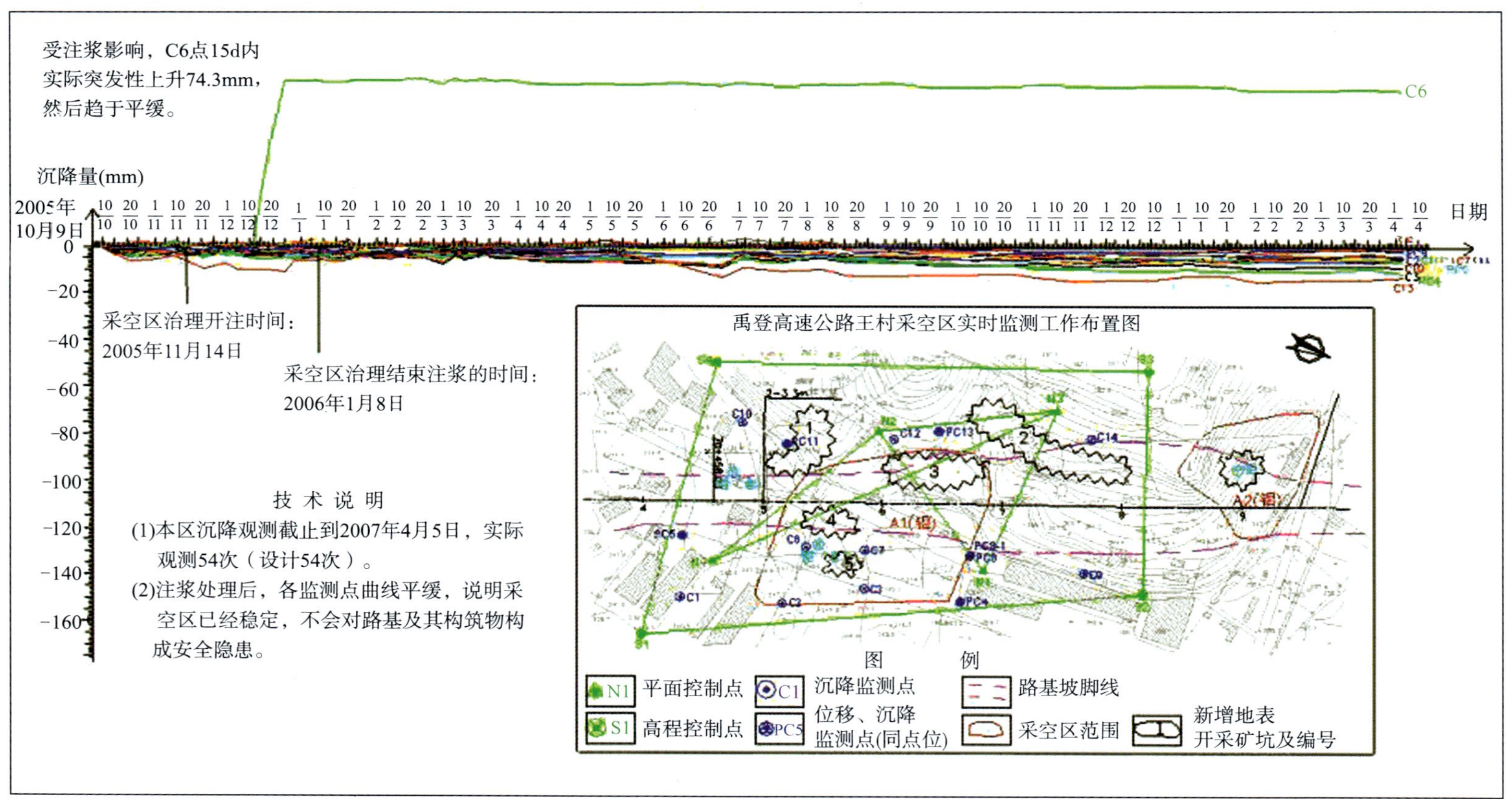

图A-14　禹登高速公路王村（土门）铝土矿采空区沉降观测点累计沉降曲线图

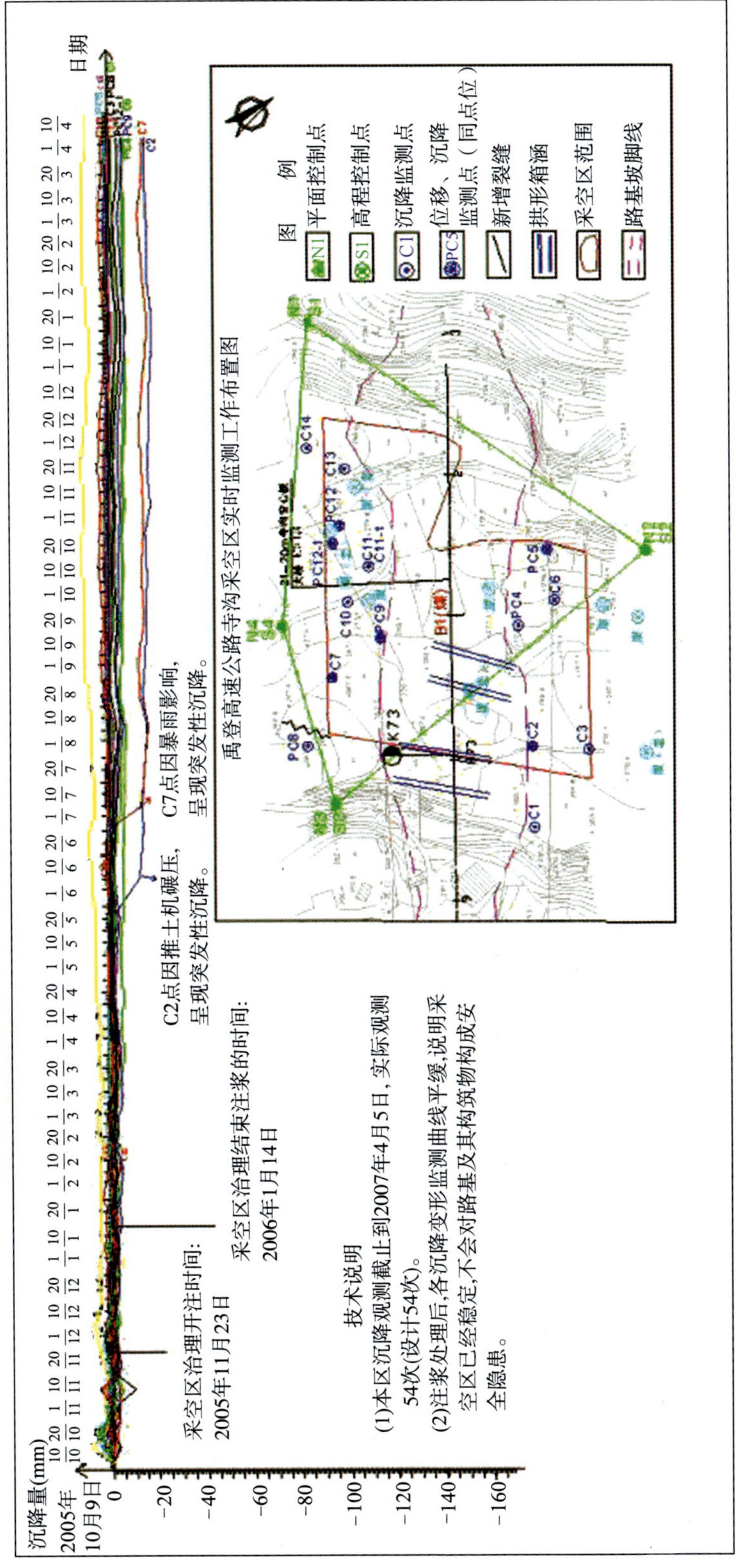

图A-15 禹登高速公路寺沟煤矿采空区沉降观测点累计沉降曲线图

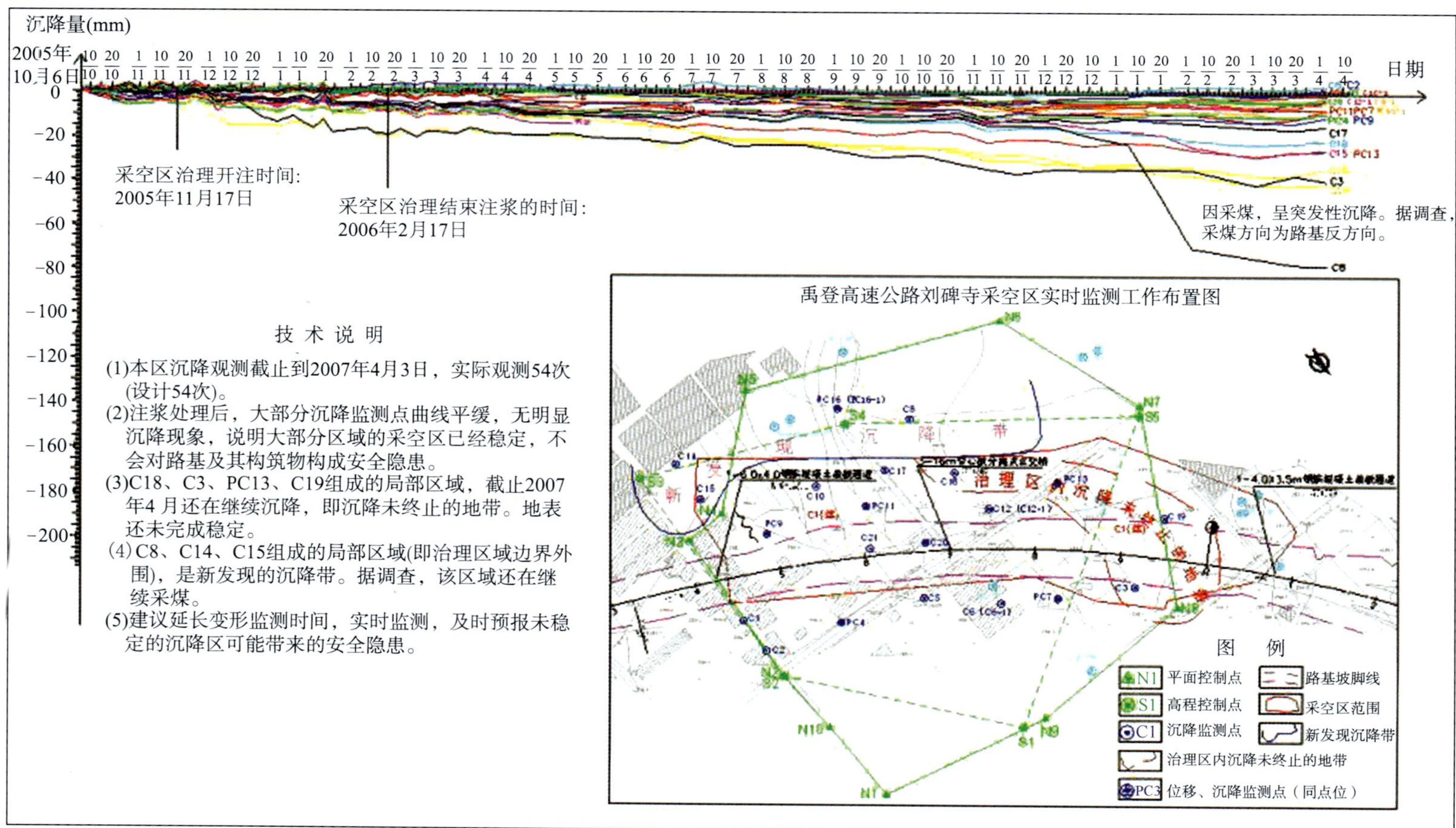

图A-16 禹登高速公路刘碑寺煤矿采空区沉降观测点累计沉降曲线图

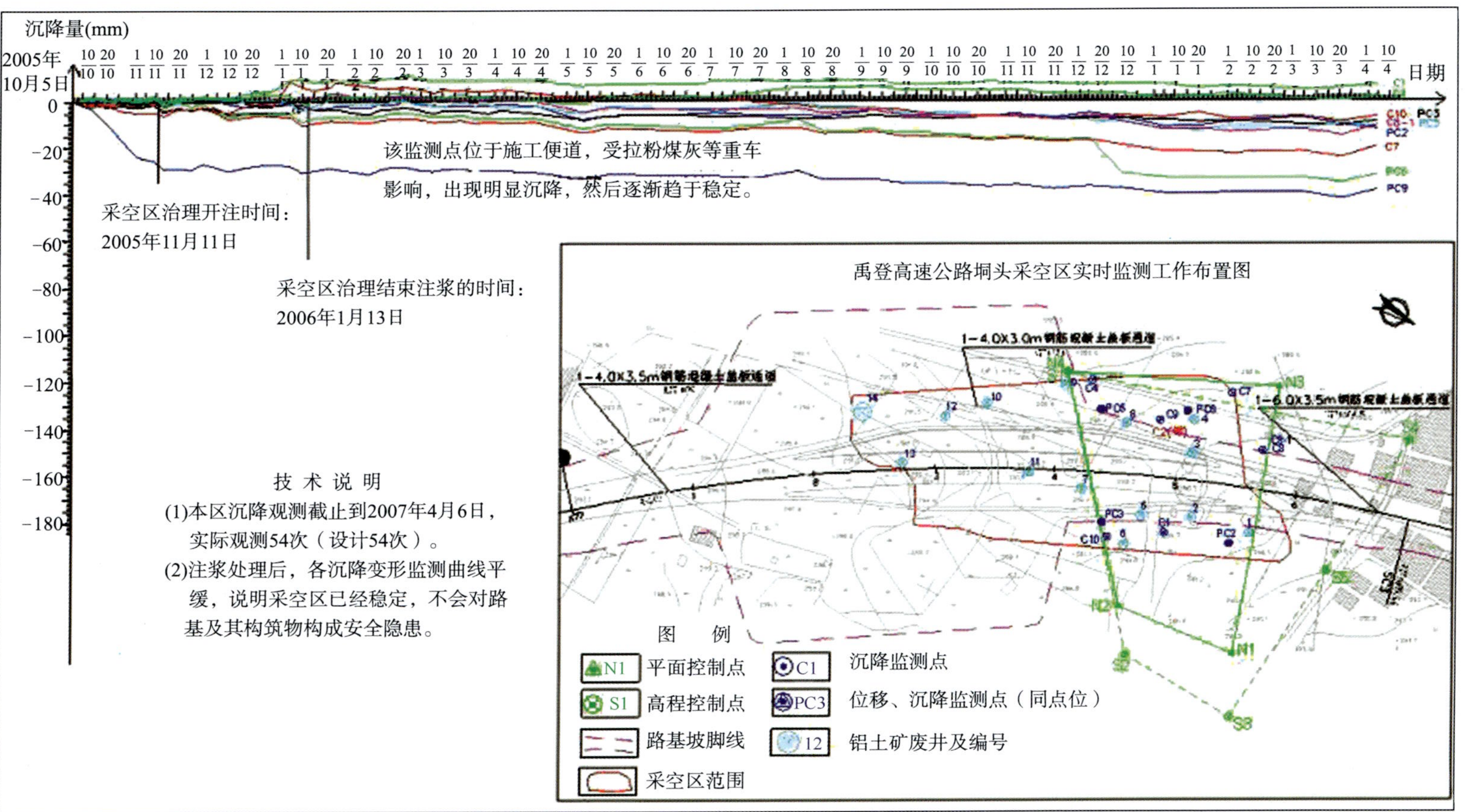

图A-17 禹登高速公路垌头（庄头）铝土矿采空区沉降观测点累计沉降曲线图

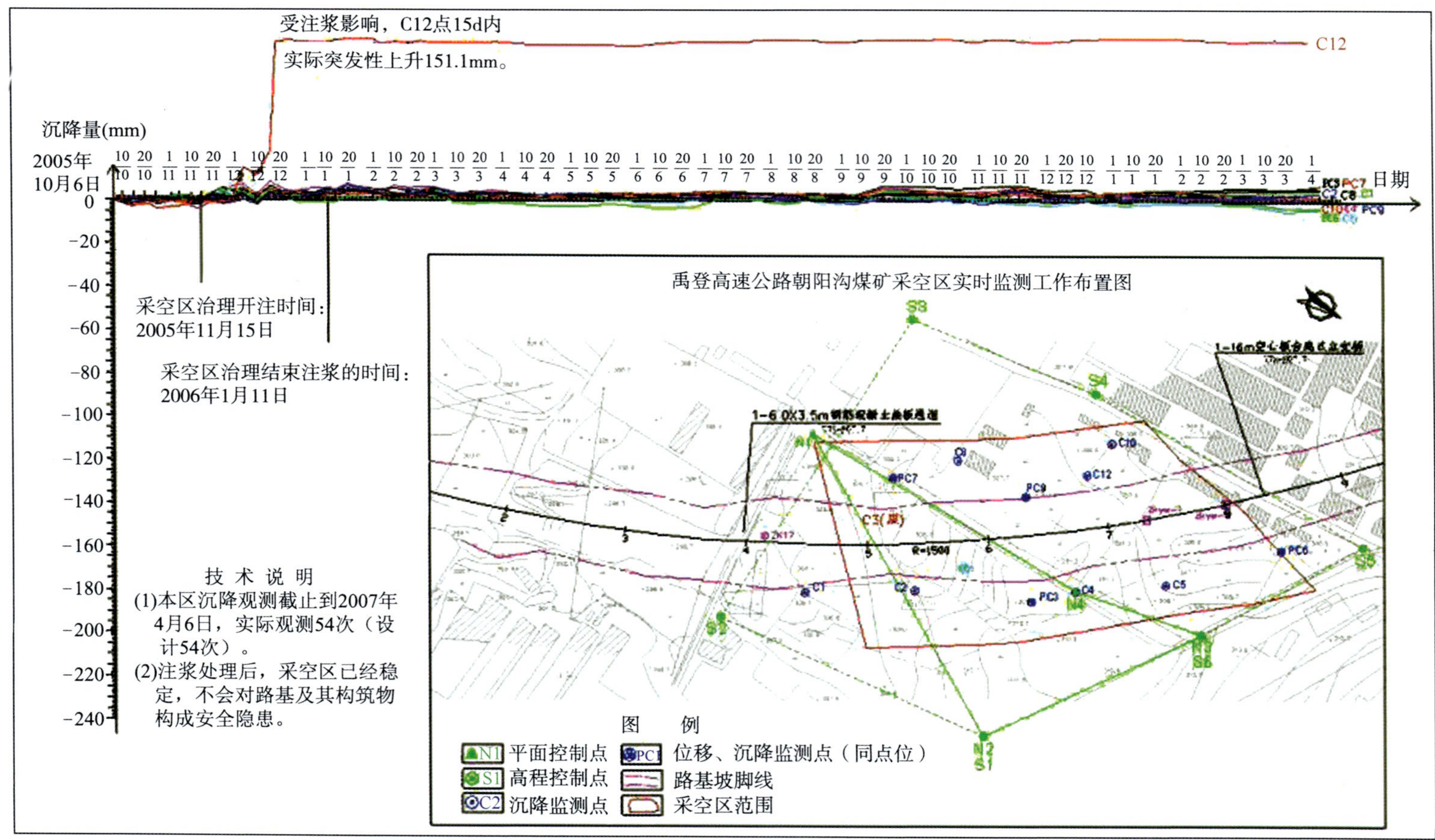

图A-18 禹登高速公路朝阳沟煤矿采空区沉降观测点累计沉降曲线图

附录 B　高速公路采空区治理工程施工、监理常用表格及填写说明

B.1　高速公路采空区治理工程施工、监理常用表格填写说明

B.1.1　一般规定

为了规范高速公路采空区治理工程施工期间的施工、监理技术资料用表，统一制定公路采空区治理工程施工、监理工作用表表样。现将施工监理各类用表、填表方法及注意事项加以规定说明，供参考使用。

(1)各类表格的格式组成

①页眉

本项目各类文件、制度、规程等打印材料需加“＿＿＿＿＿—＿＿＿＿＿高速公路采空区治理工程”页眉。施工监理工作用表不加页眉。

②表头填字方法

a. 表名：各类表格名称。

b. 表号：各类表格统一编号，表样代码分为 A、B、C、D 四类。

c. 合同号：工程项目承包合同号，由 No. 加标段号组成，如＿＿＿＿＿—＿＿＿＿＿高速公路采空区治理工程第二合同段，缩写为 No. 2；监理代表处为 J0，第二驻地办缩写为 J2，以此类推。

d. 建设项目：＿＿＿＿＿—＿＿＿＿＿高速公路采空区治理工程。

e. 工程名称：单位、分部、分项工程名称。

f. 工程部位：路线桩号、孔号等。

g. 承包单位：承包合同段施工单位的名称。

h. 监理单位：签约监理服务合同(协议书)的监理单位名称。

i. (自/抽)检：试验检测用表(D 类)为监理、承包商共用的表样，承包商“工地试验室”填写自检，监理“中心试验室”填写抽检(盖“监理抽检章”)。

j. 先生/女士：用表样填写时，致×××先生，用横线划掉女士；致×××女士，用横线划掉先生。通常用计算机打印时，应按下述“台鉴”要求打印。

k. 编号：使用单位统一编写序号，见施工、监理工作用表编号说明。

注：使用单位可以将合同号、建设项目、承包单位、监理单位的名称打印在规范表格上。

③签名、日期

a. 台鉴：致(承包商)项目经理×××先生(或女士)

致驻地监理工程师×××先生(或女士)

致监理代表处总监(副)或总监代表×××先生(或女士)

致总监理工程师×××先生(或女士)

致________公司(业主)×××先生(或女士)

标题名称:关于××问题的通知(报告、申请)

通知(报告、申请)内容最后要书写“请回复、请审批、请批示”,不需回复应写“特此报告或特此通知”。

b. 落款、名称、签名、日期。

××合同段项目经理(副)×××或总工×××(签名)

承包商(人):项目经理(副)、总工(或技术负责人)×××(签名)

监理:监理员、驻地监理工程师、试验监理工程师、测量监理工程师、部室主任、总监理工程师(副或代表)×××(签名)

日期:可写成200×. ×. ×,不能写成25/3。

注:只有职务、单位名称、盖项目部章,无签字是不正确的。

c. 表框下面签名:

(a)检测:本人姓名(签名);

(b)记录(试验、测量、检测):本人姓名(签名);

(c)计算:本人姓名(签名);

(d)复核(负责人):本人姓名(签名)。

d. 在同一张表格上不能出现同一个人签名两次。通常试验、测量的记录计算为同一个人,可以一个人签两次名,也可以在计算处由项目监理、监理员或相关技术人员签名。

e. 对于承包商的自检资料,原则上监理不签名,但对重要的工序或试验检测项目(B、D表),有监理旁站,监理可在自检资料复核签名后边签名(监理:×××),以确认自检资料的真实性。此资料可作为“监理独立抽检资料”。

(2)各类表格填写方法与要求

①表格的基本要求

a. 施工、监理使用的各类表格都要用A4纸(297mm×210mm),统一用微机按“表样”制定的规格打印、复印或制版印刷。复印的表格要求清楚、整洁。

b. 各类表格在A4纸上,要留有装订位置,装订孔(线)距A4纸左边缘1.5cm。文字、图表距左边缘2.5cm,距右边缘1.5cm。

c. 施工、竣工图表均按A3纸(420mm×297mm)绘制,折叠成A4纸大小装订存档。

②各类通用表(通知、申请、报告)中的文字要求

统一制定的表样(格式),在表框内:

a. 文字用4号标准字,32行、每行30字,大标题用3号宋体字,小标题用4号黑体字,其余均用4号仿宋体字型用微机打印。

b. 文字材料中的表格,标题用3号宋体字型,表中的所有项目及填写内容(数据),可根据字数的多少,选用5号、6号仿宋体字型。

c. 签名处不准打印、盖个人的私章,应由本人用碳素墨水签名,签草书姓名时,要求能辨认。

③各类专用表(试表、检验表、测表、记表、评表、汇表、竣表等)填写方法

各类专用表都是竣工文件的原始件，要求如下：

a. 填写技术（试验、检测、测量）数据要求准确清楚，字体规范。

b. 填写有误，应重新填写，或者在原文（数据、文字）上划短线，在右上方重新填写，重要的数据改动后，还应在空白处（适宜位置）签名，不得在原文上乱涂乱画（面目不清）。

c. 签字手续齐全，用草书签名时，要能辨认。

d. 书写要求用蓝黑或碳素墨水，禁用圆珠笔、铅笔、纯蓝墨水、红墨水、复写纸等易退色的材料书写。

e. 评表、汇表、竣表中的数据是检测成果汇总、统计、计算的才能打印，但签字、签名不能打印。

(3)各类表格的签字原则与签字用语

①签字原则：分级、专业、充分、亲历、时效、特殊原则。

a. 分级原则：监理人员按职务分为4级——总监理工程师（或总监理工程师代表、部室主任）、驻地（高级）监理工程师、专业工程师、监理员，各级监理由任命的相应职务的人员签字，越级签字无效。

b. 专业原则：承包人申报的工程资料，必须由相应专业（地质、钻探、测量、试验等）的监理人员签字方为有效，有时还需上一级监理加签确认方为有效。

c. 充分原则：当某种工程资料需几级监理或几方（业主、设计、承包人等）签字时，缺级或缺签字方无效。

d. 亲历原则：各种技术资料（规范化表格）的认可，应由亲自参加者签认（签字），没有亲历者签字视为无效，但上级监理签字认可除外。

e. 时效原则：承包人应按规定时限申报工程技术资料，各级监理人员应及时进行检查核实，签字认可。当签认过期申报的资料，又造成工程质量或数量无法确认时，监理人员可以拒签。

f. 特殊原则：当事人（监理）已离职，有的技术资料还未签认，应由上一级监理指定专人或组成核查组进行核实，按实签认，并须上级监理签认后方为有效。

②监理签字用语

a. 各级监理人员签字要求准确、清楚明白：

(a)对资料真实性的确认；

(b)明确资料的内容是否符合有关（设计、规范）要求；

(c)给承包人一个明确的信息，以便开展下步工作；

(d)给上级监理提供审核的依据；

(e)各级监理需在职权范围内有一个明确的结论。

b. 推荐使用下列监理签字用语：

(a)同意变更，工程数量已核实；

(b)实测数据已核实；

(c)同意该施工方案在××工程中使用；

(d)同意该方案，请×××（上级监理）审批；

(e)检验合格，××（材料）可在××工程项目中使用；

(f)检验合格，可以进行下步分项工程或下道工序（具体名称）施工。

以上用语要求，也适用于合同项目部各级工程技术人员签字。

B.1.2 高速公路采空区治理工程施工、监理填表控制流程

高速公路采空区治理工程施工、监理表格的使用，主要参照图 B-1“高速公路采空区治理工程施工监理控制流程图”。它历经 18 个主要施工工序。在这些主要施工工序中，各工序环环相扣，所牵涉的内容又各不相同。这些内容主要表现在附件上，见表 B-1～表 B-10“高速公路采空区治理工程施工、监理用表及附件”。附件是体现采空区治理工程质量的重要资料，是主要施工工序的基础。严把施工工序关，按照表格使用程序，真实反映表格中的各项数据是关键。若一个环节有问题，则各环断链，易出现不可预见的结果。

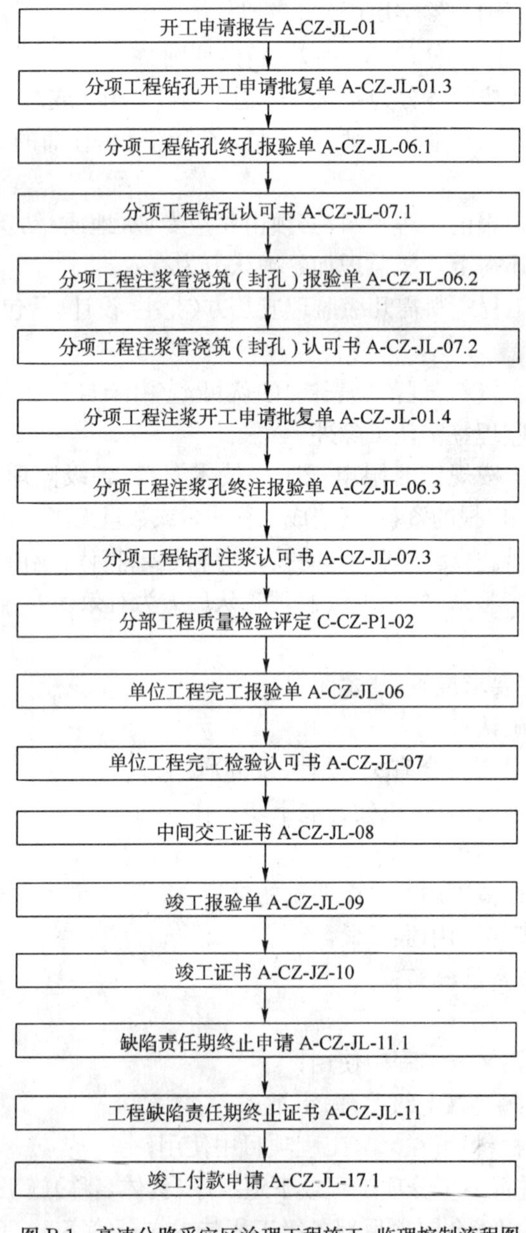

图 B-1 高速公路采空区治理工程施工、监理控制流程图

附录B　高速公路采空区治理工程施工、监理常用表格及填写说明

高速公路采空区治理工程施工、监理用表及附件(一)　　表 B-1

施工技术类			
序号	表　号	表格名称	附　件
1	A-CZ-JL-01	开工申请报告	①施工技术方案(组织设计)报审表 A-CZ-JL-01.2; ②质量保证体系[附在施工技术方案(组织设计)报审表中]; ③施工进度计划申报表 A-CZ-JL-02; ④建筑材料报验单 A-CZ-JL-03; ⑤施工放样报验单 A-CZ-JL-04; ⑥人员、机械进场情况 A-CZ-JL-05.2,A-CZ-JL-05,A-CZ-JL-05.1; ⑦建筑材料进场审批表 A-CZ-JL-03.1; ⑧浆液控制指标报批单 A-CZ-JL-03.2; ⑨施工质量保证、安全措施; ⑩环境保护措施
2	A-CZ-JL-01.1	技术交底记录	
3	A-CZ-JL-01.2	施工技术方案(组织设计)报审表	技术、工艺方案说明和图表
4	A-CZ-JL-01.3	分项工程钻孔开工申请批复单	注浆孔孔位放样数据表 D-CZ-C1-01.1
5	A-CZ-JL-01.4	分项工程注浆开工申请批复单	①分项工程钻孔认可书 A-CZ-JL-07.1; ②分项工程注浆管浇筑(封孔)认可书 A-CZ-JL-07.2
6	A-CZ-JL-05	进场设备报验单(施工)	①设备出厂合格证或审验合格证; ②仪器的计量认可合格证
7	A-CZ-JL-05.1	进场设备报验单(试验)	①设备出厂合格证或审验合格证; ②仪器的计量认可合格证
8	A-CZ-JL-05.2	主要人员报表	
9	A-CZ-JL-12	监理工程师通知(通用)	
10	A-CZ-JL-13	设计变更通知	变更设计图纸
11	A-CZ-JL-14	工程变更令	
12	A-CZ-JL-14.1	工程变更申请单	

高速公路采空区治理工程施工、监理用表及附件(二)　　表 B-2

现场检验综合类			
序号	表　号	表格名称	附　件
1	A-CZ-JL-06	单位工程完工报验单	①分部工程质量检验评定表 C-CZ-P1-02; ②浆液配合比试块强度试验结果汇总表 D-CZ-B1-01; ③外购材料进场现场验收及库存量台账 A-CZ-JL-24; ④分项工程钻孔质量检验表 B-CZ-L1-01; ⑤分项工程注浆管浇筑(封孔)质量检验表 B-CZ-L1-02; ⑥分项工程注浆质量检验表 B-CZ-L1-03

续上表

现场检验综合类			
序号	表　号	表格名称	附　件
2	A-CZ-JL-06.1	分项工程钻孔终孔报验单	①钻孔班报表 B-CZ-B1-01； ②钻孔地质记录表 B-CZ-B1-01.1； ③钻孔柱状图 B-CZ-B1-01.2； ④分项工程钻孔质量检验表 B-CZ-L1-01
3	A-CZ-JL-06.2	分项工程注浆管浇筑（封孔）报验单	①注浆管浇筑（封孔）记录表 B-CZ-B1-02； ②分项工程注浆管浇筑（封孔）质量检验表 B-CZ-L1-02
4	A-CZ-JL-06.3	分项工程注浆孔终注报验单	①注浆记录表 B-CZ-B1-03； ②注浆日报及单孔注浆量汇总表 A-CZ-B1-01； ③分项工程注浆质量检验表 B-CZ-L1-03； ④浆液试块试验报告 D-CZ-S1-01
5	A-CZ-JL-07	单位工程完工检验认可书	①分项工程钻孔质量检验评定表 C-CZ-J1-01； ②分项工程注浆管浇筑（封孔）质量检验评定表 C-CZ-J1-01.1； ③分项工程注浆质量检验评定表 C-CZ-J1-01.2； ④分部工程质量检验评定表 C-CZ-P1-02
6	A-CZ-JL-07.1	分项工程钻孔认可书	分项工程钻孔质量检验表 B-CZ-J1-01
7	A-CZ-JL-07.2	分项工程注浆管浇筑（封孔）认可书	分项工程注浆管浇筑（封孔）质量检验表 B-CZ-J1-02
8	A-CZ-JL-07.3	分项工程钻孔注浆认可书	①注浆日报及单孔注浆量汇总表 A-CZ-B1-01； ②注浆材料班报用量与理论用量对照表 A-CZ-JL-20.7； ③注浆孔浆液搅拌质量抽检表 B-CZ-J1-04； ④分项工程注浆质量检验表 B-CZ-J1-03

高速公路采空区治理工程施工、监理用表及附件（三）　　表 B-3

试验（测量）综合类			
序号	表　号	表格名称	附　件
1	A-CZ-JL-03	建筑材料报验单	①材料出厂质量保证书； ②材料自检试验报告
2	A-CZ-JL-03.1	建筑材料进场审批表	厂方检验报告、合格证、试验检测资料
3	A-CZ-JL-03.2	浆液控制指标报批单	①____高速公路____矿采空区治理工程____浆液控制指标； ②____高速公路____矿采空区治理工程浆液配合比试验报告
4	A-CZ-JL-04	施工放样报验单	①注浆孔野外放样成果表 D-CZ-C1-01； ②注浆孔孔位放样数据表 D-CZ-C1-01.1； ③注浆孔野外放样自检成果表 D-CZ-C1-01.2
5	A-CZ-JL-24	外购材料进场现场验收及库存量台账	

高速公路采空区治理工程施工、监理用表及附件(四)　　表B-4

计划进度、质量类			
序号	表　号	表格名称	附　件
1	A-CZ-JL-02	施工进度计划申报表	施工进度计划编制说明包括形象进度(横道图)、工程量、工作量、材料、机械、劳动力等计划和图表
2	A-CZ-JL-21	承包商每周工作计划	
3	A-CZ-B1-01	注浆日报及单孔注浆量汇总表	
4	A-CZ-B1-02	工程进度周报表	①外购材料进场现场验收及库存量台账 A-CZ-JL-24; ②本周工作概况; ③承包商每周工作计划 A-CZ-JL-21
5	A-CZ-B1-03	工程进度半月报表	
6	A-CZ-B1-04	人员及机械设备半月报表	
7	A-CZ-B1-05	进场原材料(水泥)半月报表	①工程进度周报表 A-CZ-B1-02; ②外购材料进场现场验收及库存量台账 A-CZ-JL-24
8	A-CZ-B1-06	进场原材料(粉煤灰)半月报表	①工程进度周报表 A-CZ-B1-02; ②外购材料进场现场验收及库存量台账 A-CZ-JL-24

高速公路采空区治理工程施工、监理用表及附件(五)　　表B-5

气象、日报、日记、纪要类			
序号	表　号	表格名称	附　件
1	A-CZ-JL-22	监理日记	驻地监理办
2	A-CZ-JL-23	施工日报	
3	A-CZ-JL-25	工地会议纪要	
4	A-CZ-JL-26	气象数据统计表	
5	A-CZ-JL-26.1	气象数据月报表	
6	A-CZ-J1-01	旁站监理值班及交接班记录	、

高速公路采空区治理工程施工、监理用表及附件(六)　　表B-6

承包商申报类			
序号	表　号	表格名称	附　件
1	A-CZ-JL-15	事故报告	
2	A-CZ-JL-16	承包商申报表(通用)	

高速公路采空区治理工程施工、监理用表及附件(七)　　表B-7

质量检验评定综合类			
序号	表　号	表格名称	附　件
1	B-CZ-J1-01	分项工程钻孔质量检验表	
2	B-CZ-J1-02	分项工程注浆管浇筑(封孔)质量检验表	

续上表

质量检验评定综合类			
序号	表　号	表格名称	附　件
3	B-CZ-J1-03	分项工程注浆质量检验表	
4	B-CZ-J1-04	注浆孔浆液搅拌质量抽检表	
5	C-CZ-J1-01	分项工程钻孔质量检验评定表	
6	C-CZ-J1-01.1	分项工程注浆管浇筑(封孔)质量检验评定表	
7	C-CZ-J1-01.2	分项工程注浆质量检验评定表	
8	C-CZ-P1-02	分部工程质量检验评定表	①分项工程钻孔质量检验评定表 C-CZ-J1-01; ②分项工程注浆管浇筑(封孔)质量检验评定表 C-CZ-J1-01.1; ③分项工程注浆质量检验评定表 C-CZ-J1-01.2
9	C-CZ-P1-03	单位工程质量检验评定表	
10	D-CZ-J1-01	注浆孔野外放样监理抽测成果表	
11	D-CZ-J1-01.1	注浆孔位放样现场监理复测表	

高速公路采空区治理工程施工、监理用表及附件(八)　　表 B-8

计量支付类			
序号	表　号	表格名称	附　件
1	A-CZ-JL-17	付款申请	
2	A-CZ-JL-17.1	竣工付款申请	
3	A-CZ-JL-17.2	中间支付证书	
4	A-CZ-JL-18	合同工程月计量申报表	①中间交工证书 A-CZ-JL-08; ②计量计算表等
5	A-CZ-JL-19	额外工程月计量申报表	①工程检验认可书(额外); ②工程量测量、计算数据和必要的说明
6	A-CZ-JL-20	清单支付报表	
7	A-CZ-JL-20.1	中间计量表	
8	A-CZ-JL-20.2	钻孔中间计量表	
9	A-CZ-JL-20.3	注浆中间计量表	
10	A-CZ-JL-20.4	浇筑孔口管中间计量表	
11	A-CZ-JL-20.5	质量检测中间计量表	
12	A-CZ-JL-20.6	中间计量明细表	

续上表

计量支付类			
序号	表　号	表格名称	附　件
13	A-CZ-JL-20.7	注浆材料班报用量与理论用量对照表	①外购材料进场现场验收及库存量台账 A-CZ-JL-24； ②注浆材料用量统计汇总表 A-CZ-H1-01； ③单孔注浆材料用量统计表 A-CZ-H1-02； ④注浆量及浆液质量检测计量统计表 A-CZ-H1-03； ⑤分项工程注浆管浇筑(封孔)认可书 A-CZ-JL-07.2
14		工程价款中期批复证书	

高速公路采空区治理工程施工、监理用表及附件(九)　　表 B-9

缺陷责任、竣工类			
序号	表　号	表格名称	附　件
1	A-CZ-JL-08	中间交工证书	
2	A-CZ-JL-09	竣工报验单	①竣工报告； ②竣工图(平面布置图、注浆孔深平面图、注浆孔深等值线图、注浆量平面图、注浆量等值线图、地质钻探剖面线示意图、地质钻探剖面图)； ③自检资料：注浆孔野外放样自检成果表 D-CZ-C1-01.2；分项工程钻孔质量检验表 B-CZ-L1-01；分项工程注浆管浇筑(封孔)质量检验表 B-CZ-L1-02；分项工程注浆质量检验表 B-CZ-L1-03
3	A-CZ-JL-10	竣工证书	
4	A-CZ-JL-11	工程缺陷责任期终止证书	
5	A-CZ-JL-11.1	缺陷责任期终止申请	缺陷修补工程建设项目、情况及自检资料

高速公路采空区治理工程施工、监理用表及附件(十)　　表 B-10

附件类			
序号	表　号	表格名称	附　件
1	A-CZ-H1-01	注浆材料用量统计汇总表	
2	A-CZ-H1-02	单孔注浆材料用量统计表	
3	A-CZ-H1-03	注浆量及浆液质量检测计量统计表	
4	B-CZ-B1-01	钻孔班报表	
5	B-CZ-B1-01.1	钻孔地质记录表	
6	B-CZ-B1-01.2	钻孔柱状图	
7	B-CZ-B1-02	注浆管浇筑(封孔)记录表	
8	B-CZ-B1-03	注浆记录表	
9	B-CZ-B1-04	钻孔注浆成果表	
10	B-CZ-L1-01	分项工程钻孔质量检验表	
11	B-CZ-L1-02	分项工程注浆管浇筑(封孔)质量检验表	
12	B-CZ-L1-03	分项工程注浆质量检验表	

续上表

附件类			
序号	表　号	表格名称	附　件
13	C-CZ-P1-01	分项工程钻孔质量检验评定表	
14	C-CZ-P1-01.1	分项工程注浆管浇筑(封孔)质量检验评定表	
15	C-CZ-P1-01.2	分项工程注浆质量检验评定表	
16	D-CZ-B1-01	浆液配合比试块强度试验结果汇总表	
17	D-CZ-C1-01	注浆孔野外放样成果表	
18	D-CZ-C1-01.1	注浆孔孔位放样数据表	
19	D-CZ-C1-01.2	注浆孔野外放样自检成果表	
20	D-CZ-S1-01	浆液试块试验报告	

B.1.3　高速公路采空区治理工程报验认证及计量支付表格填写说明

(1)报验单及其填写方法

①单位工程完工报验单(A-CZ-JL-06)

施工单位完成全部分项工程工序施工,经过“自检”(试验、检测、测量)合格,向总监理工程师填报单位工程完工报验单(A-CZ-JL-06)。

a.“检验内容”栏,外观(含环保)、各类质量检验、试验资料等质量保证。

b.“附件”栏,为自检资料栏,填写自检资料名称及表号。

c.“承包商递交”栏,施工、技术负责人签名:×××;日期:200×.×.×。

d.“现场监理收件”栏,现场监理工程师签名:×××;日期:200×.×.×。

e.“现场监理工程师意见”栏,现场监理工程师签字,如签“外观干净整洁,满足环保要求,质量检验、试验资料齐全;符合单位工程完工报验条件”;

现场监理工程师签名:×××;日期:200×.×.×。

f.“驻地监理工程师意见”栏,质量保证资料经检验合格。

驻地监理工程师签名:×××;日期:200×.×.×。

g.“总监理工程师意见”栏,检验合格,同意签发单位工程完工认可书。

总监理工程师签名:×××;日期:200×.×.×。

②分项工程钻孔终孔报验单(A-CZ-JL-06.1)

施工单位完成分项工程钻孔工序施工,经“自检”合格,向驻地(或项目)监理工程师填报分项工程钻孔终孔报验单(A-CZ-JL-06.1)。

a.“检验内容”栏,填写孔深、孔斜、孔径、止浆效果、岩芯采取率、水位记录、钻孔耗水量。

b.“附件”栏,为自检资料栏,填写自检资料名称及表号。

c.“承包商递交”栏,施工、技术负责人签名:×××;日期:200×.×.×。

d.“现场监理收件”栏,现场监理工程师签名:×××;日期:200×.×.×。

e.“现场监理工程师意见”栏,现场监理工程师签字,如签“符合终孔条件,抽检合格”,填写抽检记录表号。

现场监理工程师抽检内容:分项工程钻孔质量检验表(B-CZ-J1-01)。

现场监理工程师签名：×××；日期：200×．×．×。

f.“驻地（或项目）监理工程师意见”栏，若检验合格，可进行“下道工序或分项工程（具体名称）”施工。驻地（或项目）监理工程师签名：×××；日期：200×．×．×。

③分项工程注浆管浇筑（封孔）报验单（A-CZ-JL-06.2）

施工单位完成分项工程注浆管浇筑（封孔）工序施工，经过“自检”合格，向驻地（或项目）监理工程师填报分项工程注浆管浇筑（封孔）报验单（A-CZ-JL-06.2）。

a.“检验内容”栏，填写注浆管长度、注浆管管径、封孔材料用量、止浆效果。

b.“附件”栏，为自检资料栏，填写自检资料名称及表号。

c.“承包商递交”栏，施工、技术负责人签名：×××；日期：200×．×．×。

d.“现场监理收件”栏，现场监理工程师签名：×××；日期：200×．×．×。

e.“现场监理工程师意见”栏，现场监理工程师签字，如签“符合浇筑条件，抽检合格”，填写抽检记录表号。

现场监理工程师抽检内容：分项工程注浆管浇筑（封孔）质量检验表（B-CZ-J1-02）。

现场监理工程师签名：×××；日期：200×．×．×。

f.“驻地（或项目）监理工程师意见”栏，若检验合格，可进行“下道工序或分项工程（具体名称）”施工。驻地（或项目）监理工程师签名：×××；日期：200×．×．×。

④分项工程注浆孔终注报验单（A-CZ-JL-06.3）

施工单位完成分项工程注浆孔终注工序施工，经过“自检”合格，向驻地（或项目）监理工程师填报分项工程注浆孔终注报验单（A-CZ-JL-06.3）。

a.“检验内容”栏，填写结石率、浆液相对密度、浆液黏度、试块强度、孔口压力、稳定时间。

b.“附件”栏，为自检资料栏，填写自检资料名称及表号。

c.“承包商递交”栏，施工、技术负责人签名：×××；日期：200×．×．×。

d.“现场监理收件”栏，现场监理工程师签名：×××；日期：200×．×．×。

e.“现场监理工程师意见”栏，现场监理工程师签字，如签“符合终注条件，抽检合格”，填写抽检记录表号。

现场监理工程师抽检内容：分项工程注浆质量检验表（B-CZ-J1-03）、注浆孔浆液搅拌质量抽检表（B-CZ-J1-04）。

现场监理工程师签名：×××；日期：200×．×．×。

f.“驻地（或项目）监理工程师意见”栏，若检验合格，驻地（或项目）监理工程师签名：×××；日期：200×．×．×。

（2）分部工程

在高速公路采空区治理工程施工和监理工作中，分部工程具体指的是每一个孔位的工程，而每个孔位的工程只包含了三个分项工程（钻探、浇筑孔口管、注浆）。在分项工程的施工工序中，质量检验、质量评定以及施工中监理的旁站见证、签认等，保障了工程质量。在实际操作的过程中，分部工程不再进行报验与认可，只把分部工程进行质量评定并汇总即可。

（3）认可书

①单位工程完工检验认可书（A-CZ-JL-07）

施工单位完成全部分部工程工序施工，总监理工程师已签认单位工程完工报验单（A-CZ-

JL-06)和单位工程质量检验评定表(C-CZ-P1-03),总监理工程师签认单位工程完工检验认可书(A-CZ-JL-07)。签字说明如下:

a."施工放样测量认可"栏,监理复测合格,填写复测记录表编号(D、B类测表),测量监理签名、签日期。若无测量项,填写"无",不需签名。

b."原材料试验合格认可"栏,经试验监理检验或抽检合格,填写抽检试验记录表编号(D类表),试验监理签名、签日期。若无试验检测项,填写"无",不需签名。

c."施工质量检验、认可"栏,驻地(或项目)监理工程师检验合格,签字认可,填"现场检验合格",填写抽检记录表(B、D类表)编号。驻地(或项目)监理工程师签名、签日期。

d."质量检验评定认可"栏,总监理工程师签字认可,填写"检验合格",填写评定表格名称及表号。总监理工程师签名、签日期。

②分项工程钻孔认可书(A-CZ-JL-07.1)

施工单位完成分项工程钻孔终孔工序施工,驻地(或项目)监理工程师已签认分项工程钻孔终孔报验单(A-CZ-JL-06.1)和分项工程钻孔质量检验评定表(C-CZ-J1-01),驻地(或项目)监理工程师签认分项工程钻孔认可书(A-CZ-JL-07.1)。签字说明如下:

a."施工放样认可"处,签"符合设计要求"。

b."孔深认可"处,签监理现场量测的数据。

c."孔斜认可"处,签孔斜角度值。

d."孔径认可"处,签开孔孔径及变径孔径值。

e."变径深度认可"处,签变径深度值。

f."岩芯采取率认可"处,签上覆岩层及冒落带岩芯采取率的平均值。

g."孔内水位记录认可"处,签钻孔成孔后量测的水位深度值。

h."钻孔耗水量认可"处,签该钻孔班报表上的耗水量。

i."驻地(或项目)监理工程师"处,驻地(或项目)监理工程师签字认可,填写"检验合格"。驻地(或项目)监理工程师签名、签日期。

③分项工程注浆管浇筑(封孔)认可书(A-CZ-JL-07.2)

施工单位完成分项工程注浆管浇筑工序施工,驻地(或项目)监理工程师已签认分项工程注浆管浇筑(封孔)报验单(A-CZ-JL-06.2)和分项工程注浆管浇筑(封孔)质量检验评定表(C-CZ-J1-01.2),驻地(或项目)监理工程师签认分项工程注浆管浇筑(封孔)认可书(A-CZ-JL-07.2)。签字说明如下:

a."注浆管长度认可"处,签该孔注浆管的长度值。

b."注浆管管径认可"处,签注浆管管径值。

c."封孔材料用量认可"处,签水、水泥、速凝剂的用量。

d."浇筑效果认可"处,检验结论。

e."驻地(或项目)监理工程师"处,驻地(或项目)监理工程师签字认可,填写"检验合格"。驻地(或项目)监理工程师签名、签日期。

④分项工程钻孔注浆认可书(A-CZ-JL-07.3)

施工单位完成分项工程钻孔注浆工序施工,驻地(或项目)监理工程师已签认分项工程注浆孔终注报验单(A-CZ-JL-06.3)和分项工程注浆质量检验评定表(C-CZ-J1-01.1),驻地(或项

目)监理工程师签认分项工程钻孔注浆认可书(A-CZ-JL-07.3)。签字说明如下:

a."材料用量认可"处,签经校核过的水泥量、粉煤灰量、速凝剂量。

b."浆液用量认可"处,签经校核过的注浆方量。

c."结石率认可"处,签检测值。

d."浆液相对密度认可"处,签检测值。

e."浆液黏度认可"处,签检测值。

f."试块强度认可"处,签试验值。

g."施工过程认可"处,签现象。

h."停注标准认可"处,签停注时的实际指标。

i."驻地(或项目)监理工程师"处,驻地(或项目)监理工程师签字认可,填写"检验合格"。驻地(或项目)监理工程师签名、签日期。

(4)计量支付中注浆量的最终确认(A-CZ-JL-20.7)

在高速公路采空区治理工程的计量与支付中,注浆量的实际发生量与理论用量必定存在误差。实际发生量,主要来自"注浆记录表",表中注浆量虽经现场监理签认,但由于其受配合比、注浆时间的控制等诸多因素影响,实际操作时,无法按理论要求进行严格控制,因此签认后的注浆量会产生一定的误差。计量的结果既要保证承包商的实际利益,又必须维护业主的合法利益,因此必须采用有效措施和方法消除误差,使计量结果趋于合理。注浆材料班报用量与理论用量对照表(A-CZ-JL-20.7)所起的作用正在于此。

严格按照"设计"、"规范"要求的各项指标施工,如实填写施工中各项指标的完成情况,计量的目的才能达到。从另一方面讲,它反映了监理人员和承包单位各自的业务水平,起到了监督注浆质量的作用。

B.1.4　高速公路采空区治理工程A类施工、监理工作用表填写说明

(1)承包商用表(A类表)说明

施工单位用表说明如下:

①放样和复测

见D类测量类用表及表样。

②技术交底记录(A-CZ-JL-01.1)

在重要的单位、分部、分项工程施工前做好技术交底工作,如技术规范、设计要求、施工组织、方案、工程质量(材料、施工技术、工艺、试验、检测)、安全措施等。

③施工技术方案(组织设计)报审表(A-CZ-JL-01.2)

施工单位中标后,按照承包合同的规定进场,开展施工准备阶段的工作,承包商申报"施工技术方案(组织设计)报审表"实施方案。

④施工放样报验单(A-CZ-JL-04)

施工单位进场交桩复测,在单位工程、分项工程施工前放样。放样完成后的测量资料,经测量监理工程师进行抽测、签字确认。

⑤分项工程钻孔开工申请批复单(A-CZ-JL-01.3)及分项工程注浆开工申请批复单(A-CZ-JL-01.4)

分项工程开工前由承包商填报，经驻地(或项目)监理工程师审批后，才能施工。

⑥单位工程完工报验单(A-CZ-JL-06)

施工单位完成采空区治理工程工序施工，自检合格，向总监理工程师填报。

⑦分项工程钻孔终孔报验单(A-CZ-JL-06.1)

施工单位完成钻孔工序施工，自检合格，向驻地(或项目)监理工程师填报。

⑧分项工程注浆管浇筑(封孔)报验单(A-CZ-JL-06.2)

施工单位完成注浆管浇筑(封孔)工序施工，自检合格，向驻地(或项目)监理工程师填报。

⑨分项工程注浆孔终注报验单(A-CZ-JL-06.3)

施工单位完成注浆孔终注工序施工，自检合格，向驻地(或项目)监理工程师填报。

⑩单位工程完工检验认可书(A-CZ-JL-07)

承包商完成采空区治理工程工序施工，自检合格，资料真实齐全，经监理查验合格后签发A-CZ-JL-07。这并没有解除承包商对工程质量的责任。

⑪分项工程钻孔认可书(A-CZ-JL-07.1)

承包商完成采空区治理分项工程钻孔工序施工，自检合格，资料真实齐全，经监理查验合格后签发。

⑫分项工程注浆管浇筑(封孔)认可书(A-CZ-JL-07.2)

承包商完成采空区治理分项工程注浆管浇筑(封孔)工序施工，自检合格，资料真实齐全，经监理查验合格后签发。

⑬分项工程钻孔注浆认可书(A-CZ-JL-07.3)

承包商完成采空区治理分项工程钻孔注浆工序施工，自检合格，资料真实齐全，经监理查验合格后签发。

⑭承包商申报表(通用)(A-CZ-JL-16)

有关施工中的各种问题(除专用表外)，施工单位采用此表申报。此表中有各级、各方“意见”(签字)，在职权范围内签字；如不需签字，应在“意见”后填写“无”，不必签名、签日期。

⑮质量、安全事故报告单(A-CZ-JL-15)

施工中发生重大工程质量、安全事故，承包商填报。

⑯施工日报(A-CZ-JL-23)

施工单位进场后，每天按表格内容填写施工日报，工程竣工时编制施工文件组卷归档。

⑰缺陷责任期终止申请(A-CZ-JL-11.1)

按合同规定，从交工日期(交工证书日期)计算起，到期后(日期)承包商完成工程缺陷的治理，经过监理工程师检验合格，填报“缺陷责任期终止申请”。

⑱工地会议纪要(A-CZ-JL-25)

承包商召开的工地会议(包括工作会、现场会、技术研讨会)，以及邀请驻地监理工程师参加的工地会议用表。

(2)监理工程师用表(A类表)说明

监理工程师用表说明如下：

①监理日记(A-CZ-JL-22)

由驻地监理办，每天按表格的内容填写，工程竣工时编制监理文件组卷归档。这里的监理日记不是个人的“监理日记”本。个人的监理日记本，工程完工后，由监理公司保存、备查。

②单位工程完工检验认可书(A-CZ-JL-07)

质量检验评定认可：总监理工程师签字认可，签名、签日期。

③分项工程钻孔认可书(A-CZ-JL-07.1)

质量检验合格认可：驻地(或项目)监理工程师签字认可，填写“检验合格”，驻地(或项目)监理工程师签名、签日期。

④分项工程注浆管浇筑(封孔)认可书(A-CZ-JL-07.2)

质量检验合格认可：驻地(或项目)监理工程师签字认可，填写“检验合格”，驻地(或项目)监理工程师签名、签日期。

⑤分项工程钻孔注浆认可书(A-CZ-JL-07.3)

质量检验合格认可：驻地(或项目)监理工程师签字认可，填写“检验合格”，驻地(或项目)监理工程师签名、签日期。

⑥监理工程师通知(通用)(A-CZ-JL-12)

总监(副)、总监代表(副)、驻地监理工程师对施工单位使用的监理工程师通知，各自编号。

⑦工程缺陷责任期终止证书(A-CZ-JL-11)

从“交工证书”的日期计算，承包商在缺陷责任期内完成维修、养护工作，填报“缺陷责任期终止申请”(A-CZ-JL-11.1)，经监理、业主签认后，签发“工程缺陷责任期终止证书”。

⑧气象数据统计表(A-CZ-JL-26)

监理代表处、各项目部填写日气象数据，一般只能用温度计测量每日的最高、最低气温，不具备雨量、风力的量测条件，为此，各单位应根据当地电台、电视台的播报或与当地气象部门联系，索取每月的气象资料，填入表A-CZ-JL-26中。

(3)施工监理管理类用表编号说明

施工监理管理类为监理、承包商用表，按用途分为：监表、承表、支表、记表、测表、试表、评表、汇表等。各类表样的“编号”由“类别、工程代码、用途代码、标段号代码、序号组成”，以表示“资料形成的过程(顺序)”，现说明如下(表B-11)：

例如：A-CZ-H1-02

施工监理管理(A类)－工程代码－用途代码和标段代码－顺序号

施工监理管理(A类) 采空区治理(CZ) 汇总表(H)标段(1) 顺序号(02)

施工监理管理类用表编号说明　　表B-11

序号	表类	用途代码	标段代码	顺序号	编号	说　明
1	监表	J J	0 2	01 14	J0-01 J2-14	监理代表处第1号 第2标段驻地办第14号
2	承表	B	3	06	B3-01	第3标段用表第6号
3	支表	Z	2	02	Z2-02	第2标段计量支付表第2号
4	记录表	L	2	05	L2-05	第2标段现场检验记录表第5号
5	测量表	C	4	03	C4-03	第4标段D类测量用表第3号
6	试验表	S	3	08	S3-08	第3标段D类试验用表第8号
7	评定表	P	1	07	P1-07	第1标段C类质量评定表第7号
8	汇总表	H	5	12	H5-12	第5标段竣工资料汇总表第12号

(4)分项工程资料立卷归档组成

分项工程资料立卷归档组成如下：

①单位工程完工检验认可书(A-CZ-JL-07)；

②C类评定表：分项工程质量检验评定表(C表)；

③工程报验单(A-CZ-JL-06)；

④B、D类表：施工原始记录(试验、检测、测量)。

B.1.5 高速公路采空区治理工程B类施工、监理工作用表填写说明

(1)分项工程质量检验表

①分项工程钻孔终孔报验单(A-CZ-JL-06.1)：承包商按分项工程对重要施工工序填报，表中“检验内容”按分项工程检查项目填写。

②分项工程注浆管浇筑(封孔)报验单(A-CZ-JL-06.2)：承包商按分项工程对重要施工工序填报，表中“检验内容”按分项工程检查项目填写。

③分项工程注浆孔终注报验单(A-CZ-JL-06.3)：承包商按分项工程对重要施工工序填报，表中“检验内容”按分项工程检查项目填写。

④单位工程完工报验单(A-CZ-JL-06)：承包商按单位工程对重要施工工序填报，表中“检验内容”按单位工程检查项目填写。

(2)认可书中的检验表

①单位工程完工检验认可书(A-CZ-JL-07)：承包商自检合格后，经监理检验(抽检)合格后签字认可。

监理检验(抽检)资料如下：

a.分项工程钻孔质量检验评定表(C-CZ-J1-01)；

b.分项工程注浆管浇筑(封孔)质量检验评定表(C-CZ-J1-01.1)；

c.分项工程注浆质量检验评定表(C-CZ-J1-01.2)；

d.分部工程质量检验评定表(C-CZ-P1-02)。

②分项工程钻孔认可书(A-CZ-JL-07.1)：承包商自检合格后，经监理检验(抽检)合格后签字认可。

监理检验(抽检)资料如下：

分项工程钻孔质量检验表(B-CZ-J1-01)。

③分项工程注浆管浇筑(封孔)认可书(A-CZ-JL-07.2)：承包商自检合格后，经监理检验(抽检)合格后签字认可。

监理检验(抽检)资料如下：

分项工程注浆管浇筑(封孔)质量检验表(B-CZ-J1-02)。

④分项工程钻孔注浆认可书(A-CZ-JL-07.3)：承包商自检合格后，经监理检验(抽检)合格后签字认可。

监理检验(抽检)资料如下：

分项工程注浆质量检验表(B-CZ-J1-03)。

(3)中间交工证书(A-CZ-JL-08)

由承包商完成分项工程,经质量检验评定合格后填报。

表中“结论”由驻地监理填写(签字)。

①已进行质量评定

可签:“××分项工程质量检验评定得91分为优良工程”。

②未进行质量评定,已检验合格的分项工程需要进行中间工程计量

可签:“××分项工程经检验合格,可进行中间计量”。

以上未经质量评定的签字,并没有解除承包商对工程质量的责任。当评定不合格时,承包商对该分项工程进行返工处理,直到重新检验评定合格为止。

(4)B类质量检测表

表中“检验结果”,应填写检测结果,如检测数据多,应填写检测最小值～最大值,如－3～2,不要填写“合格”。

表中“结论”,承包商自检签字“自检合格”,签名、签日期。

监理方抽检签字“抽检合格”,签名、签日期。

B.1.6 高速公路采空区治理工程C类施工、监理工作用表填写说明

(1)分项工程质量检验评定表(C表)说明

①建立分项工程质量检验评定小组

a.承包商建立质量“自检”评定小组;

b.监理代表处建立质量“抽检”评定领导小组;

c.驻地监理办公室建立质量“抽检”评定小组。

②质量评定小组的职责

按照采空区治理工程“技术规范”和设计要求,及《公路工程质量检验评定标准》(JTG F80/1—2004)规定的基本要求、实测项目、外观鉴定及质量保证资料,对完成的分项工程进行质量检验评定。

a.承包商自检评定小组职责

(a)施工单位对完成的分项工程经试验、测量监理工程师抽检合格,按照采空区治理工程“技术规范”和设计要求,及《公路工程质量检验评定标准》(JTG F80/1—2004)所列的基本要求、实测项目和外观鉴定进行自检评定;

(b)施工单位填写“分项工程质量检验评定表”(C表),提交真实、完整的自检资料,对工程质量进行自我评分;

(c)经驻地(或项目)监理工程师审查,符合质量评定要求,在施工单位自评(C表)表上签字认可;

(d)施工单位自检评定小组配合驻地监理评定小组对分项工程进行质量检验评定。

b.监理代表处质量抽检评定领导小组及驻地质量评定小组

(a)驻地监理工程师对施工单位提交的分项工程质量评定自检资料进行审核,符合要求后签认,通知承包商质量自检评定小组,必要时通知监理代表处质量评定领导小组,并约定到现场评定的时间;

(b)监理抽检评定小组会同施工单位自检评定小组到现场进行该分项工程(钻孔、浇筑孔口管、注浆孔注浆)的抽检评定(外观、质量鉴定);

(c)监理抽检评定小组将抽检实测资料填入相应的“分项工程质量评定表”(C表),监理工程师签字认可,并进行监理评分,填写质量等级。

(2)质量检验评定表(C类表)签字说明

①承包商评定表(C表)

a.分项工程钻孔质量检验评定表(C-CZ-P1-01);

b.分项工程注浆管浇筑(封孔)质量检验评定表(C-CZ-P1-01.1);

c.分项工程注浆质量检验评定表(C-CZ-P1-01.2)。

表中“承包单位意见”栏,由总工签字,如签“自检合格”;在“监理工程师意见”栏,由驻地(或项目)监理工程师签字,如签“符合质量评定条件”,表示符合基本检测条件。外观鉴定、自检资料真实、齐全,可进行质量评定。

②监理评定表(C表)

a.分项工程钻孔质量检验评定表(C-CZ-J1-01);

b.分项工程注浆管浇筑(封孔)质量检验评定表(C-CZ-J1-01.1);

c.分项工程注浆质量检验评定表(C-CZ-J1-01.2)。

表中“监理工程师意见”栏,由驻地(或项目)监理工程师签字,如签“质量评定实得94分,为合格工程”。

(3)分部及单位工程质量检验评定表

①分部工程质量检验评定表(C-CZ-P1-02)

承包单位使用的“分部工程质量检验评定表”,在“评定意见”栏签“自检合格”。

监理单位使用的“分部工程质量检验评定表”,在“评定意见”栏签“质量评定实得94分,为合格工程”。

②单位工程质量检验评定表(C-CZ-P1-03)

承包单位使用的“单位工程质量检验评定表”,在“评定意见”栏签“自检合格”。

监理单位使用的“单位工程质量检验评定表”,在“评定意见”栏签“质量评定实得94分,为优良工程”。

注:1.质量等级评定分为合格(≥75分)和不合格(<75分)。

2.在正式交工时,工程质量等级评定分为不合格(小于75分)、合格(大于75分,小于90分)和优良(≥90分)。

B.1.7 高速公路采空区治理工程D类施工、监理工作用表填写说明

(1)工程测量用表(D类测表)说明

工程测量是指测量工程师使用测量仪器(经纬仪、水准仪、全站仪)进行测量,其资料是工程质量的原始记录,也是竣工文件的重要内容。为规范工程测量用表,供承包商、监理使用,说明如下:

①测量资料的组成

a.施工放样报验单(A-CZ-JL-04);

b. 施工放样成果、放样数据、放样自检成果(D类);

c. 经测量监理复测(抽检)合格,签字认可施工单位的施工放样测量资料。

②测量(D类)用表编号说明

各合同段监理、承包商测量用表编号:由测量代码C、工程项目代号、施工用途代码或监理代码、标段代码、顺序号组成。编号见表格目录D类。

③测量(D类)用表

a. 注浆孔野外放样监理抽测成果表(D-CZ-J1-01);

b. 注浆孔位放样现场监理复测表(D-CZ-J1-01.1);

c. 注浆孔野外放样成果表(D-CZ-C1-01);

d. 注浆孔孔位放样数据表(D-CZ-C1-01.1);

e. 注浆孔野外放样自检成果表(D-CZ-C1-01.2)。

(2)试验用表(D类试表)说明

在高速公路采空区治理工程项目实施中,监理单位应建立试验室,负责建筑材料(也可以委托有资质的单位实施)、浆液质量的试验检测(监理抽检)。施工单位建立工地试验室,负责本合同段的建筑材料(也可以委托经监理方批准的有资质的单位实施)、浆液质量的试验检测(承包商自检)。为规范试验室的试验检测用表,对试验检测用表作如下说明:

①表头填写

a. 建设项目:××至××高速公路采空区治理工程。

b. 合同号:工程项目承包合同号,由No.加标段号组成。

c. 承包单位:合同承包单位名称。

d. 监理单位:签约监理服务合同(协议书)的监理单位名称。

e. 试验编号:监理、承包商试验室按试验类别、单位工程统一编号,由“类别、工程代码、用途代码、标段号代码、序号组成”。

②试验用表填写、签字(名)方法与要求

a. 书写、签名要求使用蓝黑或碳素墨水,禁用圆珠笔、铅笔、纯蓝、红墨水、复写纸等易退色的材料书写。

b. 填写试验检测数字要求规范、准确、清楚。

c. 填写计算数据应按精度要求,正确取小数点后的位数(一般取1或2位)。例如:水泥浆液强度取1位,如25.6MPa,不要填写成25.58MPa;含水量、百分数取1位,如10.2%。

d. 填写数字应按要求对小数点后取位数的尾数采用“四舍五入”方法(对于5,前位是单数,进1;前位是双数,舍去。如含水量取小数点后1位,7.35%应填写为7.4%,7.45%应填写为7.4%)。

e. 填写数据有误,应在有误的数据上画短线,在上方重新填写正确数据,并在相应空白处签名。不得在有误数字上乱涂乱改,造成数据面目不清、无法辨认的现象。

f. 试验表格中数据为原始资料,按要求填写,不准打印,如需复印件,复印件应清晰,无墨迹覆盖文字,但只有试验成果(统计、汇总)才能打印。

g. 签字(名)应本人签,不准代签。用草书签名时,以阅者能辨认为准。在同一张表格上不能出现同一个人签名两次。签名不准打印、盖章。对主要工程的试验检测,监理进行旁站,可在自检资料(表)复核签名后边签上“监理:×××”认可(自检资料)。

h.备注、结论填写方法。

(a)备注:填写试验中出现的问题;试验规程中的计算式,计算中所取的常数(值);规范、设计要求的允许值、偏差值等。

(b)结论:填写试验结果是否满足规范、设计要求;可在××分项工程中使用,有的试验成果需要数理统计,计算平均值、标准差、偏差(离散)系数、代表值等数值,用以评定试验精度及分项工程质量检验评定。

③试验(D类)用表

浆液试块试验报告(D-CZ-S1-01)。

B.2 高速公路采空区治理工程施工、监理常用表格

高速公路采空区治理工程施工、监理常用表格名称及编号名称列于表B-12中,表格式样附于表B-12后。

高速公路采空区治理工程施工、监理常用表格　　表B-12

表格细目				
序号	类别	工程代码	子类	表格名称及编号
01	A	CZ	JL	A-CZ-JL-01　开工申请报告
02	A	CZ	JL	A-CZ-JL-01.1　技术交底记录
03	A	CZ	JL	A-CZ-JL-01.2　施工技术方案(组织设计)报审表
04	A	CZ	JL	A-CZ-JL-01.3　分项工程钻孔开工申请批复单
05	A	CZ	JL	A-CZ-JL-01.4　分项工程注浆开工申请批复单
06	A	CZ	JL	A-CZ-JL-02　施工进度计划申报表
07	A	CZ	JL	A-CZ-JL-03　建筑材料报验单
08	A	CZ	JL	A-CZ-JL-03.1　建筑材料进场审批表
09	A	CZ	JL	A-CZ-JL-03.2　浆液控制指标报批单
10	A	CZ	JL	A-CZ-JL-04　施工放样报验单
11	A	CZ	JL	A-CZ-JL-05　进场设备报验单(施工)
12	A	CZ	JL	A-CZ-JL-05.1　进场设备报验单(试验)
13	A	CZ	JL	A-CZ-JL-05.2　主要人员报表
14	A	CZ	JL	A-CZ-JL-06　单位工程完工报验单
15	A	CZ	JL	A-CZ-JL-06.1　分项工程钻孔终孔报验单
16	A	CZ	JL	A-CZ-JL-06.2　分项工程注浆管浇筑(封孔)报验单
17	A	CZ	JL	A-CZ-JL-06.3　分项工程注浆孔终注报验单
18	A	CZ	JL	A-CZ-JL-07　单位工程完工检验认可书
19	A	CZ	JL	A-CZ-JL-07.1　分项工程钻孔认可书
20	A	CZ	JL	A-CZ-JL-07.2　分项工程注浆管浇筑(封孔)认可书
21	A	CZ	JL	A-CZ-JL-07.3　分项工程钻孔注浆认可书

续上表

表格细目				
序 号	类 别	工程代码	子 类	表格名称及编号
22	A	CZ	JL	A-CZ-JL-08 中间交工证书
23	A	CZ	JL	A-CZ-JL-09 竣工报验单
24	A	CZ	JL	A-CZ-JL-10 竣工证书
25	A	CZ	JL	A-CZ-JL-11 工程缺陷责任期终止证书
26	A	CZ	JL	A-CZ-JL-11.1 缺陷责任期终止申请
27	A	CZ	JL	A-CZ-JL-12 监理工程师通知(通用)
28	A	CZ	JL	A-CZ-JL-13 设计变更通知
29	A	CZ	JL	A-CZ-JL-14 工程变更令
30	A	CZ	JL	A-CZ-JL-14.1 工程变更申请单
31	A	CZ	JL	A-CZ-JL-15 质量、安全事故报告单
32	A	CZ	JL	A-CZ-JL-16 承包商申报表(通用)
33	A	CZ	JL	A-CZ-JL-17 付款申请
34	A	CZ	JL	A-CZ-JL-17.1 竣工付款申请
35	A	CZ	JL	A-CZ-JL-17.2 中间支付证书
36	A	CZ	JL	A-CZ-JL-18 合同工程月计量申报表
37	A	CZ	JL	A-CZ-JL-19 额外工程月计量申报表
38	A	CZ	JL	A-CZ-JL-20 清单支付报表
39	A	CZ	JL	A-CZ-JL-20.1 中间计量表
40	A	CZ	JL	A-CZ-JL-20.2 钻孔中间计量表
41	A	CZ	JL	A-CZ-JL-20.3 注浆中间计量表
42	A	CZ	JL	A-CZ-JL-20.4 浇筑孔口管中间计量表
43	A	CZ	JL	A-CZ-JL-20.5 质量检测中间计量表
44	A	CZ	JL	A-CZ-JL-20.6 中间计量明细表
45	A	CZ	JL	A-CZ-JL-20.7 注浆材料班报用量与理论用量对照表
46	A	CZ	JL	A-CZ-JL-21 承包商每周工作计划
47	A	CZ	JL	A-CZ-JL-22 监理日记
48	A	CZ	JL	A-CZ-JL-23 施工日报
49	A	CZ	JL	A-CZ-JL-24 外购材料进场现场验收及库存量台账
50	A	CZ	JL	A-CZ-JL-25 工地会议纪要
51	A	CZ	JL	A-CZ-JL-26 气象数据统计表
52	A	CZ	JL	A-CZ-JL-26.1 气象数据月报表
53	A	CZ	J	A-CZ-J1-01 旁站监理值班及交接班记录
54	A	CZ	B	A-CZ-B1-01 注浆日报及单孔注浆量汇总表
55	A	CZ	B	A-CZ-B1-02 工程进度周报表
56	A	CZ	B	A-CZ-B1-03 工程进度半月报表
57	A	CZ	B	A-CZ-B1-04 人员及机械设备半月报表
58	A	CZ	B	A-CZ-B1-05 进场原材料(水泥)半月报表
59	A	CZ	B	A-CZ-B1-06 进场原材料(粉煤灰)半月报表

续上表

表格细目				
序号	类别	工程代码	子类	表格名称及编号
60	A	CZ	H	A-CZ-H1-01　注浆材料用量统计汇总表
61	A	CZ	H	A-CZ-H1-02　单孔注浆材料用量统计表
62	A	CZ	H	A-CZ-H1-03　注浆量及浆液质量检测计量统计表
63	B	CZ	J	B-CZ-J1-01　分项工程钻孔质量检验表
64	B	CZ	J	B-CZ-J1-02　分项工程注浆管浇筑(封孔)质量检验表
65	B	CZ	J	B-CZ-J1-03　分项工程注浆质量检验表
66	B	CZ	J	B-CZ-J1-04　注浆孔浆液搅拌质量抽检表
67	B	CZ	L	B-CZ-L1-01　分项工程钻孔质量检验表
68	B	CZ	L	B-CZ-L1-02　分项工程注浆管浇筑(封孔)质量检验表
69	B	CZ	L	B-CZ-L1-03　分项工程注浆质量检验表
70	B	CZ	B	B-CZ-B1-01　钻孔班报表
71	B	CZ	B	B-CZ-B1-01.1　钻孔地质记录表
72	B	CZ	B	B-CZ-B1-01.2　钻孔柱状图
73	B	CZ	B	B-CZ-B1-02　注浆管浇筑(封孔)记录表
74	B	CZ	B	B-CZ-B1-03　注浆记录表
75	B	CZ	B	B-CZ-B1-04　钻孔注浆成果表
76	C	CZ	J	C-CZ-J1-01　分项工程钻孔质量检验评定表
77	C	CZ	J	C-CZ-J1-01.1　分项工程注浆管浇筑(封孔)质量检验评定表
78	C	CZ	J	C-CZ-J1-01.2　分项工程注浆质量检验评定表
79	C	CZ	P	C-CZ-P1-01　分项工程钻孔质量检验评定表
80	C	CZ	P	C-CZ-P1-01.1　分项工程注浆管浇筑(封孔)质量检验评定表
81	C	CZ	P	C-CZ-P1-01.2　分项工程注浆质量检验评定表
82	C	CZ	P	C-CZ-P1-02　分部工程质量检验评定表
83	C	CZ	P	C-CZ-P1-03　单位工程质量检验评定表
84	D	CZ	J	D-CZ-J1-01　注浆孔野外放样监理抽测成果表
85	D	CZ	J	D-CZ-J1-01.1　注浆孔位放样现场监理复测表
86	D	CZ	B	D-CZ-B1-01　浆液配合比试块强度试验结果汇总表
87	D	CZ	C	D-CZ-C1-01　注浆孔野外放样成果表
88	D	CZ	C	D-CZ-C1-01.1　注浆孔孔位放样数据表
89	D	CZ	C	D-CZ-C1-01.2　注浆孔野外放样自检成果表
90	D	CZ	S	D-CZ-S1-01　浆液试块试验报告
91				工程价款中期批复证书

开 工 申 请 报 告

(编号:________)　　A-CZ-JL-01

建设项目:________　　承包单位:________

合 同 号:No.________　　监理单位:________

<table>
<tr><td>
致(建设单位审核人)先生/女士:

我方承担的________________,已完成了以下各项工作,具备了开工条件,特申请施工,请核查并签发开工令。

建议开工日期:　　年　月　日
计划完工日期:　　年　月　日
此项工程负责人:
附件:1.施工技术方案(组织设计)报审表(A-CZ-JL-01.2)
2.质量保证体系[附在施工技术方案(组织设计)报审表中]
3.施工进度计划申报表(A-CZ-JL-02)
4.建筑材料报验单(A-CZ-JL-03)
5.施工放样报验单(A-CZ-JL-04)
6.人员、机械进场情况(A-CZ-JL-05.2,A-CZ-JL-05,A-CZ-JL-05.1)
7.建筑材料进场审批表(A-CZ-JL-03.1)
8.浆液控制指标报批单(A-CZ-JL-03.2)
9.施工质量保证、安全措施
10.环境保护措施

承包商:　　　日期:　　年　月　日
</td></tr>
<tr><td>
驻地(或项目)监理工程师意见:

驻地(或项目)监理工程师:　　　日期:　　年　月　日
</td></tr>
<tr><td>
总监理工程师(或代表)意见:

总监理工程师(或代表):　　　日期:　　年　月　日
</td></tr>
<tr><td>
建设单位意见:

建设单位审核人:　　　日期:　　年　月　日
</td></tr>
</table>

由承包商呈报七份,审查批准后驻地办留两份,建设单位留四份,退承包商一份。

技术交底记录

（编号：＿＿＿＿＿＿）　　A-CZ-JL-01.1

建设项目：＿＿＿＿＿＿　　承包单位：＿＿＿＿＿＿

合 同 号：No.＿＿＿＿＿　　监理单位：＿＿＿＿＿＿

工程名称				日　期	
交底内容：					
交底单位		交底人		职务	
接收单位		接收人		职务	

此表一式四份，设计单位、监理单位、承包商、建设单位各留一份。

施工技术方案(组织设计)报审表

(编号：__________)　　　　A-CZ-JL-01.2

建设项目：__________　　　　承包单位：__________

合 同 号：No.__________　　　　监理单位：__________

<table>
<tr><td>致(总监理工程师或代表)先生/女士：

现报上__________________工程技术、工艺方案。详细说明和图表见附件，请予审查和批准。

附件：技术、工艺方案说明和图表

承包商：　　　　日期：　年　月　日</td></tr>
<tr><td>专业监理工程师意见：

专业监理工程师：　　　　日期：　年　月　日</td></tr>
<tr><td>驻地(或项目)监理工程师审查意见：

驻地(或项目)监理工程师：　　　　日期：　年　月　日</td></tr>
<tr><td>总监理工程师(或代表)审定的意见：

审定结论：□同意
□修改后再报批
□不同意

总监理工程师(或代表)：　　　　日期：　年　月　日</td></tr>
</table>

由承包商呈报三份，审查后驻地办留两份，退承包商一份。

分项工程钻孔开工申请批复单

（编号：__________） A-CZ-JL-01.3

建设项目：__________ 承包单位：__________

合 同 号：No.__________ 监理单位：__________

开工项目： 钻孔成孔
钻孔号：
建议开工日期： 日期： 年 月 日
计划完工日期： 日期： 年 月 日
此项工程负责人：
附件：注浆孔孔位放样数据表(D-CZ-C1-01.1) 承包商： 日期： 年 月 日
现场监理工程师意见： 附件：注浆孔位放样现场监理复测表 D-CZ-J1-01.1 现场监理工程师： 日期： 年 月 日
驻地(或项目)监理工程师意见： 驻地(或项目)监理工程师： 日期： 年 月 日

由承包商呈报三份，审查批准后驻地办留两份，退承包商一份。

分项工程注浆开工申请批复单

（编号：________）　　　　A-CZ-JL-01.4

建设项目：________　　　　承包单位：________

合 同 号：No.______　　　　监理单位：________

<table>
<tr><td>开工项目：　　　　　　孔内注浆</td></tr>
<tr><td>孔号：</td></tr>
<tr><td>建议开工日期：　　　　　　日期：　年　月　日</td></tr>
<tr><td>计划完工日期：　　　　　　日期：　年　月　日</td></tr>
<tr><td>此项工程负责人：</td></tr>
<tr><td>附件：1.分项工程钻孔认可书（A-CZ-JL-07.1）
2.分项工程注浆管浇筑（封孔）认可书（A-CZ-JL-07.2）

承包商：　　　　日期：　年　月　日</td></tr>
<tr><td>现场监理工程师意见：

现场监理工程师：　　　　日期：　年　月　日</td></tr>
<tr><td>驻地（或项目）监理工程师意见：

驻地（或项目）监理工程师：　　　　日期：　年　月　日</td></tr>
</table>

由承包商呈报三份，审查批准后驻地办留两份，退承包商一份。

施工进度计划申报表

（编号：__________） A-CZ-JL-02

建设项目：__________ 承包单位：__________

合 同 号：No.__________ 监理单位：__________

<table>
<tr><td>致(总监理工程师或代表)先生/女士：

兹上报______年______季______月__________工程施工进度计划，请审查批准。

附件：施工进度计划编制说明[包括形象进度(横道图)、工程量、工作量、材料、机械、劳动力等计划和图表]

承包商： 日期： 年 月 日</td></tr>
<tr><td>驻地(或项目)监理工程师审查意见：

驻地(或项目)监理工程师： 日期： 年 月 日</td></tr>
<tr><td>总监理工程师(或代表)审定意见：

总监理工程师(或代表)： 日期： 年 月 日</td></tr>
</table>

承包商呈报三份，审批后工程管理监理工程师和驻地办各留一份，退承包商一份。

建筑材料报验单

（编号：__________）　　A-CZ-JL-03

建设项目：__________　　承包单位：__________

合 同 号：No.__________　　监理单位：__________

致（试验监理工程师）先生/女士：

下列建筑材料经自检符合技术规范要求，报请验证，并准予进场。

附件：1. 材料出厂质量保证书
2. 材料自检试验报告

承包商：　　日期：　年　月　日

材料名称				
材料来源、产地				
材料规格				
用途（使用在何工程或部位）				
本批材料数量				
承包商的试验	试样来源			
	取样地点、日期			
	试验日期、操作人			
	试验结果			
材料预进场日期				

致（承包商）：__________

我证明上述材料的取样、试验等是符合/不符合规程要求的，抽检复查试验结果表明，这些材料，符合/不符合合同技术规范要求，可以/不可以进场在指定工程部位上使用。

试验监理工程师：　　日期：　年　月　日

由承包商呈报三份，签发证明后工程管理监理工程师和驻地办各自留一份，退承包商一份。

建筑材料进场审批表

（编号：__________）　　　　A-CZ-JL-03.1

建设项目：__________　　　　承包单位：__________

合 同 号：No.__________　　　　监理单位：__________

致（总监理工程师或代表）先生/女士：

经监理方和承包人共同考察，并取样检验，__________生产的__________所检验技术指标合格，能够满足技术规范要求。现于进场前报请总监理工程师（或代表）审批。

附件：厂方检验报告、合格证、试验检测资料

承包人：　　　日期：　年　月　日

材料名称		产地	
规格		拟用于工程部位	
批次		数量	

驻地（或项目）监理工程师审查意见：

驻地（或项目）监理工程师：　　　日期：　年　月　日

监理代表处试验监理工程师审核意见：

试验监理工程师：　　　日期：　年　月　日

总监理工程师（或代表）审批结果：

总监理工程师（或代表）：　　　日期：　年　月　日

填表三份，代表处、驻地办、承包商各一份。

浆液控制指标报批单

（编号：__________）　　　　A-CZ-JL-03.2

建设项目：__________　　　　承包单位：__________

合 同 号：No.__________　　　　监理单位：__________

<table>
<tr><td colspan="3">致(总监理工程师)先生/女士：

根据《__________高速公路__________矿采空区治理工程施工图设计》及设计答疑会议要求，在监理现场见证下，按设计水固比对浆液进行试验，并提出现场浆液控制指标(内容见附件)，请予以审批。

附件：1. ________高速公路________矿采空区治理工程________浆液控制指标
2. ________高速公路________矿采空区治理工程浆液配合比试验报告

承包商：　　　　日期：　　年　月　日</td></tr>
<tr><td colspan="3">专业监理工程师意见：

专业监理工程师：　　　　日期：　　年　月　日</td></tr>
<tr><td>建设单位代表意见：

签字：

日期：　　年　月　日</td><td>设计单位代表意见：

签字：

日期：　　年　月　日</td><td>监理机构意见：

总监理工程师：

日期：　　年　月　日</td></tr>
</table>

由承包商呈报六份，各方签认后监理、设计单位各留一份，建设单位三份，退承包商一份。

施工放样报验单

（编号：__________） A-CZ-JL-04

建设项目：__________ 承包单位：__________

合 同 号：No.__________ 监理单位：__________

致(驻地监理工程师)先生/女士：

根据合同要求，业已完成__________注浆孔的施工放样工作，清单如下，请予以查验。

承包商： 日期： 年 月 日

桩号或位置	工程部位名称	放样内容	备注

附件：1. 注浆孔野外放样成果表(D-CZ-C1-01)

2. 施工孔位放样数据表(D-CZ-C1-01.1)

3. 注浆孔野外放样自检成果表(D-CZ-C1-01.2)

现场监理意见：

现场监理： 日期： 年 月 日

驻地监理工程师意见：

驻地监理工程师： 日期： 年 月 日

由承包商呈报三份，审查后驻地办留两份，退承包商一份。

进场设备报验单(施工)

(编号:__________)　　A-CZ-JL-05

建设项目:__________　　承包单位:__________

合 同 号:No.__________　　监理单位:__________

致(驻地监理工程师)先生/女士:

下列设备已按合同规定进场,请查验签证,准予使用。

附件:1.设备出厂合格证或审验合格证

2.仪器的计量认可合格证

承包商:　　日期:　年　月　日

序号	设备名称	规格型号	数量	进场日期	技术状况	拟用何处	备注
1	钻机						
2	钻机						
3	注浆泵						
4	灰浆搅拌机						
5	全站仪						
6	测斜仪						

致(承包商)先生/女士:

经查验:

1.准予进场的设备__________

2.更换后再报的设备__________

3.需补充的设备__________

请你尽快按施工进度要求,配齐、配足所需设备。

现场监理工程师:

日期:　年　月　日

驻地监理工程师:

日期:　年　月　日

由承包商呈报三份,审查后驻地办留两份,退承包商一份。

进场设备报验单(试验)

(编号:__________) A-CZ-JL-05.1

建设项目:__________ 承包单位:__________

合 同 号:No.________ 监理单位:__________

致(驻地监理工程师)先生/女士:

下列设备已按合同规定进场,请查验签证,准予使用。

附件:1.设备出厂合格证或审验合格证

2.仪器的计量认可合格证

承包商: 日期: 年 月 日

序号	设备名称	规格型号	数量	进场日期	技术状况	拟用何处	备注
1	标准容积进料车						
2	磅秤						
3	压力表						
4	黏度计						
5	比重计						
6	量杯						
7	试块模						

致(承包商)先生/女士:

经查验:

1.准予进场的设备____________________

2.更换后再报的设备____________________

3.需补充的设备____________________

请你尽快按施工进度要求,配齐、配足所需设备。

现场监理工程师:

日期: 年 月 日

驻地监理工程师:

日期: 年 月 日

由承包商呈报三份,审查后驻地办留两份,退承包商一份。

主要人员报表

（编号：＿＿＿＿＿＿）　　　　A-CZ-JL-05.2

建设项目：＿＿＿＿＿＿　　　　承包单位：＿＿＿＿＿＿

合 同 号：No.＿＿＿＿＿　　　　监理单位：＿＿＿＿＿＿

工　种	数　量		主要人员及姓名	
	合同	实际		
项目管理人员			项目经理	
			副经理	
			总工程师	
			工程技术	
			质检	
			安全	
测量技术人员			测量工程师	测量技术负责人：
地质技术人员			地质工程师	技术负责人：
钻探技术人员			钻探工程师	技术负责人：
工程地质技术人员			工程地质工程师	技术负责人：
试验室技术人员			试验工程师	技术负责人：
注浆站技术人员			注浆站负责人：	试验及计量、记录员：
材料员（水泥、粉煤灰）			材料负责人：	仓库保管员：
合同计量			合同工程师	合同计量负责人：
其他				
合计				

说明：上述人员均应按招标文件对承包商的要求，提供相关资质或职称证明。

制表：　　复核：　　承包商：　　驻地监理工程师：　　日期：　年　月　日

单位工程完工报验单

（编号：____________）　　A-CZ-JL-06

建设项目：____________　　承包单位：____________

合 同 号：No.____________　　监理单位：____________

<table>
<tr><td colspan="2">致(总监理工程师)先生/女士：

按合同和规范要求，已完成__________煤矿采空区____________孔注浆，并经自检合格，报请查验。

承包商：　　　　　　日期：　　年　月　日</td></tr>
<tr><td colspan="2">检验内容：外观(含环保)、各类质量检验、试验资料等。</td></tr>
<tr><td colspan="2">附件：1. 分部工程质量检验评定表(C-CZ-P1-02)
2. 浆液配合比试块强度试验结果汇总表(D-CZ-B1-01)
3. 外购材料进场现场验收及库存量台账(A-CZ-JL-24)
4. 分项工程钻孔质量检验表(B-CZ-L1-01)
5. 分项工程注浆管浇筑(封孔)质量检验表(B-CZ-L1-02)
6. 分项工程注浆质量检验表(B-CZ-L1-03)</td></tr>
<tr><td>要求到场检验时间：</td><td>年　月　日</td></tr>
<tr><td>承包商递交日期、时间、签字：</td><td>年　月　日</td></tr>
<tr><td>现场监理收件日期、时间、签字：</td><td>年　月　日</td></tr>
<tr><td colspan="2">现场监理工程师意见：

现场监理工程师：　　　　　　日期：　　年　月　日</td></tr>
<tr><td colspan="2">驻地监理工程师意见：

驻地监理工程师：　　　　　　日期：　　年　月　日</td></tr>
<tr><td colspan="2">总监理工程师意见：

总监理工程师：　　　　　　日期：　　年　月　日</td></tr>
<tr><td colspan="2">附注：单位工程完工检验认可书签发后，施工人员方可撤场。</td></tr>
</table>

由承包商呈报三份，经查验后驻地办留两份，退承包商一份。

分项工程钻孔终孔报验单

（编号：____________）　　　　A-CZ-JL-06.1

建设项目：____________　　　　承包单位：____________

合 同 号：No.____________　　　　监理单位：____________

<table>
<tr><td colspan="2">致[驻地(或项目)监理工程师]先生/女士：

按合同和规范要求，已完成________矿采空区____________钻孔的成孔，并经自检合格，报请查验。

承包商：　　　　日期：　年　月　日</td></tr>
<tr><td colspan="2">检验内容：孔深、孔斜、孔径、止浆效果、岩芯采取率、水位记录、钻孔耗水量。</td></tr>
<tr><td colspan="2">附件：1.钻孔班报表(B-CZ-B1-01)
2.钻孔地质记录表(B-CZ-B1-01.1)
3.钻孔柱状图(B-CZ-B1-01.2)
4.分项工程钻孔质量检验表(B-CZ-L1-01)</td></tr>
<tr><td>要求到场检验时间：</td><td>日期：　年　月　日</td></tr>
<tr><td>承包商递交日期、签字：</td><td>日期：　年　月　日</td></tr>
<tr><td>现场监理收件日期、签字：</td><td>日期：　年　月　日</td></tr>
<tr><td colspan="2">现场监理工程师意见：

现场监理工程师：　　　　日期：　年　月　日</td></tr>
<tr><td colspan="2">驻地(或项目)监理工程师意见：

驻地(或项目)监理工程师：　　　　日期：　年　月　日</td></tr>
<tr><td colspan="2">附注：</td></tr>
</table>

由承包商呈报三份，经查验后驻地办留两份，退承包商一份。

分项工程注浆管浇筑(封孔)报验单

(编号:__________)　　　　A-CZ-JL-06.2

建设项目:__________　　　　承包单位:__________

合 同 号:No.__________　　　　监理单位:__________

<table>
<tr><td colspan="2">致[驻地(或项目)监理工程师]先生/女士:

按合同和规范要求,已完成__________矿采空区__________孔的注浆管浇筑(封孔),并经自检合格,报请查验。

承包商:　　　　日期:　　年　月　日</td></tr>
<tr><td colspan="2">检验内容:注浆管长度、注浆管管径、封孔材料用量、止浆效果。</td></tr>
<tr><td colspan="2">附件:1.注浆管浇筑(封孔)记录表(B-CZ-B1-02)
2.分项工程注浆管浇筑(封孔)质量检验表(B-CZ-L1-02)</td></tr>
<tr><td>要求到场检验时间:</td><td>日期:　　年　月　日</td></tr>
<tr><td>承包商递交日期、签字:</td><td>日期:　　年　月　日</td></tr>
<tr><td>现场监理收件日期、签字:</td><td>日期:　　年　月　日</td></tr>
<tr><td colspan="2">现场监理工程师意见:

现场监理工程师:　　　　日期:　　年　月　日</td></tr>
<tr><td colspan="2">驻地(或项目)监理工程师意见:

驻地(或项目)监理工程师:　　　　日期:　　年　月　日</td></tr>
<tr><td colspan="2">附注:</td></tr>
</table>

由承包商呈报三份,经查验后驻地办留两份,退承包商一份。

分项工程注浆孔终注报验单

（编号：__________）　　A-CZ-JL-06.3

建设项目：__________　　承包单位：__________

合 同 号：No.__________　　监理单位：__________

<table>
<tr><td colspan="2">致[驻地(或项目)监理工程师]先生/女士：

按合同和规范要求，已完成__________矿采空区__________孔，并经自检合格，报请查验。

承包商：　　日期：　年　月　日</td></tr>
<tr><td colspan="2">检验内容：结石率、浆液相对密度、浆液黏度、试块强度、孔口压力、稳定时间。</td></tr>
<tr><td colspan="2">附件：1. 注浆记录表(B-CZ-B1-03)
2. 注浆日报及单孔注浆量汇总表(A-CZ-B1-01)
3. 分项工程注浆质量检验表(B-CZ-L1-03)
4. 浆液试块试验报告(D-CZ-S1-01)</td></tr>
<tr><td>要求到场检验时间：</td><td>年　月　日</td></tr>
<tr><td>承包商递交日期、签字：</td><td>年　月　日</td></tr>
<tr><td>现场监理收件日期、签字：</td><td>年　月　日</td></tr>
<tr><td colspan="2">现场监理工程师意见：

现场监理工程师：　　日期：　年　月　日</td></tr>
<tr><td colspan="2">驻地(或项目)监理工程师意见：

驻地(或项目)监理工程师：　　日期：　年　月　日</td></tr>
<tr><td colspan="2">附注：检验合格由驻地监理工程师另发工程检验认可书。</td></tr>
</table>

由承包商呈报三份，经查验后驻地办留两份，退承包商一份。

单位工程完工检验认可书

（编号：__________）　　　　　　　　A-CZ-JL-07

建设项目：__________　　　　　　　　承包单位：__________

合 同 号：No.__________　　　　　　　监理单位：__________

致(承包商)先生/女士： 第__________号工程报验单或现场质量检验报告单所报之__________(工程或建设项目)工程，经查验确认合格工程。
施工放样测量认可： 附件：1. 注浆孔野外放样监理抽测成果表(C-CZ-J1-01) 2. 注浆孔位放样现场监理复测表(C-CZ-J1-01.1) 测量监理工程师：　　　　日期：　年　月　日
原材料试验合格认可： 附件：厂方检验报告、试验检测资料 材料自检试验报告 试验监理工程师：　　　　日期：　年　月　日
施工质量检验、认可： 附件：1. 分项工程钻孔认可书(A-CZ-JL-07.1) 2. 分项工程注浆管浇筑(封孔)认可书(A-CZ-JL-07.2) 3. 分项工程钻孔注浆认可书(A-CZ-JL-07.3) 驻地(或项目)监理工程师：　　　　日期：　年　月　日
质量检验评定认可： 附件：1. 分项工程钻孔质量检验评定表(C-CZ-J1-01) 2. 分项工程注浆管浇筑(封孔)质量检验评定表(C-CZ-J1-01.1) 3. 分项工程注浆质量检验评定表(C-CZ-J1-01.2) 4. 分部工程质量检验评定表(C-CZ-P1-02) 总监理工程师：　　　　日期：　年　月　日

认可书一式两份，驻地办留档一份，承包商一份。

分项工程钻孔认可书

（编号：__________）　　A-CZ-JL-07.1

建设项目：__________　　承包单位：__________

合 同 号：No.__________　　监理单位：__________

致（承包商）先生/女士：

第________号工程报验单所报之______________矿采空区________钻孔钻探工程，经查验确认为合格/基本合格工程。

施工放样认可：

孔深认可：

孔斜认可：

孔径认可：

变径深度认可：

岩芯采取率认可：

孔内水位记录认可：

钻孔耗水量认可：

附件：分项工程钻孔质量检验表（B-CZ-J1-01）

驻地（或项目）监理工程师：　　　日期：　　年　月　日

一式三份，审查认可签字后，驻地办留两份，发承包商一份。

分项工程注浆管浇筑(封孔)认可书

(编号:__________)　　A-CZ-JL-07.2

建设项目:__________　　承包单位:__________

合 同 号:No.__________　钻 孔 号:__________　　监理单位:__________

致(承包商)先生/女士:

第__________号工程报验单所报之__________矿采空区__________注浆管浇筑(封孔)工程,经查验确认为合格/基本合格工程。

注浆管长度认可:

注浆管管径认可:

封孔材料用量认可:

浇筑效果认可:

附件:分项工程注浆管浇筑(封孔)质量检验表(B-CZ-J1-02)

驻地(或项目)监理工程师:　　　日期:　　年　月　日

一式三份,审查认可签字后,驻地办留两份,发承包商一份。

分项工程钻孔注浆认可书

（编号：__________） A-CZ-JL-07.3

建设项目：__________ 承包单位：__________

合 同 号：No.__________ 监理单位：__________

致(承包商)先生/女士：

第__________号工程报验单所报之__________矿采空区__________钻孔注浆工程，经查验确认为合格/基本合格工程。

材料用量认可：

浆液用量认可：

结石率认可：

浆液相对密度认可：

浆液黏度认可：

试块强度认可：

施工过程认可：

停注标准认可：

附件：1.注浆日报及单孔注浆量汇总表(A-CZ-B1-01)

2.注浆材料班报用量与理论用量对照表(A-CZ-JL-20.7)

3.注浆孔浆液搅拌质量抽检表(B-CZ-J1-04)

4.分项工程注浆质量检验表(B-CZ-J1-03)

驻地(或项目)监理工程师： 日期： 年 月 日

一式三份，审查认可签字后，驻地办留两份，发承包商一份。

中间交工证书

（编号：__________）

A-CZ-JL-08

建设项目：__________　　　　承包单位：__________

合 同 号：No.__________　　　　监理单位：__________

<table>
<tr><td>致(驻地监理工程师)先生/女士：

下列工程已完，申请交验。

工程内容：

承包商：　　　　日期　　年　月　日</td></tr>
<tr><td>驻地监理工程师收到日期：　年　月　日　签字：</td></tr>
<tr><td>结论：

驻地监理工程师：　　　　日期：　年　月　日</td></tr>
<tr><td>承包人收件日期：　年　月　日　签字：</td></tr>
<tr><td>

承包商：　　　　日期：　年　月　日</td></tr>
</table>

本证书一式两份，驻地办留档一份，承包商一份。

竣工报验单

（编号：________）　　　　A-CZ-JL-09

建设项目：________　　　　承包单位：________

合 同 号：No.________　　　　监理单位：________

致(总监理工程师)先生/女士：

现________已按合同要求基本完成/完成(下述未完工程及缺陷修补除外)，特报请进行初步验收/正式验收。

在通过初步验收/正式验收后，我们将在责任期内/责任期后继续按合同要求，履行缺陷修补，完成未完工程/最终完善工程的责任，直到监理工程师根据合同认为满意为止。

上述工程中的缺陷

及未完项目

项目名称	责任内容	完成时间	备注
______高速公路______矿采空区治理工程	责任期内履行缺陷修补、最终完善工程的责任	200 年 月 日	提前______天工期

附件：1. 竣工报告

2. 竣工图(平面布置图、注浆孔深平面图、注浆孔深等值线图、注浆量平面图、注浆量等值线图、地质钻探剖面线示意图、地质钻探剖面图)

3. 自检资料[注浆孔野外放样自检成果表(D-CZ-C1-01.2)，分项工程钻孔质量检验表(B-CZ-L1-01)，分项工程注浆管浇筑(封孔)质量检验表(B-CZ-L1-02)，分项工程注浆质量检验表，(B-CZ-L1-03)]

承包商：　　　　日期：　年　月　日

驻地监理工程师意见：

驻地监理工程师：　　　　日期：　年　月　日

总监理工程师意见：

总监理工程师：　　　　日期：　年　月　日

由承包商报七份，验收后驻地办留两份，建设单位留四份，退承包商一份。

竣 工 证 书

（编号：____________）　　　　A-CZ-JL-10

建设项目：____________　　　　承包单位：____________

合 同 号：No.__________　　　　监理单位：____________

<table>
<tr><td>致(承包商)先生/女士：

兹证明第________________号竣工报验单所报(工程建设项目)工程已按照合同和监理工程师的指示（该报验单中注明的工程缺陷和未完成工程除外）完成。因此从(日期)开始，该路段（或工程）进入缺陷责任阶段。

备注：

项目监理工程师：　　　　日期：　　年　月　日</td></tr>
<tr><td>合同管理监理工程师意见：

合同管理监理工程师：　　　　日期：　　年　月　日</td></tr>
<tr><td>总监理工程师意见：

总监理工程师：　　　　日期：　　年　月　日</td></tr>
</table>

一式五份，业主两份，工程管理监理工程师、合同管理监理工程师、承包商各一份。

工程缺陷责任期终止证书

（编号：＿＿＿＿＿＿）　　　　　　　　A-CZ-JL-11

建设项目：＿＿＿＿＿＿　　　　承包单位：＿＿＿＿＿＿

合 同 号：No.＿＿＿＿＿＿　　　　监理单位：＿＿＿＿＿＿

<table>
<tr><td colspan="4">本证书包括的工程：

＿＿＿＿＿＿至＿＿＿＿＿＿高速公路下伏＿＿＿＿＿＿矿采空区治理工程施工第 No.＿＿＿＿＿＿合同段，由 K＿＿＿＿＿＿～K＿＿＿＿＿＿矿采空区的钻孔、浇筑孔口管、注浆等全部施工治理内容。</td></tr>
<tr><td colspan="4">检查人(单位)：</td></tr>
<tr><td>合同缺陷责任
证明签发日期</td><td></td><td>实际缺陷责任
证明签发日期</td><td></td></tr>
<tr><td colspan="4">承包人：

年　月　日</td></tr>
<tr><td colspan="4">驻地监理工程师：

年　月　日</td></tr>
<tr><td colspan="4">总监理工程师：

年　月　日</td></tr>
<tr><td colspan="4">业主：

年　月　日</td></tr>
</table>

缺陷责任期终止申请

A-CZ-JL-11.1

建设项目：__________ 承包单位：__________

合 同 号：No.________ 监理单位：__________

<table>
<tr><td>致(业主代表)先生/女士：

根据___年__月__日的工程竣工查验意见(竣工证书第________号)现已按合同完成了对________工程项目第________合同段工程在缺陷责任期内缺陷修补工作。

特此报验。

附件：缺陷修补工程建设项目、情况及自检资料

承包商： 日期： 年 月 日</td></tr>
<tr><td>总监办(代表处)收件日期、签字：

总监办(代表处)工程师： 日期： 年 月 日</td></tr>
<tr><td>监理工程师检查验收意见：

监理工程师： 日期： 年 月 日</td></tr>
<tr><td>总监理工程师(或代表)意见：

总监理工程师(或代表)： 日期： 年 月 日</td></tr>
<tr><td>业主审批意见：

业主： 日期： 年 月 日</td></tr>
</table>

由承包商报三份，签收审批后业主、总监办(代表处)、承包商各一份。

监理工程师通知(通用)

(编号:＿＿＿＿＿＿)　　A-CZ-JL-12

建设项目:＿＿＿＿＿＿　　承包单位:＿＿＿＿＿＿

合 同 号:No.＿＿＿＿＿＿　　监理单位:＿＿＿＿＿＿

<table>
<tr><td>致(承包商)先生/女士:

注:是/否需要回复(报告)

总监理工程师:　　　　　日期:　　年　月　日</td></tr>
</table>

附注:本书面通知适用于没有专用表格,而必须书面通知承包商的任何意见(同意、批准、指示和决定)。

设 计 变 更 通 知

(编号:____________)　　　　A-CZ-JL-13

建设项目:____________　　　　承包单位:____________

合 同 号:No.__________　　　　监理单位:____________

<table>
<tr><td>致 (承包商) 先生/女士:

根据合同条款规定,现决定对 (项目工程名称) 的设计进行变更,请按变更后的图纸组织施工,正式的变更指令另发。

变更项目内容及细节:

变更后的工程数量增减估算:

附件:变更设计图纸

总监理工程师或合同管理监理工程师:　　　日期:　　　年　月　日</td></tr>
<tr><td>承包商签收:

承包商:　　　日期:　　　年　月　日</td></tr>
</table>

本通知一式三份,工程管理监理工程师、驻地监理工程师办公室、承包商各一份。

工 程 变 更 令

（编号：____________）　　　　A-CZ-JL-14

建设项目：____________　　　　承包单位：____________

合 同 号：No.____________　　　　监理单位：____________

<table>
<tr><td colspan="7">变更理由及详细说明：
变更理由：
详细说明：见附件</td></tr>
<tr><td rowspan="2">支付细目</td><td rowspan="2">建设项目</td><td rowspan="2">单位</td><td rowspan="2">单价</td><td rowspan="2">变更数量
（＋或－）</td><td colspan="2">变更金额</td></tr>
<tr><td>增加（＋）</td><td>减少（－）</td></tr>
<tr><td></td><td></td><td></td><td></td><td></td><td></td><td></td></tr>
<tr><td></td><td></td><td></td><td></td><td></td><td></td><td></td></tr>
<tr><td></td><td></td><td></td><td></td><td></td><td></td><td></td></tr>
<tr><td></td><td></td><td></td><td></td><td></td><td></td><td></td></tr>
<tr><td>合计</td><td></td><td></td><td></td><td></td><td></td><td></td></tr>
<tr><td colspan="7">项目经理：
（接受人）
日期：　　年　月　日</td></tr>
<tr><td colspan="7">总监理工程师：
（签发人）
日期：　　年　月　日</td></tr>
<tr><td rowspan="2">业主</td><td colspan="3">工程技术处：
日期：　　年　月　日</td><td colspan="3">合同计划处：
日期：　　年　月　日</td></tr>
<tr><td colspan="3">总工程师：
日期：　　年　月　日</td><td colspan="3">总经理：
日期：　　年　月　日</td></tr>
</table>

工程变更申请单

（编号：＿＿＿＿＿＿）　　A-CZ-JL-14.1

建设项目：＿＿＿＿＿＿　　承包单位：＿＿＿＿＿＿

合 同 号：No.＿＿＿＿＿　　监理单位：＿＿＿＿＿＿

<table>
<tr><td colspan="3">致＿（总监理工程师）＿先生/女士：

由于＿＿＿＿＿＿＿＿＿＿＿＿＿＿＿＿＿＿＿＿＿＿＿＿原因，

兹提出＿＿＿＿＿＿＿＿＿＿＿＿＿＿＿＿＿工程变更（内容见附件），请予以审批。

附件：

承包商：　　　日期：　　　年　月　日</td></tr>
<tr><td colspan="3">专业监理工程师意见：

专业监理工程师：　　　日期：　　　年　月　日</td></tr>
<tr><td>建设单位代表意见：

签字：

日期：　　年　月　日</td><td>设计单位代表意见（必要时设计单位另出变更图纸）：

签字：

日期：　　年　月　日</td><td>监理机构（代变更令）

总监理工程师：

日期：　　年　月　日</td></tr>
</table>

由承包商呈报八份，各方签认后监理留两份、设计单位留一份，建设单位四份，退承包商一份。

质量、安全事故报告单

（编号：＿＿＿＿＿＿＿＿）　　A-CZ-JL-15

建设项目：＿＿＿＿＿＿＿＿　　承包单位：＿＿＿＿＿＿＿＿

合 同 号：No.＿＿＿＿＿＿＿　　监理单位：＿＿＿＿＿＿＿＿

发生事故时间：　　年　月　日 发生事故地点： 发生事故原因：
事故性质及内容：
造成损失：
应急措施：
处理意见： 承包商：　　日期：　　年　月　日
驻地监理工程师意见： 驻地监理工程师：　　日期：　　年　月　日

由承包商呈报三份，驻地办留两份，退承包商一份。

承包商申报表(通用)

(编号:____________) A-CZ-JL-16

建设项目:____________ 承包单位:____________

合 同 号:No.__________ 监理单位:____________

致:(业主代表) 先生/女士: 事由: 申报内容: 附件: 承包商: 日期: 年 月 日
项目监理工程师意见: 项目监理工程师: 日期: 年 月 日
总监理工程师(或代表)意见: 总监理工程师(或代表): 日期: 年 月 日
设计代表意见: 设计代表: 日期: 年 月 日
业主意见: 业主代表: 日期: 年 月 日
附件:本表使用于没有专用表格,根据合同规定和监理要求又必须书面向监理工程师提出的申请、报审、报批、申报和报告。

由承包商呈报五份,审批后驻地办留两份,设计代表留一份,退承包商一份。

付　款　申　请

（编号：＿＿＿＿＿＿）　　　　A-CZ-JL-17

建设项目：＿＿＿＿＿＿　　　　承包单位：＿＿＿＿＿＿

合 同 号：No.＿＿＿＿＿　　　　监理单位：＿＿＿＿＿＿

致＿（合同工程师）＿先生/女士：

兹申请支付＿＿＿年＿＿＿月份完成下列工程项目的进度款＿＿＿＿＿＿＿＿＿元作为本期的全部付款。

承包商：　　　日期：　　　年　月　日

项目号		项目名称	计量证书表号及编号	申请付款额(元)	合同工程师审核数(元)
清单项目	100章	总则			
	200章	路基			
	清单合计				
其他项目	额外工程				
	工程变更				
	计日工				
	索赔				
	暂定金额				
	材料预付款				
	材料预付款扣回				
	奖励基金				
	保留金				
	开工预付款				
	开工预付款扣回				
	奖金				
	违约罚金				
	迟付款利息				
本期支付金额					

合同工程师：　　　日期：　　　年　月　日

驻地监理工程师：　　　日期：　　　年　月　日

总监理工程师：　　　日期：　　　年　月　日

由承包商呈报三份，审查后驻地办留两份，退承包商一份。

竣 工 付 款 申 请

（编号：__________）　　A-CZ-JL-17.1

建设项目：__________　　承包单位：__________

合 同 号：No.__________　　监理单位：__________

致（项目公司计量工程师）先生/女士：

我公司承接施工的__________矿采空区治理工程 No.____标，按合同要求，于200　年　月　日完成了100%的钻孔及注浆施工任务；200　年　月　日完成质量检测；200　年　月　日通过竣工验收；200　年　月　日移交了全部资料。根据合同协议书，本工程缺陷责任期为　个月，已经到期，兹申请支付保留金(__________)人民币。

承包商：　　日期：　　年　月　日

项目号		建设项目	计量证书表号及编号	申请付款额	合同工程师审核数
清单项目	100章	总则			
	200章	路基			
	清单合计				
其他项目	额外工程				
	工程变更				
	计日工				
	索赔				
	暂定金额				
	材料预付款				
	材料预付款回扣				
	奖励基金				
	保留金				
	开工预付款				
	开工预付款回扣				
	奖金				
	违约罚金				
	迟付款利息				
本期支付金额					

合同工程师：　　日期：　　年　月　日

驻地监理工程师：　　日期：　　年　月　日

总监理工程师：　　日期：　　年　月　日

项目公司计量工程师：　　日期：　　年　月　日

中间支付证书

（编号：________）

A-CZ-JL-17.2

建设项目：________　　　　承包单位：________

合 同 号：No.________　　　　监理单位：________

清单号	项目名称	合同及变更金额(元)			到上期末累计支付金额(元)	本期申请支付金额(元)		到本期末累计支付金额(元)
		合同总金额	变更金额	累计金额		申请支付	监理审核	
100章	总则							
200章	路基							
	清单小计							
额外工程								
工程变更								
计工日								
索赔								
暂定金额								
材料预付款								
材料预付款回扣								
奖励金额								
保留金								
开工预付款								
开工预付款回扣								
奖金								
违约罚金								
迟付款利息								
本期支付金额								

承包人：　　　　合同工程师：　　　　驻地监理工程师：　　　　总监理工程师：

合同工程月计量申报表

（编号：__________）　　A-CZ-JL-18

建设项目：__________　　承包单位：__________

合 同 号：No.________　　监理单位：__________

致 （合同工程师） 先生/女士：

兹申请计量______年____月份完成合同工程量如下表，请予核验量测，你的计量结果将作为我标段申请该项工程进度款的依据。

附件：1. 中间交工证书（A-CZ-JL-08）

2. 计量计算表等

承包人：　　日期：　　年　月　日

清单编号	项目名称	单位	单价（元）	承包人		合同工程师		项目公司	
				申报数量	合价（元）	核定量	核定价（元）	核定量	核定价（元）
102-1	竣工文件	总额							
103-3	临时供电设施								
103-3-b	设施维修	月							
205-7-a	钻孔	m							
205-7-b	浇筑注浆孔口管	个							
205-7-c	注浆	m^3							
205-7-d	质量检测费	1							
合计									

经测量、计算，本项合同可计量的工程量如上表核定数，本期该项合同核定总价为____________元，请据此提出本项目工程进度付款申请。

合同监理工程师：　　日期：　　年　月　日

驻地监理工程师：　　日期：　　年　月　日

总监理工程师：　　日期：　　年　月　日

项目公司计量工程师：　　日期：　　年　月　日

由承包商呈报三份，审查后驻地办留两份，退承包商一份。

额外工程月计量申报表

（编号：__________）　　　　A-CZ-JL-19

建设项目：__________　　　　承包单位：__________

合 同 号：No.__________　　　　监理单位：__________

致 （总监理工程师） 先生/女士：

兹报上本期（200　年＿＿月份）完成之额外工程量如下表，请予核查确认，这将作为我申报该项工程进度款的依据。

附件：1. 工程检验认可书（A-CZ-JL-07）

2. 工程量测量、计算数据和必要的说明

承包人：　　　日期：　　　年　月　日

清单编号	项目名称	单位	单价	承包人		合同工程师		项目公司	
				申报数量	合价	核定量	核定价	核定量	核定价
合计									

致：（承包商） 先生/女士：

经核查，我确认上述申报，核定本期额外工程计量总价为__________元，请据此提出本期付款申请。

合同监理工程师：　　　日期：　　　年　月　日

总监理工程师：　　　日期：　　　年　月　日

由承包商呈报三份，审查后驻地办留两份，退承包商一份。

清单支付报表

（编号：__________）

A-CZ-JL-20

建设项目：__________ 承包单位：__________

合 同 号：No.__________ 监理单位：__________ 截止日期：200　年　月　日

清单编号	项目名称	单位	清单数量	单价	清单金额	本期末完成			上期末完成			本期完成		
						数量	金额（元）	%	数量	金额（元）	%	数量	金额（元）	%
102-1	竣工文件													
103-3	临时供电设施													
103-3-a	设施架设、拆除													
103-3-b	设施维修													
103-5	供水与排污设施													
104-1	承包人驻地建设													
205-7	采空区治理													
205-7-a	钻孔	m												
205-7-b	注浆	m^3												
205-7-c	浇筑注浆孔口管	个												
合计														

承包人：　　合同监理工程师：　　驻地监理工程师：　　总监理工程师：　　项目公司计量工程师：

中 间 计 量 表

（编号：________）　　　　A-CZ-JL-20.1

建设项目：__________　　　　承包单位：__________

合 同 号：No.________　　　　监理单位：__________

<table>
<tr><td>起讫桩号</td><td></td><td>部　　位</td><td></td></tr>
<tr><td>图　　号</td><td colspan="3"></td></tr>
<tr><td colspan="4">计算式：单价×申报数量
本次计量明细如下：
103-3-a　设施架设、拆除
103-3-b　临时供电设施维修
103-5　供水与排污设施
104-1　承包人驻地建设</td></tr>
<tr><td colspan="2">承包商：

日期：　　年　月　日</td><td colspan="2">驻地监理：

日期：　　年　月　日</td></tr>
<tr><td colspan="2">合同工程师：

日期：　　年　月　日</td><td colspan="2">项目公司计量工程师：

日期：　　年　月　日</td></tr>
</table>

钻孔中间计量表

（编号：__________）　　A-CZ-JL-20.2

建设项目：__________　　承包单位：__________

合 同 号：No.__________　　监理单位：__________

<table>
<tr><td>起讫桩号</td><td></td><td>部　　位</td><td></td></tr>
<tr><td>图　　号</td><td colspan="3"></td></tr>
<tr><td colspan="4">计算式：计算数量×______%

205-7-a　钻孔　________×______%＝________</td></tr>
<tr><td colspan="2">承包商：

日期：　　年　月　日</td><td colspan="2">驻地监理：

日期：　　年　月　日</td></tr>
<tr><td colspan="2">合同工程师：

日期：　　年　月　日</td><td colspan="2">项目公司计量工程师：

日期：　　年　月　日</td></tr>
</table>

注浆中间计量表

（编号：__________）　　A-CZ-JL-20.3

建设项目：__________　　承包单位：__________

合 同 号：No.__________　　监理单位：__________

起讫桩号		部　位	
图　号			

计算式：计算数量×______%

205-7-b　注浆　__________×______%=______

承包商： 日期：　　年　月　日	驻地监理： 日期：　　年　月　日
合同工程师： 日期：　　年　月　日	项目公司计量工程师： 日期：　　年　月　日

浇筑孔口管中间计量表

（编号：＿＿＿＿＿＿）　　　　A-CZ-JL-20.4

建设项目：＿＿＿＿＿＿　　　　承包单位：＿＿＿＿＿＿

合 同 号：No.＿＿＿＿＿　　　　监理单位：＿＿＿＿＿＿

<table>
<tr><td>起讫桩号</td><td></td><td>部　　位</td><td></td></tr>
<tr><td>图　　号</td><td colspan="3"></td></tr>
<tr><td colspan="4">计算式：计算数量×＿＿＿％

205-7-c　浇筑孔口管　＿＿＿＿＿＿×＿＿＿＿％＝＿＿＿＿＿</td></tr>
<tr><td colspan="2">承包商：

日期：　　　年　月　日</td><td colspan="2">驻地监理：

日期：　　　年　月　日</td></tr>
<tr><td colspan="2">合同工程师：

日期：　　　年　月　日</td><td colspan="2">项目公司计量工程师：

日期：　　　年　月　日</td></tr>
</table>

质量检测中间计量表

（编号：＿＿＿＿＿）　　A-CZ-JL-20.5

建设项目：＿＿＿＿＿　　承包单位：＿＿＿＿＿

合 同 号：No.＿＿＿＿　　监理单位：＿＿＿＿＿

<table>
<tr><td>起讫桩号</td><td></td><td>部　　位</td><td></td></tr>
<tr><td>图　　号</td><td colspan="3"></td></tr>
<tr><td colspan="4">计算式：单价×申报数量
本次计量明细如下：
205-7-d　质量检测费　＿＿＿＿×＿＿＿＝＿＿＿＿

注：应由建设单位指定有经验和资质的单位专门进行质量检测，即第三方检测。
质量检测费由施工单位计量并转移支付至检测单位。</td></tr>
<tr><td colspan="2">承包商：

日期：　　年　月　日</td><td colspan="2">驻地监理：

日期：　　年　月　日</td></tr>
<tr><td colspan="2">合同工程师：

日期：　　年　月　日</td><td colspan="2">项目公司计量工程师：

日期：　　年　月　日</td></tr>
</table>

中间计量明细表

（编号：＿＿＿＿＿＿）　　A-CZ-JL-20.6

建设项目：＿＿＿＿＿＿　　承包单位：＿＿＿＿＿＿

合 同 号：No.＿＿＿＿＿　　监理单位：＿＿＿＿＿＿

起讫桩号		部位	采空区注浆治理
图号			
孔号	钻孔认可深度(m)	注浆量(m^3)	浇筑孔口管(个)
小计			
总计			
本期计量数	＿＿×＿＿%=＿＿	＿＿×＿＿%=＿＿	＿＿×＿＿%=＿＿

注：本期计量数为监理认可量的＿＿%，剩余＿＿%待最终检测合格后支付。

承包人： 日期：　年　月　日	合同监理工程师： 日期：　年　月　日
驻地监理工程师： 日期：　年　月　日	项目公司计量工程师： 日期：　年　月　日

注浆材料班报用量与理论用量对照表

（编号：________）

A-CZ-JL-20.7

建设项目：________ 承包单位：________

合 同 号：No.______ 200 __年__月__日19时～200 __年__月__日19时 监理单位：________

材料名称	材料进量(1)	实际材料库余(2)	实际材料消耗量(3)	班报注浆材料消耗量				浇筑孔口管消耗量		累计消耗量(8)	理论材料差值及折合注浆量				理论注浆量(12)	百分比<5%(13)
				配合比	材料量(4)	注浆量(5)	所占百分比(6)				总差值(9)	理论用量(10)		折合注浆量(11)		
水泥(t)				1∶1.0								1∶1.0				
				1∶1.1								1∶1.1				
				1∶1.2								1∶1.2				
				1∶1.3								1∶1.3				
				1∶1.4								1∶1.4				
				1∶1.5								1∶1.5				
				合计(14)								合计				
粉煤灰(t)				1∶1.0								1∶1.0				
				1∶1.1								1∶1.1				
				1∶1.2								1∶1.2				
				1∶1.3								1∶1.3				
				1∶1.4								1∶1.4				
				1∶1.5								1∶1.5				
				合计								合计				
速凝剂																

备注：1. 注浆开工前对注浆原材料进行第一次盘库统计。

2. 自第一次对注浆原材料盘库以后每周五盘库统计一次。

3. (3)＝(1)－(2)；(6)＝各配比班报材料消耗量÷合计(14)；(8)＝(4)＋(7)；(9)＝(3)－(8)；(10)＝(9)×(6)的相应百分比；(11)＝(10)÷各配比理论材料用量(按禹登高速公路招标文件上自编的“技术规范”执行)；(12)＝(5)－(11)；(13)＝[(12)－(5)]/(12)。

4. 附件：①外购材料进场现场验收及库存量台账(A-CZ-JL-24)，②注浆材料用量统计汇总表(A-CZ-H1-01)，③单孔注浆材料用量统计表(A-CZ-H1-02)，④注浆量及浆液质量检测计量统计表(A-CZ-H1-03)，⑤分项工程注浆管浇筑(封孔)认可书(A-CZ-JL-07.2)。

监理认可量及评述	经核实：实际注浆量与理论注浆量相差大于5%。认可理论注浆量共计 m^3(否则，认可班报注浆量)。

制表： 审核： 计量监理工程师： 总监理工程师代表：

承包商每周工作计划

（编号：＿＿＿＿＿＿）　　A-CZ-JL-21

建设项目：＿＿＿＿＿＿　　承包单位：＿＿＿＿＿＿

合 同 号：No.＿＿＿＿＿　　监理单位：＿＿＿＿＿＿

<table>
<tr><td colspan="3" rowspan="2">工作计划日期：</td><td>承包人递交日期：</td><td colspan="3">监理收到日期：</td></tr>
<tr><td>签字：</td><td colspan="3">签字：</td></tr>
<tr><td colspan="3">计划施工项目</td><td rowspan="2">施工项目说明
（钻探、注浆及其他）</td><td colspan="3">监理安排</td></tr>
<tr><td>桩号</td><td>注浆孔号</td><td>日期</td><td>检查</td><td>试验</td><td>测量</td></tr>
<tr><td></td><td></td><td></td><td></td><td></td><td></td><td></td></tr>
<tr><td colspan="7">监理工程师意见：

驻地（或项目）监理工程师　　　　日期：　　年　月　日</td></tr>
</table>

承包商呈报两份，核查批复后驻地办留档一份，退承包商一份。

监 理 日 记

（编号：＿＿＿＿＿＿）　　A-CZ-JL-22

建设项目：＿＿＿＿＿＿　　承包单位：＿＿＿＿＿＿

合 同 号：No.＿＿＿＿＿＿　　监理单位：＿＿＿＿＿＿

<table>
<tr><td colspan="3">最高气温＿＿℃ 最低气温＿＿℃ 风力＿＿＿级</td><td colspan="2">天气：晴/小、中、大、阵、雷阵雨，小、中雪</td></tr>
<tr><td>人员情况</td><td colspan="2">施工人员＿＿＿＿个</td><td>其他人员＿＿＿＿个</td><td>合计＿＿＿＿＿个</td></tr>
<tr><td>主要施工
设备动态</td><td colspan="2">施工钻机：＿＿＿＿台</td><td>施工注浆泵：＿＿＿＿台</td><td>停工设备：</td></tr>
<tr><td rowspan="2">主要材料
进场与使
用情况</td><td colspan="2">进场水泥量(t)：</td><td colspan="2">使用水泥量(t)：</td></tr>
<tr><td colspan="2">进场粉煤灰量(t)：</td><td colspan="2">使用粉煤灰量(t)：</td></tr>
<tr><td rowspan="4">施工进展
情况</td><td>钻孔终孔号</td><td></td><td>注浆终孔号</td><td></td></tr>
<tr><td>正在钻孔号</td><td></td><td>正在注浆孔号</td><td></td></tr>
<tr><td>批准待开钻孔号</td><td></td><td>批准待注孔号</td><td></td></tr>
<tr><td>浇筑孔口
管钻孔号</td><td></td><td>注浆量(m^3)</td><td></td></tr>
<tr><td>存在的问题</td><td colspan="4"></td></tr>
<tr><td>曾对承包人下
达的指令或
答复</td><td colspan="4"></td></tr>
<tr><td>承包人处理
意见及处理
措施和效果</td><td colspan="4"></td></tr>
<tr><td>监理机构签发
的意见、通知</td><td colspan="4"></td></tr>
<tr><td>会议情况</td><td colspan="4"></td></tr>
<tr><td>业主的要求
或决定</td><td colspan="4"></td></tr>
<tr><td>其他</td><td colspan="4"></td></tr>
<tr><td colspan="3">记　　录
监理工程师：

日期：　　年　月　日</td><td colspan="2">驻地监理工程师
或 总 监 代 表：

日期：　　年　月　日</td></tr>
</table>

说明：本表由驻地监理办按月装订成册。　　第　页 共　页

施 工 日 报

(编号:________)　　　　A-CZ-JL-23

建设项目:________　　　　承包单位:________

合 同 号:No.________　　　　监理单位:________

日期:　年　月　日		气温:　℃～　℃	降雨量:		
正在钻进孔号			数量(个)		
今日开钻孔号			累计开钻孔数(个)		占总孔数的 ____%
今日成孔孔号			累计成孔孔数(个)		占总孔数的 ____%
今日进尺(m)		累计进尺(m)			
正在注浆孔号			数量(个)		
今日开注孔号			累计注浆孔数(个)		占总孔数的 ____%
今日停注孔号			累计停注孔数(个)		占总孔数的 ____%
今日注浆数量(m^3)		累计注浆数量(m^3)			
今日水泥进量(t)		累计水泥进量(t)			
今日粉煤灰进量(t)		累计粉煤灰进量(t)			
取样送检(组)	水泥:	粉煤灰:	浆液试块:		
今日投入人员:					
今日投入机械:					
钻探统计人		注浆统计人			
材料统计人		人员、机械统计人			
监理工程师评述:					
注:今日指上日 19:00～今日 19:00,要求次日 8:30 前报送到驻地办。本表一式三份,报驻地办两份,承包商自留一份,分包商另报总包单位一份。					

计量负责人:　　总统计人:　　监理工程师:　　日期:　年　月　日

外购材料进场现场验收及库存量台账

（编号：＿＿＿＿＿＿）

A-CZ-JL-24

建设项目：＿＿＿＿＿＿　　　　承包单位：＿＿＿＿＿＿

合 同 号：No.＿＿＿＿＿　　　　监理单位：＿＿＿＿＿＿

序号	名称规格	产地	单位	本批数量	累计数量	进料日期	进料单编号	施工方现场验收人	现场监理验收人	库存量	备注

注：1. 此表一式两份，现场验收签字后承包商和监理方各留一份；
2. 所有进场材料均单独建账，台账表格编号依此表顺延；
3. 此表是表 A-CZ-JL-20.7 的附件，是计量的依据；
4. 每周五下午现场盘存库余，监理现场见证，并填写库存量。

工地负责：　　材料负责：　　监理工程师：　　日期：　　年　月　日　　共　页第　页

工地会议纪要

（编号：__________）

A-CZ-JL-25

建设项目：__________　　承包单位：__________

合 同 号：No.________　　监理单位：__________

<table>
<tr><td colspan="4">时间：　　年　月　日
地点：
主持人：</td></tr>
<tr><td colspan="4">参 加 者</td></tr>
<tr><td>业主</td><td>监理人员</td><td>承包人</td><td>设计方代表</td></tr>
<tr><td></td><td></td><td></td><td></td></tr>
<tr><td colspan="4">记录整理人：　　本次会议纪要共　　页，附后。</td></tr>
<tr><td colspan="4">会议主要议题：</td></tr>
<tr><td colspan="4">抄送：</td></tr>
<tr><td colspan="4">监理工程师：　　日期：　　年　月　日</td></tr>
<tr><td colspan="4">承包商：　　日期：　　年　月　日</td></tr>
</table>

气象数据统计表

（编号：＿＿＿＿＿＿）　　A-CZ-JL-26

建设项目：＿＿＿＿＿＿　　承包单位：＿＿＿＿＿＿

合 同 号：No.＿＿＿＿＿＿　　监理单位：＿＿＿＿＿＿

年月	温度(℃)		晴	阴	雾	雨			雪		备注
日期	最高	最低				大	中	小	大	小	
200 年 月 日～200 年 月 日											
晴天数			阴天数			降雨天数			降雪天数		

统计：　　复核：　　监理工程师：　　日期：　　年　月　日

气象数据月报表

（编号：____________） A-CZ-JL-26.1

建设项目：____________ 承包单位：____________

合 同 号：No.____________ 监理单位：____________

年 月	雨量 (mm)	温度(℃)		风力	备注	年 月	雨量 (mm)	温度(℃)		风力	备注
日期		最高	最低			日期		最高	最低		

平均温度	℃	降雨总量	mm
		降雨天数	d

统计： 复核： 监理工程师： 日期： 年 月 日

旁站监理值班及交接班记表

（编号：＿＿＿＿＿＿）　　A-CZ-J1-01

建设项目：＿＿＿＿＿＿　　承包单位：＿＿＿＿＿＿

合 同 号：No.＿＿＿＿＿　　监理单位：＿＿＿＿＿＿

<table>
<tr><td rowspan="2">日期</td><td rowspan="2">年
＿月＿日</td><td rowspan="2">分项工程名称</td><td colspan="2">钻孔施工</td><td colspan="2">浇筑孔口管</td><td colspan="2">注浆施工</td></tr>
<tr><td>是</td><td>否</td><td>是</td><td>否</td><td>是</td><td>否</td></tr>
<tr><td>班次</td><td></td><td>天气</td><td colspan="2"></td><td colspan="2">温度</td><td colspan="2"></td></tr>
<tr><td rowspan="2">人员情况</td><td colspan="2">钻探人员＿＿＿＿个</td><td colspan="3">注浆人员＿＿＿＿个</td><td colspan="3">管理人员＿＿＿＿个</td></tr>
<tr><td colspan="3">其他人员＿＿＿＿个</td><td colspan="3">合计</td><td colspan="2">＿＿＿＿个</td></tr>
<tr><td rowspan="2">主要施工设备动态</td><td colspan="2">施工钻机：＿＿＿＿台</td><td colspan="3">待工钻机：＿＿＿＿台</td><td colspan="3">维修钻机：＿＿＿＿台</td></tr>
<tr><td colspan="2">施工注浆泵：＿＿＿＿台</td><td colspan="3">待工注浆泵：＿＿＿＿台</td><td colspan="3">维修注浆泵：＿＿＿＿台</td></tr>
<tr><td rowspan="2">主要材料进场与使用情况</td><td colspan="4">进场水泥(t)：</td><td colspan="4">使用水泥(t)：</td></tr>
<tr><td colspan="4">进场粉煤灰(t)：</td><td colspan="4">使用粉煤灰(t)：</td></tr>
<tr><td rowspan="4">主要施工内容</td><td colspan="2">钻孔终孔号</td><td colspan="2"></td><td colspan="2">注浆终孔孔号</td><td colspan="2"></td></tr>
<tr><td colspan="2">正在钻孔号</td><td colspan="2"></td><td colspan="2">正在注浆孔号</td><td colspan="2"></td></tr>
<tr><td colspan="2">批准待开钻孔号</td><td colspan="2"></td><td colspan="2">批准待注浆孔号</td><td colspan="2"></td></tr>
<tr><td colspan="2">浇筑孔口管号</td><td colspan="2"></td><td colspan="2">注浆量(m^3)</td><td colspan="2"></td></tr>
<tr><td>承包人提出的问题</td><td colspan="8"></td></tr>
<tr><td>曾对承包人下达的指令或答复</td><td colspan="8"></td></tr>
<tr><td colspan="9">值班监理员：＿＿＿＿＿＿　　接班监理员：＿＿＿＿＿＿
现场承包人代表：＿＿＿＿＿</td></tr>
</table>

说明：本表由驻地监理办按月装订成册。　　第　页　共　页

注浆日报及单孔注浆量汇总表

（编号：__________）　　A-CZ-B1-01

建设项目：__________　　承包单位：__________

合 同 号：No.________　　监理单位：__________

注浆日期：______年__月__日　（昨日 19：00～当日 19：00）　　共___页　第___页

序号	注浆孔号	注浆起止时间	浆液水固比	单孔浆液材料用量(kg)				注浆量(m^3)		注浆是否结束
				水	水泥	粉煤灰	水玻璃			
			1：____							
			1：____							
			1：____							
			1：____							
			1：____							
			1：____							
			1：____							
			1：____							
			1：____							
			1：____							
			1：____							
			1：____							
			1：____							
			1：____							
			1：____							
			1：____							
			1：____							
			1：____							
			1：____							
			1：____							
			1：____							
附注：注浆记录表(B-CZ-B1-03)										

由承包商呈报三份，经查验后驻地办留两份，退承包商一份。

项目负责：　　资料整理：　　复核：　　监理工程师：　　日期：　　年　月　日

工程进度周报表

（编号：　　　　　　）　　　　　　　　　　A-CZ-B1-02

建设项目：　　　　　　　　　　　　　　承包单位：

合 同 号：No.　　　　　　　　　　　　　监理单位：

致：（驻地监理工程师）先生/女士：

现将本周　　　　年　月　日～　　　　年　月　日设备及工程进度完成情况汇总呈报。

承包商：　　　　日期：　　　年　月　日

<table>
<tr><td rowspan="3">钻探</td><td>正在钻探孔号及孔数</td><td colspan="6">共计：　　个</td></tr>
<tr><td>周终钻孔数（个）</td><td colspan="2"></td><td colspan="2">累计完成终孔数（个）</td><td colspan="2"></td></tr>
<tr><td>周钻探进尺（m）</td><td colspan="2"></td><td colspan="2">累计钻探进尺（m）</td><td colspan="2"></td></tr>
<tr><td rowspan="3">注浆</td><td>正在注浆孔号及孔数</td><td colspan="6">共计：　　个</td></tr>
<tr><td>周终注孔数（个）</td><td colspan="2"></td><td colspan="2">累计完成终注孔数（个）</td><td colspan="2"></td></tr>
<tr><td>周注浆量（m³）</td><td colspan="2"></td><td colspan="2">累计注浆量（m³）</td><td colspan="2"></td></tr>
<tr><td rowspan="3">进场原材料</td><td>周进水泥量（t）</td><td></td><td>周水泥库存量（t）</td><td></td><td>累计水泥进量（t）</td><td></td><td>累计水泥消耗量（t）</td></tr>
<tr><td>周进粉煤灰量（t）</td><td></td><td>周粉煤灰库存量（t）</td><td></td><td>累计粉煤灰进量（t）</td><td></td><td>累计粉煤灰消耗量（t）</td></tr>
<tr><td>周进速凝剂量（t）</td><td></td><td>周速凝剂消耗量（t）</td><td></td><td>累计速凝剂进量（t）</td><td></td><td>累计速凝剂消耗量（t）</td></tr>
<tr><td rowspan="3">取样送检（组）</td><td rowspan="3">水泥</td><td colspan="2">200t 以下</td><td>粉煤灰 2 000t 以上</td><td colspan="3"></td></tr>
<tr><td colspan="2">200t</td><td>周浆液试块</td><td colspan="3"></td></tr>
<tr><td colspan="2">2 000t 以上</td><td>累计浆液试块</td><td colspan="3"></td></tr>
<tr><td>本周投入机械设备</td><td>施工钻机（台）</td><td></td><td>停工钻机（台）</td><td></td><td>施工注浆泵（台）</td><td colspan="2"></td></tr>
<tr><td>投资额</td><td>本周完成投资额（万元）</td><td colspan="2"></td><td>累计完成投资额（万元）</td><td colspan="3"></td></tr>
</table>

附件：

1. 外购材料进场现场验收及库存量台账（A-CZ-JL-24）
2. 本周工作概况
3. 承包商每周工作计划（A-CZ-JL-21）

注：1. 统计时间截止周五 19:00，周五下午现场盘存库余，要求周六早 8:30 以前报送到驻地办。
2. 文字说明可另附页。
3. 本表一式三份。驻地监理办、承包商各一份，报建设单位一份。

项目负责：　　统计人：　　复核：　　驻地监理工程师：　　日期：　　年　月　日

工程进度半月报表

（编号：＿＿＿＿＿＿）　　A-CZ-B1-03

建设项目：＿＿＿＿＿＿　　承包单位：＿＿＿＿＿＿

合 同 号：No.＿＿＿＿＿　　监理单位：＿＿＿＿＿＿

致：(驻地监理工程师)先生/女士：

200＿年＿月上/下半月完成工程清单＿＿＿＿＿＿＿＿＿项。

承包商：　　日期：　年　月　日

项目名称	内容	单位	合同数量	至期末累计完成数量	本期完成数量	单价（元）	本期合价（元）
合计							

本项合同总价：　　本期完成占本项合同总价的　　%

至期末累计完成本项合同总价：　　期末累计完成占本项合同总价的　　%

注：本表据工程量计算的合价仅作为工程进度的参考，不作为计量的依据。

项目负责：　制表：　复核：　驻地监理工程师：　日期：　年　月　日

人员及机械设备半月报表

（编号：__________）　　A-CZ-B1-04

建设项目：__________　　承包单位：__________

合 同 号：No.__________　　监理单位：__________

致：(驻地监理工程师)先生/女士：

200 __年__月上/下半月人员及机械设备情况汇报结果如下表。

承包商：　　日期：　年　月　日

人员报表		主 要 设 备				
工种	数量	设备名称	数量	使用状况		
				工作(日)	待工(日)	修理(日)
合计						

项目负责：　　制表：　　复核：　　驻地监理工程师：　　日期：　年　月　日

进场原材料(水泥)半月报表

(编号:____________)　　A-CZ-B1-05

建设项目:____________　　承包单位:____________

合 同 号:No.____________　　监理单位:____________

致:(驻地监理工程师)先生/女士:

200 __年__月上/下半月进场水泥及盘存库余情况汇报结果如下表。

承包商:　　　日期:　　年　月　日

序号	数量(t)	进场日期	取样(组)	检测结果	试验编号	报验单编号	备注
合计							
上半月库存量							
本半月实际进场量							
本半月末实际盘存量							

附件:1. 工程进度周报表(A-CZ-B1-02)

2. 外购材料进场现场验收及库存量台账(A-CZ-JL-24)

项目负责:　　制表:　　复核:　　监理工程师:　　日期:　　年　月　日

进场原材料(粉煤灰)半月报表

(编号:__________) A-CZ-B1-06

建设项目:__________ 承包单位:__________

合 同 号:No.__________ 监理单位:__________

致:(驻地监理工程师)先生/女士:

200 __年__月上/下半月进场粉煤灰及盘存库余情况汇报结果如下表。

承包商: 日期: 年 月 日

序号	数量(t)	进场日期	取样(组)	检测结果	试验编号	报验单编号	备注
合计							
上半月库存量							
本半月实际进场量							
本半月末实际盘存量							

附件:1.工程进度周报表(A-CZ-B1-02)

2.外购材料进场现场验收及库存量台账(A-CZ-JL-24)

项目负责: 制表: 复核: 监理工程师: 日期: 年 月 日

注浆材料用量统计汇总表

（编号：__________）　　A-CZ-H1-01

建设项目：__________　　承包单位：__________

合 同 号：No.__________　　监理单位：__________

200__年__月__日 19 时～200 年__月__日 19 时

配合比	水泥用量（t）	粉煤灰用量（t）	注浆量（m^3）	注砂浆量（m^3）	速凝剂（t）
1∶1.0					
1∶1.1					
1∶1.2					
1∶1.3					
1∶1.4					
合计					
备注	截止__________月__________日19时前终注__个孔，正注__个孔。				

项目负责：　　资料整理：　　复核：　　监理工程师：　　日期：　年　月　日

单孔注浆材料用量统计表

（编号：________）

A-CZ-H1-02

建设项目：________　　承包单位：________

合 同 号：No.________　　监理单位：________

统计时段：200 __年__月__日 19 时～200 __年__月__日 19 时

编号	孔号	配合比 1：1.0			配合比 1：1.1			配合比 1：1.2			配合比 1：1.3			配合比 1：1.4			单孔注浆量（m^3）	速凝剂（t）	砂（m^3）	备注
		注浆量（m^3）	水泥量（t）	粉煤灰量（t）	注浆量（m^3）	水泥量（t）	粉煤灰量（t）	注浆量（m^3）	水泥量（t）	粉煤灰量（t）	注浆量（m^3）	水泥量（t）	粉煤灰量（t）	注浆量（m^3）	水泥量（t）	粉煤灰量（t）				
合计																				
累计																				

注：1. 截止统计时，注浆孔结束注浆的，数据填写在下格并加（　）。2. 截止统计时，注浆孔正在注浆的，数据填写在上格。

项目负责：　　资料整理：　　复核：　　计量监理工程师：　　日期：　　年　月　日

注浆量及浆液质量检测计量统计表

（编号：＿＿＿＿＿＿）

A-CZ-H1-03

建设项目：＿＿＿＿＿＿　　　　施工单位：＿＿＿＿＿＿

合 同 号：No.＿＿＿＿＿　　　　监理单位：＿＿＿＿＿＿

统计时段：200 ＿年＿月＿日 19 时～200 ＿年＿月＿日 19 时

编　号	孔　号	注浆量(m^3)	水泥量(t)	粉煤灰量(t)	速凝剂量(t)	浆液抽检(次)	试块(组)	间歇时间	备　注
合计									
累计									

注：1. 截止统计时，注浆孔结束注浆的，数据填写在下格并加（　）。2. 截止统计时，注浆孔正在注浆的，数据填写在上格。

项目负责：　　　　资料整理：　　　　复核：　　　　计量监理工程师：　　　　日期：　　年　月　日

分项工程钻孔质量检验表

（编号：　　　　　　）　　　　　　B-CZ-J1-01

建设项目：＿＿＿＿＿＿　　　　　　　　　　承包单位：＿＿＿＿＿＿

合 同 号：No.＿＿＿＿＿＿　　钻孔号：＿＿＿＿＿＿　　监理单位：＿＿＿＿＿＿

项　次	检 查 项 目	规定值或允许偏差	实测值或实测偏差值				
1	孔深	入采空区底板深度（要求≤1.5m）					
2	孔斜	每100m≤2°					
3	孔径	130mm入基岩深度（要求入4～6m）					
4	采空区岩芯采取率	上覆岩层＞60％					
		采空塌陷区＞30％					
5	孔内水位记录						
6	监理现场孔深测量						合计孔深(m)
7	检验结果			现场监理意见：			

现场监理：　　　　项目监理工程师：　　　　抽检日期：　　　　年　月　日

分项工程注浆管浇筑(封孔)质量检验表

(编号:__________)

B-CZ-J1-02

建设项目:__________ 承包单位:__________

合 同 号:No.__________ 钻孔号:__________ 监理单位:__________

<table>
<tr><td>开 钻 日 期</td><td>年 月 日</td><td>成 孔 日 期</td><td colspan="2">年 月 日</td><td>开孔口径(mm)</td><td>ϕ</td></tr>
<tr><td>设计孔深</td><td></td><td>实际孔深(m)</td><td colspan="2"></td><td>变径深度(m)</td><td></td></tr>
<tr><td rowspan="2">采空区或煤层底板深度(m)</td><td rowspan="2"></td><td rowspan="2">注浆管直径(mm)</td><td rowspan="2">ϕ</td><td rowspan="3">封孔材料用量</td><td>水(t)</td><td></td></tr>
<tr><td>水泥(t)</td><td></td></tr>
<tr><td>注浆管长度(m)</td><td></td><td>变径处下
20～30cm</td><td></td><td>速凝剂(t)</td><td></td></tr>
<tr><td>孔内情况描述</td><td colspan="2"></td><td>质量检验
合格率(%)</td><td colspan="3"></td></tr>
<tr><td colspan="7">监理工程师意见:

驻地(或项目)监理工程师:</td></tr>
</table>

记录: 复核: 日期: 年 月 日

分项工程注浆质量检验表

（编号：＿＿＿＿＿）

B-CZ-J1-03

建设项目：＿＿＿＿＿　　　　承包单位：＿＿＿＿＿

合 同 号：No.＿＿＿＿　　钻孔号：＿＿＿＿＿　　监理单位：＿＿＿＿＿

<table>
<tr><th rowspan="2">项次</th><th rowspan="2" colspan="2">检 查 项 目</th><th rowspan="2">规定值或允许偏差</th><th rowspan="2">检查频率</th><th colspan="10">实测值或实测偏差值</th><th colspan="2">质量检验结果</th></tr>
<tr><th>1</th><th>2</th><th>3</th><th>4</th><th>5</th><th>6</th><th>7</th><th>8</th><th>9</th><th>10</th><th>平均代表值</th><th>合格率（%）</th></tr>
<tr><td>1</td><td colspan="2">结石率</td><td rowspan="4">见浆液控制指标表</td><td rowspan="3">每班不少于3次</td><td></td><td></td><td></td><td></td><td></td><td></td><td></td><td></td><td></td><td></td><td></td><td></td></tr>
<tr><td>2</td><td colspan="2">浆液相对密度</td><td></td><td></td><td></td><td></td><td></td><td></td><td></td><td></td><td></td><td></td><td></td><td></td></tr>
<tr><td>3</td><td colspan="2">浆液黏度</td><td></td><td></td><td></td><td></td><td></td><td></td><td></td><td></td><td></td><td></td><td></td><td></td></tr>
<tr><td>4</td><td colspan="2">试块强度</td><td>见试验报告D-CA-S1-01</td><td></td><td></td><td></td><td></td><td></td><td></td><td></td><td></td><td></td><td></td><td></td><td></td></tr>
<tr><td rowspan="2">5</td><td rowspan="2">停注标准</td><td>孔口压力</td><td rowspan="2" colspan="2">见表 B-CZ-B1-03</td><td></td><td></td><td></td><td></td><td></td><td></td><td></td><td></td><td></td><td></td><td></td><td></td></tr>
<tr><td>稳定时间</td><td></td><td></td><td></td><td></td><td></td><td></td><td></td><td></td><td></td><td></td><td></td><td></td></tr>
<tr><td colspan="17">监理工程师意见：</td></tr>
</table>

记录：　　　　复核：　　　　日期：　　　　年　月　日

注浆孔浆液搅拌质量抽检表

（编号：＿＿＿＿＿＿）　　　　B-CZ-J1-04

建设项目：＿＿＿＿＿＿　　　　承包单位：＿＿＿＿＿＿

合 同 号：No.＿＿＿＿＿　　　　监理单位：＿＿＿＿＿＿

工程部位（孔号）	抽检日期	水固比	结石率（%）	浆液相对密度	浆液黏度（s）	备注

注：1. 每孔抽检频率不低于一次。
2. 注浆量较大时，每班次抽检频率不低于一次。

现场监理：　　　　试验监理工程师：　　　　项目监理工程师：

分项工程钻孔质量检验表

（编号：________）

B-CZ-L1-01

建设项目：________ 承包单位：________

合 同 号：No.________ 钻孔号：________ 监理单位：________

项次	检 查 项 目	规定值或允许偏差	实测值或实测偏差值	质量检验合格率(%)
1	孔深	入采空区底板深度(要求≤1.5m)		
2	孔斜	每 100m≤2°		
3	孔径	130mm 入基岩深度(要求入 4～6m)		
4	岩芯采取率	上覆岩层>60%		
		采空区塌陷区>30%		
5	孔内水位纪录			
6	现场孔深测量			合计(m)
7	承包单位意见：			

项目负责：　　检验：　　复核：　　监理工程师：　　日期：　　年　月　日

分项工程注浆管浇筑(封孔)质量检验表

(编号：＿＿＿＿＿＿)

B-CZ-L1-02

建设项目：＿＿＿＿＿＿　　　　　　　　　　　　　　　承包单位：＿＿＿＿＿＿

合 同 号：No.＿＿＿＿＿　　钻孔号：＿＿＿＿＿＿　　监理单位：＿＿＿＿＿＿

<table>
<tr><td>开 钻 日 期</td><td>年 月 日</td><td>成 孔 日 期</td><td colspan="2">年 月 日</td><td>开孔口径(mm)</td><td>φ</td></tr>
<tr><td>设计孔深</td><td></td><td>实际孔深(m)</td><td colspan="2"></td><td>变径深度(m)</td><td></td></tr>
<tr><td rowspan="3">采空区或煤层底板
深度(m)</td><td rowspan="3"></td><td rowspan="3">注浆管直径(mm)</td><td rowspan="3">φ</td><td rowspan="6">封孔材料用量</td><td rowspan="2">水(t)</td><td rowspan="2"></td></tr>
<tr></tr>
<tr><td rowspan="2">水泥(t)</td><td rowspan="2"></td></tr>
<tr><td rowspan="3">注浆管长度(m)</td><td rowspan="3"></td><td rowspan="3">变径处下
20～30cm</td><td rowspan="3"></td></tr>
<tr><td rowspan="2">速凝剂(t)</td><td rowspan="2"></td></tr>
<tr></tr>
<tr><td>孔内情况描述</td><td colspan="2"></td><td>质量检验
合格率(%)</td><td colspan="3"></td></tr>
<tr><td colspan="7">承包单位意见：

总工程师：</td></tr>
</table>

项目负责：　　　　检测：　　　　复核：　　　　日期：　　　　年　月　日

分项工程注浆质量检验表

（编号：＿＿＿＿＿＿）　　　　　　　　B-CZ-L1-03

建设项目：＿＿＿＿＿＿　　　　　　　　　　　　　　施工单位：＿＿＿＿＿＿

合 同 号：No.＿＿＿＿＿　　　钻孔号：＿＿＿＿＿＿　　　监理单位：＿＿＿＿＿＿

项次		检验内容		规定值或允许偏差	实际结果		检查频率（次）	质量合格率（%）
					最小	最大		
注浆施工检查	1	结石率(%)	1∶1.0～1∶1.4	≥68～88				
	2	浆液相对密度		≥1.38～1.47				
	3	浆液黏度(s)		≥23～70				
	4	试块强度(MPa)		≥0.9～1.15(7d)				
	5	停注标准	孔口压力	1.0～1.5(MPa)	见表 B-CZ-B1-03			
			稳定时间	10～15(min)				
注浆已用原材料检查	6	水泥	共使用批次数		每个批次检测一组			
			同批次大于200t次数		同批次超过200t检测一组			
			全区共用水泥量(t)		每2 000t取样外检一次			
	7	粉煤灰	全区共用粉煤灰量(t)		每2 000t取样外检一次			

承包单位意见：

总工程师：

项目负责：　　资料整理：　　复核：　　监理工程师：　　日期：　年　月　日

钻孔班报表

（编号：________）

B-CZ-B1-01

建设项目：________ 承包单位：________

合 同 号：No.________ 钻孔号：________ 钻机类型及编号：________ 监理单位：________

地面标高：____m 孔底标高：____m 护筒顶标高：____m 护筒底标高：____m 机高：____m 共__页 第__页

时间						工作简述	钻进情况(m)					岩芯描述				钻头		简单水文观测		孔斜测量				孔内情况简述
月	日	起		止			钻探回次	钻杆长度	机上余尺	本次进尺	累计进尺	长度(m)	采取率(%)	编号	名称	规格	类型	耗水量(m^3)	水位(m)	测量孔深(m)	顶角(°)	方位角(°)	孔斜度(°)	
		时	分	时	分																			
1	2	3	4	5	6	7	8	9	10	11	12	13	14	15	16	17	18	19	20	21	22	23	24	25

项目负责： 技术负责： 机长： 记录： 监理工程师： 日期： 年 月 日

钻孔地质记录表

（编号：________）　　B-CZ-B1-01.1

建设项目：________　　承包单位：________

合 同 号：No.________　　监理单位：________

钻 孔 号：________　终孔深度：________m　孔口坐标：X=____ Y=____ H=____

开钻日期：____年__月__日　　完工日期：____年__月__日　　共__页 第__页

自	至	进尺(m)	岩芯(屑)描述	备　注

项目负责：　　记录：　　复核：　　监理工程师：　　日期：　　年　月　日

钻孔柱状图

（编号：____________）　　B-CZ-B1-01.2

建设项目：____________　　承包单位：____________

合 同 号：No.____________　　监理单位：____________

钻 孔 号：____________　终孔深度：____________ m　孔口坐标：$X=$____ $Y=$____ $H=$____

开钻日期：　____年__月__日　　完工日期：　____年__月__日　　共__页　第__页

地质时代	分层编号	层底埋深	层底标高	分层厚度	地质柱状图 1∶300			地层岩性及工程地质描述（岩性、颜色、粒度、矿物组成、风化程度、结构构造、包含物、状态、密度等）	岩芯编号	备注
								（图形及文字用微机编制）		

项目负责：　　编制：　　复核：　　监理工程师：　　日期：　　年　月　日

注浆管浇筑(封孔)记录表

(编号:＿＿＿＿＿＿)　　　　　　B-CZ-B1-02

建设项目:＿＿＿＿＿＿　　　　　　　　　　监理单位:＿＿＿＿＿＿

合 同 号:No.＿＿＿＿＿　　钻孔号:＿＿＿＿＿＿　　施工单位:＿＿＿＿＿＿

开钻日期	年 月 日	成孔日期	年 月 日		开孔口径(mm)	ϕ
设计孔深(m)		实际孔深(m)			变径深度(m)	
采空区或煤层底板深度(m)		注浆管直径(mm)	ϕ	封孔材料用量	水(t)	
注浆管长度(m)	变径处下20～30cm				水泥(t)	
	全孔下注浆管到变径处结束				速凝剂(t)	
孔内情况描述:			浇筑效果:			

项目负责:　　检测:　　记录:　　复核:　　监理工程师:　　日期:　　年　月　日

注 浆 记 录 表

（编号：＿＿＿＿＿＿）　　B-CZ-B1-03

建设项目：＿＿＿＿＿＿　　施工单位：＿＿＿＿＿＿　　监理单位：＿＿＿＿＿＿

合 同 号：No.＿＿＿＿＿＿　　注浆孔号：＿＿＿＿＿＿　　注浆泵号：＿＿＿＿＿＿　　注浆日期：＿年＿月＿日～＿年＿月＿日

时间					浆液水固比	单孔浆液材料用量(kg)				孔口压力(MPa)	单位注浆量(L/min)	注浆量(m^3)	浆液技术指标检测					备注
起		止		ΔT		水	水泥	粉煤灰	速凝剂				结石率(%)	密度(g/cm^3)	黏度(s)	施工方检测人	监理方检测人	
时	分	时	分															
合计																		

项目负责：　　记录：　　复核：　　监理工程师：　　日期：　　年　月　日　共＿页　第＿页

钻孔注浆成果表

（编号：________）

B-CZ-B1-04

建设项目：________ 承包单位：________ 监理单位：________

合 同 号：No.________ 钻孔号：________ 施工日期：________ ____年__月__日～__年__月__日

孔深(m)			全孔注浆量 (m³)		各配合比 注浆量	1：____		注浆过程中发生的 各种现象及其分析
孔口管长度(m)						1：____		
见采空区或煤深度(m)						1：____		
注浆压力 (MPa)	初始		单位注浆量 (L/min)		初始			
	结束				结束			
	设计指标				设计(注浆结束时) 指标			
注浆时间	开始日期		浆液相对密度____～____ 浆液结石率(%)：____～____ 浆液黏度：____～____					
	终止日期							
注浆材料总量 (t)	水		项目总工质量评价					
	速凝剂							
	粉煤灰							
	水泥							
注浆次数	间歇							

项目负责： 技术负责人： 资料整理： 复核： 监理工程师： 日期： 年 月 日

分项工程钻孔质量检验评定表

C-CZ-J1-01

建设项目：______ 承包单位：______ 监理单位：______

合 同 号：No.______ 工程部位号(孔号)：______ 分项工程名称：钻孔

项次	检查项目	规定值或允许偏差	检查频率	实测值或实测偏差值					质量评定			
				1	2	3	4	5	平均代表值	合格率(%)	权值	得分
1	钻孔入采空区底板深度	入采空区底板(即最终设计的孔深)深度≤1.5m	每孔一次								3	
2	孔斜	每钻井 100m≤2°	每孔一次								2	
3	孔径	ϕ130mm 钻头入基岩深度 4～6m	每孔一次								2	
4		变径深度									1	
5	岩芯采取率	上覆岩层>60%									1	
6		采空塌陷区>30%									1	
合计			$\frac{(\ )\times3+(\ )\times2+(\ )\times2+(\ )\times1+(\ )\times1+(\ )\times1}{10}$								10	

外观鉴定		减分		监理工程师意见： 驻地(项目)监理工程师：
质量保证资料		减分		
工程质量等级	评分：	质量等级：		

记录：　　复核：　　日期：　　年　月　日

分项工程注浆管浇筑(封孔)质量检验评定表

C-CZ-J1-01.1

建设项目：________ 承包单位：________ 监理单位：________

合 同 号：No.________ 工程部位号(孔号)：________ 分项工程名称：注浆管浇筑(封孔)

项次	检查项目	规定值或允许偏差	检查频率	实测值或实测偏差值					质量评定			
				1	2	3	4	5	平均代表值	合格率(%)	权值	得分
1	注浆管直径(mm)	ϕ50	每孔一次								3	
2	注浆管变径下长度(cm)	变径处下 20～30	每孔一次								2	
3	封孔材料配合比	水：水泥：速凝剂	每孔一次								3	
4	注浆管长度(m)		每孔一次								1	
5	止浆效果	孔口未见冒浆现象	每孔一次								1	
合计			$\frac{(\ )\times3+(\ )\times2+(\ )\times3+(\ )\times1+(\ )\times1}{10}$								10	

外观鉴定		减分		监理工程师意见：
质量保证资料		减分		
工程质量等级	评分：	质量等级：		驻地(或项目)监理工程师：

记录： 复核： 日期： 年 月 日

分项工程注浆质量检验评定表

C-CZ-J1-01.2

建设项目：＿＿＿＿　　承包单位：＿＿＿＿　　监理单位：＿＿＿＿

合 同 号：No.＿＿＿＿　　工程部位号(注浆孔号)：＿＿＿＿　　分项工程名称：注浆

项次	检查项目	规定值或允许偏差	检查频率	实测值或实测偏差值 1	2	3	4	5	6	7	8	9	10	质量评定 平均代表值	合格率(%)	权值	得分
1	结石率	见浆液控制指标度	每班不少于3次													2	
2	浆液相对密度															2	
3	浆液黏度															2	
4	试块强度		见 D-CZ-S1-01													1	
5	停注标准 孔口压力	见表 B-CZ-B1-03														2	
	停注标准 稳定时间															1	
合计		$\frac{(\ )\times2+(\ )\times2+(\ )\times2+(\ )\times1+(\ )\times2+(\ )\times1}{10}$														10	

外观鉴定		减分		监理工程师意见：
质量保证资料		减分		
工程质量等级	评分：	质量等级：		驻地(项目)监理工程师：

记录：　　复核：　　日期：　　年　月　日

分项工程钻孔质量检验评定表

C-CZ-P1-01

建设项目：______　　承包单位：______　　监理单位：______

合 同 号：No.______　　工程部位号(孔号)：______　　分项工程名称：钻探

项次	检查项目	规定值或允许偏差	检查频率	实测值或实测偏差值 1	2	3	4	5	质量评定 平均代表值	合格率(%)	权值	得分
1	钻孔入采空区底板深度	入采空区底板(即最终设计的孔深)深度≤1.5m	每孔一次								3	
2	孔斜	每钻井 100m≤2°	每孔一次								2	
3	孔径	ϕ130mm 钻头入基岩深度 4～6m	每孔一次								2	
4		变径深度									1	
5	岩芯采取率	上覆岩层＞60%									1	
6		采空塌陷区＞30%									1	
合计			$\frac{(\ )\times3+(\ )\times2+(\ )\times2+(\ )\times1+(\ )\times1+(\ )\times1}{10}$								10	

外观鉴定		减分		承包单位意见：	监理工程师意见：
质量保证资料		减分			
工程质量等级	评分：　　质量等级：			总工程师：	项目监理工程师：

检验负责人：　　检测：　　记录：　　复核：　　日期：　　年　月　日

分项工程注浆管浇筑(封孔)质量检验评定表

C-CZ-P1-01.1

建设项目:________ 承包单位:________ 监理单位:________

合 同 号:No.________ 工程部位号(孔号):________ 分项工程名称:注浆管浇筑(封孔)

项次	检查项目	规定值或允许偏差	检查频率	实测值或实测偏差值					质量评定			
				1	2	3	4	5	平均代表值	合格率(%)	权值	得分
1	注浆管直径	ϕ______	每孔一次								3	
2	注浆管变径下长度(cm)	变径处下20～30	每孔一次								2	
3	封孔材料配合比	水：水泥：速凝剂	每孔一次								3	
4	注浆管长度(m)		每孔一次								1	
5	止浆效果	孔口未见冒浆现象	每孔一次								1	
合计			$\frac{(\ )\times3+(\ )\times2+(\ )\times3+(\ )\times1+(\ )\times1}{10}$								10	
外观鉴定			减分		承包单位意见:				监理工程师意见:			
质量保证资料			减分									
工程质量等级	评分:	质量等级:			总工程师:				项目监理工程师:			

检验负责人: 检测: 记录: 复核: 日期: 年 月 日

分项工程注浆质量检验评定表

C-CZ-P1-01.2

建设项目：＿＿＿＿ 承包单位：＿＿＿＿ 监理单位：＿＿＿＿

合 同 号：No.＿＿＿＿ 工程部位号(注浆孔号)：＿＿＿＿ 分项工程名称：注浆

项次	检查项目		规定值或允许偏差	检查频率	实测值或实测偏差值										质量评定			
					1	2	3	4	5	6	7	8	9	10	平均代表值	合格率(%)	权值	得分
1	结石率		见浆液控制指标表	每班不少于3次													2	
2	浆液相对密度																2	
3	浆液黏度																2	
4	试块强度			见D-CZ-S1-01													1	
5	停注标准	孔口压力	见表B-CZ-B1-03														2	
		稳定时间															1	
合计				$\frac{(\ )\times2+(\ )\times2+(\ )\times2+(\ )\times1+(\ )\times2+(\ )\times1}{10}$													10	

外观鉴定		减分		承包单位意见：	监理工程师意见：
质量保证资料		减分			
工程质量等级	评分： 质量等级：			总工程师：	项目监理工程师：

检验负责人： 检测： 记录： 复核： 日期： 年 月 日

分部工程质量检验评定表

C-CZ-P1-02

分部工程名称：钻孔、浇筑孔口管、注浆　　　　所属单位工程：桩号、标段号

所属建设项目：＿＿＿＿＿＿＿＿　　　　工程部位(孔号)：＿＿＿＿

承包单位：＿＿＿＿＿＿＿＿＿＿　　　　监理单位：＿＿＿＿＿＿

承包单位	分项工程					备注
	工程名称	质量评定				
		实得分	权值	加权得分	等级	
	钻孔		2			
	浇筑孔口管		2			
	注浆		2			
质量等级				加权平均分		
评定意见						

检验负责人：　　　　计算：　　　　复核：　　　　日期：　　　　年　月　日

单位工程质量检验评定表

C-CZ-P1-03

单位工程名称：桩号、标段号　　　　所属建设项目：____—____高速公路____采空区治理工程

路线名称：____—____高速公路　　　　工程地点、工程部位(孔号)：地名、________~________

承包单位：________________________监理单位：________________________

承包单位	分项工程						备　注
	工程名称		质量评定				
			实得分	权值	加权得分	等级	
	所有注浆孔孔号			2			
				2			
				2			
	合计						
质量等级				加权平均分			
评定意见							

检验负责人：　　　　计算：　　　　复核：　　　　日期：　　　　年　月　日

注浆孔野外放样监理抽测成果表

（编号：__________）　　　　D-CZ-J1-01

建设项目：__________　　　　承包单位：__________

合 同 号：No.__________　　　　监理单位：__________

<table>
<tr><th rowspan="2">注浆孔号</th><th rowspan="2">注浆孔设计坐标</th><th colspan="3">承包商放样</th><th colspan="3">监理抽测</th><th colspan="2" rowspan="2">监理抽测与承包商放样误差</th><th rowspan="2">备　注</th></tr>
<tr><th>坐标</th><th colspan="2">放样误差</th><th>坐标</th><th colspan="2">抽测误差</th></tr>
<tr><td rowspan="2"></td><td>X</td><td>x</td><td>Δx</td><td rowspan="2">Δ</td><td>x_1</td><td>Δx_1</td><td rowspan="2">Δ</td><td>Δx</td><td rowspan="2">Δ</td><td></td></tr>
<tr><td>Y</td><td>y</td><td>Δy</td><td>y_1</td><td>Δy_1</td><td>Δy</td><td></td></tr>
<tr><td rowspan="2"></td><td></td><td></td><td></td><td rowspan="16"></td><td></td><td></td><td rowspan="16"></td><td></td><td rowspan="16"></td><td></td></tr>
<tr><td></td><td></td><td></td><td></td><td></td><td></td><td></td></tr>
<tr><td rowspan="2"></td><td></td><td></td><td></td><td></td><td></td><td></td><td></td></tr>
<tr><td></td><td></td><td></td><td></td><td></td><td></td><td></td></tr>
<tr><td rowspan="2"></td><td></td><td></td><td></td><td></td><td></td><td></td><td></td></tr>
<tr><td></td><td></td><td></td><td></td><td></td><td></td><td></td></tr>
<tr><td rowspan="2"></td><td></td><td></td><td></td><td></td><td></td><td></td><td></td></tr>
<tr><td></td><td></td><td></td><td></td><td></td><td></td><td></td></tr>
<tr><td rowspan="2"></td><td></td><td></td><td></td><td></td><td></td><td></td><td></td></tr>
<tr><td></td><td></td><td></td><td></td><td></td><td></td><td></td></tr>
<tr><td rowspan="2"></td><td></td><td></td><td></td><td></td><td></td><td></td><td></td></tr>
<tr><td></td><td></td><td></td><td></td><td></td><td></td><td></td></tr>
<tr><td rowspan="2"></td><td></td><td></td><td></td><td></td><td></td><td></td><td></td></tr>
<tr><td></td><td></td><td></td><td></td><td></td><td></td><td></td></tr>
<tr><td rowspan="2"></td><td></td><td></td><td></td><td></td><td></td><td></td><td></td></tr>
<tr><td></td><td></td><td></td><td></td><td></td><td></td><td></td></tr>
<tr><td></td><td colspan="10">点位差值计算公式：$\Delta=\pm\sqrt{(\Delta x^2+\Delta y^2)}$</td></tr>
<tr><td colspan="11">注：监理放样抽检工作量为总工作量的5%～10%。</td></tr>
</table>

现场监理：　　　　测量项目工程师：　　　　日期：　　　　年　月　日

注浆孔位放样现场监理复测表

（编号：__________）　　D-CZ-J1-01.1

建设项目：__________　　承包单位：__________

合 同 号：No.__________　　监理单位：__________

			坐　标		备　注
理　论　值	方位角 (°　′　″)	距离 (m)	x	y	
承包商实测	方位角 (°　′　″)	距离 (m)	坐　标		
			x	y	
监理检测	方位角 (°　′　″)	距离 (m)	坐　标		
			x	y	

导线点示意图

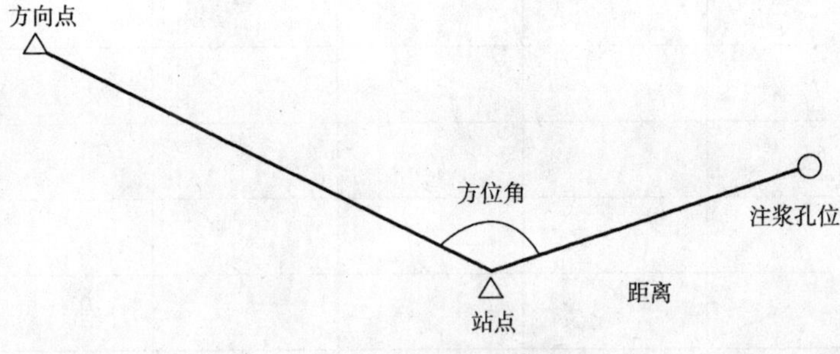

现场监理：　　测量项目监理工程师：　　复测日期：　　年　月　日

浆液配合比试块强度试验结果汇总表

（编号：__________）　　D-CZ-B1-01

建设项目：__________　　承包单位：__________

合 同 号：No.__________　　钻孔号：__________　　监理单位：__________

序　　号	灌注日期	班　　次	配 合 比	试验报告编号	试块强度（MPa）	
					设计强度	实测强度
附件：浆液试块试验报告（D-CZ-S1-01）						

项目负责：　　资料整理：　　复核：　　日期：　　年　月　日

注浆孔野外放样成果表

（编号：__________）　　D-CZ-C1-01

建设项目：__________　　承包单位：__________

合 同 号：No.__________　　监理单位：__________

注浆孔号	注浆孔设计坐标		承包商实测坐标		注浆孔实际放样误差			备注
	X	Y	x	y	Δx	Δy	Δ	
点位差值计算公式：$\Delta=\pm\sqrt{(\Delta x^2+\Delta y^2)}$								

测量负责：　　测量员：　　记录：　　监理工程师：　　日期：　　年　月　日

注浆孔孔位放样数据表

(编号:____________)　　D-CZ-C1-01.1

建设项目:____________　　承包单位:____________

合 同 号:No.____________　　钻孔编号:____________　　监理单位:____________

<table>
<tr><td rowspan="3">理论值</td><td rowspan="2">方位角
(°　′　″)</td><td rowspan="2">距离
(m)</td><td colspan="3">坐　标</td></tr>
<tr><td>x</td><td colspan="2">y</td></tr>
<tr><td></td><td></td><td></td><td colspan="2"></td></tr>
<tr><td rowspan="3">实测值</td><td rowspan="2">方位角
(°　′　″)</td><td rowspan="2">距离
(m)</td><td colspan="3">坐　标</td></tr>
<tr><td>x</td><td>y</td><td>h</td></tr>
<tr><td></td><td></td><td></td><td></td><td></td></tr>
<tr><td colspan="6">导线点示意图</td></tr>
</table>

由承包商呈报三份,审查后驻地办留两份,退承包商一份。

资料整理:　　复核:　　监理工程师:　　日期:　　年　月　日

注浆孔野外放样自检成果表

（编号：＿＿＿＿＿＿）　　　　　　　　D-CZ-C1-01.2

建设项目：＿＿＿＿＿＿　　　　　　　　承包单位：＿＿＿＿＿＿

合 同 号：No.＿＿＿＿＿＿　　　　　　　　监理单位：＿＿＿＿＿＿

注浆孔号	注浆孔设计坐标	注浆孔放样			放样自检			自检与放样误差		备　注
		坐标	放样误差		坐标	自检误差				
	X	x	Δx	Δ	x_1	Δx_1	Δ	Δx	Δ	
	Y	y	Δy		y_1	Δy_1		Δy		
	点位差值计算公式：$\Delta=\pm\sqrt{(\Delta x^2+\Delta y^2)}$									
注：放样自检工作量为总工作量的10％。										

测量负责：　　　测量员：　　　记录：　　　监理工程师：　　　日期：　　　年　月　日

浆液试块试验报告

（编号：＿＿＿＿＿＿）

D-CZ-S1-01

建设项目：＿＿＿＿＿＿　　　　试验编号：＿＿～＿＿

合 同 号：No.＿＿＿＿＿　　　　委托单位：＿＿＿＿＿＿

孔　号	水 固 比	制 作 日 期	试 验 日 期	龄期（d）	受压面积（mm^2）	荷载（kN）	抗压强度（MPa）	平均强度（MPa）	试块密度（g/cm^3）

报告人：　　　　技术负责人：　　　　监理工程师：　　　　试验单位：No.　　　　试验室

________—________高速公路________矿采空区治理工程工程价款中期批复证书

（支付证书编号：____________）

合同号：No.____________　　　　承包商：____________________　　　　单位：人民币元

项目号		项目名称	合同价	本期结算数	累计结算数	备注
清单项目	100章	总则				
	200章	路基				
	清单合计					
其他项目	额外工程					
	工程变更					
	计日工					
	索赔					
	暂定金额					
	奖励基金					
	保留金					
	奖金					
	违约罚金					
	迟付款利息					
实际付款						

审查部门	审查意见	签字	日期
质量监督处			
工程技术处			
合同计划处			
总工程师			
副总经理			
总经理			

附录C　高速公路采空区治理工程施工资格预审文件范本

本资格预审文件以河南省禹登高速公路下伏煤矿、铝土矿采空区治理工程资格预审文件为例，由河南禹州至登封高速公路有限公司编制。

C.1　资格预审通告

通告名称：河南省禹州至登封高速公路下伏煤矿、铝土矿采空区治理工程资格预审通告

(1)河南省禹州至登封高速公路建设项目经河南省计委(豫计基础【2003】××号)批准立项，已列入河南省基本建设计划，目前建设资金已经到位，其中部分资金将用于下伏煤矿、铝土矿采空区治理工程(以下简称“本工程”)合同项下的合理支付。现由河南禹州至登封高速公路有限公司(以下简称“招标人”)负责工程招标工作。招标采用国内公开竞争性招标。

(2)河南省禹州至登封高速公路下伏煤矿、铝土矿采空区治理工程共分5个标段，具体划分如下(表C-1)。

表C-1

标段号	桩号	主要工作内容		工程所在地
		注浆量(m^3)	钻孔(延米)	
No. 1	K70+485～K70+950	18 899	2 348	河南省登封境
No. 2	K72+980～K73+550	35 791	8 330	
No. 3	K76+428～K77+076	42 840	7306	
No. 4	K77+270～K77+600	32 412	5 271	
No. 5	K78+470～K78+820	22 148	8 838	

(3)河南禹州至登封高速公路建设有限公司将对国内具有合法资质的投标申请人进行资格预审：

①申请投标的申请人，应为具有建设部地基基础处理一级资质或国土资源部地质灾害防治工程施工甲级资质的施工企业，且有一个以上类似本采空区性质和规模的深地基注浆处理业绩。

②有兴趣的投标申请人应于2005年8月7日至2005年8月8日北京时间每日上午8:00～12:00，下午14:30～18:00携带法人授权书、个人身份证、企业法人营业执照和资质证书的正本或副本原件和加盖公章的复印件，到________购买资格预审文件。每个标段(每套)售价1000元人民币，资格预审文件售后不退。

③每个投标申请人最多可购买3个合同段的资格预审文件。业主不接受任何联合体形式的资格预审申请。

④资格预审申请书必须在2005年8月15日北京时间18:00前递交于招标人。资格预审申请书正本一套、副本四套。业主保留拒绝接收迟到的资格预审申请书的权利。

⑤资格预审结果将按规定通知投标申请人。

业主:河南禹州至登封高速公路有限公司
地址:
电话: 传 真:
邮编: 联系人:

河南禹州至登封高速公路建设有限公司
2005年8月5日

C.2 资格预审申请人须知

项目名称:河南省禹州至登封高速公路下伏煤矿、铝土矿采空区治理工程
业主:河南禹州至登封高速公路有限公司

C.2.1 招标范围

(1)本项目业主愿意接受为完成禹州至登封高速公路K70+485~K78+820煤矿、铝土矿采空区的治理工程及其缺陷修复所提交的投标文件。

(2)本项目工程预期总工期为3个月,保修期1年。

(3)招标工程项目具体范围:K70+420~K70+950为磨脐铝土矿采空区;K72+980~K73+550为山沟煤矿、铝土矿采空区;K75+900~K78+820为刘碑—垌头煤矿、铝土矿采空区。

(4)标段划分如下(表C-2):

表C-2

标段号	桩号	主要工作内容		
		注浆量(m^3)	钻孔(延米)	钻孔(个)
No.1	K70+485~K70+950	18 899	2 348	109
No.2	K72+980~K73+550	35 791	8 330	139
No.3	K76+428~K77+076	42 840	7 306	195
No.4	K77+270~K77+600	32 412	5 271	147
No.5	K78+470~K78+820	22 148	8 838	127

(5)投标人的资格:具有建设部地基基础处理一级资质或国土资源部地质灾害防治工程施工甲级资质的施工企业,且有一个以上类似本采空区性质和规模的深地基注浆处理业绩。

(6)招标人将就C.2.1(4)涉及之项目合同段对投标申请人进行资格预审。投标申请人可对其中1~3个合同段提出资格预审申请,申请多个合同段的投标申请人(最多可中两个标)应

对每个合同段分别编制资格预审申请书，同时必须具备每标段独立的人力、财力、设备组合。

(7)有隶属关系的投标申请人不得对同一个合同段同时申请资格预审。

(8)业主拒绝接受以任何联合体形式的资格预审申请，本工程不允许分包。

(9)关于本工程的基本情况，见招标文件 D. 12 图纸及参考资料。本合同为单价合同，招标文件将按《中华人民共和国招投标法》和交通部颁招标文件范本编制。

C. 2. 2 资格预审申请书的递交

(1)资格预审申请书的密封和标记

①资格预审申请书的正本与副本应分别包装，包装必须使用内外两层封套，并在内外层封套上都要加贴封条，上有"正本"、"副本"标记。未密封的投标文件将不予签收。

②在外层封套上应写明(具体资料见投标须知资料表)：

a. 收件人(招标人)的全称和详细地址；

b. __________项目______合同段投标文件；

c. 在 2005 年 8 月 15 日 18:00 时前不得开封。

外层封套上不应有任何投标申请人的识别标志。

③内层封套上应写明投标申请人的全称和详细地址，以便因投标文件迟到或其他原因宣布不能接受该投标文件时，得以原封退回。书写方法是：

投标人　　　　　　　　　　邮编：

地址：

名称：

招标人地址及名称：　　　　　(寄)

④如果因投递地点未写清楚而使资格预审申请书迟到或遗失；或因密封不严、标记不明而造成过早启封、失密等情况，招标人概不负责。招标人保留拒绝接受迟交的资格预审申请书的权利。

(2)投标申请人应递交资格预审申请书一式五份，其中正本一份，副本四份。资格预审申请书以正本为准。

(3)资格预审申请书应用不退色的墨水书写或打印，并由投标申请人的法定代表人或其授权的代理人在规定的位置签署。资格预审申请书中任何改动之处均须由法定代表人或其授权的代理人小签或印签确认。

(4)资格预审申请书应按照规定的格式填写，纸张统一规定为 A4 规格。资格预审文件必须由法人或其被受权人逐页小签，并编制详细的目录和页码，否则招标人拒绝其申请。

C. 2. 3 资格预审评审措施

在资格预审评审中，招标人将采取以下措施对投标申请人的申报材料予以审查，投标申请人应在编制资格预审申请书时充分考虑：

(1)招标人将通过各种合法有效的方式对投标申请人申报资料的真实性展开调查，投标申请人应予以配合，期间若发现投标申请人有欺诈和腐败行为，将取消其申请资格。

(2)投标申请人应提供招标人认为有必要的相关证明材料。

C.2.4 招标人对投标申请人的资格评审按以下阶段进行

(1)符合性检查;

(2)强制性资格条件评审;

(3)管理水平评审;

(4)资格评分;

(5)澄清与核实;

(6)确定通过/不通过。

投标申请人只有在全部满足了关于工程经验、人员和设备能力以及财务状况的“强制性资格条件”的最低标准,且充分满足招标人对该工程项目施工要求的综合评价后才能通过资格预审。投标申请人在这些方面的情况将通过其对资格预审申请书后附的表格的回答来得到证实。招标人有权忽略对投标申请人履行合同的能力未构成实质性影响的微小偏差,但这些微小偏差将在资格评分时予以适当扣分。

C.2.5 通过符合性检查的主要条件

(1)资格预审申请书应按本文件 C.3 的规定填写完整,字迹清晰可辨。

(2)投标申请人营业执照和法人授权书应合法有效。

(3)投标申请人企业资质等级应满足本须知第 C.2.1 条(2)之规定。

未全部通过符合性检查的投标申请人不能通过资格预审。

C.2.6 强制性资格条件评审

对通过符合性检查的投标申请人,招标人对投标申请人的包括工程经验、拟投入本工程主要人员、关键机械设备、财务能力和以往履约情况等方面进行强制性资格条件评审。

未全部通过强制性资格条件评审的投标申请人不能通过资格预审。

C.2.7 资格评分

对通过符合性和强制性资格条件评审的投标申请人各项资格进行评分,计算每个投标申请人资格总分。

C.2.8 资格预审的通过

对同一合同段的投标申请人,按照资格总分由高到低排列顺序,取前 3~8 名为通过资格预审的投标申请人。若某一合同段通过符合性和强制性资格条件评审的投标申请人少于 3 家时,招标人将对该合同段重新组织资格预审。

C.2.9 公共部门

大部分公有企业只有满足所有上述要求并符合下列条件,才可通过资格预审:

(1)该企业必须是一个与招标人性质截然不同的从事商业活动的法律实体,而不是政府机关。

(2)该企业必须财务自主,表现在根据其章程要求要提供单独的经审计的账目和资金回报,并有能力筹集贷款及通过提供货物和服务取得收益。

(3)该企业必须有独立经营权和决策权。

C.2.10 招标人保留权利

招标人保留以下权利:

(1)修改任何招标合同的规模及金额。

(2)废除或接受任何投标申请。

(3)取消资格预审和废除全部投标申请。

招标人将不对上述行为负责,亦无义务告知投标申请人其上述行为的理由。

C.2.11 资格预审工作将公开接受政府和社会监督

监督机构:河南省交通厅

电　　话:

地　　址:

邮　　编:

C.3 资格预审申请书格式

河南省禹州至登封高速公路

下伏煤矿、铝土矿采空区治理工程

资格预审申请书

申　请　人:________（全称）

申 请 方 式:________（独家）

申请合同段:________

申 请 日 期:________

C.3.1 资格预审申请书

河南省禹州至登封高速公路下伏煤矿、铝土矿
采空区治理工程第____合同

致:河南禹州至登封高速公路有限公司

(1)经授权作为代表,并以(投标申请人的名称)(以下简称"投标申请人")的名义,同时基于对贵方提供的资格预审资料做了阅读和理解后,下述签字人在此以河南省禹州至登封高速公路下伏煤矿、铝土矿采空区治理工程下列合同的投标申请人身份,向贵方提出资格预审申请(表C-3):

表C-3

合同段号	签 字

(2)本函后附有以下证件的正本文件的复印件(加盖公章)。

①营业执照。

②资质证书。

(3)我方授权贵方及其授权代表查询或调查我们递交的与本申请相关的声明、文件和资料,并通过我们的开户银行和客户澄清申请文件中有关财务和技术方面的问题。该资格预审申请书还将授权给提供与本申请有关的证明资料的任何个人或机构的授权代表,按贵方的要求,提供必要的和要求的资料以核实本申请中提交的或与投标申请人的资金来源、经验和能力有关的声明和资料。

(4)贵方及其授权代表可联系下列人员得到进一步的资料(表C-4~表C-7)。

表C-4

一般查询和管理方面的查询		
联系人1:	电话:	传真:
联系人2:	电话:	传真:

表C-5

有关人员方面的查询		
联系人1:	电话:	传真:
联系人2:	电话:	传真:

表C-6

有关技术方面的查询		
联系人1:	电话:	传真:
联系人2:	电话:	传真:

表 C-7

有关财务方面的查询		
联系人 1：	电话：	传真：
联系人 2：	电话：	传真：

(5)本申请充分理解下列情况：

①资格预审合格的申请人的投标，必须以投标时所有为资格预审递交的资料得到证实为前提。

②贵方保留如下权利：

a. 更改本项目下合同的规模和金额，在这种情况下，投标仅面向资格预审合格且能满足变更后要求的投标申请人。

b. 废除或接受任何申请，取消资格预审和废除全部申请。

c. 贵方将不对其上述行为承担责任，亦无义务向投标申请人解释其原因。

(6)下述签字人在此声明，申请文件中所提交的声明和资料在各方面都是完整的、真实的和准确的(表 C-8)。

表 C-8

签名：
姓名：
兹代表(申请人)：

申请单位名称并加盖公章：

C.3.2 法人授权书

法 人 授 权 书

致：河南禹州至登封高速公路有限公司

本授权书声明：(投标申请人全称)的法定代表人(职务、姓名)合法地代表我单位，授权(投标申请人或下属单位)的(职务、姓名)为我单位代理人。该代理人有权在河南禹州至登封高速公路下伏煤矿、铝土矿采空区治理工程第____合同段的资格预审过程中，以我单位的名义签署资格预审的相关文件、与业主协商以及执行一切与此有关的事项。

投标申请人：______(盖章)______

授权人：______(签字)______

被授权的代理人：______(签字)______

公证单位：

公证人签字：

日期：______年　月　日

(本件须附有公证部门出具的公证书)

C.3.3 资格预审申请表(表C-9～表C-24)

强制性资格条件表(施工经验) 表C-9

工 程 项 目	资格条件要求	申请人满足或超过业绩要求的项目详述
(业绩项目名称)	(一个以上类似采空区性质和规模的深地基注浆处理)	

注:若本页填写不下,可以另加页。

强制性资格条件表(人员能力)　　表 C-10

人　员	数量	资 质 要 求	申请人满足或超过业绩要求项目详述(投标人填写)
项目经理	1	工程师,从事类似工程 5 年以上,担任项目经理 3 年以上。二级以上项目经理	
项目总工	1	工程师,从事类似工程 5 年以上,担任类似工程项目总工 3 年以上	
地质工程师	2	工程师,从事类似工程施工 5 年以上	
试验工程师	1	工程师,从事类似工程试验检测 3 年以上	
会计师	1	会计师,从事会计工作 3 年以上,施工会计 2 年以上	
测量工程师	1	工程师,从事测量工作 3 年以上	
机械工程师	2	技师,从事类似工程 3 年以上,主管工程机械维修管理 2 年以上	
钻探工程师	2	工程师,从事类似工程 5 年以上	
合同计划工程师	1	工程师,从事类似工程 3 年以上	

注:1. 主要人员未经业主许可不得更换。

2. 本表人员为申请 1 个标段所需关键人员的最低标准,申请多个标段应分别填写不同人员。

强制性资格条件表(设备能力)　　表C-11

序号	设备名称	设备类型和技术指标	单位	要求的最小数量
1	工程地质钻机	XY—150(或相当于此设备能力)	台	5
2	工程地质钻机	XY—300(或相当于此设备能力)	台	15
3	双液注浆泵	中压	台	4
4	泥浆搅拌机		台	3
5	全站仪		台	1

注:本表设备为申请1个标段所需关键设备的最低标准,申请多个标段应分别提供设备配置。

强制性标准(财务、人员、设备、诉讼及履约)　　表 C-12

工 程 项 目	业 绩 要 求	申请人满足或超过业绩要求的项目详述
财务能力	申请人应有地级以上国有银行出具的不少于 100 万元人民币的资金存款证明,且承诺用于所投标段	
人员	表 C-16 中所列的拟参加所申请合同的人员必须满足下述要求: 至少 30%的技术和管理人员应有 5 年以上的工作经验; 至少 60%的技术和管理人员应有 3 年以上的工作经验; 至少 50%的技术和管理人员具有中级以上职称。 表 C-18 中所列的拟参加所申请合同人员必须满足表 C-10所列要求,并能充分地履行合同	
施工	在表 C-20 中列出的施工设备,必须满足表 C-11 所列要求,并能充分地履行合同	
履约	申请人在最近 3 年中必须有效履行任何合同,不曾被从工地驱逐,亦不曾因直接与其自身过失相关的任何理由而撕毁合同	

一 般 情 况 表　　表C-13

所有参加资格审查的投标申请人都必须填写此表。

<table>
<tr><td colspan="3">公司名称：</td></tr>
<tr><td colspan="2">公司地址：</td><td>邮政编码：</td></tr>
<tr><td>联系人：</td><td>电话：</td><td>传真：</td></tr>
<tr><td colspan="2">营业执照号码：</td><td>注册时间：</td></tr>
<tr><td colspan="3">企业资质：</td></tr>
<tr><td colspan="3">企业资质审批单位：
批准日期：</td></tr>
<tr><td colspan="3">业务范围：</td></tr>
<tr><td colspan="3">其他资料：</td></tr>
</table>

注：请后附相关资质、资信等证明资料的复印件。

工程业绩表

表 C-14

<table>
<tr><td colspan="2">投标申请人名称：</td></tr>
<tr><td colspan="2">列出最近 5 年内承揽的金额超过300 万元的以及性质和复杂程度和所申请的合同段类似的全部合同。
每个合同须单独具表，若有有关工程交、竣工的证明文件，请附上。</td></tr>
<tr><td rowspan="2">1</td><td>合同号：</td></tr>
<tr><td>合同名称：</td></tr>
<tr><td>2</td><td>业主名称：</td></tr>
<tr><td>3</td><td>业主地址：
联系电话：</td></tr>
<tr><td>4</td><td>与投标申请人所申请的合同相类似的工程性质和特点：(简要说明所施工部分工程的规模、工作内容)</td></tr>
<tr><td>5</td><td>合同身份(注明其中之一)
☐ 独立承包人　☐ 分包人　☐ 联合体成员</td></tr>
<tr><td>6</td><td>合同总价：(按合同竣工时，或对于在建合同按合同价计)</td></tr>
<tr><td>7</td><td>合同授予时间：　合同工期：　月</td></tr>
<tr><td>8</td><td>完工时间：</td></tr>
<tr><td>9</td><td>工程项目总体评价和履约情况：</td></tr>
</table>

目前在手合同/在建工程一览表

表C-15

投标申请人名称：

投标申请人应提供以下的资料：
(1)(所有被授予了合同但未开工的合同)；
(2)(正在执行的合同)；
(3)(接近完工，还未签发最终竣工证书的合同)。

合同名称	工程地点	未完部分金额（万元）	合同价	预计完工日期

公司人员状况表

表 C-16

投标申请人名称：

1. 公司人员总数

人员类型	管理人员	技术人员	工人	其他人员
共有人员				
拟为投标合同提供人数				

2. 拟为投标合同提供的专业技术人员

相关人员	从事本专业工作时间			
	5 年以上	5 年以下	其他	
试验人员				
地质人员				
机械人员				
钻探人员				
质检人员				
测量人员				
财务人员				

3. 简述贵公司机构设置情况、管理模式，目前在建工程项目分布情况，公司施工力量和按照机构设置在以上工程项目的配置情况，拟为本投标项目提供人员的来源、占公司施工力量的比重。

公司组织机构及为本工程拟组建机构框图　　表C-17

1. 公司组织机构

2. 为本工程拟组建机构

拟派往本工程的人员表

表 C-18

<table>
<tr><td colspan="2">投标申请人名称：</td></tr>
<tr><td colspan="2">对有关合同执行的关键职位，投标申请人应提供能满足施工要求的候选人姓名，其经验应依据表 C-19 对每个候选人单独具表填写。</td></tr>
<tr><td rowspan="2">1</td><td>职位名称：</td></tr>
<tr><td>候选人：</td></tr>
<tr><td rowspan="2">2</td><td>职位名称：</td></tr>
<tr><td>候选人：</td></tr>
<tr><td rowspan="2">3</td><td>职位名称：</td></tr>
<tr><td>候选人：</td></tr>
<tr><td rowspan="2">4</td><td>职位名称：</td></tr>
<tr><td>候选人：</td></tr>
<tr><td rowspan="2">5</td><td>职位名称：</td></tr>
<tr><td>候选人：</td></tr>
<tr><td rowspan="2">6</td><td>职位名称：</td></tr>
<tr><td>候选人：</td></tr>
<tr><td rowspan="2">7</td><td>职位名称：</td></tr>
<tr><td>候选人：</td></tr>
<tr><td rowspan="2">8</td><td>职位名称：</td></tr>
<tr><td>候选人：</td></tr>
<tr><td rowspan="2">9</td><td>职位名称：</td></tr>
<tr><td>候选人：</td></tr>
<tr><td rowspan="2"></td><td></td></tr>
<tr><td></td></tr>
<tr><td rowspan="2"></td><td></td></tr>
<tr><td></td></tr>
<tr><td rowspan="2"></td><td></td></tr>
<tr><td></td></tr>
</table>

拟派往本工程的人员履历表

表C-19.

<table>
<tr><td colspan="3">投标申请人名称：</td></tr>
<tr><td colspan="2">拟担任职位：</td><td>候选人</td></tr>
<tr><td></td><td>候选人姓名：</td><td>出生日期：</td></tr>
<tr><td>候选人资料</td><td colspan="2">何时毕业于何学校：
专业：
专业资质：</td></tr>
<tr><td rowspan="5">目前工作情况</td><td colspan="2">(现)单位名称：</td></tr>
<tr><td colspan="2">(现)单位地址：</td></tr>
<tr><td>电话：</td><td>联系人：</td></tr>
<tr><td>传真：</td><td>电传：</td></tr>
<tr><td>候选人职位：</td><td>在现单位工作年限：</td></tr>
<tr><td colspan="3">依从今往前的时序，汇总候选人在过去10年内的专业经验，特别须注明其在技术及管理方面与本工程相类似的特殊经验。</td></tr>
<tr><td>自</td><td>至</td><td>项目/职务/管理经验</td></tr>
<tr><td></td><td></td><td></td></tr>
<tr><td></td><td></td><td></td></tr>
<tr><td></td><td></td><td></td></tr>
<tr><td></td><td></td><td></td></tr>
<tr><td></td><td></td><td></td></tr>
<tr><td></td><td></td><td></td></tr>
</table>

注：投标申请人须提供必要的资格证书等证明资料，项目经理必须提供项目经理资格证书。

拟用于本工程的设备表

表 C-20

<table>
<tr><td colspan="3">投标申请人名称：</td></tr>
<tr><td colspan="3">投标申请人须提供足够的资料以证明其能够满足本工程合同段下施工机械的需要；因此，投标申请人应就其提供的每一项设备依据表 C-11 分别单独具表，且应就每一项设备出具所有权证明或租赁草签协议。</td></tr>
<tr><td colspan="3">设备名称：</td></tr>
<tr><td rowspan="3">设备资料</td><td>制造商名称：</td><td>型号及额定功率：</td></tr>
<tr><td>能力：</td><td>制造年代：</td></tr>
<tr><td></td><td></td></tr>
<tr><td rowspan="2">目前状况</td><td>目前位置：</td><td></td></tr>
<tr><td>目前工程参与情况：</td><td></td></tr>
<tr><td>来源</td><td colspan="2">注明设备来源：
□ 自有　□ 租赁　□专门生产</td></tr>
<tr><td colspan="3">若设备为投标申请人自有，则以下内容可省略。</td></tr>
<tr><td rowspan="4">所有者</td><td colspan="2">所有者名称：</td></tr>
<tr><td colspan="2">所有者地址：</td></tr>
<tr><td>电话：</td><td>联系人及职务：</td></tr>
<tr><td>传真：</td><td>电传：</td></tr>
<tr><td>协议</td><td colspan="2">特为本项目所签的租赁/制造协议详述：</td></tr>
</table>

财务状况表

表C-21

投标申请人名称：		
投标申请人应提供财务资料来证明已达到“申请人须知”的要求。每个投标申请人都要填写此表。		
银行	银行名称：	
	银行地址：	
	电话：	联系人及职务：
	传真：	

表C-21a

投标申请人名称：					
财务状况 单位：人民币元	过去三年实际发生的				
	1	2	3	4	5
1. 总资产					
2. 流动资产					
3. 总负债					
4. 流动负债					
5. 税前利润					
6. 税后利润					

为满足本项目现金流量需要提出的信贷计划，投标申请人在其他合同上投入的资金不在此范围内(表C-21b)：

表C-21b

投标申请人名称：	
信贷来源	信贷金额(人民币元)
1	
2	
3	
4	
5	

诉讼记录表

表 C-22

投标申请人名称：

投标申请人应提供其在最近五年合同执行过程中或目前正在进行的合同中所介入过的诉讼和仲裁的准确资料。

年份	判决是否有利于投标申请人	雇主名称/诉讼原因/纠纷事件	纠纷金额（人民币现值）

上级主管部门意见：

盖章：

施 工 组 织 设 计　　表C-23

（应有如下内容：工程概况、施工平面布置、进度计划、人员机具材料进场组织、质保措施、环保措施、安全措施、施工方案等）

其他有关资料 表C-24

（请提供你认为与你方资格预审评审有关的其他补充资料：优质工程证书、荣誉证等）

C.4　资格预审评审办法

C.4.1　总则

(1)本标准根据交通部《公路工程施工招标投标管理办法》、《公路工程施工招标资格预审办法》、《河南省实施〈中华人民共和国招标投标法〉办法》及《河南省禹州至登封高速下伏煤矿、铝土矿采空区治理工程招标〈资格预审文件〉》等制定。

(2)资格预审工作遵循公平、公正、客观、准确的原则。

(3)本办法适用于河南省禹州至登封高速公路下伏煤矿、铝土矿采空区治理工程招标的资格预审评审工作。

C.4.2　资格预审工作组织

(1)资格预审的具体评审工作由项目公司组织实施,邀请河南高速公路发展有限责任公司纪检监察部门工作人员全程监督资格预审评审过程。

(2)项目公司组织一定数量的技术、经济专家组成资格预审评审工作组,对投标申请单位申报的资格预审资料进行详细的评审。

C.4.3　资格预审的评审程序

资格预审工作按以下阶段进行:

(1)资格预审申请书的符合性审查;

(2)强制性资格条件评审;

(3)管理水平评审;

(4)综合评分;

(5)对申请文件的澄清与核实;

(6)确定通过与不通过申请人名单;

(7)编写资格预审评审报告。

C.4.4　申请书的符合性审查

符合性审查主要审查以下内容:

(1)资格预审申请书应按资格预审文件要求的内容和格式填写并签署,内容完整、清晰、真实;任何虚假内容都将导致资格预审不通过。

(2)申请人的资质条件符合资格预审文件要求的标准。

(3)申请人必须是独家申请,业主不接受任何形式的联合体资格预审申请。

(4)如有分包,应提交分包人的资质证书、人员、设备和财务资料。

(5)有隶属关系的公司不得对同一合同段提出资格预审申请。如有这种情况出现,则保留最低一级企业的申请资格,而拒绝其余的申请文件。

(6)如果一个申请人同时申请两个合同段的资格预审,必须具备两套独立的人力、设备和财务能力,否则业主将任意选择其中的一个合同对该申请人进行资格预审。

(7)迟于规定截止时间递交的申请书,视为无效申请。

(8)申请人在购买资格预审文件时登记的合同段号必须与申请书中申请的合同段号一致,否则,视为无效申请。

只对通过符合性审查的申请人才能进入下一阶段的评审。

C.4.5 强制性资格条件评审

资格预审文件中对申请人的施工经验、人员能力、设备能力和财务状况有强制性要求(表 C-9～表 C-12)。

强制性资格条件评审根据资格预审文件要求的条件进行。

只对通过强制性资格条件评审的申请人才能进入下一阶段评审。

C.4.6 管理水平评审

对通过符合性检查和强制性资格条件评审的投标申请人进行管理水平的评审。

管理水平评审未通过的投标申请人不能通过资格预审。

符合性检查、强制性资格条件评审、管理水平评审三项通过后,若合格申请人不足 8 家,可直接确定资格预审结果;若合格申请人超过 8 家,则进行资格评分,从高分到低分取前 8 名通过资格预审。若出现得分相同的情况,则按递交申请书的先后顺序排列。先递交的排在后递交的前面。

C.4.7 综合评分(满分 100 分)

(1)施工经验(满分 35 分);

(2)人员能力(满分 20 分);

(3)设备能力(满分 25 分);

(4)财务状况(满分 5 分);

(5)申请人的荣誉及管理水平的评分(满分 15 分)。

以上为综合评分各项的权重分,详细的评审内容由资格预审评审工作组根据各标段的具体工作内容和工程项目进行细化。

C.4.8 澄清与核实

在资格预审评审过程中,评审委员会可通过电话、传真或现场考察等方式对申请人提供的资料的真实性或有疑问的地方进行核实与澄清。

C.4.9 确定通过与不通过申请人名单

按照以上程序确定 3～8 家通过资格预审的申请人。

附件一　工 程 说 明

详见《河南省禹州至登封高速公路下伏煤矿、铝土矿采空区治理工程施工招标文件范本》D.2《投标人须知》中的附件一"工程说明"。

附件二　工程路线位置图

详见《河南省禹州至登封高速公路下伏煤矿、铝土矿采空区治理工程施工招标文件范本》D.2《投标人须知》中的附件二"工程路线位置图"。

附录D 高速公路采空区治理工程施工招标文件范本

本招标文件以河南禹登高速公路下伏煤矿、铝土矿采空区治理工程招标文件为例，由河南禹州至登封高速公路有限公司编制。

D.1 投标邀请书

(投标人全称)：

(1)河南省禹州至登封高速公路项目已于2003年由河南省计委(豫计基础【2003】××号)批准建设，并已列入河南省基本建设计划。现对该项目下伏的煤矿、铝土矿采空区治理工程的实施和完成进行国内公开竞争性招标。你单位已通过资格预审，现邀请你单位按照招标文件规定的内容，参加第____合同段的投标。

(2)本项目土建工程招标分为5个合同段，各合同段独立招标。具体标段划分见表D-1。

标段划分　　表D-1

合同号	桩号	主要工作内容		
		注浆量(m^3)	钻孔(延米)	钻孔(个)
No.1	K70+485～K70+950	18 899	2 348	109
No.2	K72+980～K73+550	35 791	8 330	139
No.3	K76+428～K77+076	42 840	7 306	195
No.4	K77+270～K77+600	32 412	5 271	147
No.5	K78+470～K78+820	22 148	8 838	127

(3)请凭本邀请书于北京时间2005年　月　日至2005年　月　日每天上午8:30～11:30，下午14:30～17:30到________________________购买招标文件。每标段(每套)招标文件(含图纸部分)收费2 000元人民币。逾期不售，售后不退。

(4)投标人在送交投标文件之前，应按投标人须知D.2.3(4)①规定提交人民币10万元投标担保金。

(5)招标人将于下列时间和地点组织进行工程现场考察。标前会议不再举行，若有疑问，请投标人书面提交业主，业主将以答疑书进行答复。

(6)现场考察时间：北京时间2005年　月　日9:00时

集合地点：________________________

(7)投标文件递交的截止时间为北京时间2005年　月　日9:30时，投标文件必须在上述时间前递交至:河南禹州至登封高速公路有限公司。

地址:______________________

招标人定于投标文件送交截止的同一时间、同一地址举行公开开标。

(8)请在已收到本邀请书24小时(以发出时间为准)内,以书面方式回函确认。如果你单位不准备参与投标,亦请尽快通知我们,谢谢合作。

业主地址:______________________

联 系 人:　　　　　　　　　　　　电　　话:

传　　真:　　　　　　　　　　　　邮　　编:

D.2　投标人须知

D.2.1　总则

(1)招标范围

①本项目业主愿意接受为完成禹州—登封高速公路K70+485～K78+820煤矿、铝土矿采空区的治理工程及其缺陷修复所提交的投标文件。

②工程说明列于投标须知正文之后D.2附件1,主要工程数量见表D-2,地理位置示意图见D.2附件2。

③本项目工程预期总工期为3个月。

④招标工程项目具体范围:K70+420～K70+950为磨脐铝土矿采空区;K72+980～K73+550为山沟煤矿、铝土矿采空区;K75+900～K78+820为刘碑—垌头煤矿、铝土矿采空区。

⑤合同段划分见表D-2。

表D-2

合同号	桩号	主要工作内容		
		注浆量(m^3)	钻孔(延米)	钻孔(个)
No.1	K70+485～K70+950	18 899	2 348	109
No.2	K72+980～K73+550	35 791	8 330	139
No.3	K76+428～K77+076	42 840	7 306	195
No.4	K77+270～K77+600	32 412	5 271	147
No.5	K78+470～K78+820	22 148	8 838	127

(2)投标人的资格

具有建设部地基基础处理一级资质或国土资源部地质灾害防治工程施工甲级资质,且有一个以上类似本采空区性质和规模的深地基注浆处理业绩,同时通过了资格预审。

(3)资金来源

本招标项目经河南省计委(豫计基础【2003】××号)批准立项,已列入河南省基本建设计划,资金来源为河南省高速公路发展有限责任公司下拨。投标报价和中标后的工程价款均以人民币结算和支付。

(4)投标人的合格条件

①投标人应独家参与投标,不允许以联合体形式投标。

②投标人必须对整个合同段投标,只对某合同段中的部分工程投标者,将不予考虑。

③每个投标人对每个合同段只能提交一份投标书。

④每个投标人限投三个标段。

⑤本项目不允许分包。

(5)投标费用

①投标人须向招标人购买招标文件,每个投标人限购 3 个标段的招标文件。

②投标人应承担其编制投标文件、递交投标文件、参加开标、进行标书澄清等投标过程所涉及的一切费用,不管中标与否,招标人对上述费用不负任何责任。

(6)现场考察

①招标人将在资料表写明的地址和时间统一组织投标人对现场及其周围环境进行一次考察,以便使投标人自行查明或核实有关编制投标文件和签订合同所必需的一切资料。

②现场考察时,招标人或其委托的设计单位将介绍工程的地形、地貌、水文、地质、气象、料场、水源、电源、通信、交通条件等,以帮助投标人了解现场情况,利于编标。

③在现场考察过程中,投标人如果发生人身伤亡、财物或其他损失,不论何种原因所造成,招标人均不负责。

④现场考察期间由招标人统一协调安排;交通、食宿由投标人自行安排,费用自理。

(7)标前会议(对本项目不适用)

①投标人应按照资料表中写明的时间和地点,派代表出席招标人主持的标前会议。

②标前会议(即投标预备会议)的目的,是澄清并解答投标人在查阅招标文件后和现场考察中可能提出的任何方面的问题。

③投标人应在标前会议召开以前,书面将要求答复的问题提交招标人,招标人在会上或会后将据以作出澄清和解答,会后招标人将正式以书面答复(有编号的补遗书)形式发给所有已购买招标文件的投标人。投标人在收到书面答复(补遗书)后,应立即以传真等书面形式向招标人确认收到。

(8)招标方式

本工程按照河南省的有关规定,已具备招标条件。按照"公开、公正、公平"的原则,采用公开招标方式。

(9)承包方式

采用单价合同,治理工程费用应依据实际治理工程完成的工作量核算。

D. 2. 2　招标文件

(1)招标文件的内容

①招标文件分卷装订,除本款下述各卷册的内容外,招标人在招标期间发出的有编号的补遗书和其他正式有效函件,均是招标文件的组成部分。

说明:本招标文件范本为了章节序号的统一,在文中所使用的 D. 1～D. 13 分别对应正式招标文件中的第一篇～第十三篇。实际操作过程中应按下述卷册的内容格式编制。

各卷册的内容如下：

第一卷　第1篇　投标邀请书

第2篇　投标人须知

第3篇　合同通用条件(见《公路工程国内招标文件范本》)

第4篇　合同专用条件

第二卷　第5篇　技术规范［见交通部部颁《公路工程国内招标文件范本》(2003年版)(下册)］

第三卷　第6篇　技术规范(补充)

第7篇　投标书与投标担保格式

第8篇　工程量清单

第9篇　投标书附表格式

第10篇　合同协议书格式

第11篇　履约担保格式

第四卷　第12篇　施工图纸及地勘资料

第13篇　施工组织设计建议书

②投标人应仔细阅读招标文件，按招标文件的规定与要求编写投标文件。如果投标文件与招标文件的规定和要求不符合或没有做出实质性的响应，则视为废标。

③投标人应认真检查招标文件是否完整，若缺页或附件不全，则视为废标。

(2)招标文件的澄清和解答

要求对招标文件进行澄清和解答的投标人，应在送交投标文件截止期至少3天前，将要求澄清和解答的问题书面(包括传真、信函)送达招标人。招标人应在投标截止期2天前，将书面答复以编号的补遗书方式通知(专人递交、邮寄、传真)所有已购买招标文件的投标人。投标人在收到该书面答复(补遗书)后，应在24小时以内(以发出时间为准)以传真等书面形式向招标人确认收到。

(3)招标文件的修改

①在送交投标文件截止期3天之前，招标人可能会因任何原因提出相关的问题，投标人以发出编号的补遗书的形式对招标文件进行修改。

②补遗书将通知(专人递交、邮寄、传真)到所有已购买招标文件的投标人，各次补遗书应按时序编号❶，作为招标文件组成部分对所有投标人都有约束力。投标人每次收到补遗书后，应立即以传真等书面形式向招标人确认收到。

③为使投标人在编写投标文件时有合理的时间纳入上述补遗书的内容，必要时招标人可按本须知D.2.3(3)的规定，酌情延长送交投标文件截止期。

D.2.3　投标文件的编制

(1)投标文件的组成

❶ 补遗书必须按时序编号，在发送投标人的同时，要报上级主管部门核备。投标人收到补遗书后，应在确认函电中书明补遗书编号与发出和收到日期。

①投标人编写的投标文件，应包括下列各项内容：

a. 投标书及投标书附录；

b. 投标担保；

c. 授权书；

d. 标价的工程量清单；

e. 投标书附表；

f. 施工组织设计；

g. 按本须知规定应填报的其他资料。

以上内容都必须使用招标文件 D. 3 中提供的格式或大纲，除另有规定者外，投标人不得修改。

②随同投标文件应提交初步的工程进度计划和主要分项工程施工方案，以表明其计划与方案能符合技术规范的要求和本须知 D. 2. 1(1)③款规定的工期。

(2)投标价

①投标人的投标价，应是本须知 D. 2. 1(1)中所述的本工程所投合同段的全部工程的投标价，并以投标人在工程量清单中提出的单价或总额价❶为根据。

②投标人应认真填写工程量清单中所列的本合同各工程细目的单价或总额价。投标人没有填入单价或总额价的工程细目业主将不予支付，并认为该细目的价款已包括在工程量清单其他细目的单价或总额价中。投标人在工程量清单中多报的细目或单价、总额价业主将视为对招标文件的不响应。

③投标人的投标价中应含的保险费按如下规定办理(本项目不适用)：

a. 工程一切险和第三方责任险由承包人以承包人与业主联名投保，保险费由业主承担。投保的范围与条件和保险费率由招标人与承保人在所商定的投保协议中确定，并在招标文件中写明❷。上述保险费在工程量清单第 100 章中列有一个单独的支付项，由投标人按招标文件中的规定填写总额价，中标后业主将按承包人实际支付的保险费收据支付给承包人。

b. 承包人装备险和承包人职工的(人身)事故险由承包人自行投保，保险费由承包人承担并支付，并包含在所报的单价或总额价中，不单独报价。

④承包人因承包本合同工程需缴纳的一切税费均由承包人承担，并包含在所报的单价或总额价内。

⑤投标价中临时用地租用费(含拆迁补偿)，按 D. 3 合同通用条件第 42. 3 款的规定办理。

⑥在合同实施期间，投标人填写的单价和总额价按投标须知资料表与合同专用条件第 70 条的规定不予调整。

⑦如发现工程量清单中的数量与图纸中数量不一致时，应立即通知招标人核查，除非招标人以补遗书予以更正，否则应以工程量清单中数量为准。

---

❶ 总额价是无法以单价计量的细目，如第 100 章中的驻地建设、临时道路等，并以一次或分期按百分比支付的方式予以计量支付。

❷ 招标人应在招标前或至迟在投标截至日前 14 天内与一家保险公司(最后通过竞争选定)就整个工程项目统一商定保险费率和投保协议；费率应在招标文件中写明或在标前会议上宣布，或至迟在投保截至日前 14 天内，以补遗书通知所有购买了招标文件的投标人。

⑧投标人若有调价函则应遵循如下规定(本项目不适用)：

a. 工程量清单中招标人指定的报价不允许调价；

b. 调价函必须采用招标文件规定的格式并装订于投标文件正本首页，与投标文件一起密封提交。调价函应说明调价后的最终报价，并以最终报价为准，并且投标人只能有一次调价的机会。

调价函必须附有调价后的工程量清单。否则，投标人的调价无效，仍按原报价进行评标。

⑨无论有无调价函均需附工程量清单的光盘或U盘。

(3)投标文件有效期

①投标文件有效期为开标之日后20天，在此期限内，所有投标文件均保持有效。

②在特殊情况下，招标人在原定投标文件有效期内可以根据需要向投标人提出延长投标文件有效期的要求，投标人应立即以传真等书面形式对此要求向招标人作出答复；投标人可以拒绝招标人的要求，而不会因此被没收投标担保。同意延期的投标人应相应地延长投标担保的有效期[1]，但不得因此而提出修改投标文件的要求。在延长期内，本须知D.2.3(4)关于投标担保的退还与没收的规定仍然适用。

(4)投标担保

①投标人在送交投标文件时，应同时按D.2附件3投标须知资料表附表D-3中D.2.3(4)①规定的数额提交投标担保。

②投标人可采用现金支票或银行汇票作为投标担保。

③投标担保在投标文件有效期满后30天内保持有效，招标人如果按本须知D.2.3(3)②的规定延长了投标文件有效期，则投标担保的有效期也相应延长。

④投标文件中必须装有或现金支票或银行汇票的复印件，未按规定提交投标担保的投标文件，招标人将予以拒绝。

⑤招标人与中标人签订合同协议书后10天内，应向中标人和未中标的投标人退还投标担保，最迟应不超过投标文件有效期满后30天。

⑥投标人如有下列情况，将没收其投标担保：

a. 在投标文件有效期内撤回投标文件；

b. 投标人不接受依据本须知的规定对其投标文件中细微偏差进行澄清和补正；

c. 中标人未能按本须知D.2.6(4)和D.2.6(5)的规定提交履约担保或签订合同协议书。

(5)投标文件的签署与装订

①投标人应按本须知D.2.3(1)①的规定，向招标人递交投标文件，份数按资料表规定，其中一份正本，其余为副本，副本应是正本的复制件。当正本与副本有不一致时，以正本为准。

②投标文件正本应用不退色的墨水书写或打印，由投标人的法定代表人或其授权的代理人逐页小签或签署，不得用签名章代替。

③投标文件的任何一页都不应涂改、行间插字或删除。如果出现上述情况，不论何种原因

[1] 如果投标人的投保银行保函中已说明在可能延长的该有效期内仍然有效，则不必再办理延长手续；如为现金或汇票担保，期限自然顺延。

造成，均应由投标文件签字人在改动处小签或盖法人章。

④本须知 D. 2. 3(5)②规定的授权书应由法定代表人签署投标文件并由公证机关公证。公证书原件应装订在投标文件的正本之中，且应由公证机关对投标人法定代表人、授权代理人的签字、投标人的公章的真实性作出公证。如果由投标人的法定代表人签署投标文件，则不需提交授权书。

⑤投标文件的正本与副本应分别装订成册，不得采用活页夹，否则，招标人对由于投标文件装订松散而造成的丢失或其他后果不承担任何责任。投标文件必须编制详细目录，并且逐页标注连续页码。

D. 2. 4　投标文件的送交

(1)投标文件的密封和标记

①投标文件的正本与副本应分别包装，包装必须使用内外两层封套，并在内外层封套上都要加贴封条，上有“正本”、“副本”标记。未密封的投标文件将不予签收。

②投标人提交基本报价之外，同时提交技术性选择报价时(如果征询)应在提交的每一份投标文件上标明“基本报价”或“技术性选择报价”，以资区别。(本项目不适用)

③在外层封套上应写明(具体资料见投标须知资料表)：

a. 收件人(招标人)的全称和详细地址；

b. ＿＿＿＿＿项目＿＿＿合同段投标文件；

c. 在＿＿年＿＿月＿＿日 9:30 时(即开标时间)前不得开封。

外层封套上不应有任何投标人的识别标志。

④内层封套上应写明投标人的全称和详细地址，以便因投标文件迟到或其他原因宣布不能接受该投标文件时，得以原封退回。书写方法是：

投标人　　邮编：
　　　　　地址：
　　　　　名称：

招标人地址及名称：＿(寄)＿

⑤如果因投递地点未写清楚而使投标文件迟到或遗失；或因密封不严、标记不明而造成过早启封、失密等情况，招标人概不负责。

(2)送交投标文件截止期

①投标人必须按 D. 2. 4(1)③a 中写明的地址，在资料表中所规定的送交投标文件截止期前，将投标文件送(寄)达招标人签收。

②在特殊情况下，招标人如果决定推迟送交投标文件截止期，至少应在原定截止期(资料表所规定的天数)天前将此决定通知所有的投标人。在此情况下，招标人和投标人的权利和义务相应延长至新的投标截止日。

(3)迟到的投标文件

招标人在按本须知 D. 2. 4(2)规定的送交投标文件截止期以后收到的投标文件，将原封退回投标人。

(4)投标文件的更改与撤回

①在送交投标文件截止期以前，投标人可以更改或撤回投标文件，但必须以书面形式提出，并经授权的投标文件签字人签署。在时间紧迫的情况下，投标文件撤回的要求可先以传真通知招标人，但应随即补发一份正式的书面函件予以确认。更改、撤回的确认书必须在送交投标文件截止期以前送达招标人签收。

②更改的投标文件应同样按照投标文件送交规定的要求进行编制、密封、标记和发送。

③送交投标文件截止期以后，投标文件不得更改。需作澄清时，必须按本须知 D. 2. 6(3)的规定办理。

④如果在投标文件有效期内撤回投标文件，则按本须知 D. 2. 3(4)⑥的规定没收其投标担保。

D. 2. 5　开标与评标

(1)开标

①招标人将按本招标文件资料表中规定的截止时间[或按 D. 2. 4(2)②通知延后的截止时间]和地点，对所有收到的投标文件进行开标。开标时，投标人应委派授权代理人准时出席，在开标时检查投标文件，确认开标结果，并在开标记录上签名。开标记录至少包括以下内容：投标人名称、投标文件完备性、投标价格。到会的投标人代表应在开标记录上签字，但未签字并不影响开标记录的有效性。

②开标由招标人主持，邀请行政主管部门或公证机关进行监督或公证。

③对已按 D. 2. 4(4)①规定要求撤回的投标文件，不予开标。在投标截止时间之后收到的投标文件，将不予开标，原封退还给投标人。

④开标时，由投标人授权代理人检查投标文件的密封情况；经确认无误后，由招标人当众拆封，对投标文件的签署及投标担保的提交情况等进行核查。未按投标人须知 D. 2. 4(1)规定进行密封和标记的投标文件将不予开标；开标后，招标人发现投标人未按招标文件的要求提交投标担保，或者投标书未按照招标文件规定签署并加盖公章，或者未在投标书上填写投标总价，招标人将当场宣布为废标。

⑤只对符合 D. 2. 4(1)要求的投标文件开标，并由招标人宣读合同段名称、投标人名称、投标价、更改投标价、技术性选择方案的投标价(如果有)，以及招标人认为必要的其他细节。未经宣读的调价函(如果有)，一律不在评标中考虑。招标人应做好开标的会议记录，存档备查。

⑥若招标人宣读的结果与投标文件不符时，投标人有权在开标现场提出异议，经监督机关或公证机关当场核查确认之后，可重新宣读其投标文件。若投标人现场未提出异议，则认为投标人已确认招标人宣读的结果。

⑦招标人设有标底的，应在开标时当场公布并记录备案。

⑧投标人因故不能派代表出席开标活动，事先应书面(信函、传真)通知招标人，此时，招标人将认为该投标人将默认开标结果。

(2)保密

①开标以后，直到签订合同协议书为止，凡有关对投标文件的审查、澄清和评比工作，都应在保密的情况下进行，任何有关信息和资料，均不得向投标人或与上述工作无关的人员泄露。

②投标人在上述工作过程中对招标人施加任何影响的行为，都将会导致取消对其投标文

件的评定。

③从开标至工程竣工交付使用后3年时间内，业主或招标人均不得将投标人的投标资料向任何第三方泄露，除非征得原资料提供单位的书面同意。

(3)符合性审查

①招标人依法组织的评标委员会首先对评标文件进行初步评审，只有通过初步评审的投标文件才能进入详细评审。

通过符合性审查的主要条件：

a.投标文件按照招标文件规定的格式、内容填写，字迹清晰可辨。

(a)投标书按照招标文件规定填报了投标单价、工期和投标有效期；且有法定代表人或其授权的代理人亲笔签字，盖有法人章；

(b)投标书附录的所有数据均符合招标文件规定；

(c)投标书附表齐全完整，内容均按规定填写；

(d)按规定提供了拟投入的主要人员及其替补人员的证件彩色打印件，证件清晰可辨、有效；

(e)投标文件按招标文件规定的形式装订。

b.投标文件上法定代表人或其授权代理人的签字(含小签)齐全，符合招标文件规定：

凡投标书、投标书附录、投标担保、授权书、工程量清单、投标书附表、施工组织设计的内容必须逐页签字。

c.法人发生合法变更或重组，应提供相关部门的合法批件及企业法人营业执照和资质证书的副本变更记录复印件。

d.投标人按照招标文件规定的格式、时效和内容提供了投标担保。

(a)投标担保为无条件式投标担保；

(b)投标担保的收益人名称与招标人规定的受益人一致；

(c)投标担保金额符合招标文件规定的金额；

(d)投标担保有效期为投标文件有效期加30天；

(e)若采用银行保函形式，出具保函的银行级别必须满足投标人须知资料表的规定。

e.投标人法定代表人的授权代理人，其授权书符合招标文件规定，并符合下列要求：

(a)授权人和被授权人均在授权书上签名，不得用签名章代替；

(b)附有公证机关出具的加盖钢印的公证书；

(c)公证书出具的日期与授权书出具的日期同日或之后。

f.投标人如有分包计划应提交分包协议，分包工作量不应超过投标价的30%。

g.一份投标文件应只有一个投标报价，在招标文件没有规定的情况下，不得提交选择性报价。

h.投标人提交的调价函符合招标文件要求(如有)。

i.投标文件载明的招标项目完成期限不得超过招标文件规定的期限。

j.投标文件不应附有招标人不能接受的条件：

(a)投标人应接受招标文件规定的风险划分原则，不得提出新的风险划分办法；

(b)投标人不得增加业主的责任范围，或减少投标人义务；

(c)投标人不得提出不同的工程验收、计量、支付办法；

(d)投标人对合同纠纷、事故处理办法不得提出异议；

(e)投标人在投标活动中不得含有欺诈行为；

(f)投标人不得对合同条件有重要保留；

(g)投标人不得修改工程量清单中的任何支付细目和数量，不得增加或减少任何支付细目。

投标文件不符合以上条件之一的，视废标处理。

②如果投标文件实质不响应招标文件的要求，招标人将予以拒绝，并且不允许投标人通过修正或撤销其不符合要求的差异或保留，使之成为具有响应性的投标。

(4)算术性修正

①评标委员会在开标时对有算术上的和累加运算上的差错给予修正。修正的原则如下：

a. 当以数字表示的金额与文字表示的金额有差异时，以文字表示的金额为准；

b. 当单价与数量相乘不等于合价时，以单价计算为准，如果单价有明显的小数点位置差错，应以标出的合价为准，同时对单价予以修正；

c. 当各细目的合价累计不等于总价时，应以各细目合价累计数为准，修正总价。

②按以上原则对算术性差错的修正，应现场取得投标人的同意，并确认修正后最终投标价。如果投标人拒绝确认，则其投标文件将不予评审，并没收其投标担保。修正后的最终投标价与原报价相比偏差在1%以上者，属于重大偏差，按废标处理。

(5)评标

①招标人将对实质上符合招标文件规定的投标文件进行评价与比较。

②在合同执行期间采用的价格调整条款，在评标时不予考虑。

③凡超出招标文件规定的或给业主带来的未曾要求的利益的变化、偏离或其他因素在评标时不予考虑。

④投标文件评比采用有限低价评标法，并实行评标结果当场公示制度。

公路工程施工招标有限低价评标法：

a. 定义

有限低价评标法是在通过严格的资格预审的投标人中，在招标人可接受的合理投标价范围内，选择通过初步评审，评标价最低，且按照招标文件规定做出承诺并按时足额提交履约保证金的投标人的评标方法。

b. 复合标底的计算方法

$$C=\alpha\times A+\beta\times B \tag{D-1}$$

式中：A——招标人的标底扣除暂定金额(包括计日工)后的值(招标人标底在开标时公布，公布的标底含两个内容——总价和扣除暂定金后的价)；

B——投标人的评标价(投标人报价扣除暂定金额后的值)在A值的105%(包括105%)～85%(包括85%)范围内的平均值；

α——A值的权重系数，α取值范围为0.3～0.6，当投标人在3～4人(含3人和4人)，取$\alpha=0.6$；当投标人在4～8人(不含4人和8人)，取$\alpha=0.5$；当投标人在8～10人(含8人和10人)，取$\alpha=0.4$；当投标人在10人以上(不含10人)，取$\alpha=0.3$；

β——B值的权重系数，$\beta=1-\alpha$；

C——复合标底值。

若所有投标人的评标价均未进入A值的105%（包括105%）～85%（包括85%）范围，则B值取A值的85%来计算复合标底；若所有投标人的评标价均高于A值，则按交通部的有关规定，可以否决所有投标，招标人应依法重新招标。

c.招标人可接受的合理投标价范围

投标人的评标价在复合标底（C值）的105%（含105%）～90%（含90%）之间，作为招标人可接受的合理投标价范围。

投标人的评标价在此范围外的投标文件不再参与评审。

d.评审程序

(a)在开标现场，宣读投标人的投标价，招标人的标底和招标人的标底扣除暂定金额（包括计日工）后的值；

(b)计算A、B、C的值；

(c)计算招标人可接受的合理投标价范围，投标人的评标价在复合标底（C值）的105%（含105%）～90%（含90%）之间作为招标人可接受的合理投标价范围，在此报价范围以外的投标文件不再进行下一步评审；

(d)对投标人的评标价在复合标底（C值）的105%（含105%）～90%（含90%）之间的投标文件进行符合性检查与合同条件检查；

(e)对通过符合性检查与合同条件检查的投标文件，在招标人可接受的合理投标价范围内，由低到高排序，确定1～3名中标候选人；

(f)开标现场宣布中标候选人确定结果。

D.2.6 合同的授予

(1)授予合同

招标人将把合同授予投标文件通过符合性检查与合同条件检查，并且经有限低价评标得分最高的投标人。

(2)接受和拒绝投标的权力

招标人在发出中标通知书前有权接受和拒绝任何投标，宣布投标无效或拒绝所有投标，并对由此而引起的对投标人的影响不承担责任，也不解释原因，但投标担保将退还给投标人。

(3)中标通知书

①评标结束并经批准后，招标人将在投标文件有效期截止前向中标单位发出中标通知书，确认其投标已被接受。中标通知书中将写明业主将支付给承包人按合同规定实施和完成本工程及其缺陷修复的总价（即合同价格）。投标人在收到中标通知书后，应立即以书面形式通知招标人。

②中标通知书是合同文件的组成部分。

(4)履约担保

中标人在收到中标通知书后15天内，并在签订合同协议书之前，应按合同条件规定的履约担保形式和额度，向业主（招标人）提交一份履约担保；出具履约保函的银行必须具有相应的担保能力，所需费用由中标人自行承担。

(5)合同协议书的签署

①中标人在收到中标通知书后15天内或资料表另行规定的天数内，应与业主签订合同协议书。在签订合同协议书之前，应按本须知D.2.6(4)规定提交履约担保。

②签订合同协议书时，签约双方应出示法定代表人证书或其代理人的授权书。

③合同协议书经双方法定代表人或其授权的代理人签署并加盖公章后生效。业主和中标人在签订合同协议书的同时需按照本招标文件规定的格式和要求签订廉政合同及安全生产合同，明确双方在廉政建设和安全生产方面的权利和义务以及应承担的违约责任。

④如果中标人未能按本须知D.2.6(4)或D.2.6(5)①的规定提交履约担保(含按规定增加的银行汇票)，招标人则可宣布其中标无效，并没收其投标担保。在此情况下，可将合同授予下一个中标候选人。

(6)纪律与监督

①严禁投标人向参与招标、评标工作的有关人员行贿，使其泄露一切与招标、评标工作有关的信息。在招标、评标期间，不得邀请参与招标、评标工作的有关人员到投标人单位参观考察或出席投标人主办的或赞助的任何活动。

②投标人在投标过程中严禁互相串通、结盟，损害招标的公正性和竞争性，或以任何方式影响其他投标人参与正当投标。

③如发现投标人有上述不正当行为，将取消其投标资格。

④招标工作将公开接受社会监督。

监督机构：河南省交通厅
电　　话：
地　　址：
邮　　编：

D.2 附件1　工程说明

1　概　　述

禹登高速公路，是2003年河南省全省交通工作会议确定的8条高速建设项目之一。该项目已由省计委批准修建，并已列入基本建设计划。其旨在加快区域经济的发展步伐，勾通禹州、登封与其他地区的经济联系，推动沿线资源开发利用，发挥沿线旅游资源优势，促进沿线地区全面建设小康社会。也为更好地发挥少洛高速公路的经济效益构造更合理的路网格局。

1.1　项目

本次招标的项目是位于登封境内的禹登高速公路主线下伏的煤矿、铝土矿采空区治理工程。

1.2 计划工期

本次采空区治理工程招标的预期工期为3个月(完工时间均以监理工程师签发工程交工证书之日为准)。保修期1年。

2 沿线自然地理概况

2.1 地理位置

禹登高速公路K70+420~K70+950、K72+980~K73+550、K75+900~K78+820存在下伏采空区不良路基地段,分别定名为A区(磨脐铝土矿采空区)、B区(山沟煤矿、铝土矿采空区)和C区(刘碑—垌头煤矿、铝土采空区),三个区位于河南省登封境内。

2.2 地形地貌

采空区地貌单元属嵩山和箕山山脉东段和东南低山丘陵地貌,区内最高海拔314.2m,最低海拔225m,K75+900~K78+820、K72+980~K73+550、K70+420~K70+950三个区段相对高差分别为29.2m、42m和60m,区内冲沟发育。

地层由寒武、奥陶、石炭系灰岩、砂岩及二叠系的煤系砂岩组成。灰岩地区为圆山秃岭,并有溶沟、溶槽、溶洞等岩溶地貌发育。

2.3 气候条件

采空区地段属暖温带大陆性季风气候区,湿润~半湿润,四季分明,一般特点是冬季寒冷雨雪少,春季干旱风沙多,夏季炎热雨水多,秋季晴和日照足。登封—禹州年平均气温14.7~14.5℃,最低气温-14~-13.7℃,7月份平均气温25.8~28℃,最高气温39.4~42.3℃,年平均降水为579~719mm,多集中在7月和8月。春、夏、秋三季以东北风、东风为主,冬季以西风为主,平均风速2.1m/s,最大风速可达30~40m/s。

本区属淮河流域颍河水系,矿区范围内无常年河流,水流以季节性溪流为主,雨后即干。

2.4 工程地质条件

采空区地处华北地层区嵩箕小区。据区域地质资料和钻孔揭露,自老到新地层有:寒武系(ε)、奥陶系中统马家沟组(O_{2m})、石炭系上统本溪组(C_{3b})和太原组(C_{3t})、二叠系山西组(p_{1sh})、第四系(Q)。现分述如下:

寒武系(ε):灰色、深灰色,厚~巨厚层状白云质灰岩、鲕状白云岩、白云岩局部夹薄层泥灰岩等。厚度150m左右。

马家沟组(O_{2m}):上部为深灰色厚层状石灰岩、下部为浅灰色结晶灰岩,局部夹泥质石灰岩和角砾状石灰岩,隐晶质和细粒晶状结构,溶洞和裂隙发育,区内有零星赋存。厚度19m左右。

本溪组(C_{3b}):自奥陶系、寒武系顶到一$_1$煤底,主要为浅~深灰色铝质岩,鲕状和豆状结构,含黄铁矿结构和团块。其中铝土矿层一般厚1~3m,呈透镜状、鸡窝状分布,局部可采。本组厚9.00m左右,与下伏奥陶系为平行不整合接触。

太原组(C_{3t})：自一$_1$煤底到L_9石灰岩(或菱铁质泥岩)顶，主要以灰岩、泥岩、砂岩等为主，一般含5层灰岩，本组平均厚48m左右，根据岩性组合特征，分为下部灰岩段、中部砂泥岩段和上部灰岩段三段；下部灰岩段(C_{3t1})，主要由L_1～L_4石灰岩和煤层组成，石灰岩中发育燧石团块和黄铁矿结核，含有海百合、腕足类等动物化石或碎屑。一$_1$煤层发育在L_1石灰岩之下，不可采。中部砂泥岩段(C_{3t2})，由灰～深灰色中、细粒砂岩、泥岩、砂质泥岩、石灰岩和煤层组成。上部石灰岩段(C_{3t3})，主要由石灰岩、泥岩和菱铁质泥岩组成。其中L_7～L_8石灰岩发育，为深灰色含生物屑泥晶石灰岩，含燧石结核，富含动物化石。本组厚68m左右与下伏本溪组整合接触。

山西组(P_{1SH})：自太原组顶至砂锅窑砂岩底，主要由砂岩、砂质泥岩、泥岩、铝土质泥岩和煤层组成。本组平均厚77m，根据其岩性组合特征可分为三段：

(1)二$_1$煤段：自山西组顶至砂锅窑砂岩底，由深灰色、黑灰色泥岩、砂质泥岩和煤层组成，局部有砂岩。其中二$_1$煤层全区发育，普遍可采，也是煤矿开采的主要对象。

(2)大占砂岩段：自大占砂岩底至香炭砂岩底，由深灰色、黑灰色泥岩、砂质泥岩和细～中粒砂岩组成，大占砂岩为灰～深灰色中细粒长石石英砂岩，含大量的白云母片、炭屑、泥质团块及菱铁矿晶体和结核，次棱角状～圆状，分选良好，硅质胶结，具水平和微波状层理。

(3)香炭砂岩段：自香炭砂岩底至砂锅窑砂岩底。下、中部各发育一层灰、深灰色中粒、细粒砂岩(局部为粗粒砂岩，俗称“香炭砂岩”)，含较多的白云母片，具水平及波状层理；上部为浅灰、灰、深灰色泥岩，局部含铝质，具紫斑或暗斑，发育菱铁质鲕粒(俗称小紫泥岩)。含较多的白云母片，具水平及波状层理；上部为浅灰、灰、深灰色泥岩，局部含铝质，具紫斑或暗斑，发育菱铁质鲕粒(俗称小紫泥岩)。

本组与下伏太原组整合接触。

二叠系下统下石盒子组(P_{1X})：矿区内早期受风化剥蚀，仅局部保存，由灰色细粒砂岩、深灰色砂质泥岩组成。

第四系(Q)：第四系松散沉积物：主要由亚黏土和卵石组成，厚度2～23m。其下为砂卵石层，厚度变化大，一般厚度1～22m。卵石之下为基岩。

按岩土工程地质特征分为两层：

(1)黄土状亚黏土(Q_{4al+pl})：褐黄～棕黄色，垂直节理发育，含钙质网纹，具明显的大孔隙，具湿陷性，硬塑～可塑，见少量植物根系，干强度高，韧性中等，稍有光滑，无摇震反应，分散结构。

(2)卵石($Q_{2\sim4al}$)：灰～棕褐色，成分以石英砂岩为主，分选性较好，一般粒径5～8cm，含水量漂石，最大粒径40cm，多呈椭圆形，卵石含量50%～80%，充填物为砂砾及亚黏土，泥质胶结，稍密～中密。局部Q_2有红色亚黏土和黄色亚黏土互层。

采空区构造形态受箕山背斜和颍阳～卢店向斜所控制，构造以断层为主，局部伴有小型褶曲，地层走向近东西，倾西北，倾角10°～35°。发育有NEE向断层，多为大致平行的北升南降正断层及少量逆断层，正断层组成阶梯状形态，为区域主干断裂，主要构造有东金店—密县—新郑复向斜：有卢店向斜、朝阳沟背斜、东刘碑短轴背斜、密县向斜、东金店向斜、超化背斜、大隗向斜组成，背斜轴部由寒武、奥陶系组成，向斜轴部为二叠石淙河正断层，其分布在本区井田南部边界。

本区采空区为低山丘陵地貌类型，地下水可划分为松散岩类孔隙水、碎屑岩类基岩裂隙水和碳酸盐类岩溶水。

根据不同的地貌单元和其相应的沉积物情况，采空区属低山丘陵水文地质区，主要接受大气降水入渗补给和地下水径流补给，其排泄方式为人工开采、地下径流。

地下水位受矿井开采和岩层岩性赋存的情况控制。据调查，该区局部上层滞水(松散岩类孔隙水)埋深 11m 左右，深层水埋深在东刘碑区 150m 左右，在寺沟煤矿采空区埋深 60～90m 不等，采空区未充水。

3 交通、电力、通信及其他条件

3.1 交通运输

3.1.1 公路交通

本项目区路网较为发达，部分公路铺有沥青或水泥混凝土路面，道路交通较为便利，将为本项目施工提供方便条件。

3.1.2 施工交通

本路段沿线及邻近有一些农村道路，如果承包商选择这些道路作施工便道时，则应负责养护，并保持其不劣于现有状况，不得在未取得地方政府同意的情况下任意加宽或改线；在取得地方政府同意后，方可加宽或改线，且费用由承包商自负。

3.2 电力

承包商应自费并自行安排合同实施过程中所需的电力供应与管线分布。在本合同段内可向登封市供电局联系。

3.3 通信

禹州、登封均有长途及移动通信设施。承包商自费并自行安排现场办公室通信设备装置。在本合同段内可向登封市电信局联系。

3.4 其他条件

3.4.1 道路用地

本工程道路用地，可在公路征地范围内使用，若超出征地范围以外的用地，则由承包商与当地政府洽谈协商，且此项费用由承包商自负。

3.4.2 工作场地和膳宿供应

承包商需要的办公室、住房、停车场、仓库和堆放材料用地，可在本路段内自行选择，征用土地数量大小自定，费用自负。关于施工人员的粮、油、肉、菜等主副食品与当地有关供应单位联系在市场采购。

3.4.3 现有的建筑物和公用服务设施

沿线的现有建筑物和树木将由业主拆迁，现有的服务设施将由业主通过有关部门重新安置。

D.2 附件 2　地理位置示意图(图 D-1)

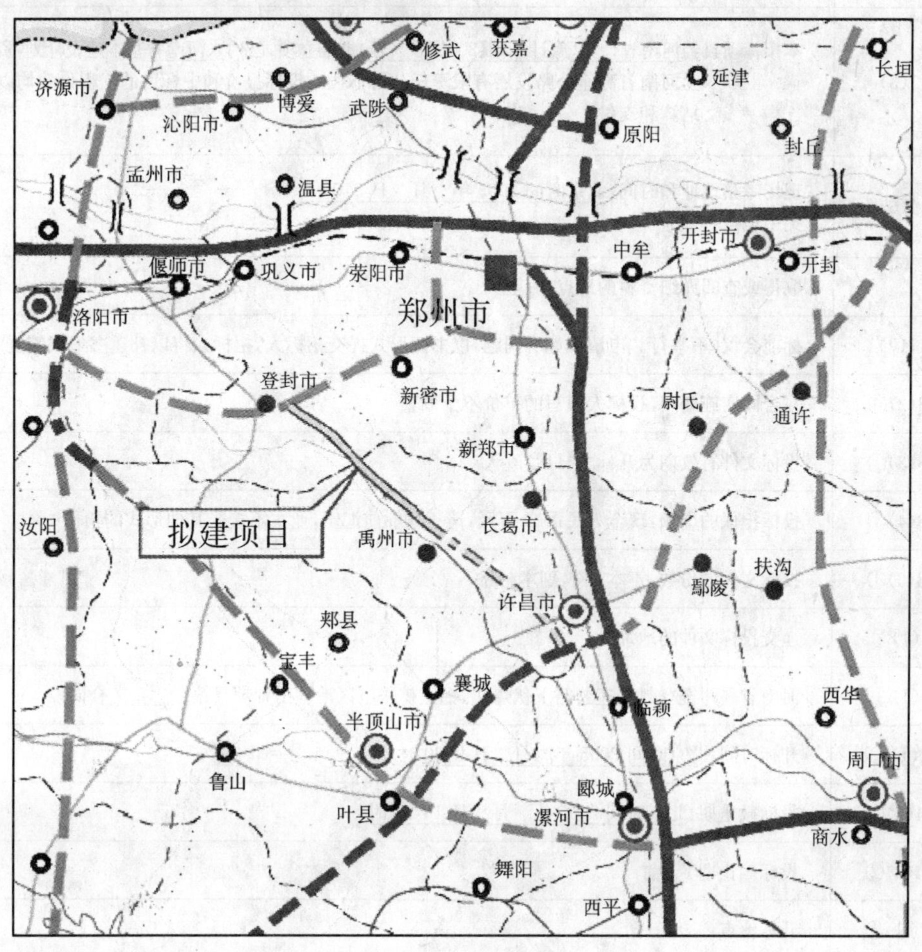

图 D-1　地理位置示意图

D.2 附件 3　投标人须知资料表(表 D-3)

表 D-3

投标人须知条款号	具体信息或数据
	招标人名称:河南禹州至登封高速公路有限公司 地　址: 电　话:　　　　　传　真: 邮　编:　　　　　联系人:
D.2.1(1)①	工程项目名称:河南省禹州至登封高速公路下伏煤矿、铝土矿采空区治理工程
D.2.1(1)②	工程说明:详见 D.2 附件 1“工程说明”
D.2.1(1)③	项目工程预期总工期为3个月。

续上表

投标人须知条款号	具体信息或数据
D. 2. 1(3)	本招标项目经河南省计委(豫计基础【2003】××号)批准立项,已列入河南省基本建设计划,资金来源为河南省高速公路发展有限责任公司下拨。投标报价和中标后的工程价款均以人民币结算和支付
D. 2. 1(6)	现场考察地址和时间:北京时间 2005 年　月　日 9:00 时 集中地点:
	取得或查阅详细资料的地点:
D. 2. 1(7)	标前会议:不举行。申请人如有问题,以书面形式提交招标人,招标人将以补遗书形式答复
D. 2. 3(2)⑥	在合同实施期间,投标人填写的单价不予调整
D. 2. 3(3)①	投标文件有效期为开标之日后 20 天
D. 2. 3(4)①	投标担保的金额:现金人民币10 万元,请于开标前汇至,业主不接受其他形式的担保
D. 2. 3(5)①	投标文件的份数:正本1 份,副本4 份
D. 2. 4(1)③a	递交投标文件的地址:
D. 2. 4(1)③b	河南省禹州至登封高速公路下伏煤矿、铝土矿采空区治理工程项目第________合同段
D. 2. 4(1)③c	开标时间:北京时间 2005 年　月　日 9:30 时
D. 2. 4(2)①	投标截止期:北京时间 2005 年　月　日 18:00 时
D. 2. 4(2)②	投标截止期5 天前
D. 2. 5(1)①	开标地点:
D. 2. 6(2)	业主将只对实质上响应和符合招标文件规定的投标文件进行评价和比较。业主不接受低于成本价的投标
D. 2. 6(4)	中标人在收到中标通知书后 15 天内,并在签订合同协议书之前,应按合同条件规定的履约担保形式和额度,向业主(招标人)提交一份履约担保;出具履约保函的银行必须具有相应的担保能力,所需费用由中标人自行承担。业主不接受县级以下银行开出的保函。 履约保函的金额和提交时间:金额为合同总价的10%,提交时间为收到中标通知书 15 天内,并在签订合同之前
D. 2. 6(6)④	监督机构:河南省交通厅 电　　话: 地　　址: 邮　　编:

D.3　合同通用条件

合同通用条件见交通部部颁《公路工程国内招标文件范本》(2003年版)(上册)。

D.4　合同专用条件❶

一、说　　明

合同专用条件是在通用条件中明确指出要在合同专用条件或数据表中予以具体规定的数据、信息或与工程所在地具体情况有关的规定(如异常气候条件),是必备的配套条件,不能缺少,否则通用条件就不完善。这类条件包括2.1(b)(4)、5.2(10)、44.1、52.3、60.5、63.1等有关条件,专用条件数据表是合同条件的组成部分。

项目业主单位认为需要进一步具体化的条件,或根据本地区特点或惯例需增列或删除的条件,例如优质工程的奖励条件,承包人人员、设备不到位时的违约处理办法条件等,也在本篇列出。

合同专用条件的编号应与合同通用条件一致。

在一般情况下,合同通用条件中的保险条件、开工预付款条件、材料、设备预付款条件及业主拖期支付利息的条件不得删除;如有特殊情况,对这些条件的修改应征得招标文件审批部门的批准。

二、专用条件数据表

本数据表是合同条件中适用于本项目的信息和数据的归纳与提示,是合同专用条件的组成部分(表D-4)。

合同专用条件是对合同通用条件有关条款的补充、删改或具体化。应对照合同通用条件中同一编号的条件一起阅读和理解。

专用条件数据表　　表D-4

序号	条件号	信息或数据
1	1.1(1)a	业　　主:河南禹州至登封高速公路有限公司 业主代表: 地　　址: 邮　　编:
	1.1(1)d	监理单位:黑龙江省公路工程监理咨询公司禹登高速公路监理代表处。 总监理工程师:

❶ 本"合同专用条件",是根据高速公路采空区治理工程的特点,参考《公路工程国内招标文件范本》的相关章节编写的。"合同专用条件"中的章节参考并沿用了原著的部分章节编序,为便于参阅合同通用条件,本部分内容章节体例维持原文格式。

续上表

序号	条件号	信息或数据
2	10.1	履约担保金额:10%合同价格。 提交履约保函的时间:在收到中标通知书后15天内,签订合同前。 出具履约担保的银行级别:地(市)级以上的有信誉的国有商业银行支行
3	14.1	工程进度计划提交时间:承包人在与业主签订合同协议后的3天内提交给监理工程师
4	41.1	发开工令期限:签订合同协议书之日算起14天内
5	41.1	开工期:接到开工令之日算起3天内
6	43.1	工期:本项目工程总工期3个月
7	45.1	监理工程师一般应予以批准
8	47.1	拖期损失偿金:人民币1万元/天
9	47.1	拖期损失偿金限额:合同价格的10%
10	49.1	缺陷责任期:自签发交工证书之日起1年
11	60.2	监理工程师签发期中支付证书的时限14天 期中支付证书最低限额:人民币50万元
12	60.3	保留金百分比:月支付额的10%
13	60.3	保留金限额:合同价格的5%
14	60.5	开工预付款比例:10%合同价格
15	60.15	支付期限 期中支付:业主收到期中支付证书后 7 天内 最后支付:业主收到最后支付证书后 14 天内
16	60.15	未付款额的利率:按当期银行短期贷款利率加手续费计算
17	67.3	仲裁机构:
18	68.2	业主和监理工程师的地址、邮编:同本表第1项
19	70.1	本合同合同期内不调价

三、定义和解释

1.1 定义

(1)a 在通用条件中原文后面增加一句:

本合同的业主是:河南禹州至登封高速公路有限公司

地　　　　址：

(1)d 在通用条件中原文后面增加：

本合同的监理工程师是：(见合同专用条件数据表)

2.1　监理工程师和监理工程师代表的职责和权限

在2.1(1)款正文后增加："并应遵守'严格监理，秉公办事，不徇私情，热情服务'的十六字职业道德准则"。

2.1(2)d 监理工程师授权批准的工程延期的天数，在签订补充合同后，由业主确定通知。

四、转包和分包

4.1　分包

合同通用条件原文第一段后增加：分包部分不能超过总工程量的30%，且不允许分包人将其承接的工程再次分包……

五、合 同 文 件

5.2　条合同文件的优先次序

增加(11)资格预审申请书。

六、一 般 义 务

8.1　承包人的一般责任

修改8.1(3)条如下：

要加强质量监控，确保规范规定的检验、抽检频率，现场质检的原始资料必须真实、准确、可靠，不得追记，接受质量检查时必须出示原始资料。监理工程师有指令时，重要隐蔽工程覆盖前应进行摄像或照相并保存现场记录。每道工序的报验合格率应为100%，并且监理工程师第一次抽检的合格率不得低于90%，待承包人修复后监理工程师第二次抽检的合格率必须达到100%，否则将视为承包人违约。

10.1　履约担保

在通用条件中本款文末增加：为投标人出具履约保函的银行，须为地(市)级以上的有信誉的国有商业银行支行。业主对承包人的履约保函有质疑时，承包人必须在14天内予以更换。

14.1　工程进度计划的提交

在通用条件中本款文末增加：

工程进度计划每月按21个工作日计算劳动力和机械设备。但承包人为实施和完成本合同工程所需要的实际工作时间应在合同工期内自行安排。

15.1　承包人对合同工程的管理

将通用条件本款改为：

15.1　在工程施工期间，为加强管理和认真履行合同义务，承包人应按投标书附表所报名单委派项目经理和项目技术负责人，应保证及时到位并常驻现场进行对本合同的管理，并保持其岗位的相对稳定，且不得兼任其他工程项目的职务。如果需要更换投标书附表所报项目经理或项目技术负责人名单时，应事先与监理工程师协商并取得业主同意。如果监理工程师认为已委派的项目经理或项目技术负责人的工作能力和业务水平不称职，经业主同意而需要撤换时，承包人应在接到通知后，在14日内撤回原委派的项目经理或项目技术负责人，同时委派一名经业主与监理工程师同意的新的项目经理或项目技术负责人。否则将按第63.1款视为承包人违约。

增加第15.3款、第15.4款。

15.3　请假

在工程施工期间，项目经理、项目技术负责人因故离岗，事先须以书面形式向总监代表及业主请假，批准后方可离开工地；项目经理、项目技术负责人每月请假离开工地不能超过5天，且不可同期请假。否则将按第63.1款视为承包人违约。

15.4　加班

承包人主要工序加班，须经监理工程师批准后，方可实施；监理工程师加班费用由承包人自行负责承担。承包人加班期间，该工序负责人及工程技术人员必须在加班现场，否则将按第63.1款视为承包人违约。

19.2　业主的责任(增加的条款)

如果业主根据第31条以及33.2款、39.2款和63.1款的规定，需使用自己的工人在工地上完成工程的施工，对于这些工程业主应：

(1)负责在工地上工作的人员的安全。

(2)良好的秩序，防止对上述人员的损害。

根据第31条，如果业主在工地上雇用了其他的承包人，业主应要求他们负同样的责任，保证安全和避免损害。

26.1　遵守法令规章

删除通用条件本款(1)中的内容，代之以：

(1)遵守国家和河南省颁布的法律、法令、条例及登封市政府的有关规定；

28.2　料场使用费

在通用条件中本款文末增加：

但业主协助的成功与失败，不免除根据合同文件规定的承包人的一切责任。

30.1　避免对道路的损坏

在通用条件中本款文后增加：

为保证道路交通安全及运输畅通，承包人应采取以下措施：

(1)当施工堵塞时，承包人必须在与交通和公安部门协商下，采取足够的引导交通措施；

(2)承包人制订运输计划时，应避开现有道路上在高峰时的运输。

七、材料、设备和操作工艺

37.5　试验室

在通用条件中本款文后增加：

承包人应在在接到中标通知书后15天内完成工地试验室建设，并经河南省交通厅基本建设质量监督站检验认证。或委托该线路土建施工单位已经河南省交通厅基本建设质量监督站检验认证的具有临时资质的试验室，或委托具有国家乙级资质以上的试验室。否则将按63.1款规定视为承包人的违约。

监理工程师可免费使用承包商的工地试验室从事本工程有关的试验检测工作。

八、开工和延误

41.1　工程的开工

增加(3)工程实质性开工。

(3)工程实质性开工：承包人应在接到中标通知书后14天内应具备实质性开工条件，即主要人员已进驻现场、投标文件中载明的主要机械设备已进场。如果承包人在接到中标通知书后14天内不能具备实质性开工条件，业主将收回已发给该承包人的中标通知书。

42.3　临时用地的租用(本项目不适用)

将通用条件本款改为：

临时工程用地范围包括承包人驻地的办公室、食堂、宿舍、道路和机械设备停放场、材料堆放场地、仓库、进场临时道路、临时便道、便桥等。承包人在递交投标文件的同时，应本着少占耕地的原则，按招标文件D.8工程量清单及D.9投标书附表格式中表D-15的格式填写一份“临时用地计划表”，中标后应在此表范围内按实际需要与先后次序，提出具体计划报监理工程师同意，并报业主。表中应标明承包人的临时工程用地位置、数量和使用期限。临时用地数量由承包人自行确定。租地费用列入工程量清单100章中由承包人报价。临时用地地面附着物(电力、电信、房屋、坟墓除外)，其拆迁补偿费用计入工程量清单各有关项目单价内，不另支付。

临时用地由业主协助承包人向当地乡级政府以上土地管理部门申请，并办理租用手续，承包人按有关规定直接支付其费用，业主对此将予以协调。临时用地退还前，承包人应自费恢复到临时用地使用前的状况。

临时用地按季补偿(一年两季)，其补偿标准为：600元/(亩·季)。占用不满一季的按一季补偿；满一季而不满两季的按两季补偿，以此类推。需要拆迁的附着物按照标准进行补偿。

承包人临时用地要向国土部门交纳复垦保证金 2 500 元/亩，由国土部门办理临时用地有关手续。

关于复垦标准：复垦标准由登封市国土资源局制定并负责验收。经验收达到复垦标准的，保证金如数退还；达不到标准的，由承包人再行复垦或由市、县国土部门用复垦保证金进行复垦。

不能复垦的耕地按照同类永久性征地标准一次性补偿，其补偿费用完全由承包人负责。

关于复垦后地力损失费的补偿标准：无论承包人自行复垦或者由国土部门复垦后，均由承包人对土地承包人(或所有人)一次性补偿，其补偿标准是：300 元/亩。

上述标准仅供承包人参考，其实施价格由承包人与当地国土部门协商确定，超支与否业主均不予承担。

44.1　工期的延长

修改第 44.1(3)子款如下：

(3)异常恶劣的气候条件，对本项目而言，指发生烈度七度(含七度)以上地震、龙卷风、超过百年一遇洪水位以及不利的降水等引起的延误情况。

上述不利降水的衡量标准如下：

①按本省气象部门统计的降水资料，取最近二十年的平均降水天数为标准；

②按实际统计的年降水天数与①所指的年降水天数之差，每年初计算一次；监理工程师将根据承包人的申请予以评定，监理工程师评定恶劣气候对工程的影响时还将考虑用施工期限内其他月份的异常良好的气候的时间予以补偿。异常气候在每一个月对工程进度影响的评定应在整个合同期内予以累计；

③不考虑每一降水过程后所影响的施工时间；

增加 44.1(6)款如下：

(6)工程延期的审批

①必须是非承包人自身原因造成的工程延期，监理工程师才可以考虑受理承包人的延期申请；

②若只是局部工程受到影响，承包人应考虑采取补救措施予以弥补，而不应考虑推迟工程项目的总工期；

③延期的工程项目如果不在工程施工进度网络计划的关键线路上，即使是在非关键路线的关键工序，监理工程师亦不应考虑延长总工期。

45.1　工作时间的限制

将通用条件本款改为：

承包人在夜间或国家规定的节假日进行永久工程的施工，或法定工作时间以外的延时工作，应经监理工程师的许可。只要施工安全、工程质量或居民环境不受影响，监理工程师一般应予同意。由此发生的监理费用增加由承包人承担。

但是，为了抢救生命或保护财产，或为了工程的安全、质量而不可避免的短暂作业，则不必事先经监理工程师的许可。但承包人应在事后立即向监理工程师报告。

本款规定不适用于习惯上或施工本身要求实行连续生产的作业。

46.1　工程进度过慢

将通用条件本款改为：

除44.1款规定外，承包人的月工程进度曲线应在工程总进度管理曲线规定的安全区域之内。若承包人的月工程进度曲线处在工程总进度管理曲线规定的安全区域的下限之外时，则监理工程师有权认为本合同工程的进度过慢。

(1)监理工程师应立即通知承包人应采取必要措施，以便加快工程进度，确保工程总工期的各中间阶段进度目标能按期完成。承包人无权要求为了采取这些措施而支付任何附加费用。

(2)如果承包人在接到监理工程师通知后的14天内，未能采取加快工程进度的措施致使月工程进度进一步滞后，或承包人虽采取了一些措施，月工程进度仍然滞后，则按第63.1款视为承包人违约。监理工程师须立即通知业主，并抄送承包人。

(3)业主在向承包人发出书面警告通知14天内，承包人仍未能采取积极有效措施，加快工程进度，完成月进度计划，视作再次严重违约。业主可将本合同工程中的一部分工作给其他承包人或指定分包人完成，也可按63.2款终止对承包人的雇用。而且承包人应根据原合同规定的责任和义务承担因此所增加的一切费用。

47.3　不损害业主的权利(增加的条款)

47.1和47.2款规定的事宜，不影响合同规定的业主的权利。

48.3　竣工文件

将通用条件本款改为：

48.3承包人应按照交通部《公路工程竣工验收办法》的有关规定和河南省质量技术监督局颁布的《河南省高速公路建设项目档案管理规范》(DB41/T 288—2002)、《河南省高速公路建设项目档案案卷质量标准》(DB41/T 289—2002)、《河南省高速公路建设项目档案分类编号规范》(DB41/T 290—2002)和《河南省高速公路建设项目档案文件归档范围及保管期限》(DB41/T 291—2002)的规定内容和要求编制竣工图表和施工文件。各分部(项)工程的竣工图须在有关工程完工后陆续提交监理工程师审查，全部工程完工后，在最终支付证书和全部工程的交工证书签发之前，承包人须向业主提交6整套监理工程师认为完整、合格的竣工文件。在缺陷责任期内应补充竣工资料，在签发缺陷责任证书之前提交。工程管理所需的计算机软件的费用由投标人自行考虑，不单独报价。

九、承包人的装备、临时工程和材料

54.1　本工程专用的承包人的装备、临时工程和材料

在通用条件中本款末增加：

但在按本合同规定的缺陷责任期满后，除非另有协议，承包人自行拆除时，不受此款限制。

在缺陷责任期满,质量保证金支付前,承包人应自行拆除全部设备及临时建筑,否则,质量保证金不予支付。

十、计　　量

55.1　工程量

在通用条件本款末增加:

工程量清单中的任何错误和遗漏,不应免除承包人根据合同规定的义务和其按图纸、规范履行合同责任。有关的遗漏和错误以及实际施工的工程量应由监理工程师按51条规定纠正。若有关的遗漏和错误属承包人投标时的失误,则应视为已含入其他工程细目的单价之中,不予以纠正。

57.3　合同外工程的计量(增加的条款)

57.3　对于合同外工程的计量,承包人和监理工程师要事先通知业主,业主届时委派合同管理人员协助计量并且最终取得业主的同意。

57.4　业主对计量的复核(增加的条款)

57.4　对于承包人已完工程量的任何工程计量,必须准确、合理。业主认为有必要时,可随时委派人员进行复核。需要承包人配合(如开挖隐蔽工程等)的工作,其费用由承包人承担。对于有重大弄虚作假行为的,将严肃处理有关责任人员。

十一、证书和支付

60.5　开工预付款的支付

将通用条件本款改为:

60.5　在承包人提交了履约担保和签订了合同协议书并提交了开工预付款担保14天内,监理工程师应按投标书附录中规定的金额签发开工预付款支付证书,并报业主审批。

开工预付款的担保金额应等于开工预付款额,提供这种担保的银行须与前述第10.1款的要求相同,所需费用由承包人承担。银行保函的正本由业主保存,该保函在业主将开工预付款全部扣回之前一直有效,担保金额将随开工预付款的逐次扣回而减少。

业主应在该支付证书收到后14天内核批,并支付开工预付款的30%的价款;临建工程完工、投标文件载明的人员和主要设备进场后再支付开工预付款的40%,监理工程师发布开工令后再支付预付款30%。

为保证工程款专款专用,避免工程款挪用,承包人须在业主认可的银行设立账户,业主、监理工程师、开户银行有权监督承包人对工程款(包括开工预付款、材料预付款、工程计量款等业主支付给承包人的各种款项)的使用情况,承包人不得将工程款用于与本工程无关的支出并且严格按照业主制定的有关财务管理制度支出有关费用,如经查实承包人挪用工程款,业主有权立即通过向银行发出通知收回开工预付款保函或收回履约银行保函等方式,将该外流的工程款收回。

十二、承包人违约

63.1　承包人的违约

增加63.1(8)款　违约金的处罚

①违反专用条件第8.1(3)款、第15.3款、第15.4款、第37.5款的规定时，违约金为每次(项)10 000元人民币。违约金从承包人期中支付款中扣回，次数不限。

②违反第63.1(1)、(3)、(4)、(5)、(6)、(7)款规定时，违约金为每次(项)10 000元人民币。违约金从承包人期中支付款中扣回，次数不限。

增加第63.1(9)款违约金的处置

用于工程奖励基金。

63.2　承包人违约而终止合同

将通用条件本款改为：

63.2　如果根据我国法律，认为承包人已陷入自动或强制性破产、企业清理或解散(为合并或重组而进行的自动清理除外)，或资不抵债，或承包人已违反第46.1款工程进度过慢，或承包人已经违反第3.1款关于转包的规定，则业主可以进驻现场和接管本工程，终止承包人在本合同项下的承包，但不因此解除合同规定的承包人的任何义务和责任，或影响合同赋予业主或监理工程师的各种权利和权限，业主可自行完成该工程，或雇用其他承包人完成该工程。业主或上述其他承包人为了完成本工程，可以使用他们认为合适数量的承包人装备、临时工程和材料。

十三、其　　他

74.1　奖励基金的来源

从所有承包人合同价中提取2%，业主自筹1%作为奖励基金。

74.2　奖励基金的使用

在合同执行过程中，业主每月将就工程质量、进度、安全、环境保护等方面对承包人进行履约考评，对项目经理、项目技术负责人及工作人员进行奖励，在工程质量、安全及廉政建设方面采取一票否决制。奖励办法将在本工程实施时制定。

74.3　奖励基金余额的处置

奖励资金全部用于奖励第74.2款中的有功承包人。

75.1　承包人资金账户管理

承包人开立账户应经过业主同意，该账户接受业主监督，资金不得挪作他用。

D.5 技术规范

交通部部颁《公路工程国内招标文件范本》(2003年版)中,没有专门针对高速公路采空区治理工程方面的技术规范,故本书不再赘述。

D.6 技术规范(补充)❶

D.6.1 总则

本项目专用本是对通用本(范本)技术规范的补充,本项目的施工过程、工艺、质量指标、竣工验收标准等都将按专用本的条款为依据实施。

D.6.2 采空区的治理原则

(1)在采空区治理施工过程中,设计方应根据原设计勘探情况,采取边施工边修改采空区边界、范围和深度的原则,利用注浆钻探孔的成果资料及时变更设计,确保采空区治理的效果。

(2)为了查明采空区的空间展布情况,科学地变更设计,每个采空治理区至少应勾绘3条地质断面图。则该治理区需布置不少于10个全取芯注浆孔,或按所有注浆孔的5%~10%布置全取芯注浆孔。

(3)治理后的采空区路段,地基的变形应满足公路工程对地基稳定性的要求。即经治理后的采空区在公路施工和运营过程中,不产生破坏和影响公路工程正常使用的变形,保证公路安全平稳营运。

(4)采空区治理工程施工顺序应采取:

①先帷幕孔,后注浆孔;

②先边沿孔,后中间孔;

③先深部孔,后浅部孔;

④先采空区孔,后裂隙带孔。

D.6.3 采空区治理工程竣工验收标准

(1)根据国内同类项目的施工验收经验,注浆工程结束一个月后,可以进行钻探取芯、波速测井、岩芯无侧限抗压强度试验、静水位观测、压浆验证等采空区治理工程的竣工质量检测,验收标准如下:

①注浆浆液对采空区及上伏冒落带、裂隙带的充填率≥75%。

②注浆浆液的结石率≥80%。

③岩芯(浆液结石体)无侧限抗压强度>0.5MPa。

---

❶ 本技术规范由河南省地球物理工程勘察院和河南禹州至登封高速公路有限公司于2005年7月21日共同编制完成。

④钻探检测过程中，循环液基本不漏失。

⑤注浆前注浆孔内主要治理地段的波速测试结果，与注浆后注浆孔内主要治理地段的波速测试结果比较：其纵波波速提高量应大于200m/s；纵波波速提高率应大于15%～20%。

⑥质量检测孔内的验证注浆量小于该区平均注浆量的5%～10%。

⑦通过治理后的路基下伏采空区段，既不能发生突发性沉降变形，也不能产生任何对高速公路路基有害的沉降变形。

⑧要求采空区段主要沉降点的日均沉降量暂按小于0.05mm/d控制，并逐渐趋于稳定。

(2)重要且直观的质量检测方法——采空区沉降和位移变形监测工作，应提前布置。此项工作持续时间一般在两年左右。

(3)通过质量检测，在全面综合分析研究的基础上，最终确定注浆质量是否合格，是否需要补充注浆。

D.6.4 质量检测孔的布孔原则

(1)注浆质量检测孔位置应由业主和监理共同确定，一般应布置在有疑点的部位；质量检测孔位应尽量分布均匀。

(2)为了科学地、有代表性地检测采空区治理工程的效果和质量，提高检测结论的可信度，根据有关施工规范，本区注浆质量的检查工程量应不少于注浆孔的5%。

(3)注浆前，主要采空区治理地段的纵波波速背景场测试孔应不少于所有注浆孔的5%。

D.6.5 采空区治理施工方案

(1)本段高速公路下伏采空区采用全充填压力注浆治理法，即在地表打孔，通过注浆泵、注浆管，将水泥粉煤灰浆(水固比1∶1.0～1∶1.4)注入采空区及其上覆岩体裂隙中，浆液经过胶结固化岩层裂隙带，同时采空区内的浆液形成的结石体对其上覆岩层形成支撑作用，阻止上覆岩层的进一步冒落，防止地面因采空区冒落而引起沉陷变形，避免路基发生突发性沉降，确保路基及其附属设施长期处于稳定的环境中。

(2)竖井回填采用人工回填或机械方式进行分层回填夯实(夯实度不小于85%)，回填材料选用路基用填料即可，也可根据实际情况在回填时预埋梅花状注浆花管，最终采用全充填压力注浆治理法或劈裂式注浆治理法完成竖井回填工作。

D.6.6 采空区治理的注浆材料及配合比

(1)注浆材料及质量要求

注浆材料主要由水、水泥、粉煤灰、速凝剂等组成。

①水可用矿井水，SO_4^{-2} 含量应小于1.0%，pH值应大于4。

②水泥为32.5级矿渣水泥或普通硅酸盐水泥，其质量指标(水泥强度等级、安定性、标准稠度、凝结时间)应符合现行有关国家标准的规定。

③粉煤灰为当地热电厂的产品，其质量等级为二级～三级(或粉煤灰中 SiO_2、Al_2O_3 和 Fe_2O_3 的总含量大于70%，烧失量不超过12%)，符合注浆工程的要求。

④速凝剂可选用当地产水泥速凝剂。

⑤砂采用当地河砂，碎石采用当地石屑。

(2)浆液配合比的确定及质量控制

①在高速公路下伏采空区治理工程中，注浆浆液主要为水泥粉煤灰浆，其水固比为1∶1.0～1∶1.4，其中水泥占固相的30%，粉煤灰占固相的70%。浆液试块强度R_7大于0.9MPa。

②在施工前，应使用施工时的注浆材料，在试验室做浆液配合比试验，并同施工现场浆液配合比试验结果及理论计算结果相互印证，确定出各浆液配合比的密度、标准稠度、初终凝时间、结石率、浆液(R_7)试块的无侧限抗压强度等不同浆液配合比的质量控制指标。

③浆液指标控制表，详见表D-5。

a.浆液试块制作：要求在同一孔中的不同配合比浆液各做一组相应配合比的试块；在同一孔，同一配合比、不同台班时，应各做一组试块。

b.浆液密度、结石率、黏稠度：要求在同一孔中的不同配合比和同一配合比、不同台班时各检测一次。

c.每次检测结果均为原始资料。

浆液指标控制表

表D-5

水固比 / 浆液指标		1∶1.0	1∶1.1	1∶1.2	1∶1.3	1∶1.4
密度(10^3kg/m^3)		1.38±0.01	1.4±0.01	1.43±0.01	1.45±0.01	1.47±0.01
结石率(%)		≥68	≥71	≥77	≥85	≥88
黏稠度(s)		≥23	≥25	≥34	≥48	≥70
7d试块强度(MPa)		≥0.90	≥0.95	≥0.98	≥1.10	≥1.15
7d试块密度(10^3kg/m^3)		≥1.67	≥1.67	≥1.67	≥1.67	≥1.67
每立方米浆液材料用量(kg)	水	690	667	650	630	613
	水泥	207	220	234	246	257
	粉煤灰	483	513	546	574	600

D.6.7 钻探流程及技术要求

(1)钻探流程

①注浆孔定位。

a.注浆孔应用全站仪、钢尺，根据设计的注浆钻孔坐标进行实地测量放样。

b.钻孔实际位置原则上不应超过设计位置±1.0m；当因地貌影响，钻孔不能放在原设计位置时，可视具体情况来定。

②帷幕孔、注浆孔的成孔工艺。

a.用ϕ130mm钻头开钻，钻至基岩5m后，下入ϕ130mm套管护壁，或跟管钻进，然后变径为ϕ89mm。

b. 用 ϕ89mm 钻头，钻至采空区中的塌陷冒落带或煤层底板 1.5m 终孔。

(2)钻探技术要求

①每个注浆孔测斜至少一次，终孔孔斜要求不超过 2°/100m。

②注浆孔的成孔过程中，5%～10%的注浆孔要求全取芯。对于取芯孔，采空区上部岩芯取率为 60%，采空塌陷区部位岩芯采取率应大于 30%。岩芯摆放整齐并予照相。

③做好钻探原始记录和岩芯编录工作。

④钻孔施工过程中，如发现漏水、掉钻、埋钻等现象要详细记录其深度、层位和耗水量。

(3)浇筑孔口管

①将一端带有 ϕ120～130mm 法兰托盘的 50mm 注浆管下入孔内变径处，孔内放入少量砾石，以堵塞大的缝隙，然后放入少量黏土，防止浆液大量渗漏。然后灌入水固比为 1∶1.5～1∶2 的水泥浆，浇筑长度为地表至基岩下 4～6m 处。

②水泥浆液中应加入水泥重量 2%的速凝剂，或采用 42.5 级快凝水泥，快速将注浆管与孔壁固结。注浆孔浇筑孔口管见结构示意图(图 D-2、图 D-3)。

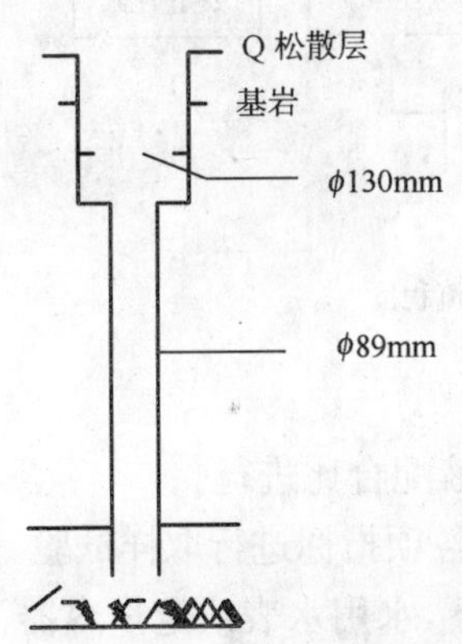

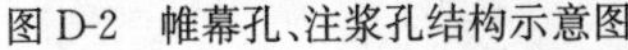

图 D-2　帷幕孔、注浆孔结构示意图

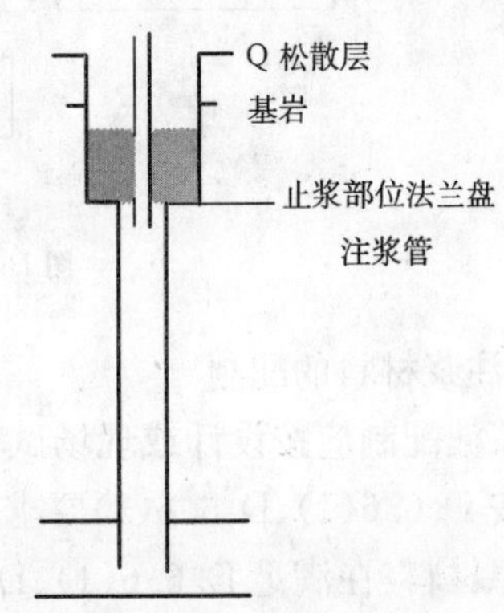

图 D-3　帷幕孔、注浆孔浇筑孔口管结构示意图

D.6.8　注浆系统、注浆流程及技术要求

(1)注浆系统构成

注浆系统由：料场、一级搅拌机池(机)、二级搅拌池(机)、供水系统、注浆管道、封孔装置等组成。

(2)注浆系统技术要求

①料场：堆放材料的场地要平整，运料车辆能正常通行，且紧邻一级搅拌池，使材料便于运输搬运；要求设有防潮、防雨措施。

②搅拌机：要求能满足正常施工要求，搅拌后的浆液应均匀，符合设计要求，一次搅拌量大于或等于 1.5m³。

③蓄水池：制浆站应根据施工注浆总量需要，建立一个或数个蓄水池，以保证正常施工，蓄水池建筑规模及要求视工地具体情况而定。

④注浆泵：宜采用变量泵，其额定排浆量不小于 200L/min，注浆泵压力应大于注浆最大设

计压力的1.5倍。

⑤压力表：注浆孔压力表最大指数应大于10MPa。帷幕孔压力表最大指数应大于注浆最大设计压力的1.5倍。

⑥封孔装置：注浆孔采用直径50mm钢管，在管子前端20～30cm处焊接一圆形法兰托盘(托盘直径120～130mm之间)，下入孔内变径处。封孔装置也可采用球形止浆塞，封孔位置从地表至基岩内5～10m处，注浆管采用直径50mm钢管，丝扣连接。

(3)注浆流程

①帷幕孔、注浆孔注浆工艺流程见图D-4。

②帷幕孔和注浆孔施工工艺一样，注浆结束标准一样。不同的是施工先后顺序。

③帷幕孔孔距稍密；帷幕孔注浆时需增加1%～3%的速凝剂等。

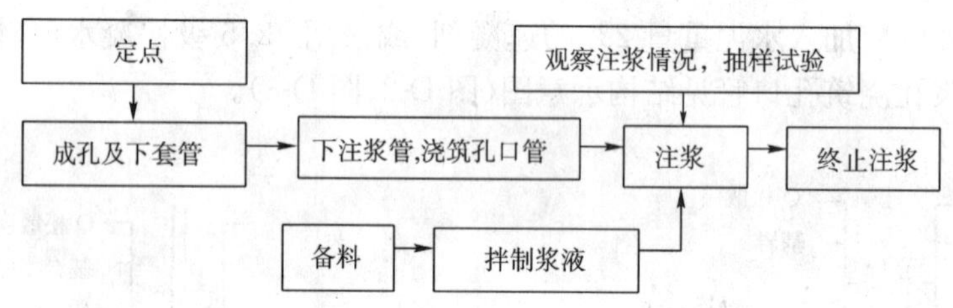

图D-4 帷幕孔、注浆孔注浆工艺流程图

(4)注浆材料的配制

①浆液配制应按设计或现场试验并经上级确认的浆液配合比进行。

②按D.6.6(1)、D.6.6(2)要求的抽查频率和浆液的各项指标进行取样试验。

③原材料：在满足D.6.6(1)、D.6.6(2)要求的前提下，水用水表或定量容器计量；水泥按袋计量；粉煤灰用定量容器计量。

④要求用磅秤抽查水泥、粉煤灰的计量重量。

⑤一级搅拌池单池每次搅拌时间不得少于10min。

⑥制浆、注浆工艺示意见图D-5。

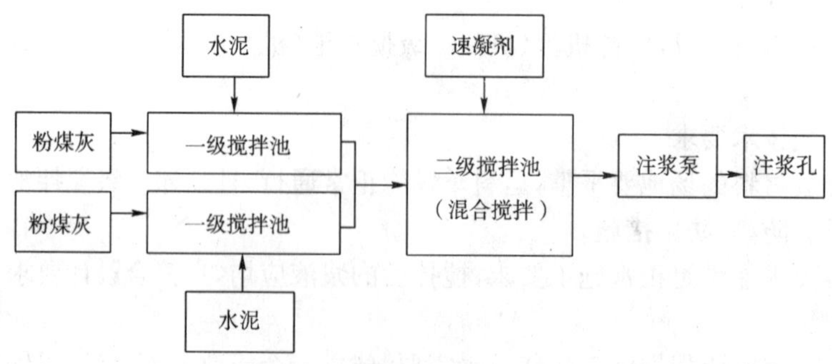

图D-5 制浆、注浆工艺示意图

D.6.9 注浆过程及结束标准

(1)注浆过程

①帷幕孔、注浆孔注浆时，均应先从稀浆(1∶1.0～1∶1.2)、低流量(≤90L/min)开始，当孔口压力≤0.6MPa时，可逐渐提高流量。

②当孔口压力>1.0MPa时，要降低流量；当注浆量达到单孔平均注浆量的30%时，要求用稠浆(1∶1.3～1∶1.4)。

③当单孔注浆量较大(需增加1%～3%的速凝剂)，且达到单孔平均注浆量的150%，孔口压力≤0.6MPa，注浆泵量≥90L/min时，要求间歇，间歇时间≥12h；

④间歇过程中，在孔口加入一漏斗状的投砂器，用浆液将砂或矿渣、石粉等带入孔内。

⑤间歇后的注浆，不得用稀浆。

⑥帷幕孔注浆时，必须加1%～3%的速凝剂。

(2)注浆结束标准

①对于地面冒浆孔，间歇次数不得超过3次，每次间歇时间≥12h；当第3次注浆，又发生冒浆时，要终止注浆。

②注浆过程中，当1.5MPa>孔口压力>1.0MPa，注浆泵量≤90L/min或≤52L/min时，稳定15min，要终止注浆。

D.6.10 注浆孔孔深、注浆量、浇筑孔口管的计量与支付

(1)注浆孔孔深的计量

①有效注浆孔孔深是以地质上判定的标志层为依据确定的，终孔位置为采空区(或煤层)底板1.5m处。

②裂隙带孔深是根据实际地质情况调整变更后的孔深为依据施工的。

③注浆孔孔深是满足D.6.10(1)①、D.6.10(1)②有关要求，并经监理工程师验收后的数量，以米计量。未经监理工程师批准，由于超钻而深于所需的孔深部分，将不予计量。

(2)注浆量的计量

①根据每个班组实际注浆泵量的原始记录资料。

②根据实际进料的签收台账，结合原材料实际用于注浆(不含浇筑孔口管及其他材料)的情况和D.6.6(2)的有关规定，按照相应的配比核定的浆液量。

③注浆量的确定：当据D.6.10(2)①统计的注浆量与据D.6.10(2)②核定的注浆量相差小于5%时，按监理工程师签收后的注浆原始记录为准，以立方米计量；当两者比较大于5%时，以D.6.10(2)②核定的浆液量为准。

(3)浇筑注浆孔口管的计量

孔口管按D.6.7(3)要求完成，应能够保证正常注浆施工，且经监理工程师签收合格。每个有效的注浆孔，仅对应一个合格的孔口管，以个计量。

承包商为完成D.6.10(1)、D.6.10(2)、D.6.10(3)所做的各分项工作及所使用的材

料，均作为承包人应做的附属工作和应投入的必须材料，不另计量与支付。

(4)支付

按上述规定计量，经监理工程师验收的列入工程量清单的以下工程细目的工程量，其每一计量单位将以合同单价支付，此项支付包括材料、劳力、设备、运输等其他为完成注浆治理工程所必需的所有费用，是对完成工程的全部偿付。

支付细目见表D-6。

支 付 细 目 表D-6

细 目 号	细 目 名 称	单 位
205-7	采空区治理	
205-7-a	注浆孔孔深	m
205-7-b	注浆	m^3
205-7-c	浇筑注浆孔口管	个

D.7 投标书与投标担保格式

D.7.1 投标书格式

项目名称__________合同段__________

投 标 书

致：(招标人全称)

(1)在研究了上述项目第______合同段的招标文件（含补遗书第______号第______号）和考察了工程现场后，我们愿意按人民币(大写)______元(______元)的投标总价，或根据上述招标文件核实后确定的另一金额，遵照招标文件的要求承担本合同工程的实施、完成及其缺陷修复工作。

(2)第______合同段由K______+______～K______+______，长约____km，注浆量______m^3，钻孔______m。

(3)如果你单位接受我们的投标，我们将保证在接到监理工程师的开工通知书后，在本投标书附录内写明的开工期内开工，并在______个月的工期内完成本合同工程，达到合同规定的要求，该工期从本投标书附录内写明的开工期的最后一天算起。

(4)如果你单位接受我们的投标，我们将保证按照你单位认可的条件，以本投标书附录内写明的金额提交履约担保。

(5)我们同意在从规定的开标之日起______天的投标文件有效期内严格遵守本投标书的各项承诺。在此期限届满之前，本投标书始终将对我方具有约束力，并随时接受中标。

(6)在合同协议书正式签署生效之前,本投标书连同你单位的中标通知书将构成我们双方之间共同遵守的文件,对双方具有约束力。

(7)我们理解,你单位不一定接受最低标价的投标或你单位接到的其他任何投标。同时也理解,你单位不负担我们的任何投标费用。

(8)随同本投标书,我们出具金额为人民币＿＿＿＿＿元的投标担保。如果我们在本投标文件有效期内撤回投标文件;或在接到中标通知书后的 15 天内未能或拒绝签订合同协议书;或未能提交履约担保,你单位有权没收投标担保金,另选中标单位。

投标人地址:＿＿＿＿＿＿＿＿＿＿ 投标人:(全称)＿＿＿＿(盖章)

邮政编码:＿＿＿＿＿＿＿＿＿＿ 法定代表人或其授权的代理人

电　　话:＿＿＿＿＿＿＿＿＿＿ (职务、姓名)＿＿＿＿(签字)

传　　真:＿＿＿＿＿＿＿＿＿＿

日期:＿＿＿＿年＿＿＿＿月＿＿＿＿日

D.7.2 投标书附件

投标书附件见表 D-7。

投标书附件 表 D-7

序号	事项	合同条件	数据
1	投标担保金额		人民币10万元
2	履约担保金额	10.1	合同价格的 10%
3	发开工令期限(从签订合同协议书之日算起)	41.1	14 天内
4	开工期(从接到监理工程师的开工令之日算起)	41.1	3 天内
5	工期	43.1	3 个月
6	拖期损失偿金	47.1	1万元/天
7	拖期损失偿金限额	47.1	合同价的 10%
8	缺陷责任期	49.1	自交工验收之日起 1 年
9	保修期	50.2	1 年
10	期中(月进度)支付证书最低限额	60.2	人民币 50 万元
11	保留金的百分比	60.3	月支付额的 10%
12	保留金限额	60.3	合同价格的 5%

续上表

序　号	事　项	合同条件	数　据
13	开工预付款	60.5	合同价格的＿10＿%
14	材料预付款	60.7	60%(不适用)
15	支付时间	60.15	期中支付证书开出后＿7＿天内 最后支付证书开出后＿14＿天内
16	未付款额的利率	60.15	按当期银行短期贷款利率加手续费

投标书签署人签名：＿＿＿＿＿＿＿＿

D.7.3　授权书格式

授　权　书

致：河南禹州至登封高速公路有限公司

本授权书宣告：(投标人全称)＿＿＿(职务)＿＿＿(姓名)合法地代表我单位，授权(投标人或其下属单位全称)的(职务)＿＿＿(姓名)为我单位代理人，该代理人有权在(公路项目名称)第＿＿＿＿＿＿合同段工程的投标活动中，以我单位的名义签署投标书和投标文件、与招标人(或业主)协商、签订合同协议书以及执行一切与此有关的事项。

投标人：＿＿＿＿＿＿(盖章)

授权人：＿＿＿＿＿＿(签字)

被授权的代理人：＿＿＿＿(签字)

公证单位：＿＿＿＿＿(盖章)

公证人签字：＿＿＿＿＿＿

日期：＿＿年＿＿月＿＿日

D.8　工程量清单

D.8.1　说明

(1)工程量清单应与投标人须知、合同条件、技术规范及图纸等文件结合起来查阅与理解。

(2)工程量清单中所列工程数量是估算的或设计的预计数量，仅作为投标的共同基础，不能作为最终结算与支付的依据。实际支付应按实际完成的工程量，由承包人按技术规范规定的计量方法，以监理工程师认可的尺寸、断面计量，按工程量清单的单价和总额价计算支付金额;或者,根据具体情况,按合同条件第52条的规定,由监理工程师确定的单价或总额价计算支付额。

(3)除非合同另有规定,工程量清单中有标价的单价和总额价均已包括了为实施和完成合同工程所需的劳务、材料、机械、质检(自检)、安装、缺陷修复、管理、保险(工程一切险和第三方责任险除外)、税费、利润等费用,以及合同明示或暗示的所有责任、义务和一般风险。

(4)所投保险的保险费(建筑工程一切险、第三者责任险本项目不要求)均由承包人承担并支付,不在报价中单列。

(5)工程量清单中本合同工程的每一个细目,都需填入单价;对于没有填入单价或总额价的细目,其费用应视为已包括在工程量清单的其他单价或总额价中,承包人必须按监理工程师指令完成工程量清单中未填入单价或总额价的工程细目,但不能得到结算与支付。

(6)符合合同条件规定的全部费用应认为已被计入有标价的工程量清单所列各细目之中,未列细目不予计量的工作,其费用应视为已分摊在本合同工程的有关细目的单价或总额价之中。

(7)工程量清单各章是按技术规范相应章次编号的,因此,工程量清单中各章的工程细目的范围与计量等应与技术规范相应章节的范围、计量与支付条件结合起来理解或解释。

(8)对作业和材料的一般说明或规定,未重复写入工程量清单内,在给工程量清单各细目标价前,应参阅招标文件中技术规范的有关部分。

(9)对于符合要求的投标文件,在签订合同协议书前,如发现工程量清单中有计算方面的算术性差错,应按投标人须知D.2.5(4)规定予以修正。

(10)工程量清单中所列工程量的变动,丝毫不会降低或影响合同条件的效力,也不免除承包人按规定的标准进行施工和修复缺陷的责任。

(11)承包人用于本合同工程的各类装备的提供、运输、维护、拆卸、拼装等支付的费用,已包括在工程量清单的单价与总额价之中。

(12)在工程量清单中标明的暂定金额,除合同另有规定外,应由监理工程师按合同条件第52条和58条的规定,结合工程具体情况,报经业主批准后指令全部或部分地使用,或者根本不予运用。

本次招标的暂定工程量均不报价。

(13)计量方法

①用于支付已完工程的计量方法,应符合技术规范中相应章节的“计量与支付”条件的规定。

②图纸中所列的工程数量表及数量汇总表仅是提供资料,不是工程量清单的外延。当图纸与工程量清单所列数量不一致时,以工程量清单所列数量作为报价的依据。

(14)工程量清单中各项金额均以人民币(元)结算。

D.8.2 工程细目

工程细目见工程量清单(表D-8)。

工程量清单　　表 D-8

清单　第 100 章　总则

细目号	细目名称	单位	数量	单价	合价
102-1	竣工文件	总额	1		
103-3	临时供电设施				
-a	设施架设、拆除	总额	1		
-b	设施维修	月	3		
103-5	供水与排污设施	总额	1		
104-1	承包人驻地建设	总额	1		

清单　第 100 章合计　人民币________

清单　第 200 章　路基

细目号	细 目 名 称	单位	数量	单价	合价
205-7	采空区治理				
205-7-a	钻孔	m	2 348		
205-7-b	注浆	m^3	18 899		
205-7-c	浇筑注浆孔口管	个	109		
205-7-d	质量检测费(暂定金额)	1			300 000

清单　第 200 章合计　人民币________

D.8.3 工程量清单汇总表

工程量清单汇总见表D-9。

工程量清单汇总表

表D-9

合同号:No.1

序号	章次	科目名称	金额(元)
1	100	总则	
2	200	路基	
3	300	路面	
4	400	桥梁、涵洞	
5	500	隧道(本工程无隧道)	
6	600	安全设施及预埋管线	
7	700	绿化及环境保护	
8	第100章至第700章清单合计		
9	已包含在清单合计中的专项暂定金额小计		
10	清单合计减去专项暂定金额小计(即8－9＝10)		
11	计日工合计		
12	按上项(10)金额的 10% 作为不可预见因素的暂定金额		
13	投标价(8＋11＋12＝13)		

D.9　投标书附表格式

投标书附表见表 D-10～表 D-15。

拟为承包本合同工程设立的组织机构图　　表 D-10

说明：

拟在本合同工程任职的主要人员简历表　　表D-11

姓　名		年　龄		专　业	
职称		职务		拟在本合同工程担任职务	
毕业学校	＿＿＿＿＿年＿＿＿＿＿月毕业于＿＿＿＿＿学校＿＿＿＿＿系(科)，学制＿＿＿＿＿年				
经　历					
年～年	参加过施工的工程项目名称		担任何职		备注

说明："主要人员"指实际参加本合同工程施工的项目管理、技术等方面的负责人。下列人员需填写此表，每人填一张，须附身份证、学历证书、职称证书、资格证书(项目经理须附项目经理证书)彩色打印件。

1. 项目经理；
2. 项目副经理(如有)；
3. 项目技术负责人(总工程师)；
4. 机械、试验等专业工程师；
5. 财务负责人；
6. 计划统计负责人。

拟投入本合同工程的主要施工机械表

表 D-12

机械名称	规格型号	额定功率(kW)或容量(m^3)或吨位(t)	厂牌及出厂时间	数量(台)				新旧程度(%)
				小计	其中			
					拥有	新购	租赁	

拟配备本合同工程主要的材料试验、测量、质检仪器设备表　　表D-13

序　号	仪器设备名称	规格型号	单　位	数　量	备　注

合同用款估算表　　表 D-14

<table>
<tr><td rowspan="3">从开工月算起的时间(月)</td><td colspan="2">业主/监理工程师的估算</td><td colspan="4">投标人的估算</td></tr>
<tr><td rowspan="2">分期(%)</td><td rowspan="2">累计(%)</td><td colspan="2">分期</td><td colspan="2">累计</td></tr>
<tr><td>金额（元）</td><td>(%)</td><td>金额（元）</td><td>(%)</td></tr>
<tr><td>第一次开工预付款</td><td></td><td></td><td></td><td></td><td></td><td></td></tr>
<tr><td>1</td><td></td><td></td><td></td><td></td><td></td><td></td></tr>
<tr><td>2</td><td></td><td></td><td></td><td></td><td></td><td></td></tr>
<tr><td>3</td><td></td><td></td><td></td><td></td><td></td><td></td></tr>
<tr><td></td><td></td><td></td><td></td><td></td><td></td><td></td></tr>
<tr><td></td><td></td><td></td><td></td><td></td><td></td><td></td></tr>
<tr><td>…</td><td></td><td></td><td></td><td></td><td></td><td></td></tr>
<tr><td>…</td><td></td><td></td><td></td><td></td><td></td><td></td></tr>
<tr><td>缺陷责任期</td><td></td><td></td><td></td><td></td><td></td><td></td></tr>
<tr><td>小计</td><td>100.00</td><td></td><td></td><td>100.00</td><td></td><td></td></tr>
<tr><td colspan="7">投标价：</td></tr>
<tr><td>说明</td><td colspan="6"></td></tr>
</table>

说明：1. 投标人可按施工组织设计建议书中表 D-16 的工程进度估算并填写本表，投标人应按所采用的方案填写本表。

2. 用款额按所报单价和总额价估算，不包括价格调整和暂定金额，但应考虑开工预付款的扣回、保留金的扣留以及签发支付证书后到实际支付的时间间隔。

临时用地计划表　　　　表 D-15

用　途	面积 m^2				需用时间	用地位置		
	菜地	水田	旱地	果园	____年____月 至____年____月	桩号	左侧（m）	右侧（m）
一、临时工程								
1. 便道								
2. 便桥								
3. …								
…								
二、生产及生活临时设施								
1. 临时住房								
2. 办公等公用房屋								
3. 料库								
4. 预制场								
…								
租用面积合计								

投标单位还应提供下列资料（近 3 年）：

(1)资产负债表；

(2)损益表；

(3)现金流量表；

(4)年度决算审计报告。

D.10　合同格式

D.10.1　合同协议书格式❶

鉴于业主为修建(公路项目名称) 并接受了承包人对该项工程________合同段（或大桥）的投标书，现由(业主全称)（下称“业主”）为一方和(承包人全称)（下称“承包人”）为另一方于______年______月______日共同达成并签订本协议如下：

(1)第________合同段由 K________＋________～K________＋________，长约________km，技术标准______级，______路面。有立交________处；大中桥________

❶ 本合同格式编排在招标文件中，供投标人参考，投标时不需填写。

座，计长__________ m；隧道__________座，计长__________ m以及其他构造物工程等。

(2)下列文件应视为构成并作为阅读和理解本协议书的组成部分，即：

①本合同协议书及附件(含合同谈判中澄清文件)；

②中标通知书；

③投标书及投标书附录(含承包人在评标期间递交和确认并经业主同意的对有关问题的补充资料和澄清文件等，如果有)；

④合同专用条件(含数据和招标文件补遗书中与此有关的部分，如果有)；

⑤合同通用条件；

⑥技术规范(含招标文件补遗书中与此有关的部分，如果有)；

⑦图纸(含招标文件补遗书中与此有关的部分，如果有)；

⑧标价的工程量清单；

⑨辅助资料表；

⑩资格核查表，以及构成本合同组成部分的其他文件。

(3)上述文件将互相补充，若有不明确或不一致之处，以上列次序在先者为准。

(4)根据工程量清单所列的预计数量和单价或总额价计算的本合同总价为人民币(大写)__________元(￥__________元)。

(5)由于业主按本协议书D.10.1(6)所述给承包人支付合同价款，承包人在此立约：保证在各方面按合同文件的规定承担本合同工程的实施和完成及其缺陷的修复。

(6)作为对本合同工程的实施和完成及其缺陷修复的报酬，业主在此立约：保证按照合同文件规定的时间和方式向承包人支付合同价款。

(7)承包人应在监理工程师发出开工令之后，在投标书附录中写明的开工期限内开工。本合同工程工期为____个月，工期从上述开工期的最后一天算起。开工令应在签订合同协议书以后，在投标书附录中写明的开工通知书期限内发出。

(8)本协议书在承包人提供履约担保后，由双方法定代表人或其授权的代理人签署与加盖公章后生效。全部工程完工后经交工验收合格，以及缺陷责任期满由业主发给缺陷责任终止证书后失效。

(9)本协议书正本两份，副本____份，合同双方各执正本一份，副本____份，当正本与副本的内容不一致时，以正本为准。

业主：(单位全称)　　(盖章)	承包人：(单位全称)　　(盖章)
法定代表人	法定代表人
或	或
其授权的代理人：(职务)	其授权的代理人：(职务)
(姓名)	(姓名)
(签字)	(签字)
日期：____年____月____日	日期：____年____月____日

D.10.2 项目经理委任书格式

(承包人全称)

(合同工程名称) **项目经理委任书**

致:(业主全称)

(承包人全称) 法定代表人(职务、姓名) 代表本单位委任(职务、姓名) 为(合同工程名称) 的项目经理。凡本合同执行中的有关技术、工程进度、现场管理、质量检验、结算与支付等方面工作,由(姓名) 代表本单位全面负责。

承 包 人:(全称) (盖章)

法定代表人:______(职务)

______(姓名)

______(签字)

______年______月______日

抄送:(监理工程师)

D.11 履约担保格式

D.11.1 履约银行保函格式

履约银行保函

致:(业主全称)

鉴于(承包人全称) (下称"承包人")与(业主全称) (下称"业主")签订修建(公路项目名称)第______合同段合同协议书,并保证按合同规定承担该合同段工程的实施和完成以及其缺陷修复,我行愿意出具保函为承包人担保,担保金额为人民币(大写)______元(¥______元)。

本保函的义务是:我行在接到业主提出的因承包人在履行合同过程中未能履约或违背合同规定的责任和义务而要求索赔的书面通知和付款凭证后的______天内,在上述担保金额的限额内向业主支付任何数额的款项,无须业主出具证明或陈述理由。

在向我行提出要求前,我行将不坚持要求业主应首先向承包人索要上述款项。我们还同意,任何对合同条件所作的修改或补充都不能免除我行按本保函所应承担的义务。

本保函在担保金额支付完毕,或业主向承包人颁发交工证书之日起失效。

担保银行:(银行全称) (盖章)

法定代表人:______

或

其授权的代理人:______(职务)

______(姓名)

______(签章)

______年______月______日

D.11.2 开工预付款银行保函格式

开工预付款银行保函

致：(业主全称)

根据(承包人全称)（下称“承包人”）与(业主全称)（下称“业主”）签订的修建(公路项目名称)第________合同段的合同规定，承包人按规定的金额提交一份开工预付款银行保函(下称“保函”)作为担保，承包人即有权得到业主支付的一笔相等金额的开工预付款。我行愿意出具保函为承包人担保，担保金额为人民币(大写)________元(￥________元)。

本保函的义务是：我行在接到业主提出的因承包人未能履行合同规定的义务而要求收回开工预付款的书面通知和付款凭证后的14 天内，在担保金的限额内向业主支付该款项，无须业主出具证明或陈述理由。

在向我行提出要求前，我行将不坚持要求业主应首先向承包人索还上述款项。我们还同意，任何对合同条件所作的修改或补充都不能免除我行按本保函所应承担的义务。

本保函的担保金额，在任何时候应不超过开工预付款的金额减去承包人已偿还的金额。此偿还的金额是通过监理工程师按合同规定向承包人签发的多次期中支付证书来扣除的。承包人根据监理工程师签发的期中支付证书向银行出具的单据是我行减少本保函担保金额的证明。

本保函自上述开工预付款支付给承包人之日起生效，在收到监理工程师签发的支付证书(副本)说明上述开工预付款已完全偿还时失效，并退回我行。

担保银行：(银行全称)　　(盖章)

法定代表人：________________

或其授权的代理人：______(职务)

______(姓名)

______(签字)

______年______月______日

D.12 施工图纸及地勘资料

施工图纸及地勘资料见勘察设计文件，本书不再阐述。

D.13 施工组织设计建议书

(1)施工组织设计建议书由文字、图表组成。投标人应按“投标须知”D.2.2(1)②的要求，依照所附的格式认真编制。

(2)由投标人填报的本建议书将作为评标的考虑因素之一。

分项工程进度率计划(斜率图)

表 D-16

合同号:No.______

年度	2005年																						
季度							三			四													
月份							7	8	9	10	11	12											
100(%)																							
90																							
80																							
70																							
60																							
50																							
40																							
30																							
20																							
10																							

图例:

———— 施工准备

- - - - - - - 钻孔

—·—·— 注浆

说明:各个项目的进程可用线条的长短来表示。

施工总体计划表

表 D-17

合同号：No.______

年　度	2005 年																							
月　份 / 主要工程项目							7	8	9	10	11	12												
1. 施工准备																								
2. 钻孔																								
3. 注浆																								

(3)投标人如果中标，将提交详细的施工组织设计、进度计划，但应与本建议书基本上保持一致。

(4)本建议书包含下列主要内容：

①施工组织设计文字说明

投标人应按以下要点，详细编写文字说明；要求文字简练，内容要具体。

a. 设备、人员动员周期和设备、人员、材料到达施工现场的方法；

b. 主要工程项目的施工方案、施工方法；

c. 各分项工程的施工顺序；

d. 重点和难点工程的施工方案、方法；

e. 确保工程质量和工期的措施；

f. 冬季和雨季的施工安排；

g. 质量、安全保证体系；

h. 其他应说明的事项。

②分项工程进度率计划(斜率图)

见表 D-16。

③施工总平面布置

投标人应绘制一张施工总平面布置图，给出施工场地、料场、各种临时设施和临时工程相对于拟建公路位置的布置。

④主要分项工程施工工艺框图

绘制以下主要分项工程的施工工艺框图，并加以文字说明：

a. 原材料审批、进场、材料试验工艺流程图。

b. 分项工程钻孔审批，终孔的报验和质量控制工艺流程图。

c. 分项工程注浆管浇筑(封孔)报验和质量控制工艺流程图。

d. 分项工程注浆孔注浆审批，终注报验和质量控制工艺流程图。

e. 分项、分部和单位工程质量检验评定流程图。

⑤施工总体计划表

见表 D-17。

⑥分项工程生产率和施工周期表

⑦工程管理曲线

(5)本次招标的项目工期为 3 个月。

参 考 文 献

[1] 何国清,等.矿山开采沉陷学.北京:中国矿业大学出版社,1982.

[2] 国家煤炭工业局制定.建筑物、水体、铁路及主要井巷煤柱留设与压煤开采规程.北京:煤炭工业出版社,2000.

[3] 汤伏全.煤炭开采区上方高速公路的采动损害及其防护.焦作工学院学报,1997.

[4] 栾元重.采动桥梁变形分析.唐山:矿山测量,2001.

[5] 栾元重,杜春明,曲敬强.采动间接损害分析.徐州:矿业压力与顶板管理,2000.

[6] 童立元,刘松玉,邱钰.高速公路下伏采空区危害性评价与处治技术.南京:东南大学出版社,2006.

[7] 李满囤.太古公路采空区路桥稳定性分析及其治理方案.重庆交通学院报,2000.

[8] 编写委员会.岩土工程手册[M].北京:中国建筑工业出版社,1995.

[9] 孙忠第.高等级公路下伏空洞勘探、危害程度评价及处治研究报告集.北京:科学出版社,2000.

[10] 张志沛.晋焦线小煤矿采空区工程地质问题的初步研究.西安:西北地质,1997.

[11] 余学义.采动区地表剩余变形对高等级公路影响预计分析.西安:西安公路交通大学学报,2001.

[12] Estech General Chemicals Corporation, Duette mine, Manatee County, Florida. Transportation Research Document (Draft environmental impact statement) [R]. Environmental Protection Agency, *Atlanta*. Report No: EPA/904/9-79/044E, Oct 1979.

[13] 建设部综合勘察研究院主编.GB 50021—2001 岩土工程勘察规范.北京:中国建筑工业出版社,1995.

[14] 交通部第一公路勘察设计院主编.JTJ 064—1998 公路工程地质勘察规范.北京:人民交通出版社,1999.

[15] 手册编委会.工程地质手册[M].北京:中国建筑工业出版社,1983.

[16] 周伟义,李军生,赵明华.潭邵高速公路岩溶及采空区路基稳定性评价及治理对策.北京:公路,2003.

[17] 水利部水工程技术咨询中心.SL 62—1994 水工建筑物水泥灌浆施工技术规范.北京:中国水利水电出版社,1994.

[18] 崔颖超,郭汉超,张晓春.禹登高速公路下伏采空区注浆治理工程质量检测技术.北京:交通标准化,2007.

[19] 李治平,黄谷生,等.水利建筑工程概算定额(上、下册).郑州:黄河水利出版社,2002.

跋

在本书编写过程中，康省桢、崔颖超负责了全书的统稿工作，张玉中审查了全书，崔颖超、张晓春主持了全书的编写工作。本书的具体编写分工情况如下：第1章 康省桢；第2章 崔颖超、张玉中、吕建桥；第3章 周洪文、张晓春、王国田；第4章 张晓春、王燕、张津嘉、陈根发；第5章 张玉中、郭汉超、周建民、朱秀锦；第6章 崔颖超、李大鸣、朱春阳、王燕；第7章 葛琳延、王燕、王国田；第8章 周斌、周建民、陈根发；附录A 张玉中、李大鸣、陈根发、朱秀锦；附录B 张晓春、周斌、周建民；附录C 郭汉超、王燕、张津嘉；附录D 张玉中、郭汉超、张晓春。

河南高速公路发展有限责任公司和河南省地球物理工程勘察院的有关领导和专家，对本书的编写、出版工作提出了宝贵的意见并给予了大力支持，在此深表感谢！

由于编写时间仓促且缺乏经验，加之水平有限，书中缺点、错误和需要商榷之处在所难免，望读者批评指正。

作者

2008年6月28日